HEIMAT IM WANDEL DER ZEITEN
ZEHN JAHRE SIEBENBÜRGER-SACHSEN-SIEDLUNG DRABENDERHÖHE

Heimat im Wandel der Zeiten

Zehn Jahre
Siebenbürger-Sachsen-Siedlung
Drabenderhöhe

1976
In Kommission bei
BÖHLAU VERLAG KÖLN WIEN

Herausgeber:
Landsmannschaft der Siebenbürger Sachsen in Deutschland
Stadt Wiehl
Heimatverein Drabenderhöhe

Copyright © 1976 by Herausgebern
Alle Rechte vorbehalten
Ohne schriftliche Genehmigung der Herausgeber ist es nicht gestattet, das Werk unter Verwendung mechanischer, elektronischer und anderer Systeme in irgendeiner Weise zu verarbeiten und zu verbreiten. Insbesondere vorbehalten sind die Rechte der Vervielfältigung — auch von Teilen des Werkes — auf photomechanischem oder ähnlichem Wege, der tontechnischen Wiedergabe, des Vortrags, der Funk- und Fernsehsendung, der Speicherung in Datenverarbeitungsanlagen, der Übersetzung und der literarischen oder anderweitigen Bearbeitung.

Herstellung: Jarschel-Druck, 5210 Troisdorf
Printed in Germany
ISBN 341203276 X

Inhaltsverzeichnis

Vorwort von Prof. Dr. Friedhelm Farthmann, Minister für Arbeit,
Gesundheit und Soziales des Landes Nordrhein-Westfalen . . . 7
Zur Einführung 9

I. Drabenderhöhe — Altgemeinde und Kirchspiel
1. Zur alten Geschichte von Drabenderhöhe (Oskar Osberghaus) . . 13
2. Zur Kirchen- und Schulgeschichte von Drabenderhöhe
   (Eugen Schubach) 39
3. Zur neueren Geschichte von Drabenderhöhe (Otto Kaufmann) . . . 50
4. Zur Zeitgeschichte von Drabenderhöhe (Reinhold Muth) 75
5. Die Mundart von Drabenderhöhe (Otto Kaufmann) 96
   „Die Musterung" (Karl Demmer, Mundartgedicht) 101
6. Pflege von Brauchtum und Gemeinschaft in Alt-Drabenderhöhe
   (Ursula Schoepe) 103

II. Die Siebenbürger Sachsen
1. Geschichte der Siebenbürger Sachsen — ein Überblick
   (Ernst Wagner) 121
2. . . . . . denn das Leben ist stärker! (Kurt Schebesch) 184
3. Unser Hilfskomitee. Seit 30 Jahren im Dienste der Gemeinschaft
   (Hans Philippi) 196
4. Der Arbeitskreis für Siebenbürgische Landeskunde e. V.
   (Balduin Herter) 200
5. Die Stephan Ludwig Roth-Gesellschaft für Pädagogik e. V.
   (Hans Mieskes) 203
6. Unsere Hilfsvereine — Träger der siebenbürgisch-sächsischen
   Altenheime (Gerhart Albrich) 206
7. Die Nachbarschaften der Siebenbürger Sachsen (Eduard Dürr) . . 210
   Mundartgedicht „Af deser Jërd, dô äs e Lånd" (Ernst Thullner) . . 226
8. Unser Weg (Erhard Plesch) 227

III. Entstehung und Entwicklung der Siebenbürger-Sachsen-Siedlung Drabenderhöhe
1. Zehn Jahre Siebenbürger-Sachsen-Siedlung Drabenderhöhe
   (Robert Gassner) 235
2. Drabenderhöhe — ein Gemeinschaftswerk (Ludwig Landsberg) . . 280

IV. Das Vereinsleben in Drabenderhöhe (Gerhart Albrich) 289

V. Anhang
1. Verzeichnisse der in Drabenderhöhe lebenden Familien:
   a) Altdorf und Höfe 306
   b) Siebenbürger-Siedlung 312
2. Siebenbürgen, Land des Segens 320
3. Oberberger Lied 321
4. Autorenverzeichnis 322

Vorwort

Im Jahre 1957 hat das Land Nordrhein-Westfalen die Patenschaft für die Siebenbürger Sachsen übernommen. Zu den hervorragenden Zeugnissen gemeinsamer Arbeit gehört die Siebenbürger-Sachsen-Siedlung Drabenderhöhe. Ihrer Errichtung lag der Wunsch vieler Siebenbürger Sachsen zugrunde, ähnlich wie in der alten Heimat geschlossen zu siedeln, um ihr traditionelles Kulturerbe wiederbeleben zu können.

In der vorliegenden Dokumentation sind die einzelnen Entstehungsphasen der Siedlung Drabenderhöhe anschaulich wiedergegeben. Damit wird außerdem belegt, welche gewaltigen Leistungen zur Errichtung der Drabenderhöhe erforderlich waren. Die Planungen zur Erweiterung der Siedlung sind jedoch noch nicht restlos in die Tat umgesetzt worden. Die Siedlung Drabenderhöhe soll so ausgebaut werden, daß sie zu einem kulturellen Mittelpunkt der Siebenbürger Sachsen in der Bundesrepublik wird.

Ich möchte an dieser Stelle versichern, daß ich als der zuständige Ressortminister dazu beitragen werde, daß die für die Siedlung Drabenderhöhe angestrebten Ausbaupläne möglichst bald verwirklicht werden können.

Prof. Dr. Friedhelm Farthmann
Minister für Arbeit, Gesundheit und Soziales
des Landes Nordrhein-Westfalen

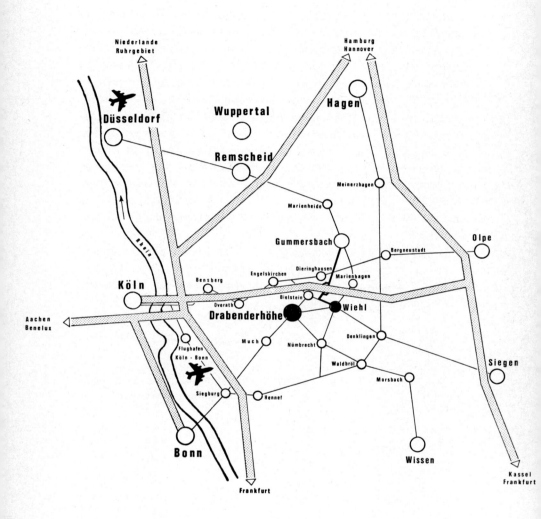

Zur Einführung

Im Juni 1976 feiern die Einwohner von Drabenderhöhe, Alteingesessene und Siebenbürger Sachsen, gemeinsam mit ihren Freunden und Bekannten das zehnjährige Bestehen des neuen Ortsteiles. Drabenderhöhe ist nicht die einzige, aber die größte geschlossene Siedlung, in der Sachsen außerhalb Siebenbürgens eine neue Heimat gefunden haben. Wir haben uns deshalb entschlossen, zu diesem Jubiläum nicht eine der üblichen Festschriften herauszugeben, die bald vergessen sind. Statt dessen soll dieser Band zum besseren und schnelleren Zusammenfinden zwischen den Menschen des Altdorfes und der neuen Siedlung beitragen und zugleich Zeugnis geben vom Schicksal der Siebenbürger Sachsen, vor allem seit den schicksalsschweren Jahren 1944—46.

Einen Menschen, genauso aber auch ein Gemeinwesen, kann man erst richtig verstehen und sein Handeln begreifen, wenn man seine Vergangenheit kennt. Deshalb stellt der vorliegende Band in seinem ersten Hauptteil den neuen Bürgern die Geschichte der Altgemeinde und des Kirchspiels Drabenderhöhe vor. Im zweiten Teil schildern Siebenbürger Sachsen ihre Geschichte und ihre heutigen Einrichtungen, während im dritten über Werden und Wachsen der Siedlung selbst berichtet wird.

Dieses Buch wendet sich aber auch an die in aller Welt verstreuten Siebenbürger Sachsen und an ihre Freunde, nicht um in Nostalgie zu versinken, sondern um am Beispiel Drabenderhöhe zu zeigen, daß nicht Resignation, sondern allein gemeinsames Handeln weiter führt und daß Siebenbürger Sachsen einerseits aktive Bürger in ihren neuen Gemeinden sind, sich aber gleichzeitig weiter als eine Gemeinschaft verstehen, die über alle Grenzen hinweggreift und von Rumänien bis Übersee reicht.

Der vorliegende Band kann und will deshalb keine wissenschaftliche Dokumentation sein. Die Verfasser sind überwiegend Persönlichkeiten, die das Gemeinwesen Drabenderhöhe und seine Siedlung mitgestaltet haben oder sich ihr besonders verbunden fühlen. Dabei ist es kaum vermeidbar, daß manche Fragen und Ereignisse von mehreren Verfassern behandelt und gewertet werden. Daß dies von jeweils verschiedenen Gesichtspunkten aus geschieht, scheint eine Bereicherung zu sein. Der an den Siebenbürger Sachsen besonders Interessierte wird auf das zu gleicher Zeit und in demselben Verlag erschienene Buch *„Quellen zur Geschichte der Siebenbürger Sachsen 1191—1975"* (gesammelt und bearbeitet von Ernst Wagner) hingewiesen.

Die Pflege der Gemeinschaft mit der einheimischen Bevölkerung, in der Nachbarschaft, am Arbeitsplatz, in kirchlichen, öffentlichen und privaten Einrichtungen sowie in den vielen Vereinen, ist ein Ziel der Siebenbürger Sachsen. Dabei soll in der Gemeinschaft mit Landsleuten wesentliches Kulturerbe auch zur Bereicherung ihrer neuen Heimat weitergepflegt werden. Das entspricht zugleich dem Willen des Patenlandes Nordrhein-Westfalen.

Auch über diese Ansätze berichtet unser Buch. Das dokumentiert auch die gemeinsame Herausgeberschaft durch die Stadt Wiehl, den Heimatverein Drabenderhöhe und die Landsmannschaft der Siebenbürger Sachsen in Deutschland.

Daß die Siebenbürger-Sachsen-Siedlung Drabenderhöhe überhaupt entstanden ist und Ausstrahlungskraft entwickeln konnte, verdanken die Siebenbürger Sachsen in erster Linie dem Patenland Nordrhein-Westfalen. Von ihm und der Bundesregierung stammen die erheblichen Hilfen für die privaten und die Gemeinschaftsbauten, dort half man weiter, wenn die örtlich Verantwortlichen mit ihren Möglichkeiten am Ende waren. Daß die Siedlung im Oberbergischen Land entstehen konnte, verdankt sie der Aufgeschlossenheit und Initiative der Bürger von Alt-Drabenderhöhe und der verständnisvollen Hilfe aller Stellen auf Kreis- und Gemeindeebene. Alle Förderer und Helfer namentlich zu nennen, verbietet uns der Platz.

Ein Name kann allerdings an dieser Stelle nicht übergangen werden: Es ist Robert *Gassner.* Zäh und ausdauernd hat er den Gedanken einer Siedlung für Siebenbürger Sachsen in ländlicher Umgebung immer wieder vorgetragen und seine Verwirklichung auch durchgesetzt. Er hat sich in der Phase der Planung und während des Baues immer wieder eingeschaltet, um Schwierigkeiten aus dem Wege zu räumen und bezog nach Baubeginn hier Quartier, um immer in der Nähe zu sein. Er hat bei der Auswahl der Siedler und der Beschaffung der erforderlichen Nachweise entscheidend mitgewirkt und beim Einzug in die neuen Häuser mitgeholfen. Daß hier eine lebendige Gemeinschaft der Siedler ebenso wie eine enge Verbindung zwischen Altdorf und Siedlung entstand, ist vor allem sein Werk. — Der Pfarrer und Lehrer Robert Gassner war es in Siebenbürgen gewohnt, von seiner Gemeinde mit „Herr Vater" angesprochen zu werden. Auch in unserer Zeit, die mit Recht gegen Pathos empfindlich ist, verdient er es, als Vater der Siebenbürger-Sachsen-Siedlung Drabenderhöhe bezeichnet zu werden.

Es ist uns eine angenehme Pflicht, denjenigen zu danken, die das Erscheinen dieses Buches ermöglicht haben: Dem Bundesminister des Innern, dem nordrhein-westfälischen Minister für Arbeit, Gesundheit und Soziales sowie dem Oberbergischen Kreis für die finanzielle Hilfe, den Verfassern und vielen nicht namentlich genannten Helfern und nicht zuletzt Autoren und Verlagen, die einem Nachdruck von Abbildungen oder Karten zugestimmt haben.

Drabenderhöhe, im April 1976

Die Herausgeber

I. Drabenderhöhe — Altgemeinde und Kirchspiel

Zur alten Geschichte von Drabenderhöhe

Oskar Osberghaus

Einleitung

Beginnen wir unsere Darstellung in der problemerfüllten Gegenwart, wo sich die Konzentration auf zentrale Orte als ein Grundprinzip der Raumordnung auch im Bereich des erweiterten Oberbergischen Kreises herausstellt. Die funktionale Stärkung der oberbergischen Kleinstädte bis hin zur Mittelstadt Gummersbach ist ein Prozeß, der sich schon zwischen den Weltkriegen angebahnt hatte, der sich aber im Zeitalter der Kreisraum-Neuordnungen verstärkt fortsetzt.

Mittlerweile haben unsere Kleinstädte und zentralen Orte das altüberkommene Wohngefüge der ausgewogenen Streusiedlungslandschaft vergangener Jahrhunderte in erheblichem Maße durchstoßen. Sie haben die wirtschaftlichen und kulturellen Funktionen, die über viele Jahrhunderte von den Kirchspieldörfern getragen worden waren, in hohem Maße an sich gezogen und sind gegenwärtig verantwortlich für die Prägung und Ausformung auch der geistigen Landschaft zwischen Radevormwald im Norden und Waldbröl im Süden des Oberbergischen Kreises.

Schauen wir nur ein Jahrhundert zurück: Da standen die Kirchspieldörfer als die beherrschenden Gemeindezentralen unangefochten im Siedlungsgefüge der 724 Einzelortschaften der beiden Altkreise Gummersbach und Waldbröl. Beide Siedlungen, Waldbröl wie Gummersbach, schon etliche Jahrzehnte Kreisvororte, hatten den kirchdörflichen Charakter im auslaufenden 19. Jahrhundert noch nicht abgestreift. Über ein halbes Jahrtausend hatten die Kirchdörfer die kargen Kulturgüter des Oberbergischen gesammelt, um das dörflich geprägte Kulturleben fast geschlossen in das Zeitalter der Industrialisierung hineinzutragen.

Die primären und traditionsreichen Kirchspieldörfer wie Wipperfürth, Gummersbach, Waldbröl, Wiehl haben sich im 19. und 20. Jahrhundert Stadtrechte erwerben oder erneut sichern können. Lindlar, Marienheide, Engelskirchen und Morsbach sind auf dem besten Wege, in eine kleinstädtische Lebenswelt hineinzuwachsen.

Die Tochterkirchen wie Müllenbach, Lieberhausen, Wiedenest, Denklingen, Odenspiel, Holpe, Marienhagen, Marienberghausen und vor allem Drabenderhöhe zeigen noch in vollem Umfang das Gepräge und die Substanz der spätmittelalterlichen Kirchorte, in denen auch heute noch die Kirche Mittelpunkt des Dorfes und der Dorfgemeinschaft ist.

Der Aufstieg dieser Kirchdörfer und ihre Funktionskraft über viele Jahrhunderte ist nur zu verstehen auf dem Hintergrund eines langdauernden Prozesses der Zusammensiedlung am Standort der Kapellen und Kirchen. Weder die älteren Pfarrkirchen, noch die etwas jüngeren Tochterkirchen sind in ein schon bestehendes Kleindorf hineingesetzt worden, sondern eben in die Verkehrsmitte der Einzelhöfe einer Hon- oder Bauernschaft. Die Kirchen haben als zentralisierende Mittelpunkte die Kirchorte erst hervorgebracht. Noch heute stellen sie in der Kulturlandschaft des Oberbergischen historische und kunstgeschichtliche Stätten von eigenartigem Reiz und echter Landschaftsverbundenheit dar; unter ihnen steht Drabenderhöhe an erster Stelle.

Kommt ein Kreisbewohner auf die Idee, Romanik des 12. Jahrhunderts im Oberbergischen aufzusuchen, dann muß er sich schon der Mühe unterziehen, die Pfeilerbasilika in Morsbach oder in Wipperfürth anzuwandern. Früh- und spätgotisches Lebensgefühl, religiöse Kunst des 15. Jahrhunderts bieten uns die „bunten" Kirchen in Marienhagen, Marienberghausen, Lieberhausen und Wiedenest. Das schönste spätgotische Chorgestühl zwischen Sieg und Wupper ist in Marienheide zu erwandern. Wer sich aber an den letzten Ausläufern des süddeutschen Barocks diesseits der Sieglinie erfreuen will, der wird es in der Obhut der barocken Kirchtürme von Bergneustadt, Eckenhagen und Nümbrecht nicht schwer haben, zumal dann nicht, wenn er als Besucher in das Kircheninnere vordringt, um sich an dem barocken Aufbau der drei Prinzipalstücke Altar, Kanzel, Orgel zu erfreuen.

Wer gar den Kulturströmungen des Humanismus und der Aufklärung im ehemaligen Bauernland an Agger und Wiehl auf die Spur kommen will, der muß nach Ründeroth, wo Pastor Goes im Sinne der Aufklärung, stark angefeindet, im 18. Jahrhundert gewirkt hat. Auch die so intensiv aufbrechende Erweckungsbewegung in den Kirchengemeinden des 19. Jahrhunderts ist nur in den Kirchdörfern des Eckenhagener und des Homburger Landes aufzuspüren.

Das hohe Lied über den Reichtum und die Leistungen der oberbergischen Kirchdörfer ist noch zu komponieren; versuchen wir hier am Beispiel des Kirchdorfes Drabenderhöhe einen Anfang.

Es gibt keine Kirchsiedlung im Oberbergischen, die über 700 Jahre lang ihr dörfliches Gemeinschaftsleben auf einem Bündel von natürlichen und historischen, kirchlichen wie politischen Grenzen sammeln und zäh verteidigen mußte wie gerade Drabenderhöhe. Im Jahr 1930 schrieb der Kölner Schriftsteller L. Mathar:

> „Höhenluftkurort ist Drabenderhöhe, auf dem Dreikreise-Eck, weithin sichtbar, auf dem Bergesrücken von 300 m Höhe thronend. Der Hauptteil Drabenderhöhe gehört zum Kreise Gummersbach, der Dorfteil „Anfang" aber zu Wipperfürth, „Scheid" wiederum zum Siegkreise.
>
> Hier wohnt und wandert man wie „Über den Welten", sieht in der Ferne in blauem Duft das Siebengebirge ... ernst steht die alte Kirche, Muchs Tochterkirche, inmitten des blühenden Dorfes!"

Kirche in Drabenderhöhe vor dem letzten Weltkrieg

Drabenderhöhe und seine Umgebung im Lichte der Frühgeschichte

Die topographische Lage des Kirchdorfes in rund 300 m Meereshöhe weist sich als Riedelstern aus, in dessen Wasserscheidenbereich ein halbes Dutzend Quellbäche strahlenförmig ihren Ursprung nehmen. Nach Nordwesten ziehen drei Quellmulden mit ihren Siefen in das tief eingeschnittene Ülpebachtal auf Bielstein zu. Von Brächen nimmt der Hipperichsiefen seinen Weg über Kaltenbach zur Agger. Der Loopebach erreicht nach 6 km die Agger, und die Wahnquellbäche steuern nach 6 km Laufstrecke die alte Kirchenzentrale Much an.

Drabenderhöhe liegt auf einer Landschaftsscheide: im Norden das tiefzertalte Agger-Wiehl-Bergland, im Süden die weitschwingende Siegtalung mit ihren Lößlehmterrassen und dem freien Blick auf das Siebengebirge. Zu dieser exponierten Grenzlage gesellt sich noch die markante Plateaulage am Südrande des Heckbergmassivs.

Die Höhenumrandung vom Heckberg (384 m) über den Schimmelhau (364 m) zum Immerkopf (384 m) trennt die Riedelstern-Ortschaft Drabenderhöhe von der Aggerfront, läßt eine Bindung an das Wiehltal offen, unterstreicht eine Südorientierung in Richtung Wahnbachtal. Der agrare Reichtum sitzt im Süden von Drabenderhöhe, der Wald- und Erzreichtum hingegen im Norden, am aufsteigenden Hang des Heckbergzuges.

Die räumlich vorgegebene Grenzposition zeigt sich auch im Wechsel der Klimafaktoren, zwar nicht radikal, aber doch in erheblichen Nuancen. Der Riedelstern mit seiner Kirchsiedlung liegt noch im Luv der naßkalten Winde und der peitschenden Regenfronten, die die thermischen und dynamischen Hoch- und Tiefdruckgebiete begleiten.

Der jährliche Niederschlag steigt schon mal über 1 200 mm. Naßkalte Winter sind häufig; der Feuchtigkeitswert der Luft liegt oft doppelt so hoch wie im unteren Siegtal; so ist es nicht verwunderlich, wenn aus „Traffende Hue" (von triefen, Traufe, also feuchte, nasse Höhe) die Ortsbezeichnung Drabenderhöhe[1]) wurde.

Das Zusammenwirken aller Klimafaktoren offenbart sich am deutlichsten im Pflanzenleben. Beginnt die Apfelblüte im Bonner Raum Ende April, so am Heckbergmassiv erst um den 12. Mai. Generell läßt sich sagen, daß die Drabender Höhe eine Verspätung der Wachstumsentwicklung schon gegenüber dem unteren Siegtal von wenigstens zwei Wochen aufzeigt.

Die bodenmäßigen wie die klimatischen Voraussetzungen für einen intensiven Acker- und Gartenbau werden zusehends günstiger, je mehr wir uns über Much, Seelscheid, Neunkirchen, Seligental der unteren Sieg zuwenden. Umgekehrt erfolgt von der Rheinebene her ein stetiger Übergang von der Klimagunst der südlichen Kölner Bucht zum niederschlagsreichen Mittelgebirgsklima des Oberbergischen, vom Rebenhang am Siebengebirge zu den Wald- und Weidehängen bei Drabenderhöhe.

Wir halten fest, daß das Bröl-Wahn-Naaf-Hügelland mit seinen Lößlehmplatten auf die Bonn-Siegburger Bucht hin orientiert ist und daß Drabenderhöhe an der Peripherie dieser rheinischen Kontakt- und Ausstrahlungszone liegt.

Wie sehr wir das komplexe Zusammenwirken aller naturräumlichen Faktoren beobachten müssen, wird sich bei der Darstellung der Land-

---

[1] Schreibweise von Drabenderhöhe: urkundlich 1353 u. 1370 „up die Dravende hoe", „up die hoe", 1391 „van der Travender hor", 1464 „Traffende Hue", 1555 „Off der Hoe", 1575 „Drauende hoighe" (niederdeutsche Schreibweise), 1604 „Trabender Höhe", 1614 „Drabenderhohe", 1732 „Trabender Höhe".

schaftsgeschichte erweisen. Als exponiertes Höhenland, angefüllt mit steinreichen Steilhängen, ausgelaugten Skelettböden, humusarmen Hochflächen und versumpften Talsohlen blieb das Agger-Wiehl-Bergland bis in das 7. nachchristliche Jahrhundert fast siedlungsleer. Um an die Ursprünge der vom Menschen bewohnten und gestalteten Landschaft zu gelangen, müssen wir uns bis in das erste vorchristliche Jahrtausend zurückbegeben.

Daß in der ausklingenden Hallstattzeit und in der anhebenden Latènezeit, im Zeitraum zwischen 600 und 400 vor Chr., keltische Siedlungsvorstöße vom Mittelrhein her erfolgt sind, ist nicht mehr von der Hand zu weisen. Die Seelscheider Urnengräberfunde wie auch die Keramikfunde in der Ringwallanlage auf dem Lüderich (westl. Overath) liefern handfeste Beweise einer keltenzeitlichen, prägermanischen Besiedlung.

Es gibt Frühgeschichtler, die das keltische Namensgut, insbesondere keltische Kultnamen wie BOD (Naturgottheit) oder VER (Stiergott und Wassergott) in bestimmten Berg-, Fluß-, Flur- und Siedlungsnamen des siegnahen Oberbergischen als gesichert ansehen: Bödigen (BOD- ingen), Altenbödingen, Bottenberg, Bodesberg, Bövingen, Büddelhagen (1286 Buddenheim = BOD- en- Hain = Hain des BOD), Bonrath (1316 Bodenrode = BOD- en- rode), Borrberg bei Ösinghausen oder dann die Typennamen auf VER wie Wersch (VER- isa), Wersbach, Werfen, Wolsdorf, Wahn, Verr (VER- en), Weiershagen (VER- es- Hagen).

Typisch für die Kleinlandschaften um Drabenderhöhe ist tatsächlich eine Häufung keltischer Namensrelikte, und es ist nicht ausgeschlossen, daß hier die Vorliebe der Kelten für eisenerzreiche Bergmassive eine Rolle gespielt hat. Wir sind berechtigt, eine Arbeitshypothese einzuschalten, wonach die Erzreviere zu Bliesenbach, Kaltenbach, Forst, Oberdorf die keltischen Eisen- und Erzfachleute angelockt und zu einer Dauersiedlung über mehrere Jahrhunderte angeregt haben müssen. Eine hauchdünne Siedlungspermanenz aus der Keltenzeit bis herauf zur kompakten Dauerbesiedlung durch fränkische und sächsische Landnehmer im 7. Jahrhundert n. Chr. rückt in den Bereich der Wahrscheinlichkeit. Eine anthropogene Ausdünnung in den ersten nachchristlichen Jahrhunderten ist für unser Bergland zwischen Sieg und Wupper auf alle Fälle anzunehmen.

Der Gang der Besiedlung

Stammessplitter der Sugambrer, Tenkterer und Usipeter, die auf den rechtsrheinischen Terrassenebenen als Frühgermanen siedelten, besonders im Pleiser Hügelland, haben ihre Fluchtburgen auf den landeinwärts gelegenen Bergnasen am Randabfall des Bergischen errichtet. Sie haben auch schon die unteren Lößplatten bewirtschaftet.

Als sich die Kampfbünde der Franken um 300 n. Chr. zusammenschlossen und im 5. Jahrhundert eine Westbewegung der ripuarischen und salischen Franken bis weit in das Seinebecken einleiteten, blieb das bergische Waldland noch als stille Landreserve im Winkel zwischen der rheinischen und der westfälischen Bucht liegen. Es kann nun durchaus sein, daß in diesen Jahrhunderten sonnenreiche Talausgänge (bei Lohmar, Birk, Geber) schütter- bzw. punktartig von keltischen Rückzüglern besetzt blieben, die dann den aufgespeicherten Bestand an Berg-, Bach- und Kultnamen an die Frühgermanen weiterreichten. Keltisches Namensgut wurde erst im 7. Jahrhundert christianisiert und germanisiert.

Umso zügiger begannen dann im Ablauf des 7. Jahrhunderts die Landnehmer, die aus der agrarisch übervölkerten Köln-Bonner Bucht herausdrängten, den Vorstoß in das waldreiche Lößlehmgebiet von Birk, Seelscheid und Much. Diese sippenweise vorgetragene Landnahme strebte um 800 n. Chr. an Much vorbei bis zur Wasserscheide auf dem Riedelstern. In der Südumrandung von Drabenderhöhe häufen sich, wie vor einer Brandungsmauer, die Hofsiedlungen der frühen Landnehmer.

Dazu gehören ohne Zweifel die Höfe von Geber, Inger, Much, sowie die dorp- und mar-Orte (Lohmar mit Frankengräbern). Es folgte dann vor 700 die Schar der heim-Orte: Hillesheim, Stockheim, Schellenheim, Bölkum, Bockem, Kuchem.

Danach breiteten sich die ingen — Siedler mit ihren Einzelhöfen aus, aus dem Siegtal aufsteigend: Geistingen (urkl. schon 799 genannt), Bödingen, Bövingen, Henningen, Nallingen, Vellingen (mit der Kaldenkapelle — Hohkeppel 958 urkl. genannt).

Dazwischen schoben sich, wohl im 9. Jahrhundert, die inghausen-Orte: Gibbinghausen, Göpringhausen, Gerlinghausen, Ösinghausen, Esinghausen, Bellinghausen, Kehlinghausen, Heddinghausen, Hevinghausen, Wülfringhausen, Tillinghausen. Dazu gesellten sich noch vor der Jahrtausendwende die hofen-, die feld- und die naaf-Orte. Von diesen frühen Landnahmehöfen lag nur ein halbes Dutzend in der Nordumrandung von Drabenderhöhe, alle anderen in der Südumrandung. Damit kommt der rheinische Kolonisationszug der mar-, heim-, ingen- und hofen-Siedler ganz klar heraus.

Die oben erwähnten inghausen-Leute nun, die aus der Soester Börde den Landnahmeprozeß der Ost- und Westfalen in das Süderbergland vortrugen, stießen aus dem nördlichen Aggerland über die Wiehltalung vor, um sich zwischen der Dravender Höhe, Much und Altennümbrecht ihren Anteil an rodungsreifem Land zu sichern. Die Namen der stabreimenden Einzelhofnamen Göpringhausen-Gerlinghausen-Gibbinghausen tun kund, daß hier Landnehmer einer Sippe mit den Vornamen Göpero-Gerlo-Gibbo am Werke waren.

Halten wir fest, daß die Landnahme der ripuarischen Franken aus der rheinischen Bucht schon im 7. Jahrhundert eingesetzt hatte, während der sächsische Gegenstoß, die Landnahme der inghausen-Leute, erst im späten achten Jahrhundert erfolgte. Sie stießen im Bereich der Wasserscheide des Heckbergmassivs auf die Altsiedler der rheinischen Bucht. Der Riedelstern der Dravender Höhe geriet in den Grenzbereich der beiden Kolonisationswellen; hier stießen dann auch die Machtsphären der Franken und Sachsen aufeinander.

Die zügige Urbarmachung des tälerreichen Waldgebirges konnte, wie wir erfahren haben, erst erfolgen, als die Bewohner der rheinischen wie der westfälischen Bucht unter dem Druck einer agraren Überbevölkerung die biologischen und materiellen Voraussetzungen zu einem intensiven Kolonisationsprozeß geschaffen hatten.

Die frühen Landnahmehöfe besaßen alle einen typischen Standort. Sie mieden bewußt die Höhen- und Kammlagen sowie die nebelfeuchten Talsohlenlagen. Sie bevorzugten durchweg die Quellmulden (Schladen) oberhalb der Siefen oder schmale Terrassenleisten der sonnenseitigen Talhänge. In den Quellmulden und Schladen sammelte sich soviel Wasser, daß eine Bauernfamilie das Jahr über damit auskommen konnte. Für Großweiler oder gar Haufendörfer war weder genügend Wirtschaftsraum noch Ackernahrung vorhanden. Die oberbergische Kleinkammerigkeit im Lande der „Tausend Siefen" hat den Landnehmern die Anlage des Einzelhofes geradezu diktiert.

Hof, Haus, Stallungen, Viehtränke (Teich) lagen wohlgesichert im Schutz der Quellmulden, an deren oberem Flachhang die Felder lagen, die sich aber auch auf die Verebnungsflächen der Höhenriedel vorschoben (Höhenlandwirtschaft). Gärten, Baumkämpe, Weiden gruppierten sich um den Hof, siefenabwärts folgten die Wiesen. Waldzungen ragten noch bis in Hofnähe heran.

Der Landnahmehof lag immer im Zentrum der Wirtschaftsfläche, in der Mitte der Blockflur; die alten Wieden- und Pfarrhöfe im Oberbergischen geben dies Bild heute noch wieder. Und dabei gab es in den drei Jahrhunderten der Landnahme (600—900 n. Chr.) keine Trennung zwischen land- und forstwirtschaftlicher Nutzung. Hof, Rodungsfläche und Wald bildeten eine Betriebseinheit für diese Waldweidebauern auf ihren heim-, ingen- und inghausen-Höfen. Der Wald spielte über viele Jahrhunderte eine äußerst wichtige Rolle als Schutz- und Jagdgebiet, als Hutung für das Vieh, als Brennholz- und Laubstreuwald, als Nutzholzwald für Haus- und Gerätebau.

Als vor der Jahrtausendwende der Körnerbau umfangreicher wurde, konnten die schweren Schubkarren und Erntewagen bergabwärts in die Scheune gefahren werden. Platzmangel zwang später mancherorts dazu, Stall und Scheune unter einem Dach zu vereinen. Weder das sächsische Längsdielenhaus noch der fränkische Vierkanthof konnten sich in reiner Form gegen das oberbergische Relief durchsetzen. Auch das mitteldeutsche Querdielenhaus erhielt durch die Hanglage seine oberbergische Ausprägung. Das oberbergische Wohn-Stall-Haus setzte sich durch.

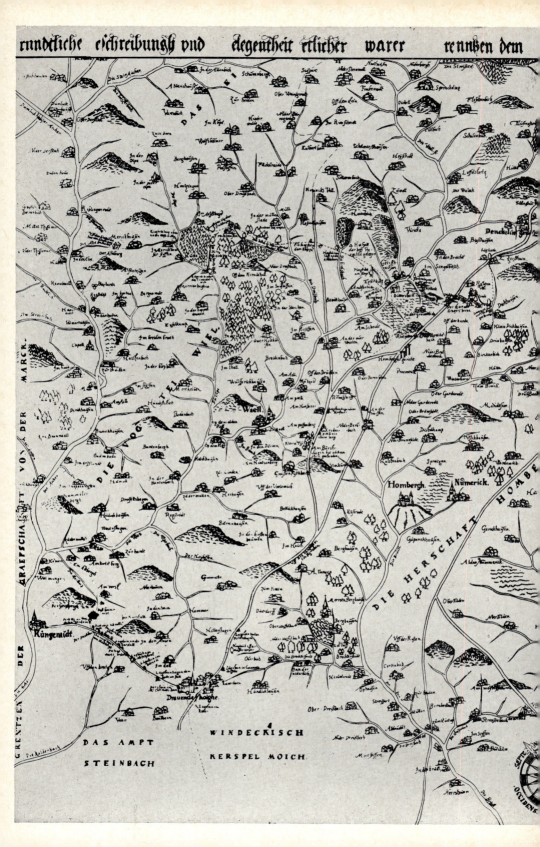

Mit diesem Prozeß der Kolonialisation griff der siedelnde Mensch zum ersten Male entscheidend in das Gefüge der Naturlandschaft ein. Mit Rodehacke, Axt, Sichel, Sense, Karst und Pflug und unter Ausnutzung des Tierfraßes wurde die vorhandene waldreiche Vegetationsdecke zurückgedrängt.

In diesem stürmischen Siedlungsgang vor der Jahrtausendwende, der sich im Schutz der karolingischen Machtentfaltung vollzog und wo das Binnenbergische militärisch durch Ringwallanlagen gesichert wurde, blieb der hochgelegene Riedelstern der Dravender Höhe noch ausgespart. Erst in der großen Ausbauperiode, 900—1100 n. Chr., als die sonnenwarmen und nebelfreien Hoflagen schon sehr rar geworden waren, haben die nachgeborenen Söhne der Althofbesitzer in 300 bis 450 m Höhenlage noch Platz für Rodungshöfe gefunden. Typisch für diesen Ausbau nach der Jahrtausendwende sind die hausen- und berg-Orte: Hündekausen, Börnhausen, Marienberghausen... Oberbantenberg, Hengstenberg, Oberhollenberg; dann aber vor allem die scheid-Orte: Scheidt, Hillerscheid, Pfaffenscheid, Wellerscheid, dazu nun die Einzelrodungshöfe in Anfang, Immen, Dahl, Niederhof, Jenneken (Gimmicke), Nieder- und Obermiebach.

Mit den Einzelhöfen Scheidt und Anfang wagten sich die Ausbausiedler auf die Riedelsternfläche herauf, fast in die Obhut der vereinsamt stehenden, spätkarolingischen Holzkapelle. Die Häufung von Scheid-Siedlungen im Bereich des Riedelsterns der Dravender Höhe ist ein klarer Hinweis für diesen ausgesprochenen Grenzsaum mit seinen naturgeographischen und anthropogeographischen Grenzen. In dieser intensiven Rodungsperiode wurde der Wald auf die landwirtschaftlich ungeeigneten Böden zurückgedrängt: in die Siefenschluchten, an die unzugänglichen Steilhänge, auf die windumtosten Bergköpfe, vor allem auf die humusarmen Skelett- und Steinböden des Heckbergmassives. Damals im Hochmittelalter wurden die heute noch bestehenden Grenzlinien zwischen Kulturland und Waldungen im groben festgelegt; die Flurnamen wuchsen in die Kleinlandschaften hinein.

Auch auf dem Riedelstern zwischen Anfang und Scheidt wird die Dreifelderwirtschaft in Gebrauch gekommen sein, bei der Winterfrucht, Sommerfrucht und Brache in dreijähriger Folge miteinander abwechselten. Der „Höher" Bauer kannte bis in den Anfang des 19. Jahrhunderts kein Dauerackerland; die nährstoffarmen Böden mußten mehrere Jahre brach liegen bleiben (Feldgraswirtschaft).

Die kirchliche Erschließung

In dieses auf Autarkie abgestimmte Gebiet der Höhenlandwirtschaft drang nun, im 8. Jahrhundert beginnend, die christliche Mission der rheinischen Stifte. Ihre Träger benutzten die alten Landnahmewege, die über die Höhen führten, uns heute noch bekannt unter den Namen

Nutscheidhöhenweg, Rennweg, Zeit- und Brüderstraße, Mucher Landstraße. Mit dieser kirchlichen Erschließung durch Bet- und Taufkapellen lief zeitlich parallel die politische Durchdringung im Rahmen der karolingischen Grafengaue, die sich in Untergaue und Honschaften (Hundertschaften) aufgliederten.

In karolingischer Zeit gehörte das Terrassenland an der unteren Sieg und das Bergland zwischen den Flüssen Wisser, Bröl, Wahn und Agger zum Auelgau mit seinem frühen Gaugrafensitz am Ölberg, im 10. Jahrhundert auf dem Michelsberg in Siegburg.

Die Christianisierung im Auelgau wie auch im angrenzenden Deutzgau zwischen den Flüssen Dhünn, Sülz und Agger ging von den Kollegiats- und Stiftskirchen St. Cassius zu Bonn und St. Severin zu Köln aus. Sie schickten ihre Kanoniker als Sendboten und Missionare weit in den Auelgau, um hier an verkehrssammelnden Wegekreuzen und altheidnischen Kultplätzen zwischen den Landnahmehöfen ihre Bet- und Taufkapellen zu errichten. Die Stiftskirche St. Cassius zu Bonn wird ihre volle Funktionsfreiheit und ihre weitzielende Missionsaufgabe im siegnahen Bergland zwischen 799 und 895 aufgenommen haben, denn die Kirche zu Geistingen/Sieg wird 799 urkl. erwähnt und die Kirchen zu Dattenfeld und Morsbach im Zusammenhang mit einer Schenkung an das Cassiusstift im Jahre 895.

Eine weit bedeutendere Schenkung in Hohkeppel an das Kölner Severinsstift erfolgte im Jahre 958.

Die erste kirchliche Erschließung im Südteil des Oberbergischen, damals, wie wir gesehen haben, von der bäuerlichen Kolonisation gerade erschlossen, erfolgte ganz eindeutig im 9. Jahrhundert. Folgen wir den Ausführungen von Prof. K. Oberdörfer in seiner Schrift „Das alte Kirchspiel Much" und ziehen wir die historischen Erkenntnisse von P. W. Hüssen und von Pfarrer G. Schöler, der i. J. 1847 eine übersichtliche Pfarrchronik anlegte, mit zu Rate, dann ist die Kapelle und spätere Kirche auf der Dravender Höhe ohne die frühe Taufkapelle in Kreuzkapelle (Herrenteich) und ohne die Pfarr- und Martinikirche zu Much gar nicht denkbar. Die Kreuzkapelle und die Betkapelle auf der Dravender Höhe sind nachweislich alte Taufkapellen, beide weisen das karolingische Johannespatrozinium (Schutzpatron) auf, beide besaßen das Tauf-, Begräbnis- und Zehntrecht und die in karolingischer Zeit befohlene Mansusdotation (Ackernahrung für den Seelsorger von 30 bis 60 Morgen Land)! Beide Altkapellen sind in guter Verkehrslage erbaut. Die Kreuzkapelle hatte allerdings den Vorteil, in einer einzelhofreichen Bauernschaft zu liegen. Vielleicht stand zu der Zeit, als das Taufbecken der Kreuzkapelle errichtet wurde, in Much noch eine heidnische Opferstätte. Jedenfalls wurde früher die Kreuzkapelle durch eine Prozession von Much aus als älteste Taufkirche geehrt. Und doch konte sie es nicht verhindern, daß sie der Mucher Großpfarrei einverleibt wurde.

Die frühe Taufkapelle auf dem Riedelstern konnte sich — und das ist das Außergewöhnliche — auf keine Hon- oder Bauernschaft stützen.

Sie war als Wächter und christliches Wahrzeichen mit weitem Blick ins heidnische Sachsenland genau auf der Grenze zwischen der Miebacher Honschaft (zu Much gehörig) und der Weyerschen und Herhauser Honschaft (zu Wiehl gehörig) errichtet worden. Diese Honschaftsgrenze, auf der die Höher Kapelle stand, wurde nach der Jahrtausendwende zur festen Kirchspielgrenze zwischen den Großpfarreien Much und Wiehl, und diese waren nicht bereit, auch nur einen Fetzen Land an die landlose Kapelle abzutreten. Und diese Kirchspielgrenze, darauf können wir hier schon hinweisen, lieferte dann im 12./13. Jahrhundert die Linienführung für die sich festigenden Territorialgrenzen.

Wir erkennen hier in aller Deutlichkeit, wo das Schicksal der Grenzgebundenheit für Kirche und Ortschaft Drabenderhöhe begann. Die kirchliche Erschließung ging nach der Jahrtausendwende dazu über, den Mutterkirchen im Agger-Wiehl-Bergland ihren endgültigen Standort zuzuweisen. Die Lagebeziehungen der frühen Pfarrkirchen zueinander beweisen uns heute noch den sicheren Aufbau der kirchlichen Verwaltungseinheiten durch die rheinischen Stifte.

Zum Kirchenbesitz des Cassiusstiftes zu Bonn gehörten die Kirchen in Herchen, Dattenfeld, Friesenhagen, Morsbach, Waldbröl, Nümbrecht, Ruppichteroth, Winterscheid und Wiehl. Nördlich der Agger betreute St. Severin zu Köln die Kirchen in Overath, Lindlar, Frielingsdorf und Gummersbach nebst Tochterkirchen.

Der reiche Besitz des Cassiusstiftes wurde im Jahre 1131 in einer Bestätigungsurkunde durch den Papst Innozenz II. erneut festgelegt. Die Kapelle zu Drabenderhöhe wird hier nicht genannt, auch nicht im liber valoris, einer Steuerliste der Erzdiözese Köln für alle Pfarrkirchen und zehntpflichtigen Kapellen aus dem Jahre 1297.

An dieser Stelle werden sich die Alt- und Neubürger von Drabenderhöhe fragen, warum die Höher Kapelle, die so früh errichtet worden war, im 12./13. Jahrhundert in ihrer Bedeutung absank, während die Kirchen in Much, Wiehl, Nümbrecht, Gummersbach, Ründeroth sich stark entfalteten und manche unter ihnen auch Tochterkirchen gründeten.

Wiewohl an einem Knotenpunkt von Höhenwegen gelegen, fehlte der Höher Kapelle, lange Zeit nur eine Außenstelle von Much, jener agrare Reichtum, der die Siedler und Kolonisten angezogen hätte. Das bäuerliche Umland blieb stets wenig ertragreich, zudem stand, wie wir herausarbeiten konnten, die Höher Kapelle ohne Rückhalt an einer Honschaft haargenau auf der Grenze zwischen Honschaften und Kirchspielen. Während Much und Wiehl, in relativ reicher Agrarlandschaft gelegen, Vogteigerichtsbarkeit erwerben konnten, blieb die Höher Kirche ohne jede zentralisierende Funktion. Auch der Prozeß der Zusammensiedlung von Handwerkern, Händlern, Kirch- und Verwaltungsleuten am Standort der Kirche verlief auf dem Riedelstern nur sehr langsam und stockend. Der folgenschwerste Nachteil aber blieb das Fehlen einer eigenen Honschaft, denn ein Kirchsprengel brauchte zum Aufbau einer örtlichen Kirchenorganisation die materielle Basis von wenigstens zwei bis drei Honschaften. Die Großpfarrei Much verfügte über sechs Honschaften, Nümbrecht und Wiehl über je zwei große Bauernschaften und Gummersbach, das große Gegenstück zu Much, hatte ebenfalls Rückhalt an sechs Bauernschaften. Schon um 1100 betreute diese Mutterkirche die fünf Tochterkirchen zu Ründeroth, Müllenbach, Lieberhausen, Wiedenest und bis 1174 auch Meinerzhagen. Die Höher Kirche lag im toten Winkel zwischen den Kirchspielen Ründeroth, Wiehl, Nümbrecht, Much und Engelskirchen. Die Gemeinschaft der Gläubigen, die Schar der festen Kirchgänger muß sehr klein gewesen sein. Der Pfarrhof der Höher Kirche stand abseits in Pfaffenscheid, weil hier die Ackernahrung für den Seelsorger weit ertragreicher war als auf der exponierten Riedelfläche an der Kirche. Urkundlich wird das Gut Pfaffenscheid schon in den Jahren zwischen 1060 und 1072 zur Zeit Kaiser Heinrichs IV. erwähnt als Geschenk des Edelmannes Deoderich an die Siegburger Abtei.

Nun setzte im 13. Jahrhundert auch im Oberbergischen ein Prozeß ein, der den Boden und auch die Waldungen in weit stärkerem Maße als bisher in das Wirtschaftsleben einbezog, hervorgerufen durch den Erzbergbau. Frühe Urkunden bezeugen diesen Vorgang. Im Jahre 1122 erhielt der Siegburger Abt Schürfrechte auf Erze im Auelgau und im Jahre 1167 wurde der Kölner Erzbischof Rainald von Dassel mit den Silbererzgruben zu Heidberg und Wildberg im Eigen von Eckenhagen belehnt.

Mit dem Bergbau und der Aufbereitung der Erze begann im Binnenbergischen die entscheidende Berufssonderung, eine erste Arbeitsteilung. Der Bergmann, der Köhler, der Schmelzer, der Schmied, der Stellmacher, die Fuhrleute, sie alle rückten dem Hochwald zu Leibe im Dienste des eigenen Hofes, der Hofgemeinschaften, der Kirche, der aufkommenden Adelsgüter und der Gewerke (Bergwerksgesellschaften). Die Träger dieser neuen Berufszweige konnten ohne Rodungshof leben, sie siedelten sich häufig am Standort der Kirche an. Aber auch diese Zusammensiedlung am Kirchplatz kam nicht so sehr der Höher Kirchsiedlung zugute als vielmehr den grubennahen Gehöften in Forst, Jenneken und Wellerscheid, die bis weit herauf in die Neuzeit, bis in das 18. Jahrhundert volkreicher waren als das Kirchdorf an der Grenze.

Als sich im Ablauf des 15. Jahrhunderts im Agger-Wiehl-Raum das eisenschaffende und eisenverarbeitende Gewerbe immer stärker entfaltete (in Zeiten der Hochblüte standen später über 80 Hütten und Hämmer an Agger und Wiehl) orientierten sich die Siedler an der Höher Kirche in ihrem Wirtschaftsleben stärker nach Norden hin zur Agger und Wiehl.

Der Handel mit Holzkohle aus den Heckbergwäldern, aber noch mehr der Fernhandel mit Siegerländer Stab- und Knüppeleisen in Richtung Agger, Vollme und Wupper rückte nun die Riedelsternsiedlung etwas aus der gefährlichen Stagnationszone heraus. Die Fuhrleute, die im Transport der schweren Güter zwischen Siegburg und Olpe, zwischen Siegen und dem Bergischen tätig waren, siedelten sich in der Obhut der Höher Kirche an.

Aber auch unter dem Eindruck dieser zunehmenden Verkehrsknotenfunktion waren die saturierten Kirchspiele Much und Wiehl nicht bereit, den Höhern je eine Hon- oder Bauernschaft zur Bildung einer echten Pfarr- oder gar Zivilgemeinde abzutreten. Alles was die Mucher und Wiehler gestatteten, war die Erlaubnis für die Familien der umliegenden Höfe in Scheidt, Büddelhagen, Verr, Obermiebach, Dahl, Immen, Jenneken, Forst, zur Hardt, zur Mühlen, in den Weiden, daß sie sich den weiten Kirchweg zu den Mutterkirchen ersparen konnten. Diese Grenz- und Zwitterstelle zwischen Much und Wiehl sowie die schmale Lebensbasis für den Seelsorger in der Höher Kapelle brachte sehr früh, wahrscheinlich schon im 12. Jahrhundert eine Entwicklung in Gang, die solche schwachdotierten Außenstellen zum Austausch- und Handelsobjekt werden ließen, wenn etwa Adelige sich den Zehnten einer solchen Kapelle übertragen ließen.

Urkundlich erfahren wir davon zum ersten Male, als am 9. August 1353 der Ritter Heinrich von Grafschaft seinem Sohn den Zehnten der Höher Kapelle (up die Hoe) überträgt. Damit wissen wir, daß die Grenzkapelle zur Eigenkirche eines Grundherrn geworden war, der als Eigentümer des Kirchen- und Altargrundes über die nutzbaren Rechte und Einkünfte zu entscheiden hatte. Er konnte die Eigenkirche als Ganzes verkaufen. Davon erfahren wir urkundlich, als am 21. Januar 1393 die Geschwister von Merode und Plettenbrecht den Zehnten der Höher Kapelle an den Herzog Wilhelm von Berg verkauften.

Die Grafen und Herzöge von Berg hatten seit ihrer Teilnahme an den Kreuzzügen eine große Vorliebe für die Johanniter bekundet, denen sie schon im Jahre 1176 eine Kommende (Komturei) in ihrer Burg an der Wupper gewährten. Von hier aus erwarben die Ordensritter im Bergischen Land Besitzungen, gründeten nach 1200 ein Ordenshaus in Herrenstrunden und um 1300 ein weiteres in Marienhagen. Sowohl Heinrich III. von Sayn-Homburg wie auch der Ritter Adolf von Wiele (Wiehl), Ministeriale der Grafen von Berg auf Windeck, halfen dem Johanniterorden, im Oberbergischen und Homburgischen Land Gebiete, Höfe und Gerechtsame zu erwerben.

Aus einer Urkunde vom Jahre 1445 geht hervor, daß auch die Höher Kapelle dem Komtur und Pfarrer Wilhelm von der Mark in Marienhagen unterstellt war. Mit großer Wahrscheinlichkeit ist auch die Kapellenkirche zu Marienberghausen eine Johannitergründung, zugleich aber auch der Nümbrechter Pfarrkirche übereignet worden, damit sie im 14. Jahrhundert in der Staffelbacher Honschaft eine selbständige Pfarrei aufbauen konnte. Dadurch blieb der Marienberghauser Kapellenkirche das kaum ertragbare Grenzschicksal erspart.

Während im ausgehenden Mittelalter Marienhagen durch die Johanniter eine starke Förderung seiner Wirtschaft (im Ackerbau, in der Fischzucht, im Erz- und Textilgewerbe) erfuhr, seine Kirche mit gotischen Wandmalereien schmücken und selbst zum Vorort der zehn „Aggerhöfe" aufsteigen konnte, blieb die Dravender Höhe ein engbegrenzter Kapellenbezirk ohne kommunales und eigenkirchliches Umland. Die Ausbildung eines Kirchdorfes stagnierte.

Die Höher Kapelle und ihre Entwicklung im Zeitalter der mittelalterlichen Territorialpolitik

In dem Bestreben, die Lebenslinie der Höher Kapelle im Ablauf der kolonisatorischen und kirchlichen Erschließung nachzuzeichnen, mußten wir erfahren, daß die frühe Taufkapelle ohne Honschaft, ohne eigenständige Pfarrgemeinde ihr Leben auf der Grenze zwischen den Großpfarreien Much und Wiehl fristen mußte.

Auch als sie zur Eigenkirche adeliger Grundherren und schließlich eine Johanniterkapelle geworden war, hatte dies nichts an der Zwitterstellung ändern können.

Es muß uns nun doch stark interessieren, ob die territoriale Entwicklung, die im ausgehenden Mittelalter auch das Agger-Wiehl-Bergland erfaßte, das Schicksal der Grenzlandkapelle mit ihrer kleinen Siedlung auf dem Riedelstern hat wenden können.

Um die Jahrtausendwende hatte sich die karolingische Gau- und Grafschaftsverfassung endgültig aufgelöst, die Partikulargewalten begannen ihren Aufstieg, die kaiserliche Zentralgewalt verkümmerte. In den nördlichen Rheinlanden gewannen die Territorien der Grafen von Jülich, Kleve, Berg, Mark und Sayn an Geschlossenheit. Unter ihnen besaß Kurköln eine Sonderstellung, da der Erzbischof in seiner Person zugleich auch Herzog von Westfalen war und zeitweise auf dem Schloß in Arnsberg residierte. Alle diese Landesherren waren bestrebt, aus vielen Einzelbesitzungen und Einzelrechten einen Flächenstaat mit fester Grenze aufzubauen.

Neben diesen erfolgreichen Territorialherren versuchten auch die im Oberbergischen ansässigen Edelherren eigene Hoheitsgebiete aufzubauen. Aber alle Versuche der bodenständigen Geschlechter niederen Adels von Wiehl, von Holstein, Bellinghausen, Börnhausen, Overbach (bei Much), Alt Bernsau schlugen fehl.

Selbst so reiche Adelsgeschlechter wie die Grafen von Hückeswagen oder die Edelherren und Grafen von Nesselrode zu Ehreshoven und Herrnstein mußten vor den erfolgreichen Grafen von Berg das Feld räumen. Als Schirmvögte der landreichen und zehntberechtigten rheinischen Stifte und in der Nachfolge der alten Grafengerichtsbarkeit stießen die Grafen von Sayn, Berg und Mark in das Agger-Wiehl-Bergland vor, darauf bedacht, die bäuerliche Arbeits- und Wehrkraft, dazu Wald-, Wild- und Erzreichtum des Oberbergischen zu nutzen.

So bezogen die Grafen von Berg 1133 ihr Schloß Burg an der Wupper, 1174 die Burg Windeck an der Sieg, ließen den mächtigen Vierkantturm von Schloß Gimborn errichten und um 1360 die Höhenburg Neuenberg bei Frielingsdorf. Im Jahre 1257 erwarben sie die Gerichtsbarkeit im Reichshofgebiet zu Eckenhagen und Denklingen. Damit hatten die Grafen von Berg das Hoheitsgebiet der Grafen von Sayn fast ganz umklammert, obwohl die Sayner Grafen anfänglich im ehemaligen Auelgau die mächtigsten Herren gewesen waren. Ihre Machtbasis lag an der Sieg mit den Burgen in Blankenberg, auf der Freusburg und in Hachenburg. Um 1270 erwarben sie die alte Wasserburg Holstein an der Bröl mit allen Ländereien und bauten dann die Homburg auf. Ihr ältester Besitz aber war das Vest (Gerichtsbezirk) Nümbrecht; wichtig wurde im Jahre 1385 der Erwerb der bis dahin selbständigen Vogtei Wiehl im unteren Wiehltal. Dazu traten dann noch die Kirchspiele Morsbach, Waldbröl und der südliche Teil von Much.

In dem nun anhebenden Kampf um kleinste Landgebiete und Rechte mußte die Kapellensiedlung auf der Dravender Höhe ohnmächtig zusehen, wie sich die politische Grenze zwischen Sayn-Homburg und dem landhungrigen Berg mitten durch die Ortschaft legte, dicht an der Kirchenmauer vorbei.

Selbst die landfremden Grafen von der Mark schoben ihr Einflußgebiet auf den Rand des Riedelsterns bis kurz vor Brächen vor. Sie hatten ihre territoriale Basis in der Hellweglandschaft nördlich der Ruhr. Von ihrer starken Burg Altena aus erweiterten sie das märkische Hoheitsgebiet über Lüdenscheid und Plettenberg weit nach Süden bis an die Agger, wo die Altenaer Burgherren das Vest (Gerichtsbezirk) Gummersbach als Pfandschaft von ihren Berger Vettern in die Hand bekommen hatten. Mit dem tatkräftigen Aufbau ihrer Stadtburg Nyestad zwischen 1301 und 1353 wollten die Märker deutlich dokumentieren, daß sie außerordentlichen Wert auf das erzreiche und gewerbestarke Aggergebiet legten.

Nur 15 km Luftlinie vom Riedelstern der Höher Kapelle entfernt bot das sonst städtefeindliche Gebirgsland an der Agger im 14. Jahrhundert das ungewöhnliche Schauspiel der Entstehung einer mauerumwehrten Territorialstadt auf blankem Fels. Allein aus dem politischen Willensakt der Grafen von der Mark, die den Südzipfel ihres Hoheitsgebietes militärisch und wirtschaftlich sichern wollten, entstand diese festgefügte Stadtburg, mit allen Stadtrechten und landesherrlichen Privilegien ausgestattet. Drei Gerichtsinstitute konnte die märkische Stadt zwischen 1429 und 1630 in ihren Mauern beherbergen, wurde administrativer und wirtschaftlicher Vorort im alten Vest Gummersbach, das sich nun Amt Neustadt nannte.

Im Gegensatz zu dieser außergewöhnlichen Stadtentwicklung im Gefolge der Territorialherrschaft müssen wir bei der Kapellensiedlung auf der Dravender Höhe feststellen, daß hier die Ortsentwicklung im territorialpolitischen Kräftespiel stark beeinträchtigt wurde. Der Grenzcharakter, die unerträgliche Zweigeteiltheit wurde noch drückender, je mehr sich die Sayner und Berger Grafschaften konsolidierten.

Als Graf Salentin von Sayn-Homburg im Jahre 1361 durch Heirat die Grafschaft Wittgenstein gewinnen konnte, wurde Homburg zu einem Außenbesitz und Nebenländchen, in dem man nun auch noch saynsche und wittgensteinsche Beamte und Leute unterscheiden mußte. Aber damit nicht genug, es gab in den homburgischen Höfen und Flecken auch noch bergische Untertanen, Gerechtsame und Besitzungen.

Diese ungewöhnlich dichte Gemengelage von Besitz- und Verwaltungsrechten gab Anlaß zu dauernden Rechts- und Grenzstreitigkeiten. Um den gefährdeten Besitz besser absichern zu können, veranlaßten die Landesherren den Bau von Landwehren, wie sie rings um das „Eigen von Eckenhagen", aber auch im Homburgischen mitten auf dem Riedelstern der Höher Siedlung nachgewiesen werden können.

Die Siedler auf der Dravender Höhe mußten in dieser kommunal- und territorialpolitisch so drangvollen Zeit die Lasten der Untertanen doppelt und dreifach tragen. Der einzige Rückhalt in dem steten Kampf um Eigenständigkeit und Zusammengehörigkeit blieb die Kirche, die wie ein Turm in der politischen Brandung stand, zwar auf bergischen Grund und Boden, aber für die Homburger weit geöffnet. Immer wieder gemahnte die schlichte Kapelle daran, die trennende Grenze in der Dorfgemeinschaft zu überwinden.

Als im 15. und 16. Jahrhundert der Nah- und Fernverkehr auf den Höhenwegen zunahm, der Austausch von Gütern aus der Rheinzone in das Westfälische, aus dem Siegerland in das Niederbergische und in Richtung Köln reger wurde, gewann die Höher Kirchensiedlung an Bedeutung. Eisenfachleute, Händler und Fuhrleute ließen sich in der Nähe der Kirche nieder, und damit wuchs die Verkehrsfunktion so stark an, daß die homburgischen Landesherren diesem Verkehrsplatz auf der Grenze stärkere Aufmerksamkeit schenkten. Als nun die Höher Kirch- und Verkehrssiedlung in das Zeitalter der Reformation eintrat, wurde letztlich mit landesherrlicher Hilfe der Weg zur Befreiung aus der Grenzumklammerung beschritten.

Die Höher Ortsentwicklung im Reformationszeitalter

Das umfangreiche Kirchengut, das die Höher Taufkapelle um die Jahrtausendwende mitbekommen hatte, war im Ablauf des Mittelalters merklich zusammengeschrumpft.

Das Kirchgut in Niederhof gehörte im 15. Jahrhundert schon einem Windecker Amtmann von Nesselrode (Nesselrath). Die Mühlengerechtsame an der Hahner Mühle waren ebenfalls veräußert worden. Der Pfarr- und Wiedenhof zu Pfaffenscheid umfaßte zur Reformationszeit nur noch 26 Morgen Land. Das jährliche Einkommen der Pfarre belief sich auf knappe 10 Gulden im Jahr. Im Vergleich dazu war die Johanniterkirche in Marienhagen geradezu unermeßlich reich, besaß sie doch 8 Kirchengüter, davon allein drei im Kirchdorf selbst und den großen Wiedenhof in der Koppelweide.

Die Seelsorgestelle in der Höher Kapelle bedeutete für jeden Vikar ein Leben in Armut, und doch ließ sich diese frühe Taufkapelle nicht unterkriegen. Im Jahr 1582 trug sie den stolzen Namen:

„Domus hospitalis Sancti Johannis Baptistae".

Die Reformation im Homburger Land vollzog sich in den Jahren zwischen 1550 und 1570. Im Jahre 1563 einigten sich die beiden Herren von Homburg, Graf Salentin II. zu Sayn und Graf Ludwig der Ältere zu Wittgenstein über den Erlaß einer lutherischen Kirchenordnung. Nach den Bestimmungen des Augsburger Reichstages von 1555 hatten sie ja das Recht, das Religionsbekenntnis ihrer Untertanen zu bestimmen. Der Herzog von Berg wiederum, staats- und kirchenpolitisch stets schwankend, überließ seinen Untertanen in Homburg, selbst den rechten Bekenntnisweg zu finden. So kam es vor, daß in Wiehl um 1570 drei Seelsorger amtierten, ein saynscher, ein wittgensteinscher und ein bergischer, unter ihnen zwei mit dem neuen Bekenntnis.

Auch in Much blieben die kirchlichen Verhältnisse bis zum Jahre 1614 (Ketten- und Kanzelschlacht der Dorffrauen, die den evangelischen Prediger schließlich über die Kirchmauer stürzten) in der Schwebe. Ein Johann Schröder aus Much war evangelisch geworden, während der Johann zum Busch „under der Drabenderhohe" katholisch geblieben war.

Die Zeugenaussagen, die Gottfried Corbach in seiner Schrift „Die kirchlichen Verhältnisse im Oberbergischen" (16. Jahrhundert) gesammelt hat, tun deutlich kund, daß die Reformation nur schrittweise, durchaus nicht geschlossen, oft nur punktartig in den Siedlungen um sich griff, bei sehr vielen Rückschlägen. Und doch sollte sich gerade in diesen Zeiten der religiösen Krisen und sozialen Auseinandersetzungen für die Höher Ortsentwicklung eine Wende anbahnen. Allerdings mußten mehrere Ereignisse am Standort der Grenzkapelle zusammenfließen, um die ersten erlösenden Schritte aus der Grenzumklammerung zu tun, um den Grundstein für eine selbständige Pfarrgemeinde und Mutterkirche zu legen.

Ganz entscheidend wurde die Tatsache, daß sich die Neuregelung der politischen und kirchlichen Verhältnisse im Homburger Land um 1600 zur gleichen Zeit vollzog unter der weisen und humanen Führung des Grafen Ludwig (1532—1605). Die wachsende Verkehrsbedeutung der Kapellensiedlung war dem weitgereisten, sprachbegabten und humanistisch gebildeten Landesherrn nicht entgangen, mehr noch war er von der kämpferischen Glaubenshaltung der Höher Kirchgänger beeindruckt worden, die geschlossen hinter ihrem sehr gefährdeten Vikar Neuleben standen. Dieser streng lutherische Pfarrer, der in Pfaffenscheid nahe bei der Schule auf dem dezimierten Kirchengut wohnte, predigte das Evangelium im Sinne Martin Luthers. Er war ein vorbildlicher Familienvater, umsorgte seine sechs Kinder, die er auf dem mageren Kirchgut und mit der schlecht bezahlten Pfarre nur unter allergrößter Sparsamkeit durchbringen konnte.

Dem katholisch gesonnenen Windecker Amtmann war dieser Lutheraner ein Dorn im Auge, besonders seitdem dieser Vikar in der Gummersbacher Kirche im Jahre 1570 die ehrbare Bürgerstochter Gertrud Schorre aus Bernberg mit dem jungen Pfarrer Heinrich Gervershagen aus Müllenbach getraut hatte. Diese Trauung wurde im Oberbergischen zum Fanal für ein entschiedenes und offenes Eintreten für den evangelischen Glauben. Für Jakob Neuleben und seine Frau folgten bald darauf bittere Tage. Ein Leumundszeugnis, das der Drabenderhöher Vikar gutgläubig und wohl auch, um die stets leere Haushaltskasse aufzufüllen, einem steckbrieflich Verfolgten ausstellte, brachte ihn selbst ins Amtsgefängnis und seine Frau ins Elend. Der Windecker Amtmann hatte nun ein festes Packend, um den „anrüchigen" Pfarrer auszubooten. Aber er hatte nicht mit dem energischen Widerstand der Höher Kapellengemeinde gerechnet, die sich hinter ihren bedrohten Pfarrer stellte und die ihre Bittschrift und Zeugnisse bis vor die Landesherren trug. Für den Grafen Ludwig zu Wittgenstein-Homburg war diese „Bürgerschaftsinitiative" und offene Nachbarschaftshilfe ein wesentlicher Grund mit dafür, diesem Kirchdorf auf der Grenze seine ganze Aufmerksamkeit zu schenken. Schon seit Jahren hatte Graf Ludwig die schrittweise Durchdringung der homburgischen Kirchspiele mit bergischen Untertanen und Gerechtsamen beobachtet. Dieser politische Prozeß der permanenten Durchlöcherung mußte gestoppt werden, oder aber der homburgische Inselbesitz war für Wittgenstein-Berleburg verloren.

Unter den ständigen Verletzungen der homburgischen Hoheitsrechte durch bergische Beamte litten die homburgischen Untertanen am meisten. Schon Eheschließungen zwischen bergischen und homburgischen Hörigen konnten im Räderwerk der bergischen Eingriffsmöglichkeiten einfach hängen bleiben, ganz abgesehen von den unausbleiblichen Grenzstreitigkeiten mit ihren steten Belastungen für die Siedlungen auf der Grenze der Territorien. Was Wunder, wenn um 1600 an die 20 unerledigte Prozesse an dem Reichskammergericht lagerten, die fast alle Berg belasteten.

Als nun im Jahre 1603 der homburgische Inselstaat von bergischer Seite her in einem versteckt angelegten Handstreich annektiert werden sollte, ging Graf Ludwig zum diplomatischen Gegenangriff über. Er rief seine zahlreichen Reichsfreunde zur Hilfe: den Statthalter der Niederlande, Prinz Moritz von Oranien, den Kurfürsten von der Pfalz, den Wetterauischen Grafenverein, selbst evangelische Stände aus dem Bergischen und schließlich sogar den Mainzer Erzbischof. Jetzt mußten die bergischen Räte und Abgesandten einer Vergleichsverhandlung im Jahr 1604, die in Siegburg stattfand, zustimmen.

Graf Ludwig erwies sich in den Verhandlungen als ein Meister der Taktik der kleinen Schritte und der zähen Verhandlungsführung. Ihm gelang eine kommunale und regionale Gebietsreform, die erste im oberbergischen Lande, die weit schwieriger zu führen war als die gegenwartsnahen Kreisgebietsreformen zwischen 1955 und 1975. Es mußten nicht nur Herrschafts- und Verwaltungsgrenzen genau festgelegt werden, sondern zugleich die leibherrlichen und die Hoheitsrechte, ja sogar die Hörigen über die Territorialgrenzen hinweg ausgetauscht werden. Graf Ludwig verzichtete in den Kirchspielen Morsbach und Waldbröl auf viele Positionen, Rechte und Hörige, um dafür nun die Kirchspiele Nümbrecht, Wiehl, Marienhagen und Marienberghausen zu einer rein homburgischen Herrschaft zu vereinen. Besonders aber bemühte sich Graf Ludwig in den Siegburger Vergleichsverhandlungen um die grenzgefährdete Kapellensiedlung auf der Trabender Höhe. Am 19. November 1604 wurden die ehemals Mucher Höfe Dahl, Immen, Hahn, Niederhof, Jenneken und Hillerscheid mit dem engräumigen Kapellenbezirk (Kirchengift) vereinigt. Damit war die Anfangsgrundlage für eine selbständige Kirchengemeinde und für die territoriale Erweiterung zu einer tragfähigen Honschaft gelegt. Das bisherige Recht des Johanniterordens an der alten Taufkapelle wurde nicht mehr anerkannt; damit war der Weg frei für den Aufbau einer Mutterkirche auf der Trabender Höhe.

Bei der Festlegung der Grenzlinie von der Bröl aufwärts bis auf den Riedelstern wurde folgendes bestimmt:

„Von der Bröl aufwärts den Brechters Ahe-Seiffen durch die Oligsmühl in den Hönerborn (Parkanlage beim Altersheim), von dannen neben der Trabender Höhe die Landwehr hinauf, derogestalt, daß der Schlagbaum und die Landwehr bergisch, die Kapelle daselbst mit dem Kirchengift homburgisch verbleibe — Von dannen die Straße oben der Kirche hinaus, dahin ein Stein, Nr. 1 signiert, gesetzt." Zwei Dutzend Grenzsteine, Laegsteine, in Drachenfelstrachyt gehauen, geliefert von Meister Gerhard Schewen aus Köln, markierten ab 1604 die genauen Grenzen des Homburger Ländchens, das im Siegburger Vergleich seine politische Integration zum arrondierten Flächenstaat erfuhr und dessen Grenzen bis zum Jahre 1932 gehalten haben. Einige Steine tragen heute noch ein Doppelwappen: den bergischen Löwen und den wittgensteinschen Balken.

Bitter für die junge Kirchengemeinde blieb die Tatsache der dörflichen Gespaltenheit: die Ortsteile Anfang, Scheidt und Pfaffenscheid sowie die evangelischen Orte Büddelhagen und Verr blieben Ausland, also bergisch. Daß Graf Ludwig gewillt war, die junge Grenzgemeinde energisch zu schützen, erkennen wir daran, daß er sich in den Siegburger Ausführungsbestimmungen zum Vertrag ausbedungen hatte, an seiner Landesgrenze auf der Trabender Höhe bei Bedarf eine Schlacht- und Landwehr zu errichten. Im Juni des Jahres 1605 wurden unter Anwesenheit des Landesherrn die letzten katholischen Symbole aus der Kapellenkirche entfernt. Da der Landesherr, Graf Ludwig, als Ritter und

Ausschnitt aus Markatorkarte

Adeliger am Hofe des pfälzischen Kurfürsten erzogen worden, und der reformierten Lehre zugetan war, wurde im Homburger Land das reformierte Bekenntnis mit dem Heidelberger Katechismus eingeführt, gemäß der gräflichen „Kirchendisziplin und Ordnung".

Graf Ludwig von Wittgenstein-Berleburg, Herr zu Homburg, hat sein letztes Abendmahl in der Höher Kirche erhalten; auf der Heimreise ereilte ihn der Tod im Jahre 1605.

Es lohnt sich an dieser Stelle, auf eine historische Karte des Oberbergischen einzugehen, die aus der Werkstatt des bergischen Hofkartographen Arnold Merkator stammt und im Jahre 1575 unter dem Titel: „Grundtliche Beschreibung und Belegenheit etlicher warer Grenntzen dem Bergischen Ampt Windeck und Herrschaft Hombergh betreffend — Facta. A. 1575" fertiggestellt wurde. Sie sollte den bergischen Beamten als Wegweiser dienen, die schwierigen Grenzmarkierungen nach bergischen Ansprüchen klar auszuweisen. Grenzsteine und Grenzbäume sind vortrefflich eingezeichnet. Im übrigen gibt die Merkatorkarte ein hervorragendes Bild des oberbergischen Siedlungsgefüges um 1570 mit seiner Unzahl von Höfen, Gehöften und Weilern wieder, zwischen denen die wenigen Burgen und Rittersitze fast verschwinden, während die Kirchdörfer und die Stadtburg Neustadt herausragen.

Auf dieser Karte ist die Riedelsternsiedlung Drauende hoighe (niederdeutsche Schriftsprache) als ausgewachsenes Kirchdorf in extremer Grenzlage deutlich markiert; die Kapellenkirche liegt zu diesem Zeitpunkt noch auf bergischem Grund und Boden. Klar zu erkennen das Verkehrskreuz an der Kirche, wo sich die „alde Broederstraiß", die Verlängerung der „Zeith"straße und der hier fehlende „Rennweg" treffen. Über diesen Höhenverkehrsknoten liefen damals die Warentransporte des Siegerlandes und Westfalens nach Köln und ins Bergische, insbesondere Knüppeleisen, Osemundeisen, Eisenwaren, Holzkohle und Eichenlohe. Vom Hellweg kamen Salz und Getreide, von Köln Kolonialwaren, aus dem Neuwieder Becken Getreide. In und um Trabender Höhe sind sieben Lägsteine eingezeichnet sowie die Flurnamen Conradts Kamp, Conradts Drisch, puts und hoenerborn. Der Kretscherhof mit dem mündlich überlieferten „steinernen Tisch" muß eine umfangreiche Fuhrmannskneipe gewesen sein. Überliefert ist auch das Vorhandensein großer Salzlager und großer Backöfen für die ständig verlangte Brotnahrung. Die Mühle in der Niederbich, der Hammer im Ülpetal, das Bergwerk am Vorst, die Hütte bei Weiershagen und der Hammer bei Wielmünden zeigen die Standorte des dorfnahen Gewerbes. Erstaunlich ist die Tatsache, daß „Drauende hoighe" mit „Wiell", „Waldtbruill", Dattenfeld, „Ründerraidt" in den Umrissen und in der Bausubstanz gleich stark ausgezeichnet ist, ein Zeichen dafür, daß der Riedelstern tatsächlich Verkehrsknotenfunktion im damaligen Nah- und Fernhandel besaß. „Merrien Berghausen" und „Merrienhagen" sind weitaus bescheidener eingezeichnet.

Nach dem Siegburger Vergleich konzentrierte sich die Verwaltung im Homburger Ländchen. Neben dem Hauptgericht auf Schloß Homburg konnte sich nur noch das Wiehler Vogteigericht halten. Die Ämter der Schultheißen, der Verwaltungs- und Gerichtsbeamten wurden auf die beiden Oberkirchspiele Wiehl und Nümbrecht vereinigt. Diese Oberkirchspiele und die beiden Unterkirchspiele Drabenderhöhe und Marienberghausen waren zugleich staatliche Verwaltungsgebiete und Samtgemeinden, bestehend aus mehreren Hon- oder Hunschaften. Daß Drabenderhöhe am Ende des 17. Jahrhunderts noch stärkere Bedeutung und sogar Landzuwachs erhalten konnte, wurde durch eine Katastrophe eingeleitet, die am 2. Juni 1696 den Kirchort überfiel, als elf Häuser und die Kirche bis auf die Grundmauern abbrannten. Mit diesem fast Totalbrand konnte Drabenderhöhe nicht allein fertig werden. Der Landesherr ließ in seinem Territorium eine Kollekte für den Aufbau der Kirche verordnen. Selbst aus den reformierten Niederlanden flossen reichliche Gaben in das Höhendorf.

In dieser Notzeit vollzog sich nun ein wahres Nachbarschaftswunder. Die Kirchgänger aus den Weiershagener Höfen regten eine Trennung aus dem Kirchspiel Wiehl an. Mit dem Edikt des Grafen Wilhelm Friedrich von Homburg vom 17. Juni 1698 wurden die Weiershagener Höfe Forst, Bergerhof, Kleebornen, Hardt, Mühlen und Weiden unter dem Einverständnis aller Einwohner mit den sieben Höher Ortschaften zu einer selbständigen Drabenderhöher Pfarre vereinigt. Die Wiehler behielten aber das Kirchengut Reuschenbach (bei Weiershagen) und die Rechte auf den Zehnten der Forster Eisenerzgruben für sich zurück.

Der 1000jährige Kampf der frühen Karolingerkapelle um volle Territorialität und um die vollen Rechte einer Mutterkirche war damit entschieden. Die brandzerstörte Kirche war schon im Jahre 1697 wieder aufgebaut. Die Aufstellung der Einwohnerzahlen im vergrößerten Pfarrbezirk, durchgeführt von Pastor Johannes Haas (1668—1706), gibt einen genauen Überblick über die Einwohnerverteilung auf die einzelnen Gehöfte, Weiler und Dörfer:

	Haushaltungen	Personen
Drabenderhöhe	9	49
Dahl	6	29
Immen	6	33
Hahn	2	7
Hillerscheid	5	16
Jenneken	15	71
Niederhof	11	44
Forst	11	64
Weiden	4	18
Hardt	2	10
Kleebornen	2	14
Bergerhof	3	17
Mühlen	4	17
	80	389

Um 1700 waren in den 13 Siedlungen der Höher Gemeinde 80 Haushaltungen vorhanden mit rund 389 Personen. Das Kirchdorf Drabenderhöhe wurde in der Einwohnerzahl von den Kleindörfern Jenneken und Forst stark übertroffen, ein Zeichen, daß der Totalbrand doch wohl Lücken gerissen hatte.

Zur Höher Pfarrgemeinde zählten aber auch die evangelischen Ortschaften aus dem katholischen Mucher Kirchspiel:

	Haushaltungen	Personen
Scheidt	8	36
Verr	7	40
Büddelhagen	3	16
Anfang	1	7

Aus einer Statistik über Einquartierungsauslagen, die der Schultheiß Harkebracht aus Drabenderhöhe im Jahr 1689 aufstellte, ersehen wir die wirtschaftliche Stellung der noch nicht vergrößerten Höher Honschaft mit 690 Reichstalern verzeichnet, Honschaft Weiershagen 1230, Honschaft Fischbach 601 und Honschaft Bomig 188 Reichstaler.

Peter Kauert aus Drabenderhöhe (Verr), führender Wirtschaftspionier im Vorfeld der industriellen Revolution

Schon kurz nach 1700 machte sich im Agger-Wiehl-Bergland eine Intensivierung des Eisengewerbes bemerkbar. Durch den Eisenwarenhandel kam mehr Kapital in das Homburgische wie auch in das Oberbergische. Die Abbaumethoden in den Gruben konnten ständig verbessert werden.

In dieses expansive Eisengewerbe griff nun sehr entscheidend die Kauert-Sippe aus dem Kirchspiel Drabenderhöhe ein, die in Büddelhagen, Verr, Immen und Niederhof begütert war, und die schon auf der Merkatorkarte von 1575 mit dem Flur- und Hofnamen Kauertsbrächen eingetragen ist.

Aus der Homburger Kauert-Sippe ging ein führender Unternehmer hervor, dessen Gestalt wir hier skizzieren müssen, nicht nur wegen seiner Herkunft aus dem Höher Kirchsprengel, sondern weil sein ökonomisches Wirken das Agger- und Wiehltal von Engelskirchen über Ründeroth, Wiehlmünden, Weiershagen bis Wiehl belebte. Seine händlerischen Unternehmungen reichten bis Siegen, Köln, Solingen und Iserlohn.

Sein Schwager Christian Schmidt aus Drabenderhöhe war gräflichhomburgischer Kanzleirat und Bergvogt; er ist der Erbauer des Burghauses in Bielstein und damit der Begründer des Talortes an der Wiehl, der später dem Höhenort den administrativen Rang ablaufen sollte.

Wir können feststellen, daß Peter Kauert einflußreiche Verwandte hatte. Er selbst war Hofbesitzer in Verr, verschrieb sich aber seit dem Jahre 1710 mit Haut und Haar dem Erzbergbau und dem Eisengewerbe. Sein Aufstieg aus der bäuerlichen Stille seines Hofes in Verr begann mit einem Großeinsatz an Geld und Arbeit, den er von 1710 bis 1718 durchstand, ohne aber aus seiner Mutung im Oberkaltenbacher Erzrevier eine nennenswerte Ausbeute herauszuholen. Erst das Trockenjahr 1719 und der Totaleinsatz aller Geldmittel sowie der Arbeitskraft seiner beiden Söhne brachten den ersten großen Erfolg in den Eisenerzgruben am Waschweiher. Ein Jahr später standen die Gruben wieder unter Wasser und kein Trockenjahr in Aussicht. Noch einmal raffte das Einmann-Unternehmen alle Kräfte zusammen, errichtete ein Pumpwerk, das durch ein sehr hohes Wasserrad betätigt wurde. Der Flurname „Am Kauertsrad" weist heute noch auf diese außergewöhnliche Pionierleistung hin. Nach Belehnung durch das Berggericht grenzte er sein Grubenrevier mit 15 Pfählen ab, in denen der bergische Wappenlöwe eingebrannt war, daher der amtliche Name „Des Peter Kauert 15 Löwenpfähl". Seine Investitionen gingen immer aufs ganze, baute er doch dicht neben sein Grubenfeld eine Eisenschmelzhütte, allerdings schon auf Ründerother Gemeindeboden. Durch sein hier errichtetes Wohnhaus wurde er um 1730 zeitweise Ründerother Kirchspielsinsasse.

In zehn Jahren soll er dann 50 000 Reichstaler verdient haben; sein Verbundsystem von der Grube über die eigene Hütte bis zum kontrollierten Eisenhandel, Erfindergeist und unerbittliches Durchhaltevermögen brachten den ersten Industriepionier des Oberbergischen Landes hervor, ein erfolgreicher Vorläufer der industriellen Revolution.

Aber nun tauchten im Nachbarrevier harte Konkurrenten im Dienste des Grafen von Nesselrode zu Ehreshoven auf. Streitigkeiten und Tätlichkeiten steigerten sich.

Peter Kauert, der erste erfolgreiche Unternehmer im Oberbergischen, begann, in die Enge getrieben, einen Prozeß gegen den Bergischen Reichsmarschall, gegen den höchsten bergischen Adeligen, der Eisenhämmer bei Engelskirchen betrieb.

Das Ende der Prozesse am Reichskammergericht zu Wetzlar erlebte Peter Kauert nicht mehr. Er starb im März 1750 und wurde in Drabenderhöhe beerdigt. Trotz der Prozeßkosten hinterließ er seinen Erben die stattliche Summe von 80 000 Reichstalern. Den Erben gelang es dann, die Prozesse am Reichskammergericht durch Vergleiche zu beenden. Erst im Jahre 1871 verkaufte die Homburger Kauertsfamilie „Des Peter Kauert 15 Löwenphäl" an die Firma Friedrich Krupp in Essen, die die Grube dann 1911 stillegte.

Die Impulse, die der erfolgreiche Unternehmer Peter Kauert in das Agger- und Wiehltaler Eisengewerbe ausstrahlte, können wir an folgenden Einzeltatsachen ermessen:

- Kauert belieferte nicht nur die Hämmer an Agger, Leppe und Wiehl, sondern auch Hammerwerke in der Mark;
- zu des Peter Kauert Zeiten wurde im Agger-Wiehl-Raum in 200 Gruben geschürft (gemutet);
- im grubennahen Ründeroth unterhielten 12 Familien insgesamt 19 Hämmer;
- Unternehmer in Drabenderhöhe, Bielstein und Ründeroth wagten sich an das Kanonengießen (drei- und vierpfündige Kanonen); der Waffenhandel ging bis Holland und Spanien.

Alle diese Unternehmer in den beiden Kirchspielen Drabenderhöhe und Ründeroth waren reformierten oder lutherischen Glaubens, gutsituierte Hof- und Waldbesitzer, risikofreudig, standhaft und erfinderisch. Gerade in der Verbindung von Waldnutzung, Eisengewerbe, Eisenhandel und Landwirtschaft lag die Stärke und Unverwundbarkeit dieser frühen Unternehmer, dieser ausgezeichneten und erfolgreichen „Kapitalisten" oberbergischen Zuschnitts.

Zur Kirchen- und Schulgeschichte von Drabenderhöhe

Eugen Schubach

Kirchengeschichte nach der Reformation

Drabenderhöhe, das Kirchdorf am westlichen Rande des Oberbergischen Kreisgebietes, bildet einen Markstein in der Geschichte unserer Heimat. Die Kirche, eines der ältesten Kulturdenkmäler, deren Vergangenheit bis weit vor die Jahrtausendwende zurückreicht, erlebte die Reformation unter dem Vikar Jakob *Neuleben,* der wahrscheinlich durch den Komtur von Marienhagen an die Kapelle von Drabenderhöhe berufen wurde. Er blieb bis 1571 in Drabenderhöhe und wurde von der damaligen Herrin von Gimborn, die die Ausübung des reformatorischen Kirchendienstes duldete, an die Kirche in Gimborn berufen. Neuleben starb dort im Jahre 1579 an der Pest.

Sein Nachfolger als Seelsorger in Drabenderhöhe war Vikar Jakob *Sasse.* Nach seinem Visitationsbericht gehörte die Kirche 1582 noch dem Johanniter-Orden und benannte sich „domus hospitalis Sancti Johannis Baptistae" (Haus Johannes des Täufers). Aus den weiteren Aufzeichnungen von Jakob Sasse geht hervor, daß die Kapelle auch den Hof „Niederhoben" (Niederhof) in Besitz hatte, ferner die halbe Mahlmühle „in den Höen" (Hähnermühle). Der Hof wurde späterhin vom Windeckschen Amtmann für 180 Gulden erworben, während die Mahlmühle vom Komtur zu Marienhagen an den Windeckschen Rentmeister Pampus verkauft wurde.

Nachweislich führte die Kirche unter der Herrschaft Graf Ludwigs des Älteren im Jahre 1605 das reformierte Bekenntnis und damit den Heidelberger Katechismus ein. Am 2. Juli 1605 war Graf Ludwig persönlich in der Kirche zu Drabenderhöhe anwesend. Er ließ auch die letzten katholischen Symbole entfernen.

Die Kirche erhielt 1857 neue gußeiserne Glocken. Die größere stammte aus dem Jahre 1824 und war in Gummersbach gegossen worden. Die Vorgängerin, eine kleinere Glocke aus dem altersgrauen Turm, wurde umgegossen. Sie trug die Inschrift: Maria heischen ich, all bois weder (böses Wetter) verdrieven ich. Johann von Andernach gois (goß) mich. Anno dm MDIX (1509) Dreieinhalb Jahrhunderte hatte die kleinere Glocke als Künder von Glück und Leid und als Rufer zum Gottesdienst ihren Klang über Dorf und Höfe erschallen lassen.

Bei ihrer Gründung im Grenzgebiet zweier germanischer Volksstämme, der Franken und der Sachsen, und im Mittelalter auf der strittigen Grenze zwischen der Herrschaft Homburg und dem Herzog von Berg stehend, war die Kirche Schauplatz manch schwerer Zeiten. Nach Hüssen: „Geschichte der ehemaligen Herrschaft Homburg an der Mark

Die wiederaufgebaute Kirche in Drabenderhöhe nach dem Brande im Jahre 1696 (nach einer Handzeichnung in der Kirchenchronik)

(1870)" wurden Drabenderhöhe und Umgegend während des Dreißigjährigen Krieges mit vielen Drangsalen, Leid, Seuchen und Hunger heimgesucht und blieb auch von der Pest nicht verschont. Zu dieser Zeit soll der in Drabenderhöhe amtierende Pastor Johannes *Klee* (1625—1668) wegen der Pestgefahr das Abendmahl durch das Fenster gereicht haben.

Nach einer volksmündlichen Überlieferung (Berg. Sagen von Otto Schell) soll auch schon in den Jahren 1348/49 die Pest im Bereich von Drabenderhöhe viele Menschen hingerafft und menschenleere Gehöfte heraufbeschworen haben. Zwei Bürger, die von der Seuche verschont blieben — der eine, der auf dem Heckberge hauste und mit dem Namen Hamännchen genannt wurde, der andere auf seinem Gut in Brächen wohnend — sollen sich allmorgendlich dadurch verständigt haben, ob sie noch lebten, daß sie von einer Anhöhe aus Ausschau hielten, ob noch Rauch aus ihren Behausungen aufsteige.

Durch einen verheerenden Brand, der nach der Überlieferung in einem Backhause in der Nähe des alten Friedhofes ausbrach, wurde am 2. Juni 1696 Drabenderhöhe heimgesucht. In einem Zeitraum von drei Stunden brannten elf Wohnungen und die Kirche ab. Von der Kirche blieben nur Turm und Chor mit einem kleinen Turm stehen. Die Gemeinde, verarmt durch Kriegswirren, Einquartierungen und Plünderungen, konnte aus eigener Kraft das Gotteshaus nicht wieder aufbauen und mußte auf Stiftungen und Sammlungen aus der Nähe und Ferne zurückgreifen. Zwei Männer aus der Kirchengemeinde, Peter *Fischbach* und Christian *Herhausen,* kollektierten zur Beschaffung der Mittel für den Wiederaufbau auch in reformierten Gemeinden in Holland. Graf Wilhelm Friedrich von Sayn-Wittgenstein und Herr zu Homburg stiftete für den Aufbau 15 Rthr. — sein Bruder 10 Rthr. und gab den beiden mit der Sammlung beauftragten Männern ein Legitimationsschreiben mit, das den großen Notstand schilderte und in holländischer Sprache abgefaßt war. Das Schreiben trägt den Schlußsatz: „Gegeven op ons Huys Homborgh een der Mark den 1/11 July 1696, was parapheert een ingedruckt Zegel in rooden wachs in een houte doos". (Siegel in rotem Wachs).

Das Ehepaar Peter Jakobus *Wülfing* und Anna Gertrud von Recklinghausen, das der Kirchengemeinde angehörte und als Erbpächter in der Leuscherather Mühle unweit der Ortschaft Niederbech wohnte, stiftete für den Kirchbau je 50 Rthr. Die Kollekte in Holland ergab 286 Rthr. Die Familie Wülfing hat später den Adelshof Leuscherath besessen und bezog 1707 noch den zwölften Teil aus der Hälfte des Mucher Zehnten. Am Eingang zur Kirche sind zwei Grabplatten aus dem Anfang des 18. Jahrhunderts mit dem Wappen der Familien Wülfing angebracht. Es handelt sich um die Grabplatten der genannten beiden Eheleute. Die Inschriften — in Latein — lauten:

Grabplatte I:
Welche Frau ruht an dieser Stelle?
Ist es eine einflußreiche Frau von Stande?
Sie ist als Kind vom Elternstamm von Recklinghausen geboren worden.
Wer war der Gatte?
Jener allbekannte Großhandelsmann Peter Jakob Wülfing, schon betrübt, da er verwitwet ist.
Wen pflegte sie als Jungfrau? Den Vater.
Was im vorgeschrittenen Alter?
Die Tugend, den Glauben, die Gerechtigkeit, zumal aber sie Gott verehrte.
An welcher Krankheit starb sie?
War es durch die Geburt, oder war es gleichsam aus Herzeleid?
Sie war erfüllt von unerschütterlicher Hoffnung und unerschütterlichem Vertrauen.
So war ihr weltliches Leben; wie wird das andere sein?
Von wo steht sie auf, wann wird sie sich aus dem Grabe erheben?
Wenn die Posaune Gottes erschallt.
    Anna Gertrud von Recklinghausen
     geb. 21. 9. 1662 — gest. 3. 3. 1704"

Grabplatten der Familie Wülfing

Grabplatte II:

„Die Angehörigen des sehr vornehmen und ehrenvollen Mannes, des sehr weisen Herrn Jakob Wülfing in Leuscherath, eines Großhändlers von sehr gutem Ruf:
Ich mußte sterben, auch wenn die Frömmigkeit, die Liebe, die Tugend und der Glaube es verbieten würden.
Er wäre niemals gestorben, da er der Tempel der Frömmigkeit und die Kapelle des Glaubens war.
Aber dennoch hat der Tod Wülfing nach göttlichem Gesetz getötet und an die Seite seiner Frau geworfen.
Von dem Todestage an werden die Anverwandten, der Schwiegervater, die geborenen Töchter und der Sohn betrübt sein.
Wehe, der Tod bedrängt uns!
Von da ab aber ist ein ernsthafter Grund neuer Trauer ins Haus hineingetragen worden.
Wozu beweine ich laut die Gewalt des Todes?
Es geziemt sich den Willen Gottes mit höchstem Lobe anzuerkennen.
Wülfing ist nicht gestorben, sondern er steht als Glückseliger in der göttlichen Freude, und es geschieht nicht, daß er sterben wird.
Geboren 1662 — gestorben 1706."

Die bereits an anderer Stelle erwähnten verworrenen und strittigen Besitzverhältnisse im Bereich von Drabenderhöhe zwischen dem Grafen Ludwig von Sayn-Wittgenstein und Herrn von Homburg und dem Herzog von Cleve, Jülich und Berg, wurden durch den Siegburger Vergleich vom 12. Juni 1604 geklärt und die Grenzen neu festgelegt. Der Vergleich brachte damals insofern eine ungünstige Lösung für Drabenderhöhe, als das Dorf nach dieser Entscheidung in zwei Teile aufgeteilt wurde. Die Ortsteile Anfang und Scheidt und die Orte Verr und Büddelhagen, deren Bürger zum Kirchspiel gehörten, blieben jenseits der Grenze.

Auf Grund dieses Vergleichs wurden jedoch die Höfe Dahl, Immen, Hahn, Niederhof, Hillerscheid und Jennecken der Herrschaft Homburg zugeteilt.

An den Begrenzungspunkten wurden Grenzsteine gesetzt, die aus dem Trachyt des Drachenfels stammten. Einer dieser Grenzsteine, der zwischen Drabenderhöhe und Brächen stand, — die Markierungssteine trugen auf der einen Seite das bergische Wappen mit dem springenden Löwen, auf der anderen Seite das Wittgensteiner Symbol mit dem senkrechten Balken — ist nach dem Wiederaufbau der im letzten Weltkriege am 21. März 1945 zu einem großen Teil zerstörten Kirche in die Umfassungsmauer des Kirchplatzes eingefügt worden. Eine darunter eingemauerte Urkunde soll der Nachwelt Kunde von dem Zeitgeschehen geben. Die wieder aufgebaute Kirche wurde am 22. März 1949 eingeweiht.

Nach der Volkszählung von 1700 hatten die zum Kirchspiel gehörenden Höfe einschließlich des Dorfes 83 Haushaltungen mit 389 Seelen; der Ort Drabenderhöhe zählte 9 Haushaltungen mit 49 Einwohnern. Nahezu 150 Jahre später (1842) wird die Bevölkerungsziffer in dem Bereich mit 1 129 genannt.

Im letzten Jahrzehnt ist allein die Einwohnerzahl des Kirchdorfes durch den Zugang der Siebenbürger Sachsen nach dem Stande der Volkszählung vom 20. Dezember 1975 auf 2 629 angewachsen; hiervon entfallen auf

Einheimische 632
Siebenbürger Sachsen 1 997.

Die Gesamtzahl der zur Kirchengemeinde Drabenderhöhe zählenden Personen betrug zu dem gleichen Zeitpunkt: 3 800.

In der territorialen Herrschaft Homburg vollzog sich eine Umwälzung nach der französischen Revolution von 1789. Kriegerische Auseinandersetzungen der verbündeten Truppen Oesterreichs, Preußens und der Reichsarmee mit Frankreich führten für die Verbündeten zu einem unglücklichen Ausgang.

Auch das Kirchspiel Drabenderhöhe wurde von den Kriegswirren hart betroffen. Im Herbst des Jahres 1795 überzog ein französisches Korps unter ihrem Kommandeur, dem Brigadegeneral Ney, der sich späterhin als Michel, Herzog von Elchingen, Fürst von Moskawa, Marschall von Frankreich in der Geschichte einen Namen machte, vom Rhein heraufziehend das Oberbergische Land. Die Dörfer und Höfe waren bis in die entlegensten Winkel von der Brandfackel des Krieges aufgeschreckt. Dieses Volksheer, das in der revolutionären Zeit der Jakobiner zustande gekommen war, zog in jenen Tagen auch über die

Landstraße der Jennecker Heide, raubte und brandschatzte in der Umgebung wie in den schlimmsten Tagen des Dreißigjährigen Krieges. Not und Elend waren in den Hütten daheim.

Und doch zog wohl auch in jenen schicksalsschweren Spätsommertagen — im ewigen Wandel von Werden und Vergehen — ein leuchtender Herbst mit seinem Farbenspiel ins Land, als wolle die Natur das Leid der schwergeprüften Menschen lindern.

Von 1806—1813 war das Homburger Land unter der Herrschaft der französischen Eroberer. Nach den Befreiungskriegen wurde auf Grund des Artikels 43 der Wiener Kongreßakte vom 5. April 1815 die Herrschaft Homburg mit Preußen vereinigt und vorerst der Kreis Homburg für diesen Bereich gebildet. Am 17. Februar 1825 wurde dieser Kreis mit dem Schwarzbergischen (ehemalige Herrschaft Gimborn) zum Kreise Gummersbach zusammengeschlossen.

Auf dem alten Kirchhof unmittelbar neben der Kirche wurden bis zum Jahre 1838 die Verstorbenen beerdigt. Am 21. September 1838 wurde der neue Friedhof, der am Abhang östlich unterhalb der Kirche angelegt worden war, eingeweiht. Ein schlichtes Monument errichtete man damals in der Mitte des Friedhofes. Am gleichen Gräberfeld wurde am 1. Juli 1956 ein Ehrenfriedhof seiner Bestimmung übergeben.

Das alte Kirchdorf Drabenderhöhe mit einer nachweislich fast tausendjährigen Vergangenheit, das sich den ländlichen Charakter auf sonniger Höhe erhalten hat und in langen Jahrhunderten vielen Geschlechtern Heimat und Geborgenheit schenkte, ist nunmehr auch für einen Teil der Siebenbürger Sachsen eine Heimat geworden.

Möge den deutschen Schwestern und Brüdern aus dem Osten eine glückliche Zukunft beschieden sein, und möge der eherne Mund der Glocken im altersgrauen Turm ihnen künden:

> Heimat ist Anfang von Leben und Werden,
> ruhender Pol im Wandel der Zeit,
> Heimat ist für die Menschen auf Erden
> Urbeginn, Gegenwart, Ewigkeit.

Seelsorger der Ev. Gemeinde Drabenderhöhe:

1. Jakob Neuleben
   („Vikarius auf der Trabenderhöhe") 1555—1571
1a. Jakob Sasse 1572—1593
2. Daniel Goltbach 1594—1605
3. Johannes Schefferus Anfang 17. Jahrh.
4. Christianus Klee
   (bis zu seinem Tode) 1625—1668
5. Johannes Haas
   (zuletzt auch Inspektor) 1668—1706
6. Johann Jakob Haas
   (kam nach Wiehl, auch Inspektor) 1706—1729
7. Christian Bellingrath 18. 4. 1729—29. 9. 1784

8.	Johann Wilhelm Schöler	4. 11. 1784—13.	4. 1833
9.	Gustav Schöler		
	(pastor adjunctus)	13. 4. 1833—24. 12. 1835	
	Pastor bis	—28. 11. 1847	
10.	Christian Birkenbach	12. 5. 1848—15. 9. 1867	
11.	Johannes Jüngst	26. 1. 1868— 6. 7. 1873	
12.	Carl Heinrich Marenbach	21. 12 1873—	1876
13.	Hugo Knipping	21. 1. 1877—	1888
14.	Karl Spandau	17. 1. 1889—11. 8. 1913	
15.	Kurt Müller vom Hagen	19. 4. 1914—24. 8. 1919	
16.	Eduard Hauser	14. 9. 1919—17. 5. 1925	
17.	Friedrich Liederwald	12. 7. 1925—13. 10. 1930	
18.	Adolf Müller	30. 11. 1930—10. 5. 1953	
19.	Karl Weitz	31. 5. 1953—31. 8. 1967	
20.	Wolfgang Alhäuser	18. 5. 1970—31. 8. 1974	
21.	Rudi Lukat	28. 3. 1976—	

Zur Schulgeschichte

Über die Gründung der Schule in Drabenderhöhe bestehen keine urkundlichen Überlieferungen. Um 1600 werden die ersten Pfarrschulen in unserer Heimat erwähnt. Der Ursprung der Schule in Drabenderhöhe führt bis in die Reformationszeit zurück und war in den Anfängen und auch im späteren Jahrhundert vollkommen kirchlich ausgerichtet. Die Homburgische Schulordnung von 1698 nennt den Zweck der Schule, daß das „seligmachende Christentum durch gottselige Gebether und Erlernung des Catechismi eingepflanzt werde." Über allgemeine Volksbildung war nichts Näheres bestimmt. Erst die Homburgische Schulordnung von 1742 schrieb vor, in welchem Maße über die kirchlichen Bedürfnisse hinaus den Schulkindern „ordentliche Lexionen in buchstabieren, lesen, schreiben und rechnen" erteilt werden sollten. Die Kinder waren gehalten, am Gottesdienst und an Gebetsstunden teilzunehmen und durch Chorgesang in der Kirche — vor Einführung der Kirchenorgeln — den Gesang der Gemeinde zu unterbauen. Bei Begräbnissen wurde der Verstorbene unter dem Chorgesang der Schulkinder ins Grab gesenkt.

Aus den Anfängen des Schulwesens wird nach der Pfarrchronik berichtet, daß in der Amtszeit von Pastor Johannes Haas (1706—1729) ein Schulmeister namens Schumacher aus Wiehl mit der Erteilung des Schulunterrichts in Drabenderhöhe beauftragt war. Um dessen Einkommen etwas aufzubessern, übertrug man ihm auch den Glöcknerdienst. Die Beaufsichtigung und Unterhaltung des Schulwesens oblag damals der Kirche; der Pfarrer unterrichtete auch selbst, wenn kein Lehrer da war.

Unter dem späteren Pastor Christian Bellingrath (1727—1784) wurde ein Haus für die Schule erworben. Es gelang ihm im Jahre 1742 zwei am Ort wohnende betagte Schwestern, Anna Maria und Elisabeth Clemens, die keine Anverwandten besaßen, zu bewegen, ihr Haus mit Gärtchen, vier Morgen Land und einer Wiese „zum Behuf einer anzulegenden Schule der Gemeinde per testamentum" zu vermachen. Nach dem Ableben der beiden Schwestern ließ Pastor Bellingrath das Haus für Schulzwecke umgestalten. Das Haus erhielt durch den Umbau eine Schulklasse und eine Lehrerwohnung.

Um 1800 wird als Nachfolger im Schuldienst der Lehrer Heinrich Bischof genannt, der aus dem Kirchspiel Birnbach (Westerwald) stammte. Da Heinrich Bischof jedoch Ackerwirtschaft betrieb und der Schulunterricht dadurch benachteiligt wurde, trat er im Jahre 1809 sein Amt an einen Gehilfen Jakob *Grott* aus Dierdorf ab, der 1821 verstorben ist.

Das alte Schulhaus hat bis zum Jahre 1837 seinem Zweck gedient. In dem genannten Jahre wurde mit dem Bau eines neuen Schulsaales begonnen, der mit einem Kostenaufwand von 1 200 Rthr. — einschließlich Einrichtung — verwirklicht wurde. Dem Lehrer Peter *Schmalenbach,* gest. 1864, wurde das alte Schulhaus für 200 Rthr. mit der Maßgabe überlassen, daß er fernerhin auf jegliche Wohnungszulage verzichten mußte. Im Jahre 1863 konnte Lehrer Schmalenbach auf eine vierzigjährige Amtszeit zurückblicken. Seine segensreiche Arbeit wurde von Behörde und Schulgemeinde in einer Feierstunde besonders gewürdigt.

Bei dem erwähnten Schulgebäude handelt es sich um das im Ortsbild an der Drabenderhöher Straße stehende zweistöckige beschieferte Fachwerkhaus mit zwei alten Linden im Vorgärtchen, das heute im Besitz einer Frau Kabel aus Essen, der Tochter des Vorbesitzers und inzwischen verstorbenen Reg.-Rats Debus, ist.

Ein Schulzwang, mit gewissen Ausnahmen, wurde erst durch eine von Graf Ludwig Ferdinand, regierendem Graf zu Sayn und Wittgenstein, Herrn zu Homburg etc. erlassene Schulordnung vom 24. Oktober 1744 eingeführt. Nach dieser Schulordnung wurde auch ein Schulgeld festgesetzt und im Wortlaut bestimmt, daß „das jeden Orts gewohnte Schulgeld, so hiermit in specie auf der Drabenderhöhe auf 10 Albus (0,45 DM) monatlich determiniert wird."

Am 6. September 1864 übernahm Karl *Dörrenberg* aus Rosbach die Schule (1864—1902). Weil die Schülerzahl inzwischen auf 160 angewachsen war, mußte eine zweite Klasse eingerichtet werden. Der im Jahre 1837 errichtete Schulsaal wurde zu diesem Zweck durch eine Wand in zwei Klassenzimmer getrennt.

Wegen Lehrermangel mußte in den Jahren 1869—1876 zeitweilig auf Präparanden (Lehreranwärter) als Schulhelfer zurückgegriffen werden.

Im Jahre 1876 wurde die Schule, deren Schülerzahl auf 230 angestiegen war, dreiklassig. Die dritte Klasse war bis 1892 im Saal des Gasthofes Müllenbach untergebracht. Der Gasthof wurde im März 1945 bei einem Fliegerangriff zerstört und ging in Flammen auf.

Um den Notstand zu beheben, gelang es dem Lehrer Dörrenberg mit Unterstützung von Bürgermeister Ennenbach einen neuen Schulsaal —

einen Ziegelsteinbau auf dem Schulplatz an der Dorfstraße — im Jahre 1891 zu verwirklichen. Leo Schmidt aus Hillerscheid errichtete dieses Gebäude auf eigene Kosten und stellte es der Gemeinde gegen eine Miete von 230,— Mark jährlich mit der Maßgabe zur Verfügung, daß das Haus in zwanzig Jahren in den Besitz der Gemeinde übergehen sollte.

Durch Stillegung der Bergwerke in Wellerscheid und der Grube Silberkaule verzogen manche Familien wegen besserer Verdienstmöglichkeiten in das Agger- und Wiehltal, wodurch die Schülerzahl späterhin auf 170 zurückging.

Die Schulaufsicht wurde bis 1876 durch den Ortspfarrer wahrgenommen. Kultusminister Dr. Falk führte nach dieser Zeit die Schulinspektion für die damaligen Kreise Gummersbach und Waldbröl ein.

Für das Dorf und damit auch für das Schulwesen vollzog sich im Jahre 1902 eine wesentliche fortschrittliche Entwicklung und zwar durch den Bau der Olpestraße Bielstein—Drabenderhöhe und durch die Anlage einer Wasserleitung. Eine elektrische Lichtanlage für Drabenderhöhe und der Ausbau der Dorfstraße mit Kanalisation wurde im Jahre 1904 verwirklicht.

Aus dem großen Kreis der in vergangenen Jahrhunderten an der Schule in Drabenderhöhe wirkenden Lehrkräfte ist der im Volksmund noch oft erwähnte Hauptlehrer Hermann *Schmidt* (1881—1924) zu nennen, der nach 43jähriger Wirksamkeit am 30. August 1924 in den Ruhestand trat. In seiner Amtszeit wurde im Jahre 1905 eine Dienstwohnung für den ersten Lehrer neben der alten Schule errichtet; im Jahre 1926 folgte der Bau eines Einfamilienhauses als Wohnung für den zweiten Lehrer. Durch den Rückgang der Schülerzahl wurde die Schule nach dem Abgang von Hauptlehrer Schmidt wieder zweiklassig. Der freiwerdende Raum der bisherigen dritten Klasse wurde als Jugendherberge hergerichtet.

Der zweite Weltkrieg brachte durch die Einziehung der beiden Lehrer Oskar *Hartmann* und Gustav *Vormstein* erhebliche Schwierigkeiten für die Aufrechterhaltung des Schulunterrichts. Der Notstand mußte in den Jahren 1939—1945 durch Einsatz von Schulhelfern und Helferinnen überbrückt werden.

Im Oktober 1944 kam es zu einer Beschlagnahme der Schulräume zwecks Unterbringung von Flüchtlingen aus dem feindbedrohten Jülicher Gebiet. Der Unterricht mußte als Folge dieser Maßnahme eine zeitlang für einen Teil der Schüler in einem Raum des ehemaligen Gasthofes Müllenbach, im übrigen in Privathäusern innerhalb der Schulgemeinde wahrgenommen werden.

Am 9. August 1945 konnte der Unterricht wieder ordnungsmäßig in den Schulgebäuden aufgenommen werden. Eine schlichte Feierstunde, in Anwesenheit des Ortspfarrers Adolf Müller, Vertretern der Gemeindebehörde, der Lehrkräfte und der geladenen Gäste, gab diesem Tag eine besondere Weihe. Mit einem Eingangslied der Schulkinder: „So nimm denn meine Hände", wurde der Übergang in die neue Zeit eingeleitet.

Mit diesem Tage übernahm Frau Hedwig *Witscher,* Drabenderhöhe, die Leitung der dreiklassigen Schule und wurde am 19. Mai 1950 zur Hauptlehrerin ernannt. Am 1. April 1955 trat sie in den Ruhestand.

Für das Schulwesen wurde im Jahre 1959 nach langen Jahren unzureichender Raumverhältnisse durch den Bau einer neuzeitlichen, vierklassigen Schule mit Turnhalle und Werkraum am Westrand des Dorfes eine glückliche Lösung gefunden. Die neue Lehranstalt hat Hauptlehrer Oskar *Hartmann* aus Drabenderhöhe bis zu seiner Versetzung in den Ruhestand am 31. März 1965 geleitet. Er war ein bei Schülern, Kollegen und Eltern sehr beliebter und geschätzter Lehrer.

Sein Nachfolger wurde Hauptlehrer Robert *Gassner,* der am 10. April 1965 die Leitung der Schule übernahm. Herr Gassner war bis 1944 als Lehrer in Siebenbürgen tätig, wobei er ab 1935 auch als Pfarrer amtierte.

Eine erhebliche Erweiterung der Schule in Drabenderhöhe erforderte der bereits an anderer Stelle erwähnte Bevölkerungszuwachs durch die Großsiedlung von Siebenbürger-Sachsen. Bereits am 23. Juli 1963 wurde mit der Planung des Erweiterungsbaues begonnen, in dem im April 1966 der Schulbetrieb aufgenommen werden konnte.

Am 17. Mai 1967 wurde Herr Gassner zum Rektor der einzügigen, achtklassigen Evangelischen Volksschule ernannt, die am 21. September 1970 in eine zweizügige Gemeinschafts-Grundschule umgewandelt wurde. Die Schüler der Klassen 5—9 kamen zur Hauptschule Bielstein, gleichzeitig wurden die Grundschüler der ehemaligen Volksschule Faulmert nach Drabenderhöhe umgeschult.

Nach 44jähriger erfolgreicher Wirksamkeit trat Herr Gassner am 31. Juli 1972 in den Ruhestand.

Als Nachfolger übernahm am 1. August 1972 Rektor Hans Werner *Winter* aus Vollmerhausen die Leitung der Schule. Zur Zeit hat die Gemeinschafts-Grundschule 11 Klassen und eine Vorschulklasse mit insgesamt 329 Kindern. 10 Lehrkräfte sind an der Schule tätig, darunter 3 Siebenbürger-Sachsen.

Die zahlenmäßige Entwicklung der Schule

Jahr	Anzahl der Kinder	Anzahl der Klassen
1864	160	1
1876	230	2
1880	226	3
1890	170	3
1917	210	3
1924	.	2
1931	104	2
1935	110	2
1944	160	3
1947	221	3
1948	221	4

1951	177	4
1952	175	4
1955	106	3
1963	119	3
1964	122	3
1965	142	5
1966	205	6
1967	231	7
1968	268	9
1970	263	9
1972	256	9
1973	292	10
1974	298	10
1975	298	11
1976	304	11

In den Jahren 1876 und 1967 war die gleiche Kinderzahl in der Schule, nur mit dem Unterschied, daß die Schule 1876 zweiklassig und 1967 siebenklassig war!

Zur neueren Geschichte von Drabenderhöhe

Otto Kaufmann

Die Landwirtschaft im 19. Jahrhundert

Die Gemeinde Drabenderhöhe war, wie auch das übrige Homburger Land, seit Jahrhunderten ein von Landwirtschaft und Handwerk geprägter Raum. Die Landwirtschaft spielte noch bis ins späte 19. Jahrhundert eine überragende Rolle im heimischen Wirtschaftsleben; aber die naturgegebenen Voraussetzungen für einen ertragreichen Ackerbau und eine gewinnbringende Grünland- und Viehwirtschaft — Lage, Klima und Boden — waren sehr ungünstig. Das bergige Gelände, versumpfte Täler, ein wenig ertragreicher Boden, das rauhe Klima, die schädliche Bodenzersplitterung und die vielen Klein- und Zwergbetriebe boten ungünstige Erzeugungsbedingungen und einen kargen Lebensunterhalt. Die Bauern hatten stets einen schweren Kampf ums Dasein zu führen und mußten dem Boden in überaus harter Arbeit die Erträge abringen. Hinzu kamen die Nachteile der Verkehrslage und das Fehlen von nahen Absatzgebieten. Nur in Köln und in den Wupperstädten eröffneten sich aufnahmefähige Märkte. Die in der bäuerlichen Wirtschaft nicht benötigten Erzeugnisse, vor allem Fleisch, Schinken, Butter und Eier mußten das bare Geld einbringen und vor der Erschließung unseres Landes mit Eisenbahnen (Aggertalbahn von Siegburg bis Ründeroth 1884; Köln—Derschlag 1887; Osberghausen—Wiehl 1897; Bielstein—Waldbröl 1915) auf langen und beschwerlichen Fahrten und äußerst schlechten Wegen mit der Pferdekarre in entfernte Städte gebracht oder gar in Kiepen noch bis 1880 dorthin getragen werden. Butter und Eier wurden vor dem Bau von Molkereien (Drabenderhöhe 1895, Harscheid 1903, Kalkofen 1925) jede Woche von „Botterkrämern" in Kiepen und von „Botter- on Eierfrauen" in Körben abgeholt und ins industriereiche Aggertal gebracht.

Die folgende Übersicht zeigt ein Bild der Besitzverteilung und den Anteil der landwirtschaftlichen Betriebe im Kreise Gummersbach im Jahre 1882. In Klammern sind die Werte der Gemeinde Drabenderhöhe um 1800 verzeichnet.

Zwerg- und Kleinstbetriebe (unter 2 ha)	58 %	(61 %)
Kleinbäuerliche Betriebe (2—5 ha)	30 %	(34 %)
Mittelbäuerliche Betriebe (3—20 ha)	12 %	(5 %)
Großbetriebe (über 20 ha)	0,3 %	(0 %)

Die Tabelle zeigt, daß im 19. Jahrhundert der Klein- und Splitterbesitz stark überwog. Als Folge der schon um 1200 im Bergischen Land einsetzenden Realteilung, auch fränkische Gleicherbsitte genannt, entstand eine starke Bodenzersplitterung, eine ausgedehnte Streulage der Grundstücke und eine Vielzahl von Kleinbetrieben. Bei Erbteilungen wurden nicht nur alle Äcker-, Wiesen- und Buschflächen unter die Erbberechtigten geteilt, sondern auch Gebäude und Weiher. Die Grundstücke wurden dadurch immer kleiner. Bereits um 1800 hatten die Äcker eine Durchschnittsgröße von 68, die Wiesen von 20 Ruten (1 Rute = 14,2 qm). Die Folge dieser ausgedehnten Gemengelage und der fehlenden Erschließung der Feldflur durch Wirtschafts- und Wanderwege waren Zeitverlust, Mehrarbeit sowie Ärger und Streit mit Grundstücksnachbarn.

Über die schlechte wirtschaftliche Lage der vielen Kleinbauern und Tagelöhner, die Dürftigkeit der Kost, Kleidung und Nahrung, die niedrigen Löhne und die oft bittere Armut in vielen Familien können uns alte Bauern sowie Anschreibebücher von Krämern, Handwerkern und Bauern wahrheitsgetreue Auskunft geben. Zumal die dickleibigen Kontenbücher künden fast auf jeder Seite von Geldknappheit, Borgwesen, Tauschgeschäften, Naturallieferungen und Tagelöhnerarbeiten. Kinder, Jugendliche und Erwachsene mußten die Schulden beim „Kaufhändler" (Ladenbesitzer) und Handwerker durch schwere Feld-, Wald- und Heimarbeiten (Flachs riffeln, brechen, schwingen, spinnen, weben, Näharbeiten) abdienen. Zwischen Preisen und Löhnen herrschte ein starkes Mißverhältnis. Die Tagelöhner bekamen zwar freie Kost, aber wenig bares Geld. Sie wurden im ganzen 19. Jahrhundert unterbezahlt und vielfach von „Großbauern" und Krämern als billige Arbeitskräfte ausgenutzt. Um 1800 erhielten Burschen und Männer für schwerste Arbeiten, wie Dreschen mit dem Flegel, Kartoffeln aushacken, Ackerschollen zerschlagen bei freier Kost als Tagelohn 6 bis 7 Stüber. Das entsprach dem Preis von 1 Pfund Weizenmehl. Mit Verpflegung erhielt ein Arbeiter 11—12 Stüber (Währung von 1795—1825: 1 Reichsthaler = 60 Stüber; 1 Stüber nach heutigem Wert 6 Pf.). Für ein Pfund Zucker oder ungebrannten Kaffee mußten die Tagelöhner eine Woche arbeiten. In der Zeit von 1825 bis 1860 betrug der Tagelohn 2 Silbergroschen, 6 Pfennig, der Gegenwert von 2 Pfund Salz, 2 Pfund Brot, $^1/_4$ Pfund Zucker oder 3 Gläschen Schnaps (Währung von 1825—1872: 1 Thaler = 30 Silbergroschen zu je 12 Pfennig). Nach 1870 war das Preis-Lohn-Verhältnis günstiger. Die Männer bekamen je Tag 6 bis 7 Groschen (der Wert von einem 7pfündigen Brot oder von einem Pfund Bauernbutter). Um 1900 bekamen die „Ke'eschter" 80 Pf., die „Oble'eser" 60 Pf. (Ke'eschter: Männer und Frauen, die mit dem dreizinkigen Karst die Kartoffeln aushackten).

Im 19. Jahrhundert herrschte in unseren Höfen noch die geschlossene Hauswirtschaft, d. h. die bäuerliche Eigenwirtschaft lieferte alle lebensnotwendigen Nahrungsmittel und zum größten Teil auch die Rohstoffe für Kleidung und Schuhwerk sowie Leucht- und Brennstoffe. Dadurch waren Bauern und Handwerker, die alle nebenberuflich Landwirtschaft betrieben, wirtschaftlich weitgehend unabhängig. Bis etwa 1880 brauchten sie in den kleinen Kramläden an Lebensmitteln nur Weizenmehl, Zucker und Reis, an Gewürzen Salz und Pfeffer und an Genußmitteln

Zichorien- und Bohnenkaffee sowie Strang- und Kautabak zu kaufen. Obwohl die Bauern fast alle Lebensmittel und Rohstoffe selbst erzeugten, dem Kaufmann laufend Naturalien lieferten (Schinken, Fleisch, Butter, Eier, Walnüsse) und häufig Tagelöhnerarbeiten leisteten, kamen viele aus den Schulden nicht heraus. Oft mußten Forderungen gerichtlich eingetrieben werden. Besonders Kleinbauern ohne gewerblichen Nebenbetrieb waren infolge der fehlenden Industrie und der geringen landwirtschaftlichen Erträge meist verarmt und verschuldet. Viele Eltern waren nicht in der Lage, das bis 1875 zu entrichtende Schulgeld von $3^{1}/_{2}$ Silbergroschen monatlich zu zahlen und beantragten Erlaß. Landrat Kaiser äußert sich 1853 zur Frage der Schulgeldausfälle und schreibt am Schluß ..., „da die Zahl der armen Kinder von Jahr zu Jahr gewachsen ist."

Es gab damals noch keine staatliche soziale Fürsorge und keinen Schutz bei Notfällen. Erst 1881 begann die Zeit der sozialen Gesetzgebung und der Versicherungsschutz gegen Krankheiten und Unfall, später auch die Alters- und Invalidenversicherung.

Zur Bargeldnot kamen viele familiäre Sorgen und Schicksalsschläge. Im Zeitraum von 1850 bis 1900 kamen auf jede homburgische Familie im Durchschnitt 5,6 Kinder. Sechs bis zehn „Blagen" waren keine Seltenheit. Wieviel Mehrarbeit, Unruhe und Sorgen waren damit verbunden! Die Kindersterblichkeit betrug im genannten Zeitraum noch 26 % (1800—1850 sogar 30 %), d. h. jedes dritte oder vierte Kind starb. Infolge der hohen Kindersterblichkeit betrug das mittlere Lebensalter der Männer damals 36, das der Frauen nur 30 Jahre. Viele Frauen starben während der Geburt oder im Wochenbett. Hinzu kamen häufige Krankheiten, Seuchen, Mißernten und Brandschäden. Dieser kurze Rückblick auf die wirtschaftliche und soziale Lage der Homburger im 19. Jahrhundert war notwendig, um die schweren Arbeits- und Lebensbedingungen, die Nöte und Sorgen unserer Vorfahren zu verstehen.

Die Ackerwirtschaft

Der Ackerbau war früher die wichtigste Grundlage für jeden bäuerlichen Betrieb. Das geht u. a. auch aus dem Verhältnis von Acker- zu Grünland hervor. Es betrug bis 1890 etwa 70 : 30, gebietsweise sogar 80 : 20. Zum Vergleich sei erwähnt, daß der Anteil des Dauergrünlandes an der landwirtschaftlichen Nutzfläche im Jahre 1968 im Oberbergischen Kreis etwa 80 % betrug. 1973 hatten wir nur noch 12 % Acker- und 88 % Grünlandnutzung. Der Ackerbau lieferte früher nicht nur viele Nahrungsmittel, wie Hafer, Roggen, Buchweizen, Kartoffeln, Feldgemüse in großen Mengen und Rapsöl, sondern auch die Rohstoffe für fast alle Kleidung und Wäsche, nämlich Flachs und Hanf. Das Ackerland brachte allerdings bei weitem nicht die heutigen Erträge. Die schlechtesten Bodenklassen hatten einen hohen Anteil. Im Kreise Gummersbach gehörten um 1860 nur 7 % zur ersten, 28 % zur zweiten, 46 % zur dritten und

19 % zur vierten Bodenklasse. Zum Vergleich die Werte aus der Gemeinde Drabenderhöhe um 1800: 1. Klasse 15 %, 2. Klasse 29 %, 3. Klasse 56 %. Humus- und Düngerversorgung sowie Bodenbearbeitung waren äußerst mangelhaft. Erst die nach 1880 allmählich verwendeten Handelsdünger („Kunstdünger") brachten eine bedeutende Steigerung des Ertrages. Sie wird von alten Bauern bei Gras und Heu auf das Vierfache und bei Feldfrüchten auf das Zwei- bis Dreifache geschätzt. Da von allen Kulturarten Gärten und Äcker schon damals die höchsten Erträge abwarfen und den stärksten Aufwand an Arbeit erforderten, bis etwa 1895 auch noch Buchweizen, Raps und Flachs angebaut wurden, waren viele Arbeitskräfte, Bauer, Bäuerin, Söhne, Töchter, Knechte, Mägde und Tagelöhner sowie mühsame und zeitraubende Arbeiten erforderlich. Die Beschäftigung von Knechten, Mägden, Kuhhirten und Tagelöhnern war bis in die achtziger Jahre auch in mittelbäuerlichen Betrieben eine Notwendigkeit. Über den Jahreslohn der Mägde und Knechte geben alle Kontenbücher von 1690 bis 1890 häufig Auskunft. Um 1800 bekamen Knechte einen Jahreslohn von 15—18 Reichsthalern, dazu Kleidung, Schuhe und Unterwäsche. Die Arbeit der Mägde wurde mit 5—10 Thalern Barlohn und Kleidungsstücken weit geringer bewertet. Um 1840 war ihr Jahreslohn 18, um 1870 jedoch 30 Thaler ohne Kleidung. Im Schwarzenbergischen zogen schon im frühen 19. Jahrhundert Textil-, Eisen- und Stahlindustrie ein und beschäftigten die vielen brotlos gewordenen Berg- und Hüttenarbeiter. Dagegen fanden die Homburger nach dem Niedergang des Eisenerzbaus keinen lohnenden Erwerb in der Heimat. Außer in der Landwirtschaft gab es damals kaum Verdienstmöglichkeiten. Den Mädchen und unverheirateten Bauerntöchtern blieb keine andere Wahl, als sich als Dienstmagd zu verdingen oder „opp Daachlohn ze chohn" und dabei oft Männerarbeit zu verrichten. Bereits 15jährige und ältere Burschen und Familienväter waren gezwungen, von April bis Ende November ins Wuppertal zu wandern, um dort als Handlanger oder Maurer Arbeit und Verdienst zu finden. Im Jahre 1861 zogen aus der Gemeinde Drabenderhöhe 142 Burschen und Männer zu Fuß als Maurer und als andere Bauarbeiter ins Wuppertal. Aus der Gemeinde Wiehl kamen 268, aus dem Homburger Land insgesamt 747 Wanderarbeiter. (Der Verfasser hat ihre schweren Arbeits- und Lebensbedingungen im bebilderten Glückwunschheft der Nümbrechter Raiffeisenbank zu Weihnachten 1973 „Homburgische Maurer in alter Zeit" ausführlich geschildert.)

Wenden wir uns wieder der Ackerwirtschaft und zunächst der Düngung zu. Gedüngt wurde bis etwa 1860 nur mit Stallmist, Knochenmehl und Kalk. Der Anfall von Kuhmist war gering, weil viele Kleinbauern oder „Hippenburen" (Ziegenbesitzer) noch um 1880 nur ein oder zwei Kühe und eine Ziege besaßen. Die Streumittel, nämlich Waldlaub, Farnkraut, Waldgräser, Moos und Heidekraut lieferten einen geringwertigen Mist. Das Stroh war zum Streuen zu schade und diente als Futterzusatz. Im Herbst kam der Mist auf die Kornfelder. Man baute den Roggen auf dem ausgeruhten Acker „opp dr Brooche" (Brachland) an und versorgte ihn nach einjähriger Bodenruhe mit reichlich Stalldung. Im Frühjahr wurde nur der Kartoffelacker mit tierischem Dünger versehen. Für die anderen Felder reichte der Stalldung nicht aus. Mit der Kalkversorgung der Äcker, Wiesen und Gärten war es besser bestellt, da die heimischen Kalksteinbrüche reiche Ausbeute an gebranntem Kalk lieferten. Als wertvoller organischer Dünger kam um 1860 Guano (Vogelkot aus Peru) in den Handel. Er wurde bis etwa 1885 für Kartoffelfelder verwendet. Ab 1880 verzeichnen die Kontenbücher den Verkauf von Handelsdünger, zunächst nur Ammoniak und Superphosphat, ab 1884 Thomasmehl, Kali und Mischdünger, in den 90er Jahren auch Chilesalpeter als Kopfdünger. Mangel an Bargeld, Mißtrauen und Vorurteile waren die Gründe dafür, daß man den „künstlichen Dünger" nicht oder nur in geringen Mengen verwendete. Am häufigsten war bis etwa 1900 die Sechsfelderwirtschaft mit folgender Fruchtfolge üblich: 1. Jahr Brache, 2. Roggen mit Stallmist, 3. Hafer mit Klee-Einsaat, 4. Klee, 5. Hafer, 6. Kartoffeln. Im folgenden Frühjahr blieben Gras, Disteln, Löwenzahn und anderes Unkraut als Viehfutter stehen. Der Anteil der einzelnen Ackerfrüchte war in der Zeit von 1860—1890 etwa: Hafer 40 %, Roggen und Kartoffeln je 15 %, Gerste 3 %, Buchweizen 2 %, Kohlrüben 15 %, Klee und Wicken 10 %, Flachs und Raps 3 %. Nach 1890 fielen Buchweizen, Flachs und Raps allmählich fort. Auch der Haferanbau wurde zugunsten des Weizens eingeschränkt, der um 1900 etwa 5 % einnahm. Der Anteil des Getreides an der Ackerfläche lag also bei 60 %.

Der Weizenanbau ist im Homburgischen noch jung und bürgerte sich nach 1890 nur allmählich ein. Allgemein angebaut wurde der Weizen erst um 1910. Bis 1880 war Weizenmehl nur beim Weckbäcker (Weißbrotbäcker) oder in späterer Zeit in den kleinen Kramläden zu haben. Bis zum Bau der Eisenbahn wurde der Weizen auf der Pferdekarre vom Rhein geholt und war deshalb teuer. Für ein Pfund „weeße Me'ehl" mußte man im frühen 19. Jahrhundert einen Tag beim Großbauer arbeiten. Man kaufte es nur für etwas Hefegebäck an Sonn- und Feiertagen, für Kindtaufsfeiern, Hochzeiten und „Röüzechen" (bei Beerdigungen). Die „Stuttenbäcker" verwendeten Weizenmehl für Weißbrote, Wecken, Brezeln, Honigkuchen und Weihnachtsgebäck.

Der Anbau von Gerste war im 18. und 19. Jahrhundert unbedeutend. Sommergerste wurde nur gesät, wenn eine Kultur einmal versagte. Das Mehl war als Schweine- und Hühnerfutter geschätzt und diente auch als Zusatz zum Kornmehl beim Brotbacken.

Bis etwa 1895 bauten unsere Bauern 3 oder 4 Viertelscheid Buchweizen an (1 Viertelscheid, mundartlich „Veerel" = 355 qm). Er hieß „Heensch", was lautlich auf „Heidnisch" zurückgeht, weil er im 15. Jahrhundert aus einem heidnischen Land, der Türkei, zu uns kam. Bis etwa 1900 gab es nachmittags und abends oft 2—3 cm dicke „Heenschme'elskoochen", aus Wasser oder „Wessig" (Käsewasser) und Mehl angerührt und in der Pfanne gebacken. Er wurde ohne Butter und Brot verzehrt, nur mit Apfel- oder Birnenkraut (Saft) bestrichen und machte auch ohne Zukost satt. Mit Milch angerührt und mit Korinthen und Rosinen verfeinert, war der mit Hefe angesetzte Buchweizenkuchen ein Festgebäck. Zur Winterzeit kam nach dem Schlachten viel „Heenschme'el" in den wohlschmeckenden Panhas.

Die Kartoffel spielte im 19. Jahrhundert und noch bis etwa 1920 in Anbau und Ernährung eine größere Rolle als heute. In der Zeit von 1860 bis 1890 entfielen im Kreis Gummersbach 20 % des Ackerlandes auf Kartoffeln, im Jahre 1968 im Oberbergischen Kreis nur noch 10 %. In bäuerlichen Haushalten gab es früher meist dreimal täglich Kartoffeln in verschiedener Form und Zubereitung.

Die in der Zeit von 1760—70 im Oberbergischen eingeführte Kartoffel kam über England und Holland zu uns. Deshalb hieß die um 1800 angebaute Sorte auch „Engländer". Bis etwa 1880 kannte man nur spätreifende Sorten mit kleinen Knollen, die erst Ende Oktober und Anfang November geerntet und alle mit dem Karst ausgehackt wurden. Der Ertrag war gering, weil es selten neues Saatgut gab und die Kartoffeläcker noch keinen Handelsdünger und nicht immer Stalldung erhielten. In der Zeit von 1845 bis 1867 verursachte die Kartoffelfäule große Ausfälle und Not.

Ab 1880 kannte man als Speisekartoffeln Siebenhäuser, Möll, Idagoner, weiße und rote Rosen, ab 1894 Magnum bonum, Op de date und ab 1900 die beliebten Sorten Industrie und Preußen. Als sich um 1880 das Auspflügen einbürgerte, bekamen die „Schärrer" bei freier Kost 80 Pf., die „Oble'eser" 25 Pf., die den Kindern als Kirmesgeld dienten.

Die Futterrüben. Das Grundfutter für die Winterernährung des Viehs bildeten bis etwa 1890 hauptsächlich Heu, Stroh und in geringen Mengen Kohlrüben. Sie wurden auch als Mastfutter für Schweine angebaut, besonders in schlechten Kartoffeljahren. In der Zeit von 1890 bis 1900 wurden die Kohlrüben durch Runkelrüben abgelöst. Diese sind anspruchsvoller und lieben einen fetten Boden. Der Massenanbau wurde erst durch bessere Düngung ermöglicht. Als weitere Futterrüben kannte man in den siebziger Jahren Mai- und Mistrüben, die ins Feld gesät und mit Stallmist gedüngt wurden. Stoppelrüben wurden nach dem Stürzen des Kornfeldes gesät und von November bis Dezember geerntet. Eine 30 cm lange und spitze Herbstrübe hieß „O'eßenho'ern". Die Futterrüben wurden in Kleinwirtschaften noch bis 1914 mit Hilfe eines Spatens oder eines S-förmigen Messers im Stoßtrog zerkleinert.

Der Kleeanbau kam im Homburgischen um 1830 allgemein auf. Dadurch wurde die Sommer- und Winterfütterung erleichtert, mehr Stalldünger gewonnen und die Drieschfläche verringert. Auch konnte der Weidegang auf den Drieschen (Brachfeld), Talwiesen und in den Büschen allmählich eingeschränkt werden. Da die eingezäunten hofnahen Weiden erst in der Zeit von 1880 bis 1890 aufkamen, herrschte bis zu dieser Zeit vorwiegend Stallfütterung mit beschränktem Weidegang auf den Talwiesen im Herbst. Der Klee wurde meist in Hafer, seltener in Roggen eingesät. Nach der Getreideernte trieb man die Kühe auf die mit etwa 10 cm hohem Klee bestandenen Felder. Kleinbauern trugen den Klee täglich im „Drädooch" (Tragetuch aus Sackleinen) heim oder banden ihn mit Strohbendeln in „Böeden" (Bürden, Bündel). Wenn die Männer und Burschen als Maurer im Wuppertal arbeiteten, mußten die Frauen und älteren Mädchen täglich Kleebündel auf dem Kopf heimschleppen. Als einzelne Bauern um 1890 die ersten eingezäunten Stallweiden anlegten, gab es eine große Erleichterung, weil das tägliche Mähen und Heimtragen des Klees aufhörte; aber beharrsame und weniger fortschrittliche Bauern hatten kein Verständnis für diese Neuerung und sagten verächtlich: „Die seng ze ful ze aarbeden on dn Kle'e ze ho'elen."

Der Rapsanbau. Der „Röbo'elich" (Rapsöl) diente als edles Pflanzenfett nicht nur zu Speisezwecken, sondern auch als Brennstoff in den kleinen eisernen Öllämpchen (lese Leecht, Kre'et, zum Wort „Kröte" gehörig) und in den zinnernen Leuchten. Die beim Pressen der Samen in der Ölmühle entstandenen Rückstände, etwa 4 cm dicke Ölkuchen, wurden ans Rindvieh verfüttert. Erst in der Zeit von 1860—80 wurde das Rapsöl allmählich vom Petroleum abgelöst. Mit Rapsöl backte die Bäuerin die köstlichen „Bre'imelskoochen on -waffeln" (aus Hafermehl), die „Heemnschme'els- on Riefkoochen on Broote'erpel" und röstete die kalten Scheiben vom „Pöffert us Riefzöch" knusprig in der Pfanne. Als ausländisches Speiseöl in Geschäften zu haben war, lohnte sich der Anbau von Raps nicht mehr. Die Anbaufläche ging im Kreis Gummersbach von 32 ha im Jahre 1878 auf 13 ha im Jahre 1883 und auf 2 ha im Jahre 1890 zurück. Meist zogen die Bauern 1 bis 2, seltener 3 bis 4 Viertelscheid Raps. Sie verkauften meist mehr als die Hälfte des Samens in Siegburg. Das Rapsöl wurde in Tonkrügen „opp dm Bönn" (im Obergeschoß) aufbewahrt. Man war glücklich über große Vorräte und liebte den eigenartigen, würzigen Geschmack.

Der Flachs ist eine alte Kulturpflanze und spielte bis etwa 1890 eine bedeutende Rolle im Homburgischen. Sein Anbau galt früher in fast jedem Bauernhof als selbstverständlich. Da die Eigenerzeugung von Schafwolle gering war, lieferten Flachs und Hanf die Rohstoffe für die Herstellung von Leinwand für Arbeits- und Festkleidung, Bett-, Tisch- und Leibwäsche sowie für Sackleinen. Für den eigenen Bedarf genügte je nach Größe der Familie ein halbes bis zwei Viertelscheid Anbaufläche. Diese ging im Kreise Gummersbach von 1878 bis 1893 von 25 auf 6 ha zurück und betrug 1900 nur noch 1 ha. Um diese Zeit beschränkte sich der Anbau nur noch auf einzelne Familien, in denen viele Töchter die mannigfachen und langwierigen Arbeiten verrichten konnten. Vom Spätherbst bis zum Frühjahr waren Mütter, Töchter und Mägde damit beschäftigt, den Flachs zu bearbeiten: zu reffen (Samenkapseln riffeln), rösten, brechen, schwingen, hecheln und vor allem das Garn zu spinnen. Sie mußten jede freie Stunde ausnutzen, um den großen Flachsvorrat in Garn zu verwandeln, und oft wurde es beim Spinnen Mitternacht.

Die Grünland- und Viehwirtschaft

Um 1870 wurde in unseren Bauernhöfen noch eine urtümliche Viehwirtschaft betrieben, die sich mit der heutigen kaum vergleichen läßt. Die Einführung leistungsfähiger Viehrassen mit höherem Milchertrag, einer besseren Fütterung, der eingezäunten Stall- und „Fettweiden" und die Anpassung der kleinen, dunklen und feuchten Ställe an die hygienischen Anforderungen der Neuzeit erfolgten sehr spät und gingen langsam vonstatten. Aus dem geringen Anteil der Grünflächen (20 bis 30 %) geht hervor, daß das Schwergewicht der landwirtschaftlichen Erzeugung im Ackerbau lag und daß die Viehhaltung eine geringere Rolle spielte. Sie lieferte aber nicht nur die für den eigenen Haushalt so wichtige Butter, Eier, den Weißkäse, das Fleisch und das tierische Fett, sondern brachte darüber hinaus auch das bare Geld ein. Das bestätigen nicht nur viele Angaben über Vieh-, Fleisch-, Schinken-, Butter- und Eierverkäufe in Kontenbüchern für die Zeit von 1780 bis 1870, sondern auch alte Bauern fürs späte 19. Jahrhundert: „De Di'er bräächten fröher mehr Cheld en äs de Frocht" (Halmfrüchte, Getreide). Viehweiden im heutigen Sinne kamen erst nach 1880 allmählich auf, die meisten erst in der Zeit von 1890 bis 1900. Das Grünland beschränkte sich vorher auf wenige Talwiesen und Driesche mit geringem Gras- und Heuertrag. Aber Grünland, Kohlrüben, Klee, Hafer und Gerste reichten bei vielen Kleinbauern nicht aus, um die Ernährung der Kühe, Ochsen und Ziegen sicherzustellen. Deshalb mußten die Unkräuter auf Brachfeldern, das Gras an Wegrändern, Heidekraut und Laubbäume ihre Blätter hergeben und zusätzliches Futter liefern. Fabrikarbeiter, arme Kleinbauern und Tagelöhner mit einer Kuh oder Ziege hüteten noch um 1910 oft ihr Vieh an „Fuhren" (Böschungen) und Wegrändern am Strick. Zustand, Düngung und Pflege der Wiesen lagen sehr im argen. Die Talwiesen waren zum großen Teil versumpft und versauert.

Von den Rindviehrassen überwog vor 1880 das einfarbige rote Höhenvieh im Typus des Siegerländer und Westerwälder Schlages. Nach Einführung des Kunstdüngers genügten den Landwirten ihre wenig Fleisch und Milch gebenden Tiere nicht mehr. Infolge des höheren Gras- und Heuertrags konnte man auch anspruchsvollere und leistungsfähigere Rinder und Kühe mit Erfolg züchten. Auf Anraten des Landwirtschaftlichen Vereins für Rheinpreußen führte man deshalb das Glanvieh ein. Es war vorzügliches Zugvieh, gut zur Mast geeignet, lieferte zartes Fleisch und gab fettreiche Milch. Außerdem kannte man die bis 1900 gehaltene Vogelsberger Rasse. Die Kühe waren klein, von rotbunter Farbe und gaben täglich 12 bis 15 Liter Milch. Man schätzte sie auch als gute „De'isköh" (Zugvieh). Am besten sind unseren alten Bauern noch die „Wäller Köh" (Westerwälder Gebirgsschlag) in Erinnerung. Sie waren einfarbig rot mit weißer Blässe (weißer, länglicher Stirnfleck), hatten große aufgeworfene Hörner und wogen 7 bis 9 Zentner. Der Milchertrag wird mit 10 bis 12 Litern angegeben, der Fettgehalt als gut bezeichnet. Sie waren von geringer Größe, aber ausdauernd und als gutes Zugvieh beliebt. Wegen der fetten Milch wurden sie vereinzelt noch bis 1900 gehalten. Im Jahre 1901 führte man Zuchttiere vom Niederrhein und rotbuntes Niederungsvieh ein.

Um 1880 kostete eine gute Milchkuh in Drabenderhöhe 85, ein Ochse 95 bis 100 Taler. Von den „jeheckten Kalwern" konnten manche Bauern jedes Jahr drei bis vier „ahnbengen", d. h. zur Aufzucht von Milchkühen verwenden. Die übrigen verkaufte man als acht bis vierzehn Tage alte Tiere oder als Mastkälber von sechs Wochen an Metzger oder Nachbarn. Nur wenige schlachteten sie selbst und verkauften das Fleisch an Nachbarn. Die Metzger hatten um 1880 zuweilen fünf bis sechs geschlachtete Kälber, so daß sie im Dorf Kundschaft machen und ein Viertelkalb zu einem Pfundpreis von 10 Pf. (anstatt 15—20 Pf.) anbieten mußten. Die Bauern verkauften meist vier bis sechs Jahre alte Kühe und vierjährige Ochsen an Metzger. Wenn sie mehr Erlös erzielen wollten, schlachteten sie fette Tiere selbst und verkauften das Fleisch in kleinen Mengen an „Noppern onUßhö'ewer." Auch bei Notschlachtungen war dieses Verfahren üblich.

Ein wichtiger Zweig der Rindviehhaltung war die Milchwirtschaft. Da Frischmilch bis zum Bau der Molkerei in Drabenderhöhe im Jahre 1895 nicht abgesetzt werden konnte, mußte alle im Haushalt nicht verwendete Milch zu Butter, „wissem Käs on Fustkäs" (Quark und Faustkäse = Hartkäse) verareibtet werden. Bis etwa 1890 butterte die Bäuerin den „suren Schmand" (Sauerrahm) in der 80 cm hohen, handbreiten „Sto'eßki'ern" (Stehbutterfaß). Danach kam die „Driefki'ern" mit seitlicher Kurbel auf, die man waagerecht auf den Tisch oder Stuhl stellte. Um bares Geld zu bekommen, wurde möglichst viel Butter verkauft. Deshalb begnügten sich viele Kleinbauern und kinderreiche Familien mit der „schwarzen Botter", dem selbstbereiteten Apfel- oder Birnenkraut oder mit „Pannenbre'i" (Rührei mit Weizenmehl) als Brotaufstrich. Alle entbehrliche Butter wurde zum Butterhändler gebracht, der sie vor dem Bau der Eisenbahnen auf der Pferdekarre ins „Murland" (Maurerland, Wuppertal) fuhr oder in der Kiepe ins Aggertal trug. Auch die „Botter- on Eierfrau" kaufte sie auf, trug bis zu 60 Pfund im länglichen Schienenkorb auf dem Kopf an die Agger und verdiente um 1880 am Pfund 20 Pf. Die Bäuerin brachte auch den in der hölzernen „Botterschottel" geformten und gut gesalzenen Wecken in den Laden und tauschte dafür Bohnenkaffee, Zucker, Reis u. ä. ein. Erst die Molkereigenossenschaft sicherte den Absatz der Milch und brachte regelmäßig Geld ein. Da die Milch nach dem Fettgehalt bezahlt wurde, pflegten und fütterten die Bauern auch ihre Kühe besser. Das Verhältnis von Bauern- und Kolonialwaren war im 19. Jahrhundert sehr ungüstig. Für ein

Pfund Butter bekam die Bäuerin um 1800 nur 12 Stüber, um 1840: 40 Silbergroschen, 8 Pf. Für ein Pfund Zucker oder Bohnenkaffee mußte sie drei bis vier Pfund Butter liefern. Vom Erlös eines Pfundes Sauerrahmbutter konnte sie nur 2 Pfund Weizenmehl oder 4 Pfund Salz kaufen.

In den vielen Klein- und Mittelwirtschaften dienten bis etwa 1880 nur Ochsen als Zugtiere. Die Kuhanspannung kam erst nach 1890 mit der Einführung des vierrädrigen Leiterwagens auf. Jetzt konnten manche Bauern mit zwei Kühen „längsen" (im Lenz Feldarbeiten verrichten). Die bis dahin gebrauchte „Schlaachkahr" war nur einspännig zu verwenden.

Das Pferd spielte im 19. Jahrhundert wegen der vielen Kleinbetriebe eine sehr geringe Rolle. Nur wenige mittelbäuerliche Betriebe waren in der Lage, die Arbeitskraft des Pferdes wirtschaftlich auszunutzen. Für die Kleinbauern war es im Preis und Futter auch zu teuer. In vielen „Höewen" (Ortschaften) besaßen nur ein oder zwei „decke Buren" (Großbauern) ein Pferd. Eine eigentliche Pferdezucht fand nicht statt. Das bergige Gelände, der beschwerliche Ackerbau und die weiten Fahrten bei überaus schlechten Wegen nutzten die Tiere frühzeitig ab. Befestigte Straßen gab es bis 1850 noch nicht. Mühsam quälten sich Pferde und Ochsen durch tiefen Schlamm, holprige und steinige Wege.

Die Schweinezucht: Neben der Rindviehhaltung war bis ins späte 19. Jahrhundert hinein die Schweinezucht von großer Bedeutung. Günstige Vorbedingungen boten u. a. der freie Auslauf der Tiere im ganzen Hofraum, der starke Kartoffel- und Haferanbau sowie die vielen Büsche, Heiden und hofnahen Kämpe. Die Früchte der Eichen und Buchen lieferten billiges Mastfutter. Die homburgischen Ortschaften waren seit Jahrhunderten mit Holzzäunen, um 1870 aber meist mit 1 m hohen Trockenmauern eingefriedigt. Innerhalb dieses „Hoffzongs" konnten sich die Schweine frei bewegen. Außerdem hatten sie frische Luft und fanden beim Wühlen und im Herbst in den vielen kleinen Falläpfeln und -birnen reichlich Nahrung. Sie durchwühlten den Grasboden und wälzten sich in zahlreichen Wasser- und Schlammpfützen. Wenn die Bäuerin mittags und abends mit dem Eimer oder Eisenkessel rappelte und häufig dreimal „da komm!" rief, rannten die Schweine zu ihren Futtertrögen. Diese „Souhö'ewe" haben sich vereinzelt bis 1895 erhalten. Wenn im Oktober die prächtigen Eichen, Rot- und Hainbuchen im hofnahen Kamp ihre Früchte abwarfen, war die Zeit für den Schweinehirten gekommen. Des Morgens in aller Frühe tutete er in sein Horn und zog, von einem Hund begleitet, in die Kämpe, Büsche oder Heiden. Auch an milden Wintertagen wurden die Schweine zur Eichelmast ausgetrieben, wie folgende Eintragung im Kontenbuch beweist: „1836, vom Dezember hat er (der Schweinehirt) noch gut wegen Söü hüten 2 Sgr." (Silbergroschen).

Fast alle Bauern verlegten sich auf die Zucht und hatten eine „Fe'erkes- oder Hecksou" (Mutterschwein). Die Mast erbrachte weniger Erlös als die Zucht. Noch um 1900 wurden sechs Wochen alte Schweinchen zu 20 Mark an Händler ins Eckenhagener oder Waldbröler Land verkauft, ebenso sechs Monate alte Mastschweine mit 150 bis 180 Pfund Lebendgewicht.

Nur einige wohlhabende Bauern schlachteten um 1890 selbst; denn auch die Schweinehaltung mußte bares Geld einbringen. Armut und Mangel an Bargeld zwangen die Kleinbauern, ihr Schwein oder eine Hälfte zu verkaufen. Meist diente der Erlös zur Bezahlung von Steuern und Schulden und nach 1880 zum Kohlen- und Düngereinkauf.

Die Ziege wurde von allen Kleinbauern und Handwerkern mit landwirtschaftlichem Nebenbetrieb gehalten und hatte als „Kuh des kleinen Mannes" als Milch- und Fleischspenderin Bedeutung. In diesen Betrieben mit geringer Nutzfläche, aber auch bei vielen anderen Landwirten war die Wirtschaftlichkeit der Ziege noch gewährleistet. Sie war anspruchslos, bekam die Abfälle aus der Hauswirtschaft und beanspruchte wenig Stallraum. Aus der Zeit um 1890 berichten alte Bauern: „Do wo'er de Welt voll Hippen. Och Buren met vi'er on fönnef Köhen hatten noch en Hippe. De Fraulü wohlen nett opp die fette Kaffemellich verzehten." Die Ziegen wurden auf Wiesen und Drieschen angepflockt oder mit den Kühen auf die Talwiesen getrieben. Sie gaben sechs bis acht Monate hindurch täglich drei bis vier Liter fette Milch. Diese wurde nicht nur als Kaffeemilch, sondern auch zur Herstellung von Suppen und Käse verwendet. Deshalb konnte man mehr Kuhmilch verbuttern und an die Molkerei liefern. Um 1860 wird die Ziegenhaltung im Kreise Gummersbach als recht gut bezeichnet. Die Zahl der Ziegen hatte zugenommen, weil viele Kleinbauern ihre Kuh wegen Futtermangels verkaufen mußten und eine Ziege anschafften. Ihre Zahl stieg von 2 241 im Jahre 1837 auf 3 466 im Jahre 1861. Durch reichliche Milchfütterung konnten die meisten Bauern zu Ostern, seltener zu Pfingsten ein meist 3 Wochen altes und 7–8pfündiges „Hippelimmchen" (Lämmchen) schlachten. Das Fleisch war als zarter und wohlschmeckender Festbraten sehr beliebt. Ein besonderer „Limmchesschlächter", meist ein fachkundiger Bauer, zog bis 1914 von Hof zu Hof und bekam als Lohn fürs Schlachten das Fell des Jungtieres.

Die Schafhaltung war entgegen verbreiteter Meinung im 19. Jahrhundert unbedeutend. In den 80er Jahren wurden auch in bäuerlichen Zwergbetrieben nur wenige Schafe gehalten. Wegen der höheren Milchleistung bevorzugte man Ziegen. Zu Beginn des Ersten Weltkrieges und nach 1933 lebte die Schafhaltung wegen der Woll- und Fleischnutzung wieder auf. Die Schafe wurden Mitte bis Ende Mai geschoren, die Wolle meist für den eigenen Bedarf gesponnen. Je nach Größe ergab die Schur vier bis sieben Pfund Wolle. Die Bauern fütterten die meisten Lämmer bis zum Spätherbst und schlachteten sie dann. Das durchschnittliche Gewicht der zum Schlachten bestimmten Tiere betrug 30 bis 40 Pfund und der Preis um 1860: $3^1/_2$ bis 5 Taler.

Die Geflügelzucht beschränkte sich auf die Hühnerhaltung. Auch der kleinste Haushalt besaß Hühner, um die Eier an Händler, die „Botteron Eierfrau" zu verkaufen oder sie im Laden gegen Waren einzutauschen. Je nach Größe der „Burschaft" wurden acht bis zwölf, seltener zwanzig Hühner gehalten. Um 1800 bekam die Bäuerin für ein Ei zwei, um 1870 jedoch fünf Pfennig. In den 40er Jahren mußte sie für ein Pfund Salz acht Eier liefern. Der Genuß von gekochten oder gebratenen Eiern und von Eierspeisen war früher eine Seltenheit. Nur in der Erntezeit leisteten sich unsere Kleinbauern häufiger Eier. Um 1870 brachte einmal eine Bäuerin ihrem Mann zu den üblichen „Kruttdongen" (Krautbroten) ein gekochtes Ei ins Feld. Nach beendeter Mahlzeit verscharrte der Bauer die Eierschalen und sagte: „Mr muß sich jo schamen, wann ett de Lü sehn."

Aus allem geht hervor, daß die Lebens- und Arbeitsbedingungen der homburgischen Bauern im 19. Jahrhundert äußerst ungünstig waren. Ihr Leben war durch mühsame Arbeiten, Entbehrungen, Armut, Sorgen und Nöte gekennzeichnet. Die schriftliche und mündliche Überlieferung zeigen, daß in der vielgerühmten guten alten Zeit vieles schlechter als heute war.

Kein Wunder, daß der Anteil der bäuerlichen Bevölkerung auch im Homburger Land bereits im ausgehenden 19. Jahrhundert stark zurückging. Ausschließlich von der Landwirtschaft lebten in der Zeit von 1871—1885 noch 85 %, der Familien, 1885—1914 nur noch 55 %, 1915—1946 noch 35 %; 1947—62 nur noch 20 % der Familien. Die anderen Familienväter und Söhne hatten einen Nebenverdienst in der heimischen Industrie und waren Arbeitspendler. Nach dieser Zeit sind weitere Landwirte in die Industrie abgewandert.

Das Handwerk im 19. Jahrhundert

Das Homburgische war ein altes Bauern- und Bergwerksland; aber auch das Handwerk hatte hier einen hervorragenden Platz und war noch im späten 19. Jahrhundert ein wichtiger Wirtschaftszweig. Es war früher unentbehrlich und notwendiger als heute; denn um 1870 gab es in unseren Dörfern und Höfen noch keine Schuh-, Leder-, Eisenwaren- und Möbelgeschäfte sowie keine Läden für Fertigkleidung, Haushaltswaren und Kinderspielzeug. Handwerk und Ladengeschäft waren noch nicht wie vielfach heute miteinander verbunden. Ohne handwerkliche Erzeugnisse wäre das bäuerliche Leben undenkbar gewesen.

Um 1870 blühte noch das jahrhundertealte ländliche Handwerk und zeigte eine große Mannigfaltigkeit. Es gab zahlreiche heute ausgestorbene Handwerksbetriebe, die dem heimischen Bedarf dienten, nämlich Weber, Blaufärber, Gerber, Holzschuh-, Pumpen-, Kirnen- und Kappenmacher, Kalk- und Branntweinbrenner, Bierbrauer, Drechsler, Strohdecker, Bürstenbinder und „Hamenmächer" (Geschirrmacher, Sattler; „Hamen = Pferde- oder Ochsenkummet). Außer Getreidemühlen gab es Öl-, Loh-, Knochen-, Papier- und Pulvermühlen. Außer diesen Handwerkern lassen sich an Hand der Steuerliste von 1555 und des Strafverzeichnisses von 1628 folgende fürs 16. und 17. Jahrhundert nachweisen: der Büttenbinder (Faßbinder, Böttcher); der Scheffelmacher, der hölzerne Hohlmaße und Schaffe (Bütten) anfertigt; der Weck- oder Weißbrotbäcker; der Radermacher; der Weißgerber, der dünne Felle wie Ziegen-Lammfelle mit Alaun gerbt; im Gegensatz zum Rotgerber, der mit Eichenlohe das Leder rot färbt; der Nagelschmied; der Kesselleper (Kesselflicker) und der Henker. (Vergleiche auch die alten Berufsnamen im Beitrag „Altansässige Familien in der Gemeinde Drabenderhöhe. Entstehung und Bedeutung der Familiennamen".)

Dieser Blütezeit des Handwerks folgte im ausgehenden 19. Jahrhundert ein bedauerlicher Niedergang. Die genannten kleingewerblichen Betriebe fielen mehr und mehr der fortschreitenden Technik und der maschinellen Fertigung zum Opfer. Andere Handwerke sind neu entstanden oder haben ihre Arbeitsverfahren geändert und sich neuen Bedürfnissen und dem veränderten Geschmack angepaßt.

Eine führende Rolle im Erwerbsleben spielten früher die Schreiner und Schmiede. Sie machten nicht nur Reparaturarbeiten, sondern alle aus Holz und Eisen gefertigten Haus-, Acker- und Handwerksgeräte sowie das meiste Kinderspielzeug. Bei der großen Zahl der Bauern- und Handwerksbetriebe gab es für sie immer Arbeit. Der Schreiner war bis etwa 1900 der vielseitigste Handwerker. Er fertigte nicht nur alle Möbel, Särge und Holzgeräte an, sondern übernahm auch sämtliche Böttcher-, Stellmacher-, Glaser-, Klempner- und die meisten Anstreicherarbeiten. Auch der Schmied war ein begehrter Handwerker, auf den vor allem Bauern und Fuhrleute nicht verzichten konnten. Er war Werkzeug-, Wagen-, Kessel-, Nagel- und Hufschmied sowie Schlosser und Klempner zugleich. Er mußte sämtliche Neuanfertigungen und Reparaturen ausführen. Der Maurer war Tüncher, Pflasterer und Plattenleger in einer Person.

Dagegen war das Lebensmittelgewerbe schlecht entwickelt. Da die Bauern Schwarz- und Mischbrote und zum Teil auch Weizengebäcke selbst backten, ihre Schweine, Kühe und Ziegen selbst schlachteten und der Fleischverzehr sehr gering war, gab es nur wenige Bäckereien und Metzgereien. Um 1850 hatte z. B. die große Bürgermeisterei Marienberghausen noch keinen Brotbäcker, wohl einige Weckbäcker, im Volksmund „Stuttenbäcker" genannt. Dagegen waren die Getreide- und Ölmüller jahrhundertelang gut beschäftigt.

Die Erzeugnisse aller Handwerker waren das Ergebnis mühsamer und sorgfältiger Handarbeit. Die wenigen und urtümlichen Werkzeuge gestalteten alle Arbeiten überaus mühsam und zeitraubend. Erst spät hielt das Maschinenzeitalter seinen Einzug in die Gemeinde Drabenderhöhe. Mit der Einführung des elektrischen Stromes in den 90er Jahren wurde die Handarbeit vereinzelt durch Maschinenbetrieb abgelöst, die Arbeit erleichtert und viel Zeit gespart.

Noch im späten 19. Jahrhundert war die wirtschaftliche Lage der Handwerker ebenso trostlos wie die der Kleinbauern. An Hand von Kontenbüchern aus der Zeit von 1780 bis 1900 läßt sich nachweisen, daß alle Handwerker einen landwirtschaftlichen Nebenbetrieb hatten. Auch alte Meister bestätigen, daß ihr Handwerk um 1900 noch ein Nebengewerbe der Landwirtschaft war: „Keener konnt domols van sengem Handwe'erk le'ewen, on mir moßten och noch schwär opp dr Bu'erschaft aarbeden." Die meisten Handwerker besaßen keinen eigenen Werkstoff. Die Bauern lieferten dem Schuhmacher eigenes Leder, dem Weber das Garn, dem Schneider Stoffe aus Leinen, Hanf und Wolle, dem Schreiner, Drechsler und Zimmermann das Holz, dem Dackdecker das ungedroschene Roggenstroh, dem Blaufärber das gebleichte Leinen und dem Gerber die Häute. Die Armut der Bauern und der Mangel an Bargeld waren die Gründe dafür, daß die Handwerker nur „Anschreibekunden" hatten und daß ein verbreitetes Borgunwesen herrschte. Alle Handwerker arbeiteten auf Jahresrechnung, d. h. die Kunden ließen alles anschreiben und bezahlten erst am Jahresende ihre Schulden, oft aber nur einen Teil. Manche Kleinbauern waren auch dazu nicht in der Lage und lieferten Naturalien, Butter, Eier, Schinken, Korn oder Hafer.

Einzelne Handwerker waren Wanderarbeiter und gingen „du'er de Hö'ef on öm de Düren", arbeiteten auf Bestellung beim Kunden oder fragten nach Reparaturen. Bei Schreinern, Schneidern und Uhrmachern war das bis 1914 üblich, bei Schneiderinnen und Schuhmachern bis 1914 und bei Sattlern sogar bis 1935. Sie trafen im Sommer bereits um sieben Uhr beim Kunden ein und hatten eine 12- bis 13stündige Arbeitszeit.

Ähnlich wie bei den Tagelöhnern, Knechten und Mägden bestand auch bei den Handwerkern ein starkes Mißverhältnis zwischen Löhnen und Preisen. Der Tagelohn betrug um 1840 bei freier Kost 4 Silbergroschen und entsprach damit dem Preis von 3 Pfund Salz. Um 1870 berechneten die Schreiner einen Tagelohn von 12 Silbergroschen, um 1890 jedoch 1,30 Mark. Damit entsprach der Tagelohn nicht einmal dem Preis von einem Pfund Rohkaffee. Um 1900 betrug der Meisterlohn bei 11—12stündiger Arbeitszeit 3 Mark; das war der Gegenwert von 3 Pfund Bauernbutter. Gesellen verdienten außer Kost und Logis um 1890 wöchentlich 4 Mark, um 1900 aber 6 Mark und im Jahre 1912 etwa 12 Mark. Es sind Beispiele dafür, daß es auch bei Handwerkern früher keine beschauliche Dorfromantik gab, sondern harte, schlecht bezahlte Arbeit und wenig Freizeit. Sie bekamen zwar viele Aufträge, hatten aber fast nur arme und „faule" Kunden, und für sie galt noch nicht das Sprichwort „Handwerk hat einen goldenen Boden". Im 19. Jahrhundert hatten die heimischen Handwerker nur Klein- und Kleinstbetriebe, in denen ein Meister mit einem Lehrling oder Gesellen arbeitete. In der knappen Freizeit mußten diese noch allerlei landwirtschaftliche Arbeiten verrichten. Viele Meister waren nicht nur auf der eigenen „Bu'erschaft dri'el" und stark beschäftigt, sondern leisteten auch noch Tagelöhnerarbeiten bei Großbauern und „Kaufhändlern" (Ladenbesitzern). Sie waren dazu gezwungen, weil ihre Kunden bis zum Jahresende alles anschreiben ließen und zum Teil Naturalien lieferten.[1])

Ortsentwicklung von Drabenderhöhe im Zeitalter der Verkehrsaufschließung und ersten Industrialisierung

Seine Entstehung und Bedeutung verdankt Drabenderhöhe der Lage an einem Kreuzungspunkt zweier wichtiger alter Höhen- und Handelsstraßen: der von Köln nach Siegen führenden Brüderstraße und der von Siegburg nach Ründeroth verlaufenden Zeitstraße. Diese Höhenwege dienten neben anderen auch im 8. und 9. Jahrhundert den ersten Siedlern aus dem Köln-Bonner Raum als Anmarschwege. Ausgebaute Talstraßen gab es wegen der versumpften Täler im ganzen Mittelalter und bis ins 19. Jahrhundert hinein noch nicht. Als erste Durchgangs- und Kunststraße im Bereich der Gemeinde Drabenderhöhe wurde im Zeitraum von 1823 bis 1834 die durchs Aggertal führende Köln-Olper Straße gebaut. Ihr folgte erst im Jahre 1846 die Wiehltalstraße. Die anderen Ortschaften der Gemeinde waren jahrhundertelang unbedeutend und hatten geringe Einwohnerzahlen. So wurde Bielstein um 1700 durch den Fürstlich-homburgischen Kanzleirat und Bergvogt Schmidt gegründet, als er dort die „Burg" baute. Ihr mächtiger Bruchsteinbau mit fast 1 m dicken Mauern ist heute noch eines der bedeutendsten Burghäuser des alten Oberbergischen Kreises. Bielstein zählte im Jahre 1873 nur 14 Einwohner. Durch die Vereinigung mit den Ortschaften Repschenroth, Dreibholz, Unterbantenberg und Bielsteiner Hammer im Jahre 1901 stieg die Zahl der Einwohner auf 545, im Jahre 1925 auf 862. Ein ähnlicher Zusammenschluß erfolgte im Jahre 1902 durch die Vereinigung der zwölf Höfe Weiden, Hardt, Steeg, Ohl, Ley, Reuschenbach, Bergerhof, Fürberich, Linde, Mühlen, Kleebornen und Kleebornermühle unter dem alten Namen Weiershagen (urkundlich 1396 als Wiershagen erwähnt).

Nach der Liste der Landsteuer von 1555 war „Off der Hoe" (Drabenderhöhe) die am stärksten besiedelte Ortschaft des Kirchspiels. Zum Vergleich seien einige größere Ortschaften in der Original-Schreibweise sowie die Zahl der Hofbesitzer angeführt: Ospelkuißen (Osberghausen), 6 Hofbesitzer, Hoinstig (lies: Hoonstig; Hunstig): 4; Bantenberch: 9; Keilhuißen (lies: Kehlhusen; Kehlinghausen): 7; Uff Pforste (Forst): 7

---

1) Das ländliche Handwerk kann aus Raumgründen nicht erschöpfend behandelt werden. Der interessierte Leser sei auf ähnliche Abhandlungen des Verfassers verwiesen: Das alte Schreiner-, Zimmermanns- und Maurerhandwerk; in den bebilderten Glückwunschheften zu Weihnachten, welche die Raiffeisenbank Nümbrecht in den Jahren 1965, 1968 und 1973 ihren Kunden und Geschäftsfreunden überreichte. In der Festschrift dieser Bank zur 100-Jahrfeier im Jahre 1974 sind die Arbeiten der Schmiede, Müller, Strohdecker, Maler und Anstreicher ausführlich geschildert.
Das Bäckerhandwerk im Wandel der Zeiten; im Kreisblatt des Oberbergischen Kreises; Dezember 1973; Seite 17—23, bebildert;
Über das Innungswesen und die Organisation des Handwerks vergleiche: „50 Jahre Kreishandwerkerschaft für den Oberbergischen Kreis"; 1922—72; Derschlag; 190 Seiten.

Hofbesitzer. In der Akte „Plünderungen im Kirspel Wiell im Jahre 1622" heißt es u. a.: „Die Nachbarn zu Kelighausen, Bambert (Oberbantenberg), Repschenrodt, in der Bambert (Unterbantenberg), sindt 21 heuser, haben mußen erlegen 14 Reichsthaler". Die vier Ortschaften hatten also nur 21 Familien. Drabenderhöhe war als Kirch- und Marktort jahrhundertelang das Kultur- und Wirtschaftszentrum der Gemeinde. Allerdings lag nach der Bildung des Kreises Homburg (1815) und Gummersbach (1825) der Sitz des Bürgermeisteramtes im Wiehltal, meist in Bielstein, zeitweise auch in Weiershagen-Steeg und Kehlinghausen.

Mit dem Bau der Talstraßen verloren die alten Höhenwege und damit auch Drabenderhöhe an Bedeutung. Hinzu kam der Einzug der Industrie und der Bau von Eisenbahnen. Nach 1850 entstanden im Agger- und Wiehltal mehrere Fabriken, z. B. im Jahre 1853 die Jagdgeräte- und Waffenfabrik Albrecht Kind in Hunstig, 1866 die Kunstwollspinnerei, Reißerei, Färberei und Wirkerei Baldus in Osberghausen, 1888 eine weitere Fabrik in Wiehlpul, 1872 eine Kunstwollspinnerei von Karl Kind und Kattwinkel in Bielstein, die Ende der 90er Jahre in die Adlerbrauerei umgewandelt wurde, 1880 das Hammerwerk von Karl Kind & Co. in Bielstein, später auch andere Industriezweige, wie das Sägewerk der Gebrüder Pflitsch, das Zementwarenwerk von E. Herhaus, die Oberbergische Seifenfabrik von A. Schmidt und im Jahre 1890 das Sägewerk August Noß sen. in Mühlen. Viele Bauernsöhne und Kleinbauern fanden in der heimischen Industrie Beschäftigung und Verdienst und wurden im Agger- und Wiehltal ansässig. Die glückliche Mischung von Landwirtschaft und Großgewerbe unterband die starke Abwanderung der 60er Jahre ins gewerbereiche Wuppertal völlig.

Dagegen siedelten sich in Drabenderhöhe nur industrielle Kleinbetriebe an, in denen nur wenige Einwohner aus dem Dorf und aus Nachbarhöfen Arbeit fanden.

Der wirtschaftliche Aufschwung in den Tälern wurde durch den Bau von Eisenbahnen wesentlich gefördert. Die erste Verbindung wurde durch die Aggertalbahn von Siegburg bis Ründeroth im Jahre 1884 geschaffen. Diese Strecke baute man 1887 über Osberghausen bis Derschlag aus. Bielstein wurde erst im Jahre 1897 Station der Wiehltalbahn. Im Kriegsjahr 1915 eröffnete man die regelspurige Homburger Kleinbahn, die Bielstein mit Waldbröl verband. Diese Bahnanschlüsse gaben der Industrie in Osberghausen, Bielstein und Hunstig neue Impulse.

Industrie, Talstraßen und Eisenbahnen im Agger- und Wiehltal waren die Gründe dafür, daß der alte Zentralort Drabenderhöhe von den Talsiedlungen, besonders von Bielstein, überflügelt wurde. Das Kirchdorf blieb vom wirtschaftlichen Aufschwung unberührt und in der Entwicklung zurück. Erst der nach dem Ersten Weltkrieg einsetzende Fremdenverkehr brachte dem Dorf einen geringen Ausgleich.

Die Industrieansiedlungen im unteren Wiehltal hatten einmal eine starke Bevölkerungszunahme der Talorte zur Folge, zum anderen eine

Abnahme oder einen Stillstand in den alten landwirtschaftlich ausgerichteten Höhenortschaften. Das geht aus folgenden statistischen Angaben über die Entwicklung der Einwohnerzahlen hervor.

Drabenderhöhe. Höhensiedlung mit fast reiner Agrarstruktur im 19. Jahrhundert und Gemeindehauptort bis 1815:

1817	1863	1961
89	104	489 Einwohner;

Bielstein, Talort mit starker Industrie und ständiger Gemeindesitz ab 1852:

1817	1863	1961
10	50	1966 Einwohner.

Im 19. Jahrhundert und auch später siedelten sich über 20 Industriebetriebe in Bielsteiner Ortsnähe an. Wir können deutlich feststellen, daß Bielstein mit einer idealen Lage nicht nur die Verwaltungsaufgaben von Drabenderhöhe übernahm, sondern auch hinsichtlich des Verkehrs das Erbe des alten Höhendorfes angetreten hatte.

Im Gegensatz zu den homburgischen Gemeinden Nümbrecht und Marienberghausen hatte die Bürgermeisterei Drabenderhöhe seit 1830 einen stetigen Anstieg der Einwohnerzahl zu verzeichnen. Sie betrug im Jahre 1830: 2 320; 1860: 2 670; 1890: 3 400; 1920: 5 150 und 1940: 6 400. Die Bevölkerungszahl hat sich also in 100 Jahren fast verdreifacht und im Zeitraum von 1875—1925 verdoppelt.[1])

Altansässige Familien in der Gemeinde Drabenderhöhe
Entstehung und Bedeutung der Familiennamen

Feste, d. h. erbliche Familiennamen sind im Homburgischen erst spät entstanden, die meisten erst im Zeitraum von 1650—1700. In den kleinen Höfen und Dörfern genügten im 16. Jahrhundert noch altdeutsche oder biblische Vornamen sowie Eigenschaftsnamen und Berufsbezeichnungen. So hießen die elf Hofbesitzer von Drabenderhöhe nach der Akte „Erhebung der Landsteuer 1555 im Kirchspiel Wiell": Anna, Hanna (Johanna), Conrait (sprich: Konrad), peter, pietz Kinder, (Peters Kinder), Siverin, Konstgen (Verkleinerungsform von Konstantinus), Johan, sien soin (sein Sohn), Tzimon (Simon), Pfeiches Dochter. (Sophies Tochter). In Forst waren steuerpflichtig: Roland, Kyrstgen, Johentgen, der snider (beides Verkleinerungsformen von Christian und Johann; snider = Schneider), Dirych (Diederich), Tryntgen (die kleine oder junge Trine = Katharine), Joist (Justus, Justinus).

---

[1] Eine eingehende Darstellung der Stoffgebiete „Bergbau und Industrie"; „Entwicklung des Verkehrs, der Post und Eisenbahn" findet sich im Buch „die Gemeinde Bielstein-Rheinland, ehemals Gemeinde Drabenderhöhe; Ein Beitrag zur Heimatgeschichte von Eugen Schubach"; 1966, 128 Seiten.

Unsere Familiennamen sind aus vier Gruppen von Namen entstanden:

1. aus einem Ortsnamen, in der Namenkunde „Herkunftsname" genannt. Wenn jemand aus einem Hof oder Land abwanderte, bekam er den früheren Orts- oder Ländernamen als Familiennamen, z. B. Bergerhof (1902 mit Weiershagen vereinigt), Dreibholz, Bellingrath, Höhler (aus Hohl bei Dieringhausen), Faulenbach (die heutige Ortschaft Faulmert; Schreibweise auf der Mercatorkarten von 1575: Voelemich; mundartliche Form, aus Fulenbich = Faulenbach entstanden), Stöcker, Mücher (aus Stockheim und Much zugewandert; Liste 1555: des müchers soin = Sohn); Holländer.

2. aus Berufsbezeichnungen; in der Gemeinde Drabenderhöhe z. B.: Schmitt, Schmidt; 1628 Johan Schmiedt uf der Höhe; Schumacher; 1555: Peter, der Schomecher; Müller, 1555 z. B. Johan moller zo der bruicke;

Feste, d. h. erbliche Familiennamen, sind im Homburgischen erst spät Schmitt, Schmidt; 1628 Johan Schmiedt uf der Höhe; Schumacher; 1555: Veller, 1622 noch Fellöher, der mit Eichenlohe Felle gerbte, der Lohgerber; Schneider; 1555: Johentgen, der snider; 1628: Bubentzer zu Rimberg (Remperg), zusammengezogen aus „Budenbender (Namensliste 1577 = Bütten-, Faßbinder); Scheffel(s) bedeutet 1. der Schaffmacher, Böttger, der Holzgefäße für Wasser, Bütten anfertigte, die damals Schaff hießen; Scheffel und Scheffels die Umlaut- und Genetivform; diese aus dem Vaternamen entstanden, z. B. Scheffels Johann; 2. der Scheffelmacher; Scheffel, ein kreisrundes hölzernes Hohlmaß für Getreide und Kohlen; Hüschemenger = der Pferdehändler; zum lateinischen Wort „mango" gehörig = Händler; daraus der Familienname Mengel; Liste 1555: Scheippe, sprich: Schepe; im Kirchspiel Nümbrecht 1579: Johan Scheupe, 1611 in derselben Ortschaft: Scheuben Thiel (des Scheuben Sohn Tiel); der spätere Familienname Schöpe; Bedeutung: 1. niederdeutsche Form von Schöffe: Schöppe; niederländisch noch schepen; Mann, der das Urteil *schöpft,* beisitzender Urteilssprecher; also Name eines Amtes; 2. nach der Form von 1611 „Scheuben" vielleicht auch zum Wort Schaube, Strohschaube gehörig; der Schaubenmacher und Strohdecker.

3. aus Eigenschaftsnamen. Eine auffallende körperliche oder geistige Eigenschaft des Menschen führte zur Namenbildung. Davon finden sich in unseren Akten von 1555 und 1628 z. B. der Dicke, später zum Familiennamen Dick geworden, z. B. Joahnn Dick in der Wiell, Hannes Dick; der Vois (lies: Vooß) = der Fuchs, Rothaarige; der Lang, der Klein; Johann Teuffel; Schimpfname; aber auch Kurzform vom altdeutschen Namen Theobold; der spätere Familienname Deubel; im Strafverzeichnis von 1628: Johann Flitz ufm Heintzenberg, daraus später der Familienname Pflitsch; zugrunde liegt wahrscheinlich das althochdeutsche Wort vlitz = Fleiß, Eifer; dazu das Zeitwort flitzen; mittelhochdeutsch vlizen = eifrig sein, sich befleißigen, beflissen sein; spätere Bedeutung: sich schnell entfernen, laufen. Im Jahre 1603 tritt als Zeuge

auf: Johennchen Flitzen (Genetivform) zu Bomich, 80 Jahr alt. In einer Türkensteuerliste von 1542/43 in der Herrschaft Gimborn-Neustadt sogar Namen wie „der vollfretter" (Vielfraß); „der snaphan" (Strauchdieb, Bandit); „de Heydtslange" (die Bösartige, Neugierige); „die muysche" (Spatz); „Claes Druegebroyt" (Nikolaus, der trockenes Brot essen mußte).

4. aus altdeutschen oder fremden, meist biblischen Namen hebräischen, griechischen oder lateinischen Ursprungs. Diese Vornamen treten um 1600 am häufigsten auf und sind noch Vaternamen. Sie erscheinen deshalb meist im zweiten Fall und wurden im späten 17. Jahrhundert zu erblichen Familiennamen. Zuweilen ist nicht einmal der Name des Sohnes angegeben, sondern es heißt nur: Dyrichs soin (Dietrichs Sohn); Mertens kind (Martins Kind); tiellen soin (Sohn des Thiel, dies Kurzform von Dietrich); pietz kinder (des Peters Kinder, entwickelte sich später zum Familiennamen Pitsch); einige Beispiele aus der Landsteuerliste von 1555: Albert, Engelberts sohn (Engelbert noch Vorname!); Christges, Alberts sohn; Christges Hun (des Christian Sohn Hun; dies Kurzform vom germanischen Vornamen Hunold, der spätere Familienname Huhn oder Hühn); 1628 auch in der Genetivform: Albert, Hunen sohn; Ruhlen Johann (Rudolfs Sohn Johann); Christens Noß (Noß die Kurzform vom altdeutschen Vornamen Notker, bedeutet wie Gernot: Speerschwinger, -kämpfer; Ger = Speer); Namen aus der Akte „Brüchten zu Wiel, 1628" (Strafverzeichnis): Johann mars vfm Driefholtz (mars, lies: Marsch; wie der Name Marx eine Kurzform vom lateinischen Namen Markus = Sohn des Mars, der Kriegerische); Johentchens Fohs Peter, Mertens Ohmen in den Immen; Elses Johann zu Honstich. Oft ist aber nur der Vorname des Straffälligen angegeben, z. B. Peter zu Bodenbach (alte, ungekürzte Form von Bomig); Gobell in Honstich (der spätere Familienname Göbel); Hannes zu Bergenrodt; Mergen (Maria) vfm Clef; Johenchen zur Muhlen (Mühle); Thonges zu Jennigken (Antonius; in den Formen Thönes und Thünes später zu Familiennamen geworden); Johann zu Bantemich (Bantenberg) und Sniders Knecht auffm Foerst.

Da um 1650 die Bildung fester, erblicher Familiennamen abgeschlossen war, erscheinen ab 1675 in den Kirchenbüchern von Drabenderhöhe sowie in den „Brüchtenzetteln des Unterkirchspiels Wiehl vom Jahre 1754/55" nur Doppelnamen, d. h. Vor- und Familiennamen. In den Straflisten von 1754 und 1755 werden aus der späteren Gemeinde Drabenderhöhe 107 Untertanen bestraft, davon allein 86 wegen vorehelichen Beischlafes! Die Höchststrafen dafür betragen 5 Reichsthaler. Leider sind hier nur selten Ortsnamen angegeben. An heute noch bekannten Familiennamen sind verzeichnet: Peter Marsch Wittib (Witwe); Thiel Pflitsch; Henrich, Arnold und Melchior Bergerhoff; Pitter Schmidt zu Helmerhaußen; Caspar, Johann Henrich und Johannes Faulenbach; Johannes Lutter (aus dem germanischen Namen Ludwig = ruhmvoller Kämpfer); Kirchmeister Herhaus; Johann Thünes aufm Forste; Henrich

Müller aufm Forste; Hermannus Hollender; Johannes Schumacher; Christian Kauert (Kurzform von Konrad = der Kühne im Rat, der kühne Ratgeber); Scheffe Bellingrath; Johannes und Johann Peter Scheffel; Kirchmeister Scheffel; Johannes Noß; Bastian Stöckers Wittib; Christian Dreibholz Wittib; Henrich Veller; Wittib Jürges; Henrich Theiß (Kurzform vom hebräischen Namen Matthias = Geschenk Gottes); Johannes Wilhelm Hillenbach.

In den ältesten Drabenderhöher Kirchenbüchern finden sich außerdem Namen der heute noch ansässigen Familien: Blaß (Kurzform vom griechischen Namen Blasius); Hüschemenger; Hühn; Höhler, Klein; Klemens; Kuhl; Lang; Nohl (Kurzform vom alten Namen Arnold; aus Arnwalt = der wie ein Aar, Adler Waltende, Herrschende); Dreibholz und Herder (meist gedeutet als Gemeindehirte, der die Viehherde austreibt und hütet; in unserm Gebiet wohl eher ein Herkunfts- oder Wohnstättenname: der aus Hardt zugezogene oder auf der Hard (Bergwald, Flurname) wohnende Hofbesitzer; um 1700 im Kirchenbuch auch als „Härder" geschrieben.

Kriegswirren in der Gemeinde Drabenderhöhe

Das Homburger Land ist im Laufe seiner Geschichte von harten Schicksalsschlägen nicht verschont geblieben. Auch die großen Kriege und die vielen kriegerischen Ereignisse vom 17. bis 20. Jahrhundert brachten häufige Einquartierungen, Plünderungen, Mißhandlungen, Kriegssteuern, Geldleistungen und Diebstähle mit sich. Im 17. Jahrhundert wirkte sich der Dreißigjährige Krieg in unserer Heimat verheerend aus. Das geht u. a. aus zwei Akten hervor, die sich im Archiv des Fürstlichen Hauses in Berleburg finden. In einem Bericht von 1653, der über die Instandsetzung der Kirche und den Wiederaufbau des Pfarrhauses in Marienhagen handelt, ist von dem „langwierigen Krieg und oftmals erlittenen Ausplünderungen" die Rede. Das alte Pfarrhaus sei „in den verderblichen Kriegszeiten niedergefallen. Unsere Unterthanen in der Hondschaft Mergenhagen haben auf unsere Mahnung, eine Beisteuer dazuthun, einhellig fürgeben (einstimmig erklärt) und geklagt, daß sie durch den langwierigen Krieg und so oftmals erlittene Ausplünderungen dermaßen verderbt und bis aufs Äußerste ausgemärgelt, daß sie, obgleich sie gerne wollten, bei diesem Zustande nichts darzu thun können."

Die Erklärungen der Hundschaftsbewohner von Marienhagen und die folgenden Berichte über Plünderungen im Kirchspiel Wiehl beweisen, daß auch die Herrschaft Homburg im Glaubenskrieg von 1618—48 unsäglich gelitten hat und daß die Bewohner zum Teil völlig verarmt waren. Die folgenden Auszüge aus dem urkundlichen Bericht geben anschauliche Beispiele dafür, daß die kleine Herrschaft bereits im Jahre 1622 die Grausamkeit und Gewalt der kaiserlich-katholischen Truppen zu spüren bekam. Wir sehen die Drangsale, Schrecken und das Elend jener Zeit, die Geißel des Krieges unmittelbar vor uns aufleben.

Das im Schriftstück erwähnte kurfüstlich-katholische Kriegsvolk gehörte zur kaiserlich-katholischen Armee und war nach dem kölnischen Herzogtum Westfalen unterwegs. Der Durchzug wurde zu einer dreitägigen Einquartierung mit Plünderungen, Diebstählen, Brandschatzungen und Geldforderungen. In der Einleitung der Eingabe heißt es u. a.: „Als hie bevor den letzten Augusti dieses jetzigen 1622 Jahres das Cölnisch Kurfürstl. Kriegsvolk in die herrschaft homburgh vnversehens eingefallen vnd darin quatieret biß den 2ten September vnd den vnderthanen viel verdruß vnd schadens geschehen vnd dan der hochwolgeborn vnser gnediger Grafe vnd her gnedig befolen, daß ein jeder vnderthan sollte anschreiben vnd verzeichnen laßen, alß haben wir eingeseßene des Kirspels (Kirchspiels) Wiell solches nitt vnderlaßen. Demnach dan ein jeder die Wahrheit zu sagen bey seinem gewißen (Gewissen), alß hat sich folgendermaßen geringschätzigem vberschlagh befunden." Nach dem Bericht zu urteilen, waren schon früher Truppen durchgezogen und hatten Nachtlager, Futter, Speise und Trank unentgeltlich erhalten. Im Schriftstück heißt es darüber: „Dieweil man auch hiebevor Churfürstlicher Durchlaucht von Cöllen und ihrem Volk nachtslager, wie auch fuder und mall (Mahlzeiten) guttwillig gegeben, alß hat man auch vor dißmal von fuderei (Futtermitteln), speiß und Drank nichts einbringen (berechnen) wollen. Weil aber itzo (jetzt) das Volk midt gebürlichem mal und fuder sich nitt hadt begnügen laßen, sondern mit außlassung der fischereien (Fischteichen) vnd midt plünderung der eßen (Essen, Rauchfänge), speiß, als botter, fleisch auß den heusern midt großem mudtwillen gebraucht, daß es nitt weniger sich belaufen thette (täte) als 1755 Reichsthaler..." Wie die Bewohner unter der Willkür und Grausamkeit des kölnischen Kriegsvolkes gelitten haben, dafür gibt diese Urkunde erschütternde Berichte. Im benachbarten Kirchspiel Drabenderhöhe werden sich ähnliche Vorgänge abgespielt haben. Von den damals zum Kirchspiel Wiehl gehörenden Höfen Kehlinghausen, Oberbantenberg, Repschenroth und Unterbantenberg heißt es in dieser Eingabe: „Diese nachfolgende höffe, als Kelinghausen, Repschenrodt, in der Bambert, sindt in Summa 21 heuser, sindt gezwungen worden, daß sie in Continenti erlegen (gemeinsam bezahlen) müßen 24 Reichsthaler." Die 26 Familien von „Bruch, in den höffen, halstenbach, Bredenbruch und Bomich" wurden zu 45 Reichsthalern verurteilt.

Die katholischen Truppen benehmen sich wie rachedürstige Feinde, plündern in Haus und Hof, zerschlagen Möbel und Geräte, mißhandeln Bauern und Handwerker in schamloser Weise. Den Bauern wird das letzte Bargeld unter Drohungen und Mißhandlungen abgepreßt. Das Kriegsvolk nimmt Pferde, Kleider, Schlafdecken, Leinen, Felle, Leder, Federkissen, Zinngeräte u. ä. mit. Die Bauern werden wie überall in diesem furchtbaren Krieg das Hetzwild entmenschter Horden. In vielen Häusern fallen ihnen 30 bis 50 Thaler in die Hände, damals der Wert eines Pferdes. Als die Plünderer in die Wiehler Kirche eindringen wollten, verhüten die Einwohner durch eine Sammlung ihrer letzten Silberstücke die Plünderung. Der Bericht meldet darüber: „Den letzten Augusti dieses itzigen Jahrs haben die sembtlichen Nachbarn zu Wiell mußen accordieren, daß die Kirche nitt geöffnet worden; deswegen geben 12 Reichsthaler." Die anscheinend wohlhabende Bevölkerung wurde in den drei Tagen schwer heimgesucht und ist sicher völlig verarmt[1]).

In der Zeit von 1650—90 hat die Herrschaft Homburg häufig durch Einquartierungen und Durchzüge fremder Truppen leiden müssen. Die Bewohner erhielten für die entstandenen Schäden keine Vergütung. Im Auftrag des Grafen Wilhelm Friedrich Herrn zu Homburg, stellten die Schultheißen eine Rechnung der den Bewohnern erwachsenen Kosten auf. Die Rechnung des Drabenderhöher Schultheißen betrug für die einzelnen Hundschaften (Bauerngemeinden) Fischbach etwa 600, Weierhagen 1230, Drabenderhöhe 690, Bomig 188 Reichsthaler. Die Bemühungen des Landesherrn bei der Kurpfälzischen Regierung in Düsseldorf um Erstattung dieser Kosten blieben erfolglos.

Dem Drabenderhöher Pfarrer Gustav Schöler verdanken wir eingehende Schilderungen aus der Franzosen- und Speckrussenzeit (1796/97 und 1813). Die auf Angaben seines von 1784 bis 1835 hier amtierenden Vaters beruhenden Aufzeichnungen können hier nur auszugsweise wiedergegeben werden. Die Franzosen waren nicht, wie unsere alten Homburger erzählen, Napoleonische Soldaten, sondern französische Revolutionstruppen. Nach Preisgabe des linken Rheinufers durch Preußen im Frieden zu Basel von 1795 und dessen Rücktritt vom Kriege gelang es den Franzosen bald, den Kriegsschauplatz auf die rechte Rheinseite zu verlegen. Sie überschritten 1795 den Rhein und trieben die österreichischen und Reichstruppen nach der Sieg hin zurück. So geriet auch das Homburgische mit den bergischen Gebieten unter die Geißel der Kriegsfurie. Nach den Lasten der Einquartierung von befreundeter Seite folgten Brandschatzungen, Plünderungen und Gewalttaten der französischen Soldaten. Führer der rohen und verwilderten französischen Soldateska war der später berühmt gewordene Marschall Ney. Von seinem Lager bei Troisdorf aus wurden auch Streifzüge ins Oberbergische unternommen, welche die Bevölkerung schwer heimsuchten. Pfarrer Schöler berichtet über die Ereignisse in Drabenderhöhe u. a.: „Im Herbst kam ein österreichisches Corps hierher, biwakierte einige Wochen im Freien und bezog dann im Dorf und in der Umgebung Winterquartier. Sowohl die Privat- als auch die Pfarrwaldungen waren während des Lagerns im Freien schrecklich hergenommen worden. Die schönsten Eichen dienten als Brennholz. Kaum waren die Österreicher abgezogen, kamen die Franzosen und mit ihnen Raub und Verwüstung. In Much und auch im Homburgischen rotteten sich die Bauern mit Mistgabeln und Sensen zusammen; aber sie hielten

---

1) Wörtlicher Abdruck der Akte und Erläuterungen im Beitrag des Verfassers „Das Homburger Land im Dreißigjährigen Krieg"; Kreisblatt des Oberbergischen Kreises; April 1968; Seite 134—136.

beim Heranrücken der Franzosen nicht stand. Die Österreicher liefen zuerst, und nun warfen auch die Bauern die Waffen weg und zerstreuten sich. Einige Zeit später verbreitete sich das Gerücht, ein Corps Franzosen nahe sich, raube und brenne alles nieder. Die Bauern bewaffneten sich und bliesen auf ihren Sauhörnern. Als die französische Kavallerie morgens über die Jennecker Heide heranzog, hörte sie das Stürmen mit den Glocken und das Blasen auf den Hörnern. Sie glaubte, ein Corps Österreicher sei mit den Bauern vereinigt. Der Kommandant ließ deshalb bei Hillerscheid absitzen. Als er hörte, daß nur Bauern im Dorf waren, die ihr Hab und Gut verteidigen wollten, versprach er, es sollte nicht geplündert werden, wenn die Leute auseinandergingen, sonst werde er das Dorf in Brand stecken lassen. Die Bauern waren so klug, das Anerbieten anzunehmen. — In dieser Zeit der Sorge und Angst wagte mein Vater nicht, sein Haus zu verlassen aus Furcht, die plündernden Franzosen möchten es anzünden, wenn sie keine Bewohner fänden. Seine Familie aber flüchtete, sobald der Ruf „Franzosen kommen"! erschallte, in die Hähner Mühle und übernachtete oft in Immen ... Noch mußte die Gegend vieles leiden, bis es dem Fürsten Christian Heinrich (1773—1800) gelang, einen Schutzbrief für das Homburgische zu erwirken." Aus einem homburgischen Kontenbuch wissen wir, daß die Franzosen noch im September 1797 hier einquartiert waren. Auf dem Kontenblatt eines Gastwirtes und Krämers heißt u. a.: „1797, den Branntwein, so Justizrat Held zu Niederelben bekommen, seit die französischen Chaßeur (Jägerregiment) hier gelegen, neemlich vom 25ten Aug. bis an den 22ten Sept., beträgt sich 5 Reichsthaler, 48 Stüber und an Bier 12 maß, per maß 4 Stüber, thut 48 Stüber."

Am meisten machte sich die französische Verwaltung nach 1808 durch die Aushebung der waffenfähigen Jugend verhaßt, die für die Ehre der „grande nation" in die Napoleonischen Kriege ziehen mußte. Viele Burschen machten sich auf und davon und wurden steckbrieflich verfolgt. Besonders als sich im Frühjahr 1813 das Gerücht vom Zusammenbruch der kaiserlichen Armee in Rußland verbreitete, widersetzten sich viele Dienstpflichtige der Aushebung und Einziehung. Sie schlossen sich zusammen und verbargen sich in Wäldern, flüchteten oder versteckten sich im Haus. So erzählt man von zwei Burschen aus der Gemeinde Drabenderhöhe:

„Do seng de Franzo'esen och hie em Ömmen (in Immen) jewe'sen. Die sokten jong Mannslü on wollten die metnemmen. Do sat en Motter: ‚Komm, Jong, krufe hie en dn Keller. Dann schloon ech de Falldür zo on setzen mich dropp.' So wu'er ett och jemaacht. Die Frau lät en Sackdooch opp die Falldür, satzte en Stohl dropp on schällte die Ärpel. Do komen de Franzo'esen on froten, wo ärr Jong wö'er. Do sate sing Motter: ‚Dä es alt (schon) lang fort; ech weeß nett wohenn.' Do sokte die em chanzen Hus bes opp dn Ohlder (Speicher); awwer an dn Keller däten (dachten) se nett, weil se keen Trappe sohen. Do seng sie wi'er jechangen."

„Hie wooren fröher de Franzo'esen kommen on koomen en-ett Hus van dr Altmu'er (Großmutter). Die sokten an denn Beuerden (Burschen) on wollten die äs (als) Soldaten metnemmen. Do hat sich dä Jong en dr Deße (großer Rauchfang über dem offenen Herdfeuer) verstächen. Seng Motter wo'er am Kaffeebrennen en dr Kastroll (Kasserolle; gußeiserner Topf mit Griffen). De Franzo'esen hatten ett chanze Hus du'ersokt; awwer sie hatten denn Jongen nett fongen. Wie se fort woren, es hä (er) raffjeklommen on het jesat: ‚Mama, do hann ech noch es Heel (Glück) jehatt; awwer du hes mich bal do'et jequälstert.' Do hatte vam Qualm bal keenen Ohm mehr kre'en (vom Qualm von Kaffeebohnen, die gerade geröstet wurden, bald keinen Atem mehr bekommen)."

Von den sogen. Speckrussen berichtet Pastor Schöler in der Pfarrchronik u. a.: „Im Anfang des Jahres 1813 war auch hier eine unruhige Zeit. Es breitete sich die Rebellion der Speckrussen aus. Das französische Joch wurde immer drückender. Besonders war die Conscription (Aushebung, Einberufung) sehr verhaßt. Als es nun hieß, Napoleons Heer sei in Rußland vernichtet worden, erhoben sich viele Bauern gegen alle von Napoleon eingesetzten Obrigkeiten, proclamierten wieder die alten Gesetze und zogen lärmend und plündernd von Ort zu Ort, sehr viele mit Gewehren bewaffnet. Die Russen und besonders der Kaiser Alexander wurden von ihnen in den Himmel gehoben. Da sie bei ihrem Herumstreifen besonders Appetit auf Würste, Schinken und Speck zeigten und die Rauchfänge heimsuchten, bekamen sie den Namen Speckrussen. Es war eine traurige Zeit voller Sorge und Angst für alle, die ein Amt hatten ... Solange keine Soldaten erschienen, waren sie mutig und übermütig. Die Friedensrichter Schöler in Hochstraßen und Pollmann in Gummersbach mußten die Ungültigkeit der neuen Gesetze proklamieren. Mehrere Maires (Bürgermeister), die als Franzosenfreunde angesehen wurden, wie Zapp in Ründeroth, mußten flüchten, um ihr Leben zu sichern, und ihre Häuser wurden geplündert. Als bewaffnete Macht im Anzuge war, liefen alle nach Hause, und die Schuldbewußten verbargen sich. Viele wurden nach Dillenburg ins Gefängnis geführt, aus dem sie Ende des Jahres durch ein Corps Kosaken befreit wurden.

Auch mein Vater hatte mit diesen Speckrussen zu tun. Nur einige Leute der hiesigen Gemeinde aus den Weiershagener Höfen hatten an der Rebellion teilgenommen. Es wurde den Geistlichen befohlen, über die wahren oder angeblichen Siege in Rußland zu predigen. Ein solcher Befehl langte auch kurz vor Ausbruch der Rebellion hier an. Es verbreitete sich in den Reihen der Rebellen das Gerücht, der Pastor auf der Höhe habe den Napoleon in einer Predigt gelobt. Mein Vater hatte nicht mehr getan, als er eben mußte; aber man suchte an einem Vorwande, ihn einmal heimzusuchen. Es wurde ihm durch gutgesinnte Bürger

angezeigt, daß man etwas gegen ihn im Schilde führte, und viele boten sich an, ihm Schutz und Beistand zu leisten; denn er war in seiner Gemeinde sehr beliebt. Er mahnte von allen Gewaltmaßregeln, die etwa für ihn ergriffen werden sollten, ab. Endlich kam ein Haufe der Rebellen heran. Mein Vater ging ihnen ganz unbefangen bis hinter das Dorf entgegen. Sein Erscheinen verblüffte sie. Sie hatten Flucht erwartet. Unwillkürlich wurden sie mit einer gewissen Scheu und Ehrfurcht erfüllt. Die Frechsten forderten ihn auf „Vivat Alexander!" zu rufen, und als er das tat, war alles gut und wurde noch besser, als er einem Wirt den Auftrag gab, den Patrioten auf seine Rechnung einzuschenken. Es kamen auch viele in sein Haus und richteten eine große Niederlage in seinem Butter-, Brot- und Fleischvorrat an... Die Herrschaft der Franzosen ging bald zu Ende. Die Rebellen zogen von hier nach Much und plünderten daselbst. Von da ging es weiter nach Eitorf. Aber der dortige Maire schlug sie mit seinen Leuten in die Flucht[2]).

---

[2]) Weitere Berichte über die Franzosen und Speckrussen im Homburger, Waldbröler und Schwarzenberger Land in: Geschichte der ehemaligen Reichsherrschaft Homburg; von Lehrer Peter Wilhelm Hüssen, Nümbrecht; Seite 169—171; Barmen 1870; Oberbergische Volkserzählungen; von Otto Kaufmann; Seite 199—211; Bonn 1968.

Zur Zeitgeschichte von Drabenderhöhe

Reinhold Muth

Drabenderhöhe in den Kriegswirren 1914/18 und 1939/45

Im Ersten Weltkrieg (1914—18) blieb unsere Heimat von Kriegseinwirkungen verschont. Nach dem Waffenstillstand setzten sich die deutschen Heeres-Einheiten planmäßig von der Westfront ab. Im Verlaufe dieser militärischen Bewegungen hatten wir in Drabenderhöhe mehrfach Einquartierung deutscher Truppen, von denen vor allem eine bayerische Einheit in guter Erinnerung geblieben ist. An manchen Tagen mußten 1 200 Mann mit Gerät und Pferden im Dorf untergebracht werden. Den deutschen Truppen folgten dann die Besatzungsmächte und zwar zunächst die Engländer. Mit einer Einheit von über 100 Mann bezogen sie Quartier im Saale Kalscheuer und hatten im angrenzenden Baumhof noch ein Zeltlager aufgeschlagen. Besetzt wurde nur der Ortsteil „Anfang", der zur Gemeinde Engelskirchen und damit zum Kreis Wipperfürth gehörte.

Drabenderhöhe war somit Außenposten des, den älteren Einwohnern noch geläufigen „Kölner Brückenkopfes" geworden. Beim innerörtlichen Verkehr zwischen besetzter und unbesetzter Zone herrschte Paßzwang. Der Gastwirt und Bäckermeister Ewald Kalscheuer konnte davon ein besonderes Lied singen. Immer wenn er von seiner an der alten Kölner Straße gelegenen Bäckerei zu seinem Vorratsschuppen an der Zeithstraße wollte, verlangten die Besatzer seinen Paß und das, obwohl doch die Engländer in seinem Gehöft Quartier bezogen hatten. Sowenig Entgegenkommen gegenüber Quartiersleuten hat den alten Kalscheuer richtig in Rage gebracht.

Die Engländer gaben sich sehr militärisch und bauten in dem Wiesengelände oberhalb des früheren Freibades Verr einen Maschinengewehrschießstand. Ihren Schießkünsten fiel auch der Höher Kirchturmhahn zum Opfer, den sie von der Gaststätte Paul Nohl aus unter konzentriertes Feuer nahmen. Die „Trophäe" ist heute in Schloß Homburg zu besichtigen. Im großen und ganzen wird jedoch den „Tommys" eine sehr korrekte Haltung nachgesagt.

Die Engländer wurden für kurze Zeit von einer belgischen Einheit abgelöst, denen dann am 7. April 1923 die Franzosen folgten. Diese stellten als erstes die besatzungstechnische Einheit des Dorfes her, indem sie es ganz besetzten. An den Ausfallstraßen wurden Wachposten aufgestellt, so z. B. ein Schilderhäuschen beim früheren Schuhgeschäft Clever an der Dorfstraße. Im Gasthof Müllenbach richteten die Franzosen die Kommandantur ein und im gegenüber liegenden Gasthof Klein ihre Küche. Konfirmandensaal im Pastorat und Schule dienten als Quartier vor allem für eine marokkanische Einheit.

Die „Schwarzen", wie sie im Volksmund genannt wurden, waren längere Zeit in Drabenderhöhe als Besatzer tätig. Unser Heimatdorf wurde in dieser Zeit zu einem Hauptumschlagplatz für Schmuggelgüter. Im besonderen ging es dabei um Transporte zwischen dem im besetzten Gebiet liegenden Bahnhof Engelskirchen und dem Bahnhof Bielstein, der im unbesetzten Gebiet lag. Ganze Trägerkolonnen waren nachts unterwegs, und auf den sonst stillen Waldwegen herrschte Hochbetrieb. Französische Patrouillen griffen manchen Schmugglertrupp samt Ware auf. Die Verhafteten „pirkte" man in „Lutters Bauhof", wo sie von der Bevölkerung mit Essen und Trinken versorgt wurden.

Die Schmuggelei brachte außer guter Ware auch gutes Geld ein, so daß kein Mangel an Beteiligung bestand. Ein Landwirt aus Brächen mochte dieses Zusatzgeschäft nicht außer acht lassen und hatte einen Auftrag angenommen, den er zusammen mit seinem Sohn erledigen wollte. Von der Mutter gut mit Wegzehrung versorgt, machten sich die beiden dann eines Nachts auf den Weg. Nach langer mühsamer Schlepperei meinte der Sohn: „Papa, loß mer es resten un en Botter essen". Die Antwort des Vaters ist treffend: „Karl, wat heeßt hie Botter essen, Jeschäft, Jeschäft, Jeschäft."

Daß man auch mit den Besatzern handelseinig werden konnte, zeigt folgende Geschichte. Ein Höher Gastwirt sollte mit seinem Fuhrwerk beschlagnahmte Schuhe nach Engelskirchen bringen. Zwei Besatzungssoldaten waren als Begleitschutz mit von der Partie. Unterwegs konnte unser Fuhrmann die Besatzer davon überzeugen, daß jeder neue Schuhe nötig hätte. So warfen sie dann während der Fahrt durch den Hipperich an markanten Stellen Schuhe vom Wagen in das angrenzende Gebüsch. Die Formalitäten in Engelskirchen zogen sich in die Länge und beim Heimweg wurde es dunkel. Das Suchen nach der wertvollen Fracht im dornigen Gebüsch war mühsam und langwierig. Kurz und gut, unser Mann war nicht gerade bester Laune, als er dann zu Hause feststellte, daß er vier linke Schuhe erworben hatte.

Mancher Anreisende war mit den Formalitäten, die zum Besuch unseres Dorfes nötig waren, nicht vertraut. So stand auch der jetzt in Miebach wohnende W. Loede eines Tages in Bielstein am Bahnhof und versuchte, nach Drabenderhöhe zu kommen. Er war von Hildesheim angereist, um eine Meierstelle in der „Höher Molkerei" anzutreten. Christian Klein und Otto Hühn transportierten um diese Zeit Stroh vom Bahnhof Bielstein nach Drabenderhöhe und waren gerade dabei, ihr Fuhrwerk zu beladen. Sie klärten den „neuen Molkereimeier" auf und boten ihm an, ihn „schwarz" ins besetzte Drabenderhöhe zu bringen. Die Strohladung sollte als Versteck dienen und der Fahrgast war es zufrieden. Hinter Dahl verkroch er sich und harrte der kommenden Dinge. Kritisch wurde die Sache, als der Posten im Unterdorf bei Clever mit dem aufgepflanzten Bajonett in der Ladung herumstocherte. „Ech hatt' en fürchterliche Angst, datt en de Saunickel jepitzt hätte", meint Otto Hühn heute.

Der Abschied von den Besatzern am 17. September 1924 ist den „Höhern" nicht schwergefallen, vor allem auch, weil die tägliche ständige Begegnung mit den „Siegern" das bittere Gefühl, zu den Besiegten zu zählen, allzu deutlich werden ließ. Böllerschüsse und das Läuten der Kirchenglocken leiteten eine spontane Festveranstaltung mit Fakkelzug und Feuerwerk ein, mit der die Dorfbevölkerung die Befreiung vom Druck der Besatzung feierte.

Auf der August-Kirmes des Jahres 1939 dämpften bereits drohende Kriegsschatten die sonst so ausgelassene Stimmung. Erleichterung kam auf, als am Abend des Kirmes-Sonntag die Meldung vom Nichtangriffspakt Deutschland—Rußland gegeben wurde. Jeder glaubte, daß damit die Kriegsgefahr gebannt sei; ein Irrtum, wie sich bald herausstellte.

Die erste militärische Einheit in Drabenderhöhe war die „Fluwa", eine Gruppe von Männern, die sich Anfang der 30er Jahre zu einem freiwilligen Flug-Überwachungsdienst bereitgestellt hatten. Sie übten in einem eigens hergerichteten Erdbunker auf dem jetzigen Gelände der Bürstenfabrik Karl Schmitz an der Bundesstraße 56. Sofort nach Kriegsausbruch wurden diese Männer vereidigt und uniformiert. Sie bezogen bis zum Spätherbst 1939 Stellung im erwähnten Bunker.

Im Anschluß an den Polenfeldzug kam dann eine sächsische Sanitäts-Einheit in Drabenderhöhe in Quartier. Die „Sachsen", so heißen sie heute noch in der Bevölkerung, blieben bis Februar 1940. Viele Kontakte, die aus der Quartier-Zeit herrühren, sind erhalten geblieben. Im Frühjahr 1940 nahmen dann noch zweimal deutsche Truppen „auf der Höhe" Quartier, zuletzt eine thüringische Nachrichten-Einheit, die von hier aus in den Westfeldzug zog.

Durch die großen Erfolge der Wehrmacht im Polen- und Frankreich-Feldzug war die Stimmung in der Bevölkerung gut, zumal auch durch ein gut organisiertes Bewirtschaftungssystem zunächst keine Versorgungsmängel auftraten. Eine totale Verdunkelung sollte vor feindlichen Luftangriffen schützen. In den einzelnen Dorfbezirken wachten Vertrauensmänner darüber, daß kein Lichtschein durch die abgedeckten Fenster nach draußen drang. Säumige und Nachlässige wurden ermahnt. Eine gespenstige Atmosphäre breitete sich abends in dem stockdunklen Dorf aus; bedrückend und voll ängstlicher Spannung, wenn die Sirene auf dem Hause Penz (jetzt Fromhold) in durchdringendem auf- und abschwellendem Heulen das Nahen feindlicher Bomberverbände ankündigte.

Die Großangriffe auf Köln und Wuppertal konnten wir von Drabenderhöhe aus optisch und akustisch verfolgen. Das Brummen der Flugzeuge, die suchenden Lichtfinger der Scheinwerfer, das Ballern und Blitzen der Flakgeschütze, das Grollen und Donnern der Bombenteppiche und der Lichtschein ausgedehnter Brände ließen uns aus sicherer Distanz das Inferno in den uns so bekannten Städten erkennen. Zu ersten Bombenwürfen durch einzelne versprengte Feindbomber kam es im Jahre 1943 in Brächen und Staffelbach. Glücklicherweise gab es dabei keine Verletzte und Tote und der Sachschaden war gering.

Die meisten tauglichen Männer wurden zur Wehrmacht eingezogen, so daß das Vereinsleben fast völlig zum Erliegen kam. Viele „Fliegergeschädigte", die bei den Luftangriffen in den Städten Wohnung und Hab und Gut verloren hatten, waren in Drabenderhöhe untergebracht, ebenso zahlreiche Familien, die ihre Wohnungen in den gefährdeten Städten aufgaben und zu Verwandten aufs Land zogen.

Nach der Landung der Alliierten in Frankreich verstärkte sich mit dem Vordringen der Feindtruppen die feindliche Flugtätigkeit über dem Reichsgebiet. Tieffliegerangriffe auf Fahrzeuge, Fuhrwerke, ja auf Einzelpersonen, erschwerten ab Herbst 1944 den täglichen Betrieb und Verkehr in unserem Heimatort zusehends. Ernst Klein mußte bei der Kartoffelernte im Herbst 1944 mit seiner Familie mehrmals Deckung vor feindlichen Tieffliegern nehmen. Anderen Dorfbewohnern erging es bei ihrer Tagesarbeit nicht anders.

Im Jahre 1944 begannen in der unmittelbaren Umgebung auf dem Löher Kopf und in dem Waldgelände gegenüber dem Straßenabzweig nach Hillerscheid umfangreiche Bauarbeiten. Hier sollten Abschußbasen für V-Waffen entstehen, und in der Bevölkerung werden diese Punkte noch heute mit „V-Stellungen" bezeichnet. Zur restlosen Fertigstellung und zu Abschüssen ist es jedoch nicht mehr gekommen.

Das Vordringen der Alliierten im Raum Aachen führte zu einer großen Evakuierungsaktion in diesem Gebiet. Ein Flüchtlingstreck aus der Jülicher Gegend fand in Drabenderhöhe und Umgebung Aufnahme und hat das Kriegsende hier erlebt. Die Kriegsereignisse überstürzten sich im Winter 1944/45. Ständig waren um diese Zeit deutsche Truppeneinheiten in unserem Dorf in Quartier. Im Gasthof Müllenbach richtete man eine Versorgungsstation für durchziehende Flüchtlinge ein. Die Kölner Bezirksregierung, die sich vor den anrückenden Alliierten absetzte, fand Aufnahme im Gasthof Stölting in Brächen.

Die ständige Truppenkonzentration in unserem Ort waren erste Anzeichen dafür, daß Drabenderhöhe auf Grund seiner Lage im taktischen Konzept unserer Truppenführung eine besondere Bedeutung hatte.

Der März leitete mit wunderbarem Wetter den Frühling des Jahres 1945 ein. In normalen Zeiten hätte gerade unsere Landbevölkerung diese Bedingungen für die einsetzende Frühjahrsarbeit begrüßt. Nunmehr jedoch begünstigte die Wetterlage den ständigen Einsatz feindlicher Tiefflieger. Bald war ein gefahrloses dörfliches Betriebs- und Verkehrsleben nicht mehr möglich. Am 20. März erfolgte ein heftiger Tieffliegerangriff auf das Dorf. Der Sachschaden war gering, aber unter den Soldaten und der Zivilbevölkerung waren Tote und Verletzte zu beklagen. Es hieß damals, daß im Kirchturm Munition gelagert sei. Sicherlich hatten aber auch die vorrückenden Amerikaner die taktische Bedeutung des Ortes für die deutschen Truppenverbände erkannt.

Im letzten Weltkrieg zerstörte Dorfkirche

Am 21. März mittags erfolgte wiederum ein Fliegerangriff. Diesmal vor allem mit Phosphor- und Brandbomben. Die Kirche erhielt schwerste Bombentreffer und wurde fast völlig zerstört, ebenso ein Wohnhaus hinter der Bäckerei Heu und die Scheune von H. Lutter. Durch Bombentreffer entfachte Brände brachen in fast allen nahe der Kirche gelegenen Häusern aus. Der Gasthof Müllenbach brannte völlig nieder, bei den übrigen Häusern hatten die sofort einsetzenden Löscharbeiten Erfolg. Ab Ostern 1945 setzte ein mehr oder weniger regelmäßiger Artilleriebeschuß, vor allem nachts, ein. Treffer erhielten u. a. der Konfirmandensaal und das Haus Nohl im Kretsch. Von diesem Zeitpunkt an spielte sich das häusliche Leben vornehmlich in den Kellern ab.

Als Anfang April eine Flak-Einheit in Drabenderhöhe in Stellung ging, wurde jedem klar, daß der Ort verteidigt werden sollte. Acht schwere Geschütze vom Kaliber 8,8 und mehrere Batterien 3,7 und 2 cm Geschütze wurden eng um den Ort aufgebaut. Voller Sorge beobachtete die Bevölkerung die Verteidigungsvorbereitungen, die angesichts der militärischen Lage sinnlos erschienen. Bei der auf deutscher Seite gegebenen Waffenmassierung konnte damit gerechnet werden, daß auch auf der Feindseite schwerste Waffen zum Einsatz kamen. Das konnte die totale Zerstörung des Ortes, die Vernichtung von Leben, von Hab und Gut bedeuten, und das zu einem Zeitpunkt, als in Ost und West feindliche Armeen tief im Reichsgebiet standen und unaufhaltsam vorrückten, als benachbarte Dörfer bereits von den Amerikanern eingenommen waren, und der Krieg praktisch schon verloren war.

Die Amerikaner waren über Waldbröl nach Norden vorgestoßen und hatten am 10. April das Aggertal erreicht. Der linke Flügel dieser Verbände stieß aus südlicher und östlicher Richtung gegen Drabenderhöhe vor und hatte bald die umliegenden Ortschaften Jennecken, Hillerscheid, Niederhof, Immen und Dahl, teilweise unter Waffeneinsatz, eingenommen. Am späten Nachmittag des 11. April war ein Teil der deutschen Soldaten auf dem Parkplatz des Gasthofes Klein zum Befehlsempfang angetreten, als plötzlich unterhalb des Friedhofes und an der Straße nach Marienberghausen Infanteriefeuer einsetzte. Durch das Wald- und Wiesengelände der „Horberig" (jetzt Reenerland, Nösnerland) und des „Höher Dahls" waren die „Amis" bis zum östlichen Dorfrand vorgestoßen und stießen hier auf heftigen Widerstand. Die Kämpfe hielten vom Abend des 11. bis zum Nachmittag des 12. April an. Es gelang den Amerikanern nicht, in das Dorf einzudringen. Während der harten Kämpfe wurde das Wohnhaus des Sattlermeisters Lang am südöstlichen Dorfende sowie eine gegenüberliegende große Scheune völlig zerstört (beide Gebäude standen am unteren Ende der Dorfstraße im Bereich der jetzigen Spar- und Darlehnskasse). Zentrum des Kampfgeschehens war das Friedhofgelände, was totale Verwüstung und Vernichtung des alten schönen Baumbestandes zur Folge hatte.

Schwere Verluste waren auf beiden Seiten zu beklagen, und es kam am frühen Nachmittag des 12. April zu einer vereinbarten Kampfpause, in der Gefallene und Verwundete geborgen werden sollten. Viele Männer des Dorfes halfen bei dieser Aktion und E. Dreibholz übernahm mit seinem Fuhrwerk den Transport. Das Lazarett war im Hause „Mina Höhler" im Scheidt eingerichtet. Mehrere Dorfbewohner unterstützten hier den deutschen Stabsarzt und zwei Sanitäter bei der Versorgung der vielen Verletzten und Verstümmelten. Noch während der Kampfpause flackerte plötzlich aus nicht geklärter Ursache das Kampfgeschehen wieder auf. Dabei wurde der Dorfbewohner W. Ruland, der bei der Bergung von Verwundeten half, tödlich getroffen. Seitens der Bevölkerung hatte man mehrfach vergeblich versucht, den deutschen Kampfkommandanten zur Übergabe zu bewegen, zumal die Amerikaner einen schweren Luftangriff angedroht hatten, um den Widerstand zu brechen. Als im Verlaufe des Nachmittags der Kommandeur verwundet wurde, ließ der Stabsarzt den Widerstand einstellen. An mehreren Häusern wurden weiße Tücher ausgehängt und die Verteidiger verließen ihre Stellungen. Ein Teil setzte sich über Verr ins Loopetal ab, die anderen ergaben sich den vorsichtig einrückenden Amerikanern. Mit ängstlicher Spannung warteten in den Kellern die Bewohner auf die Begegnung mit den „Eroberern", die jedes Haus gründlich nach deutschen Soldaten durchsuchten, aber die Bevölkerung unbehelligt ließen.

Auf dem Platz zwischen Kirchentreppe und Bäckerei Heu hielten die „Amis" unsere gefangenen Soldaten unter starker Bewachung in Gewahrsam und transportierten sie am nächsten Tag ab. Nach dem Ende der Kampfhandlungen ging ein Aufatmen durch die Bevölkerung, gemischt mit dem Gefühl tiefer Niedergeschlagenheit und der Sorge vor der ungewissen Zukunft. Die amerikanischen Truppen hielten sich in Drabenderhöhe nicht lange auf und ließen lediglich einen ständigen Posten, der sich auf dem Ruinengrundstück Müllenbach einrichtete, zurück.

Um diese Zeit kamen täglich endlose Lkw-Transporte mit deutschen Kriegsgefangenen durch den Ort. Darunter war auch mancher Drabenderhöher. Abgeworfene Zettel und manchmal auch direktes Erkennen minderten in einigen Familien die große Sorge um das Schicksal der Väter, Männer und Söhne, die Soldat waren. Immer wieder kam es zu Überfällen und Plünderungen freigelassener Fremdarbeiter und Gefangener, die in Büddelhagen ein Ehepaar und im Ortsteil Kretsch einen Mann ermordeten. In unseren Dörfern organisierte sich ein Selbstschutz, der nachts regelmäßig Streifendienst versah.

Bei der Einteilung der Besatzungszonen kam unsere Heimat unter britische Militärverwaltung. Es erfolgte dann der Neuaufbau der deutschen Verwaltungsinstanzen und langsam normalisierte sich das Leben, zumindest im organisatorischen Bereich wieder. Not und Elend waren groß in unserem Land, erkennbar aber auch der Wille zum Neuaufbau. Arbeit und Zukunftswille überwanden die Resignation, Hoffnung keimte auf.

Ortsausbau und wirtschaftliche Entwicklung seit dem Ende des 19. Jahrhunderts

Das handwerkliche und gewerbliche Leben unseres Dorfes war, von wenigen Ausnahmen abgesehen, bis in die zweite Hälfte des 19. Jahrhunderts ausschließlich auf die Versorgung des Drabenderhöher Siedlungsraumes ausgerichtet. Diese Aussage wird im Grundsatz nicht dadurch entkräftet, daß einzelne „Höher Familien" (Kauert, von Schemm) an den damals blühenden Erzgruben in der Umgebung (Oberkaltenbach, Bliesenbach, Forst) beteiligt waren, ja sogar Initiatoren bergbaulicher Unternehmen waren.

Im ausgehenden 19. und im beginnenden 20. Jahrhundert ist in unserem Ort deutlich ein Trend erkennbar, der einen erweiterten wirtschaftlichen Bereich erschließt. In diese Zeit fällt die Gründung privater gewerblicher Betriebe, die über die lokale Versorgungs- und Dienstleistungsaufgabe hinausgehen. In diesem Zeitabschnitt kommt es auch zu Betriebsgründungen auf genossenschaftlicher Basis bei denen jedoch die wirtschaftliche Aufgabenstellung im Bereich besserer und erweiterter Versorgung und Dienstleistung liegt. Diese wirtschaftliche Bewegung erwachte zu einer Zeit, als der Niedergang der eingangs erwähnten Bergbaubetriebe sich abzeichnete. Viele Männer aus Drabenderhöhe und Umgebung fanden damals im Bergbau Arbeit und Brot; angesichts der drohenden Gruben-Stillegungen brachten die Neugründungen eine willkommene Erweiterung der Erwerbsgrundlage.

Den ältesten Betrieb dieser Art stellte die von Hermann *Lutter* im Jahre 1881 gegründete Horndrechslerei dar. Der Betrieb beschäftigte um die Jahrhundertwende bereits 25 Arbeiter. In der Hauptsache fertigte man Tabakpfeifen, Möbelrollen und Signalpfeifen. Hinzu kamen später Konfektionsknöpfe aus Horn und Kunststoff. Das Vordringen der Kunststoffe zwang zu betrieblichen Anpassungen, so daß heute ausschließlich Brems- und Kupplungsbeläge für die Auto- und Maschinenindustrie hergestellt werden.

In einem gänzlich anderen Wirtschaftszweig wurde Gustav *Hühn* tätig, der 1884 eine Schnapsbrennerei gründete. Er hatte von seinem Schwiegervater eine kleine für den lokalen Bereich gedachte Bierbrauerei übernommen, verlegte sich dann aber gänzlich auf die Schnapsbrennerei. „Hühns alter Korn" wurde weit und breit zu einem Qualitätsbegriff. In der damaligen Zeit gab man dem Schnaps gegenüber dem Bier den Vorzug, vor allem weil die Steinkipper und Bergleute glaubten, sich damit vor der Staublunge schützen zu können. Der Brennereibetrieb wurde Mitte der 50er Jahre eingestellt.

Zu den frühesten Betrieben zählt auch die *Ziegelei* in Brächen, die heute nicht mehr besteht, und deren Abbauplätze an dem Weg nach Dahl teilweise aufgefüllt sind. Christian Kauert aus Niederhof hatte hier in kleinem Umfang Ziegel für den örtlichen Bereich gebrannt und die Anlage dann an Peter Nölle verkauft. Der baute in den 80er Jahren moderne Fertigungsanlagen auf und lieferte mit eigenen Fuhrwerken im nahen und weiteren Bereich.

Christian und Heinrich *Höhler* nahmen 1884 eine Bürstenfabrikation auf, deren Eintragung im Handelsregister 1912 unter dem Firmennamen „Oberbergische Bürstenfabrik Heinrich Höhler & Co. KG" erfolgte. Die handwerkliche und maschinelle Fertigung wurde nach dem Zweiten Weltkrieg aufgegeben und ein Großhandel aufgebaut. Zum Programm gehören alle Bürsten- und Pinselsortimente sowie Matten, Teppichbrücken und -Böden, Wachstuche, Folien etc. Bereits 1915 betrug die Zahl der Belegschaft zwölf; heute sind zehn Mitarbeiter tätig.

Auf der gleichen Fertigungsebene entstand 1909 die Firma Kahlenberg und Greif im früheren Anwesen „von Schemm", die 1927 vom jetzigen Inhaber Karl *Schmitz* übernommen wurde. Hier wurde 1932 die Bürstenfabrikation noch um Hornwarenherstellung für Jagd- und Sportartikel erweitert. Dem Unternehmen ist ein Großhandelsbereich für Matten, Folien, Teppiche und Malerartikel angegliedert. In der Fabrikation hat man sich verstärkt dem Industriebedarf an technischen Bürsten für die verschiedenartigsten Bedürfnisse zugewandt. In den modernen Fabrikationsräumen, die 1954 durch einen Gesamt-Neubau geschaffen wurden, sind heute 50 Mitarbeiter beschäftigt.

Die älteste Betriebsgründung auf genossenschaftlicher Basis stellt 1864 (lt. Kirchenchronik) das „landwirtschaftliche Casino" dar. Zwar zunächst ohne Rechtsform ist es der Vorgänger der 1920 gegründeten „Landwirtschaftlichen Bezugs- und Absatzgenossenschaft" (jetzt Raiffeisen-Warengenossenschaft). Hier ist die wirtschaftliche Aufgabe in der Versorgung der Landwirtschaft zu sehen. Zentrale Beschaffung der notwendigen Gebrauchsgüter auf der einen und organisierte Aufnahme und Vertrieb der Herstellungsprodukte auf der anderen Seite, erhöhten die Wirtschaftlichkeit der landwirtschaftlichen Betriebe. Das stark auf den Eigenbedarf ausgerichtete autarke Wirtschaftsdenken wurde überwunden und der Weg zu erweiterter, auch spezieller landwirtschaftlicher Produktion gewiesen. Diese Genossenschaft wuchs sehr bald über den lokalen Bereich hinaus und gewann Mitglieder in der weiteren Umgebung, vor allem in der Nachbargemeinde Much. Lagerräume erbaute man an der Zeithstraße vor der Einmündung des Weges nach Scheidt. Die Fuhrwerkskolonnen, die früher, vor allem in den Saisonzeiten, den An- und Abtransport der Güter vornahmen, prägten oft tagelang das Ortsbild.

Ein weiterer bedeutender Schritt zugunsten erhöhter Wirtschaftlichkeit der Landwirtschaft war die Gründung der *Molkereigenossenschaft* im Jahre 1895. Das Klima und die kargen Bodenverhältnisse im Oberbergischen beeinträchtigten den gewinnbringenden Anbau von Getreide und anderen Produkten. Für die Viehhaltung und Milcherzeugung jedoch waren die Voraussetzungen gut. Die Ausweitung in dieser lohnenden Richtung scheiterte bisher aber an den unzulänglichen betriebseigenen Verwertungs- und Vertriebsmöglichkeiten. Mit der Molkerei, die an der Zeithstraße unterhalb des Scheidter Weges entstand, löste sich dieser Engpaß auf und unsere Landwirte waren endlich in der Lage, sich verstärkt dem Produktionszweig zuzuwenden, von dem eine Verbesserung ihrer wirtschaftlichen Lage zu erwarten war. Weit über den Drabenderhöher Raum hinaus estreckte sich das Einzugsgebiet der Molkerei, und in den Vormittagsstunden, wenn aus allen Richtungen die Milchfuhrwerke, vollgeladen mit blitzenden Kannen, eintrafen, herrschte hektischer Hochbetrieb. —

Auf genossenschaftlicher Grundlage bildete sich 1901 der *Wasserversorgungsverein* „Loopeperle" e. V.- der auch heute noch die Wasserversorgung in unserem Dorf wahrnimmt. Im Loopetal, unterhalb Verr, erschloß man ergiebige Quellen und pumpte das Wasser in einen Hochbehälter auf den Löherkopf. Von dort lief es mit natürlichem Gefälle dem neuen Verteilungsnetz des Dorfes zu. Zum Pumpen wurde anfangs das Gefälle des Loopebaches genutzt, später stellte man auf elektromotorischen Antrieb um. Der Umfang des Projektes und die damit verbundenen Kosten schreckten zunächst manchen Interessenten ab, so daß bei Gründung zunächst nur 34 Mitglieder beitraten. —

Die Wasserversorgung des Ortes erfolgte vorher aus eigenen Hausbrunnen bzw. aus Brunnen, an denen mehrere Haushalte Entnahmerecht hatten. Der bedeutendste Brunnen dieser Art ist der „Honersbornen" (unterhalb des Hauses Dannenberg in der Grünanlage zwischen Schule und Altenheim), der bereits in der Merkatorkarte von 1575 verzeichnet ist. Die Vorteile der zentralen Wasserversorgung überzeugten bald die hartnäckigsten Eigenbrödler, die sich dann nach und nach der „Loopeperle" anschlossen. Diese Genossenschaft zählt heute 250 Mitglieder und paßt ihre Versorgungsanlagen ständig den steigenden Bedürfnissen an.

Die *Elektrifizierung* in Drabenderhöhe leitete Hermann Lutter ein. In seinem Betrieb installierte er einen Generator, der neben den betrieblichen Antrieben auch die umliegenden Wohnhäuser mit Strom versorgte. Das war damals im Oberbergischen der zweite Fall öffentlicher Stromversorgung. Nach 1908 baute das neugegründete Kreiselektrizitätswerk im Oberbergischen Land ein weiträumiges Versorgungsnetz auf, an das sich alle Dörfer und Gemeinden nach und nach anschlossen. So auch Drabenderhöhe, wo man 1912 die Elektrizitätsgenossenschaft ins Leben rief, die oberhalb des Friedhofes eine Trafostation mit Anschluß an das Kabelnetz der KEW und das dörfliche Verteilungsnetz errichtete. Z. Zt. werden 280 Abnehmer über ein nach modernen Gesichtspunkten erstelltes Versorgungsnetz mit Strom beliefert.

In den bisher beschriebenen Rahmen wirtschaftlicher Bewegung rückt 1906 ein weiteres Unternehmen, die *Spar- und Darlehnskasse.* Der genossenschaftliche Wahlspruch: „Einer für alle, alle für einen", überwand das eingefleischte Sparstrumpfdenken und brachte anregende Impulse in unseren dörflichen Wirtschaftsbereich, in den sich das neugegründete Geldinstitut erfolgreich einschaltete. Zunächst in privaten Räumen im Scheidt und an der Zeithstraße untergebracht, konnte 1956, im Jubiläumsjahr, ein eigenes neuerrichtetes Kassengebäude an der Dorfstraße unterhalb des Pastorates bezogen werden. Geldsache ist Vertrauenssache, so sagt man. In Drabenderhöhe muß es wohl stimmen, sonst wäre das Verhältnis zwischen Bevölkerung und Spadaka (jetzt Raiffeisenbank) nicht so vertrauensvoll. —

Zwei alte „Höher" im Jahre 1911

Aussagen über das Genossenschaftswesen in unserem Ort können und dürfen nicht an den Männern vorbeigehen, die es geprägt und ins Leben gerufen haben. Namen wie Hermann Lutter, Ernst Klein sen., Otto Bergerhoff, Julius Hüschemenger, Heinrich Höhler und Christian Klein sind mit diesem Wirtschaftszweig verdienstvoll verbunden.

In den eingangs erwähnten Zeitraum fällt auch die Einrichtung einer *Postagentur* in Drabenderhöhe. Der Dienst des Posthalters erfolgte anfangs nebenberuflich, ebenso wie der des Briefträgers (z.B. Hauptlehrer Dörrenberg und Heinrich Herder). Nach Inbetriebnahme der Bahnhöfe Engelskirchen und Bielstein nahm man zu diesen Orten Pferdekutschenverkehr auf. Täglich zweimal fuhr Heinrich Bellingrath die Postkutsche nach Bielstein und August Nohl betrieb die private Kutsche nach Engelskirchen. Beide Strecken wurden später in das Kraftverkehrsnetz der Post und der Wupper-Sieg AG einbezogen.

Zu großer Bedeutung im dörflichen Wirtschaftsleben gelangte die *Gastronomie*. Es ist sicherlich auf den erheblichen Fuhrwerks-Fernverkehr, der den Straßen-Knotenpunkt Drabenderhöhe berührte, zurückzuführen, daß in unserem Heimatort in früherer Zeit nicht weniger als sieben Gasthöfe angesiedelt waren. Bereits vor dem Ersten Weltkrieg geht in einzelnen Betrieben das Versorgungsangebot über den reinen Tagesbetrieb hinaus, indem in den Sommermonaten Feriengäste beherbergt werden. Nach dem Ersten Weltkrieg verstärkte sich diese Tendenz. Drabenderhöhe rückte in die Rolle eines „Höhenluftkurortes", der regen Zuspruch, vor allem aus dem Köln/Düsseldorfer und Wuppertaler Raum hatte. Auch manche Bürger nahmen den in den Großstädten wachsenden Wunsch nach Urlaubserleben auf und gründeten Privat-Pensionen. Die Zahl der „Sommerfrischler", wie die Urlaubsgäste genannt wurden, betrug in Drabenderhöhe und unmittelbarer Umgebung während der Hauptsaison mehr als 300. Auf dem Löherkopf wurde damals ein Aussichtsturm errichtet und in dem Wiesengelände ostwärts Verr entstand ein Freibad. Das alles durch bürgereigene Initiative, die der damals als Lehrer in Drabenderhöhe tätige Emil *Koch* ständig zu wecken wußte.

Trotz der aufgezeigten Betriebsgründungen war in unserem Dorf vor allem nach der endgültigen Schließung der Erzbergwerke (1911) ein ausreichendes Beschäftigungsangebot nicht vorhanden. Viele Bewohner suchten deshalb ihre Arbeitsplätze in der aufstrebenden Industrie des Agger- und Wiehltales. Neben dieser Hauptbeschäftigung betrieben sie als Nebenerwerb jedoch fast ausnahmslos eine kleine Landwirtschaft mit einer oder mehreren Kühen. Bezeichnenderweise hielten auch fast alle Gewerbetreibende an der landwirtschaftlichen Grundlage fest. Diese Verbundenheit mit der Landwirtschaft hat in Drabenderhöhe niemals zu proletarischen Erscheinungen und auch nicht zu bevölkerungsmäßigen Nivellierungen wie in vielen anderen Orten geführt. Die Bodenständigkeit und das damit verbundene Gefühl für Eigentum prägten im besonderen die Mentalität der Bevölkerung und machten sie für bürgerliche Eigeninitiative wach und aufgeschlossen.

Am Ende des Zweiten Weltkrieges kam, wie überall, zunächst das wirtschaftliche Leben zum Stillstand. Durch den hohen Grad landwirtschaftlicher Versorgungsmöglichkeiten haben sich die Mangelzeiten vor der Währungsreform in Drabenderhöhe nicht so gravierend bemerkbar gemacht wie in anderen Städten und Orten.

In die ersten Nachkriegsjahre fällt auch die Ansiedlung vieler Heimatvertriebener aus den deutschen Ostprovinzen im Höher Bereich. Die Eingliederung in das dörfliche Gemeinschaftsleben ist reibungslos verlaufen und seit langem abgeschlossen. Im Zuge der Neuordnung des wirtschaftlichen Lebens, die nach der Währungsreform einsetzte, kamen wie überall, auch in unserem Heimatdorf Funktionsveränderungen und Umwandlungsprozesse in Gang. So konnte sich die Molkerei-Genossenschaft im Rahmen großräumiger Marktbedingungen und Zentralisierungsbestrebungen nicht behaupten und wurde aufgelöst. Die Landwirtschaftliche Bezugs- und Absatz-Genossenschaft, die das Molkerei-Anwesen erwarb, baute dagegen ihre Position als ländliche Versorgungs- und Verteilungszentrale stark aus. Durch Ausweitung des Gütersortiments und Übernahme auswärtiger genossenschaftlicher Betriebe nimmt sie im Oberbergischen Land eine führende Stellung ein.

Im gastronomischen Bereich hat Drabenderhöhe die gute Tradition als Urlaubs- und Erholungsort nicht fortgeführt, wenn auch in einzelnen Betrieben der Umgebung der Feriengast nach wie vor zu Hause ist. Das hing einerseits damit zusammen, daß der aufkommende Kraftverkehr in diesen Verkehrsknotenpunkt außerordentliche Unruhe brachte, daß aber andererseits diese Situation den Erwerb aus dem gastronomischen Tagesgeschäft begünstigte. So sind heute die gastronomischen Betriebe (vier statt früher sieben) vorbildlich auf den umfangreichen Tagesbetrieb und Durchreiseverkehr eingestellt.

In den ersten Nachkriegsjahren (1947—1950) führte das Amt für Agrarordnung in Drabenderhöhe ein *Flurbereinigungsverfahren* durch. Der durch die jahrhundertelange Realteilung entstandene Parzellen-Wirrwarr wurde bereinigt und man schuf zusammenhängende landwirtschaftliche Nutzflächen, die der aufkommenden Mechanisierung in der Landwirtschaft Rechnung trugen und rationellen Maschineneinsatz erlaubten. Der „Löher Hof", den Otto Hühn 1958 inmitten seiner Nutzflächen erbaute, ist ein Zeichen für sinnvolle landwirtschaftliche Betriebsverbesserungen.

In diesem Zusammenhang bleibt nicht zu übersehen, daß durch die wachsenden Einkünfte aus industrieller und gewerblicher Beschäftigung mit zunehmend besseren Arbeitsbedingungen in der Industrie, verbunden mit kürzerer Arbeitszeit und längerem Urlaub, die Bereitschaft zu landwirtschaftlichem Nebenerwerb geringer wurde. Die so gearteten Kleinbetriebe lösten sich zusehends auf und ihre landwirtschaftlichen Nutzflächen übernahmen die Nur-Landwirte in Bearbeitung. Vielfach wurde dadurch auch die Bereitstellung von Bauland erleichtert. Durch diesen Umwandlungsprozeß tritt heute die Landwirtschaft im Dorfbild nicht mehr so deutlich in Erscheinung wie früher.

Die gegebene Beschreibung des wirtschaftlichen gewerblichen Lebens unseres Dorfes ist sicherlich nicht vollständig. Der Verfasser mußte sich auf einen Situationsbericht beschränken und hat Einzelangaben nur insoweit gemacht, als sie für bestimmte Funktionen, für das Zeitgeschehen, für Wandlungen und Veränderungen typisch sind. Es steht außer Zweifel, daß auch die nichtgenannten Betriebe, Handwerker, Geschäfte etc. ihre Bedeutung im Drabenderhöher Wirtschaftsleben haben und ihren Aufgaben, die aus dem Versorgungs- und Dienstleistungsbedürfnis der Bevölkerung erwachsen, in vollem Umfange gerecht werden.

Eine wesentliche Verbesserung des Dorfbildes brachte 1880 der Ausbau der Dorfstraße mit *Kanalisation.* Die häßlichen Abwassergräben links und rechts der Straße verschwanden, und es entstanden auch an Stelle unschöner Böschungen die gemauerten Abgrenzungen der Anliegergrundstücke zur Straße hin. Die Bautätigkeit hatte in früherer Zeit nicht den Umfang, wie wir sie aus den Jahren nach dem Zweiten Weltkrieg kennen. Großzügige staatliche finanzielle Förderung stand aus; der Bau eines Familienheimes war eine gemeinsame Aufgabe von mehreren Generationen.

Nach Ende des Zweiten Weltkrieges kam es zunächst auf Wiederaufbau und Beseitigung der Kriegsschäden an. Die Bauarbeiten an der teilzerstörten Kirche waren 1953 abgeschlossen und seitdem ragt ihr Turm wieder empor, weithin sichtbar als Wahrzeichen des alten Kirchdorfes auf der Höhe. Das Kriegerdenkmal, um dessen Errichtung sich Gustav Puhl in den zwanziger Jahren so verdient gemacht hatte, verlor beim Neubau der Kirchenmauer seinen Platz am linken Treppenaufgang zur Dorfstraße hin.

Im Zuge der Errichtung eines Ehrenfriedhofes, in dem viele der bei den Kämpfen um Drabenderhöhe gefallenen Soldaten die ewige Ruhe fanden, schuf man mit einem neuen schlichten Ehrenmal würdigen Ersatz (1956).

Die Aufnahme der Heimatvertriebenen hatte ein starkes Ansteigen der Einwohnerzahl zur Folge. Der nachstehende Vergleich macht das besonders deutlich: 1861: 333 Einwohner, 1931: 381 Einwohner, 1953: 531 Einwohner, davon 116 Heimatvertriebene. Der Vergleich läßt auch erkennen, daß in den ersten Nachkriegsjahren akuter Wohnungsmangel in unserem Ort herrschte. So setzte bald eine rege Bautätigkeit ein, die im Zeitraum 1946—1953 zur Erstellung von 19 Wohnhäusern führte. Nachdem einzelne Baulücken geschlossen waren, konzentrierte sich die Bebauung auf die Bereiche: „Alte Kölner Straße", „Herrenhoferstraße", „Am Höher Berg", „Im Biesengarten/Königsbitze", „Marienfelder Straße" und „Drabenderhöher Straße" Unterdorf.

Der Sportplatz lag früher (nach Gründung des Ballsportvereins) auf dem Wiesengelände an der B 56 nördlich der Einmündung der Herrenhoferstraße. Anfang der 30er Jahre erfolgte der Neubau an der jetzigen Stelle, wo 1956 durch Bau eines kleinen „Sportlerheimes" mit Wasch- und Umkleidemöglichkeit Verbesserungen für den Sportbetrieb geschaffen wurden.

Die alten Schulgebäude im Unterdorf wurden 1959 durch einen modernen Neubau abgelöst. Das vordere Gebäude, zur Dorfstraße hin gelegen, im Volksmund die „kleine Schule" genannt, brach man ab; das hintere, die „große Schule", stellte man der dörflichen freiwilligen Feuerwehr zur Verfügung. Im Zuge des Schulneubaues entstand auch eine moderne Turnhalle, eine besonders wertvolle Einrichtung für den wachsenden Sportbetrieb in unserem Dorf. Die Turnhalle diente auch als Fest- und Konzerthalle für die vielfältigen Veranstaltungen, die aus dem regen Vereinsleben resultierten. Früher standen für diese Zwecke die beiden großen Säle „Klein" und „Kalscheuer", nach dem Kriege nur noch „Kalscheuer" zur Verfügung.

Der Bau der Friedhofshalle brachte 1964 eine dringend notwendige Veränderung im Beerdigungswesen. Früher bahrte man die Verstorbenen „im Hause" auf, was jedoch bei Mietwohnungen auf immer größere Schwierigkeiten stieß. Darüber hinaus wurden die manchmal endlos langen „Leichenzüge", die aus dem Dorf und der Umgebung dem Friedhof zustrebten, bei dem aufkommenden starken Kraftfahrzeugverkehr zu einem zusätzlichen Problem.

Die Initiativen der Drabenderhöher Bürgervertreter, vor allem nach der Gemeindeumbenennung, führten dann bald zur Erschließung der Baugebiete „Brächer Heide" und „Am Immer Kopf", wobei bei letzterem der Bau von Wochenendhäusern im Vordergrund stand.

Als es dann 1961/62 gelang, die Landsmannschaft der Siebenbürger Sachsen für die Ansiedlung in Drabenderhöhe zu gewinnen, setzte an der Ostseite des alten Dorfes ein großräumiges Siedlungsbauprogramm ein, welches nachhaltige Unterstützung von Land, Kreis und Gemeinde (später Stadt Wiehl) gefunden hat. Im Zusammenhang damit entstand nördlich des Sportplatzes ein Industriegebiet, in dem sich bis heute sieben gewerbliche und industrielle Betriebe angesiedelt haben. Hinzu kam die großzügige Erweiterung der Schule mit Erstellung eines Hallenbades im Anschluß an die bestehende Turnhalle.

An der Nahtstelle zwischen Altdorf und Siedlung entstand ein kleines Bankviertel, in dem außer der alteingesessenen Spar- und Darlehnskasse zwei weitere Bankinstitute heimisch geworden sind. Auch die Diensträume der alten Post an der Dorfstraße wurden aufgegeben und in dem vorerwähnten Bereich in einem neuen Gebäude untergebracht. Der für das dörfliche Gemeinschaftsleben wichtigste Neubau ist das Kulturhaus, in dem alle Veranstaltungen zur Durchführung kommen. Ein Altenheim und ein Kindergarten vervollständigen die neuen dörflichen Versorgungseinrichtungen, um die wir weit und breit beneidet werden.

Einem ersten Bauabschnitt mit 250 Wohnhäusern nördlich und südlich der Straße nach Marienberghausen folgte bald ein zweiter, der sich bis nach Hillerscheid hin ausdehnt, und ein dritter Abschnitt, der das restliche Wiesengelände südlich der Marienberghauser Straße erfaßt, wird zur Zeit erschlossen. Die Einwohnerzahl vervielfachte sich sprunghaft und beträgt zur Zeit 2 629.

Drabenderhöhe hat sein Gesicht nachhaltig verändert. Die äußeren Konturen werden nicht mehr allein vom alten hochragenden Kirchturm bestimmt, sondern dem fernen Betrachter werden daneben auch die zum Teil massigen Wohnblocks im Siedlungsgebiet und die Werkhallen des neuen Industriegebietes ins Auge fallen. Er wird sich die Frage stellen, inwieweit neben der äußerlichen auch eine innerliche Veränderung einher gegangen ist? Ist er noch da, der gute frohe Geist im dörflichen Leben? Gibt es sie noch, die würzige Geselligkeit und die wohltuende Harmonie bei Festen und Veranstaltungen?

Wie kommen sie miteinander aus, die „Alten" und die vielen „Neuen"? Viele Fragen, viele Antworten. Am besten wäre es, Sie kommen einmal vorbei! Miterleben, wie sie die nachbarlichen Bande knüpfen; in den Vereinen, wo sie miteinander tätig sind, bei gemeinsamen Veranstaltungen, bei dörflichen Überlegungen und Diskussionen, beim Singen, Spielen und Tanzen! Sie gehen aufeinder zu; die anfänglich kleinen Schritte werden schon größer, man beobachtet sich; man sagt sich auch die Meinung; mann kennt sich ja mittlerweile. Sie brauchen Zeit; denn sie sind beide nicht die schnellsten, die „Höher" und die „Sachsen". Wie sagt man doch? „Was lange währt, wird endlich gut."

Drabenderhöhe im Ablauf der kommunalpolitischen Veränderungen

Im Siegburger Vergleich von 1604 wurde die territoriale Teilung unseres Dorfes amtlich sanktioniert. Im beigefügten Kartenbild des heutigen Ortes ist die damalige Grenzziehung dargestellt, die jedweden Respekt vor gewachsenem und bestehendem dörflichem Gemeinschaftsleben vermissen läßt. Die Nachteile und Beeinträchtigungen, die sich für den Ort daraus ergaben, waren beachtlich. Der Wunsch nach Veränderung erwachte früh und zieht sich wie ein roter Faden durch die letzten drei Jahrhunderte unserer Dorfgeschichte. Zum Glück haben die Bewohner des Drabenderhöher Siedlungsraumes diese Grenze innerlich nicht anerkannt. Grenze im Sinne von Trennung ist daraus nicht geworden. Das aus der gemeinsamen geschichtlichen Vergangenheit erwachsene Zusammengehörigkeitsgefühl, gemeinsames Sprach- und Kulturgut waren stärker. Vielleicht sind hier aber auch die Wurzeln für das überaus rege Gemeinschaftsleben in unserem Ort (Vereine, Genossenschaften etc.) zu suchen.

Die Möglichkeit grenzlicher Veränderungen schien gekommen, als Napoleon in den Jahren 1806 bis 1809 eine Verwaltungsreform durchführte. Die Reichsherrschaften Homburg und Gimborn/Neustadt wurden dem neugeschaffenen Großherzogtum Berg zugeteilt und nach französischem Vorbild die Aufteilung in Kantone und Mairien, die späteren Bürgermeistereien, vorgenommen. Den Bürgermeistereien lagen fast überall die alten Honschafts- und Kirchspielgrenzen zu Grunde. Nur bei Gründung der Bürgermeisterei Drabenderhöhe wurde genau wie 1604 von der Regel abgewichen. Es blieb bei der Ausklammerung wie im Siegburger Vergleich. Selbst als unsere Heimat nach der Vertreibung Napoleons an Preußen fiel, änderte sich nichts. Dank der Disziplin der Bevölkerung funktionierte alles und was funktioniert, bedarf der Änderung nicht.

Rein verwaltungstechnisch war es kein Unterschied, ob der eine Bewohner von Drabenderhöhe seine Grundstückssachen z. B. am Amtsgericht Wiehl erledigte, ein anderer hierfür nach Eitorf mußte und der dritte schließlich dasselbe in Lindlar tat.

Blick auf „Drei-Kreise-Eck" an der Kirche

Drabenderhöhe blieb dreigeteilt, ja sogar zweifach dreigeteilt. Getreu der alten Grenzziehung (siehe Karte) kam „Scheidt" zur Gemeinde Much und damit zum Siegkreis (früher bergisches Amt Windeck), „Anfang" zur Gemeinde Engelskirchen und damit zum Kreis Wipperfürth (früher bergisches Amt Steinbach) und der Rest des Dorfes, der homburgisch war, gab der neuen Gemeinde den Namen „Drabenderhöhe" und wurde Bestandteil des Kreises Gummersbach (später Oberbergischer Kreis).

Der Volksmund hatte für den Punkt an der Kreuzstraße, an dem alle drei Gemeinden und Kreise zusammenstießen schnell den passenden Namen gefunden: Drei-Kreise-Eck.

Das hatte so allerlei Besonderheiten zur Folge: Denken wir z. B. an die Ausübung polizeilicher Gewalt. Drabenderhöhe war Gendarmerieposten. Die Ausübung der Amtsgewalt setzte ständige Verständigung und Abstimmung der verschiedenen Verwaltungsinstanzen voraus. Bei besonderen Delikten dauerte das seine Zeit und ein Wechsel von der einen auf die andere Straßenseite konnte in bestimmten Fällen dem Gesetzesübertreter Vorteile bringen. Die Drabenderhöher Festlichkeiten, z. B. Kirmes und Erntedankfest, wuchsen über Gemeinde- und Kreisgrenzen hinaus und erhielten somit eine besondere Note. Vielleicht sind sie deshalb überall so bekannt und beliebt geblieben. Nirgendwo sonst war es möglich, eine Frühschoppentour zugleich auch mit einer Wanderung durch drei Gemeinden und drei Kreise zu verbinden. Wer sonntags nach der Kirche etwas Neues erfahren wollte, der blieb zunächst gemeindetreu und beehrte die Gasthöfe Wirths und Lutter. Ein Wechsel über die Dorfstraße brachte ihn dann in das Gebiet der Ge-

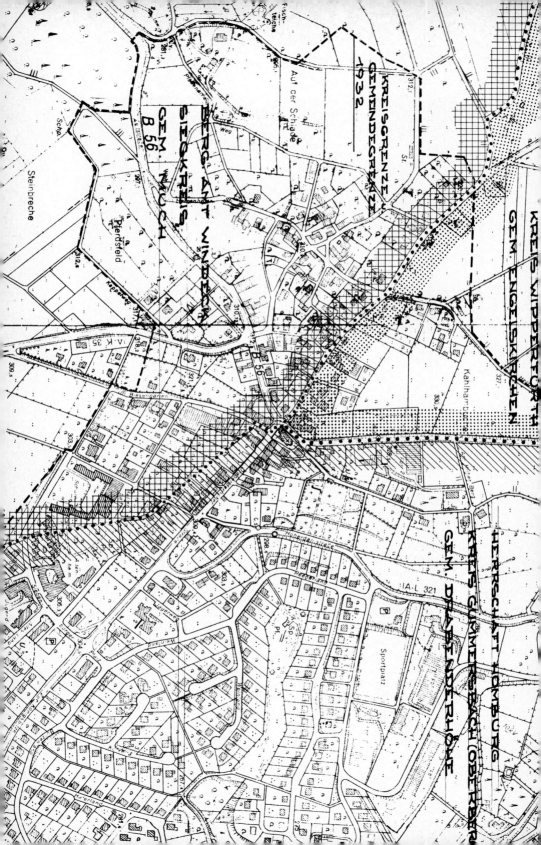

meinde Much zum Gasthof Klein. Ein Überqueren der Zeithstraße zum Gasthof Müllenbach brachte keine territorialen Veränderungen. Auch hier hieß es Gemeinde Much (Siegkreis). Falls, durch Bier und Korn beflügelt, bei unserem Wanderer der Wunsch nach Wechsel wieder aufkam, brauchte er nur die „Alte Kölner Straße" zu überqueren und erreichte den Gasthof Kalscheuer und war damit auf dem Gebiet der Gemeinde Engelskirchen, Kreis Wipperfürth. Das war die Tour im Uhrzeigersinn; sie ließ sich natürlich auch umgekehrt vornehmen. Die Summe der Einzelwegstrecken betrug bei diesem Ausflug ca. 100 m. Eine Einbeziehung der Gasthöfe Herder und Nohl verstärkte die homburgische Dominante der Tour und führte zu vierfacher Wegstrecke. Das war etwas für Idealisten. So war das bei uns in Drabenderhöhe in der guten alten Zeit.

Es wurde bereits darauf verwiesen, daß in der Bevölkerung der Wunsch nach einer Grenzziehung bestand, die den gesamten Siedlungsraum Drabenderhöhe einheitlich umfaßte. In einem Schreiben vom 5. Dezember 1924 wandten sich die Haushaltsvorstände von Scheidt und Obermiebach mit dieser Bitte an den Regierungspräsidenten in Köln. Aus den speziellen Akten geht hervor, daß auch die Bewohner des Ortsteiles Anfang und der Ortschaften Verr und Büddelhagen diesen Antrag unterstützten. Sie scheinen aber unter massivem Druck des Bürgermeisters in Engelskirchen ihre Eingabe zurückgezogen zu haben. Ein endloser Schriftwechsel zwischen den beteiligten Gemeinden Much, Engelskirchen, Drabenderhöhe, dem Siegkreis und der Kölner Bezirksregierung wurde eingeleitet. Im Jahre 1928 wandte sich auch der „Gemeinnützige Verkehrs- und Verschönerungsverein Drabenderhöhe und Umgebung" an die Kölner Bezirksregierung. Die „Gummersbacher Zeitung" befaßte sich am 28. Juni 1926 in einem langen Artikel mit den unglücklichen Grenzverhältnissen. Es führt zu weit, im Rahmen dieser Ausführungen im einzelnen auf alle Argumente des Für und Wider einzugehen. Selbst die Farbe des Viehs spielte eine Rolle. Im Oberbergischen wurde rotbuntes Vieh bevorzugt, im Siegkreis dagegen schwarzbuntes. Für die Landwirte im Scheidt, die zur Gemeinde Much und damit zum Siegkreis gehörten, wurde somit die Viehhaltung zu einer Gewissensfrage kommunalpolitischer Anschauung. Es wird berichtet, daß dem rotbunten Vieh der Vorzug gegeben wurde.

Eines wird aus den damaligen Schreiben ganz deutlich: Seitens der Gemeinde Drabenderhöhe wurde eine große Lösung angestrebt, die außer den Ortsteilen Scheidt, Anfang und Pfaffenscheidt auch die Ortschaften Verr, Büddelhagen, Obermiebach und den noch nicht zu Drabenderhöhe gehörenden Teil von Brächen (Stölting, Friedrich) umfaßte.

Damit wäre endlich der geschlossene landwirtschaftliche Siedlungsraum um Drabenderhöhe eine Einheit geworden und die Übereinstimmung des Schulbezirkes und des Kirchspieles mit der territorialen Verwaltungsgrenze die Folge gewesen. Die anzugliedernden Gebiete sahen ohnehin in dem alten Kirchdorf seit eh und je ihren zentralen

Versorgungsort, mit dem sie bevölkerungsmäßig und kulturell fest verbunden waren.

Die Entscheidung, die 1932 fiel, befriedigte nicht. Zwar wurden Scheidt, Anfang und Pfaffenscheidt eingemeindet, aber bei den übrigen genannten Ortschaften erfolgte keine Änderung. Sogleich nach dieser Neuregelung setzten seitens der Gemeindeverwaltung Bestrebungen ein, in einem zweiten Verfahren Verr, Büddelhagen, Obermiebach und Brächen einzugemeinden. Zu dieser Zeit bestand ein Plan für umfassende Gebietsreformen in der Rheinprovinz und in Westfalen. In einem Erlaß aus dem Jahre 1934 stoppte jedoch der damalige Reichskommissar Göring die Fortführung dieses Veränderungsprogramms. Ein Alleingang für Drabenderhöhe schien aussichtslos, und angesichts der Zeitereignisse kam die Sache zur Ruhe.

Die zunehmende Entwicklung in den Tallagen, die vor allem nach der Inbetriebnahme der Eisenbahn im Bielsteiner Raum einsetzte, führte zu Diskussionen, ob das alte stille, von der Landwirtschaft geprägte Kirchdorf nun im ausgehenden 19. Jahrhundert und beginnenden 20. Jahrhundert noch Repräsentant des Gemeindenamens sein könnte.

Erste Bestrebungen in dieser Richtung aus Bielsteiner Interessentenkreisen verzeichnen wir im Jahre 1912. In einem Schreiben vom 20. August 1912 teilte der Regierungspräsident zu Köln den Interessierten mit, daß eine Namensänderung nicht die Bewilligung des Herrn Ministers des Innern finden würde. Er verweist in seiner Stellungnahme ausdrücklich auf die geschichtliche Bedeutung des Kirchdorfes, die als Namensgeber der Gemeinde maßgeblich bleiben solle, weil die angegebenen Änderungsgründe nicht zwingend seien. Damit war die Sache zunächst vom Tisch. Mit etwas Sehnsucht liest man heute so eine knappe, klare Stellungnahme, frei von parteipolitischem Hickhack, auf die Sache bezogen, der Tradition und Herkunft verbunden. Das wirkte selbst 1927 noch, als ein erneuter Vorstoß bezüglich der Namensänderung erfolgte.

Auch 1951, als die Dinge aus Bielsteiner Kreisen wieder angeregt wurden und sich bereits der Kreistag mehrheitlich für eine Namensänderung entschieden hatte, genügten die Argumente aus dem Jahre 1912, um die höheren Verwaltungs-Instanzen zur Beibehaltung des alten Namens zu bewegen. Damals jedoch dauerte die Diskussion länger. Zeitungsausschnitte und Ratsprotokolle legen darüber ein beredtes Zeugnis ab. 1957 kam die Angelegenheit wieder zur Sprache. Die Argumente waren im Grunde dieselben wie früher, wenn auch anders umkleidet.

Wenn auch der Schienen-Verkehr die Entwicklung seit 1887 im Bielsteiner Raum beflügelt hatte und dennoch nicht zur Umbenennung ausreichte, so war es schließlich dem Kraftfahrzeugverkehr vorbehalten, hier eine durchgreifende Änderung zu bringen. An dem Conti-Atlas schieden sich die Geister. Bielstein war aus kartografischen Gründen in diesem Kartenwerk zu klein geraten. Das führte dann zu Umwegen ortsunkundiger Fahrer, zu Fehllieferungen an die in Bielstein ansässigen Industriebetriebe etc. In einer langen und hitzigen Diskussion wurde das Problem behandelt. Der Innenminister mochte auch diesmal keine Entscheidung treffen und spielte schließlich den „schwarzen Peter" dem Oberbergischen Kreistag zu, der sich dann für die Namensänderung entschied.

Im Jahre 1961 erhielt die alte Gemeinde Drabenderhöhe den neuen Namen Bielstein. Bereits zu dieser Zeit wurde an einem Konzept für die Neuaufteilung der oberbergischen Gemeinden gearbeitet. Nach vielerlei Planung wurde im Jahre 1969 eine Neugliederung verabschiedet, die die Auflösung der Gemeinde Bielstein und Angliederung an die Gemeinde Wiehl brachte.

Die im Zusammenhang mit der Gemeinde-Umbenennung stehenden Ereignisse der Jahre 1957—61 führten zunächst zu einer starken Trübung des Gemeindelebens, vor allem was das Verhältnis Drabenderhöhe—Bielstein betraf. Alte Verbindungen kultureller und wirtschaftlicher Art, die im Vereins- und Geschäftsleben bestanden, drohten zu zerreißen. Ja selbst freundschaftliche und verwandtschaftliche Bande in der Bevölkerung wurden in den hitzigen Diskussionen in beängstigender Weise strapaziert. In Drabenderhöhe und Umgebung erwachte dabei ein starker Selbstbehauptungswille mit dem Ziel, durch eigene Initiativen dafür zu sorgen, daß der Ort im Zuge der sich abzeichnenden kommunalpolitischen Zentralisierungs-Bestrebungen nicht zum Niemandsland degradiert wurde.

Namen, wie Leo Heu, Ernst und Kurt Halstenbach, Hermann Wüster und Hermann Lutter zeichnen für diese Aktionen, die sich vor allem auf Belebung der Bautätigkeit, Anwerbung von Siedlungsobjekten sowie Industrie- und Gewerbeansiedlung konzentrierten. Diese Männer nahmen im Herbst 1961 Kontakt mit der Landsmannschaft der Siebenbürger Sachsen zwecks Ansiedlung in Drabenderhöhe auf. Das Vertrauen in den Rat der Gemeinde Bielstein war durch die Umbenennung stark erschüttert, und die dörflichen Vertreter kamen mit ihren Gesprächspartnern überein, die Gemeindeverwaltung erst dann einzuschalten, wenn die Interessen von Grundstückseigentümern, Siedlern und Siedlungsträgern weitgehend abgestimmt waren. Was dann daraus geworden ist, das stellt sich heute als ein großes, stattliches Dorf dar, das im Planungsprogramm der Stadt Wiehl als Schwerpunkt ausgewiesen ist und sicherlich noch eine entwicklungsreiche Zukunft vor sich hat.

Im Zuge der jüngsten Kreisraum-Neuordnung im Jahre 1975 erfolgte dann auch die Eingliederung der Ortschaften Verr, Büddelhagen und Brächen in das Stadtgebiet Wiehl. Damit wurde endlich der Schritt getan, der seit je dem Empfinden der Bevölkerung entsprach. Hunderte von Jahren territorialer Trennung eines geschlossenen und von starkem Zusammengehörigkeitsgefühl geprägten Kultur- und Siedlungsgebietes haben damit ein Ende gefunden.

Die Mundart von Drabenderhöhe

Otto Kaufmann

Die alten Kirchspiele Drabenderhöhe und Wiehl bilden einen einheitlichen Sprachraum mit gemeinsamen mundartlichen Merkmalen. Diese Volkssprache unterscheidet sich zum Teil wesentlich von den in den benachbarten Gemeinden Gummersbach, Ründeroth, Much und Nümbrecht gesprochenen Mundarten und verdient schon aus diesem Grunde eine eingehende Darstellung in unserem Festbuch. Wie die Gemeinde Ründeroth, das Homburger und Waldbröler Land gehört auch der Raum Drabenderhöhe und Wiehl zur landkölnischen Mundart, in der Sprachwissenschaft das Ripuarische genannt. Es ist die Volkssprache des Kölner Gebietes, die ihren Namen vom alten Herzogtum Ripuarien hat. Allerdings fehlt den homburgischen Mundarten ein typisches Merkmal des Ripuarischen, nämlich der stimmhafte Reibelaut j im An- und Inlaut. Jenseits der Kreisgrenze gilt sowohl im Siegkreis als auch im Rheinisch-Bergischen Kreis das für die ripuarische Mundart kennzeichnende j für schriftdeutsches g. Im Oberbergischen Kreis hat sich dagegen weitgehend der alte stimmlose Gaumenlaut ch erhalten, auch ach-ch genannt. Hier spricht man z. B. „Mr chohn che'ern spazieren. Chöff mr chätt" (Gib mir etwas). In den Gemeinden Much und Ründeroth lauten diese Sätze: „Mr jo'en je'ern spazeeren. Jöff mr jätt". Der harte gutturale Reibelaut (das ach-ch) klingt allen anderssprechenden Nachbarn auffällig in den Ohren, so daß diese Sprechweise mit folgenden Sätzen lächerlich gemacht wird: „Wa mr chohn, dann chohn mr noh Chommerschbaach, söß chohn mr charnett." Oder: „Chott chröß dich, Chostav! Wann datt chot cheht." Die Wipperfürther sagen scherzhaft: „Dei Jummerschbacher hann en waarmen E'erpel em Hals." Eine Ausnahme bilden die Gemeinden Ründeroth und Hülsenbusch, wo das kölnische j gilt. Für diese und die zwischen dem Homburger und Schwarzenberger Land verlaufende Sprachgrenze erster Ordnung gibt es folgende historische Erklärung. Die Kirchspiele Much und Engelskirchen gehörten bis 1806 zum Herzogtum Berg, die vier Kirchspiele Drabenderhöhe, Wiehl, Nümbrecht und Marienberghausen zur freien Reichsherrschaft Homburg und das Gebiet nördlich der Agger zur Herrschaft Gimborn-Neustadt, dem späteren Schwarzenbergischen. Das Oberbergische bestand also jahrhundertelang aus verschiedenen Landesherrschaften (Territorien). Diese bildeten in alter Zeit in sich geschlossene Verkehrs- und Kulturräume mit eigenständigem Volksgut in Brauch, Mundart, Glaube (Aberglaube) und Volksdichtung. Diese volkskundlichen und sprachlichen Erscheinungen waren und sind zum Teil heute noch zum Teil wesensverschieden von denen der benachbarten Kleinstaaten. Mitten durch den alten Oberbergischen Kreis läuft eine der Hauptsprachgrenzen Deutschlands, die auf weiten Strecken mit der ehemaligen Landesgrenze von Homburg und Gimborn-Neustadt zusammenfällt. Diese sogenannte Benrather Linie oder Lautverschiebungsgrenze trennt die niederdeutschen Mundarten von den mitteldeutschen. Ähnlich hat sich auch die alte Landesgrenze zwischen dem Herzogtum Berg und der Herrschaft Homburg als Kultur- und Sprachgrenze ausgewirkt. Sie ist gleichzeitig eine alte Konfessionsgrenze, da im benachbarten Kirchspiel Much das katholische Bekenntnis herrscht. Es sind Beispiele dafür, daß Territorialgrenzen fast immer Sprachscheiden erster Ordnung gebildet haben, d. h. Sprachräume mit erheblichen Unterschieden im Lautstand und Wortschatz. Wie später nachgewiesen wird, liegen bei Mundartgrenzen zweiter Ordnung meist alte Kirchspielsgrenzen zugrunde.

Ein zweites Merkmal der landkölnischen (ripuarischen) Mundart ist die Verwandlung der Zahnlaute t, d in die Gaumenlaute (Gutturallaute) g und k. Dieser lautliche Wandel wird in der Sprachwissenschaft als Gutturalisierung bezeichnet. Einige Beispiele dafür: Aus Hund wurde Honk oder Hongd, aus Winter: Wengter, aus Leute: Lück oder Löckt, aus Schneider: Schnedger. Dagegen sind die gutturalisierten kölnischen Formen „hück" für „heute", „Zick" für „Zeit", „Bruck" für „Braut" und ähnliche nur bis zur alten Landesgrenze Berg-Homburg vorgedrungen. Zwei Beispielsätze sollen die sprachlichen Gegensätze veranschaulichen. In der Gemeinde Much heißt es: „Mr jo'en höck mött dr Bruck noh dn Köngdern. Mr säjen dm Bro'eder, hä söhl de jruße Jeeße hollen." In Drabenderhöhe lauten diese Sätze: „Mr chohn hütt met dr Brutt noh dn Kengern. Mr sahn dm Bru'er, hä söhl de chro'eße Hippe hollen." (Jeeße = Geiß; Hippe = Ziege). Die Gutturalisierung ist nördlich der Homburger Bröl nicht in allen Fällen erfolgt. Während südlich der Bröl in Wörtern wie Löckt, Bögdel (Beutel), Schnedger, Wegden (Weiden), lögden (läuten) die Zahn- in Gaumenlaute verwandelt sind, wurden diese und ähnliche Wörter im Raum Wiehl—Drabenderhöhe nicht gutturalisiert. Deshalb lauten sie genau wie im niederfränkischen Schwarzenbergischen: Lü, Bü'el, Schni'er, Wi'en, lü'en. Die Homburger Bröl hat aber keine grenzbildende Wirkung gehabt. Vielmehr sind die Kirchorte als Kulturmittelpunkte und die Kirchspielsgrenzen von sprachlichem Einfluß gewesen. Hier liegen die alten kirchlichen Grenzen von Nümbrecht und Waldbröl einerseits und die von Marienberghausen, Wiehl und Drabenderhöhe andererseits zugrunde. Sie sind auch für folgende lautliche Unterschiede maßgebend: Durch das Homburger Land verläuft in ost-westlicher Richtung eine Mundartgrenze zweiter Ordnung, die mit der vorhin genannten zusammenfällt. Im Wiehler und Drabenderhöher Sprachraum gilt der ch-Ausfall vor t in Wörtern wie Nät, brät, Knät, im übrigen Homburgischen sagt man: Näächt, bräächt und Knäächt. Auf derselben Sprachgrenze liegen die Wörter mit Vokalkürze in Wörtern wie Mäll (Mehl), Bässem (Besen), Läffel, chutt, Jebönn (Fußboden) und Schaff (Wandschrank) im Norden und die gedehnten Formen (Vokallängen) im Süden (Me'el, Bäßem, Läfel, chot, Jebü'en und Schaf). Die

Unterschiede beweisen, welch starke bindende Kraft die alten Kirchspiele hatten und daß die meisten Dialektgrenzen zweiten und dritten Grades von Kirchspielsgrenzen gebildet wurden. Die Wiehler ahmen die gedehnte Sprechweise der Nümbrechter nach und sagen neckend: „De Nömmerder äßen m'em Läfel, koochen em Käßel on kehren m'em Bäßem." Außer der niederfränkischen Lautung „Lü" für Leute und „Wi'en" für Weiden gilt im Raum Drabenderhöhe auch das niederfränkische Wort „watt" für schriftdeutsches „etwas", das im ripuarischen Much „jätt", im Nümbrechter und Waldbröler Raum „chätt" und im moselfränkischen Morsbach „gätt" lautet. Den Nachbarn fiel dieses fremdartige Wort so auf, daß sie die Nümbrechter „de Nömmerder Chättmännchen" nannten. Ein weiterer Unterschied ist vokalischer Natur. In Drabenderhöhe und Wiehl hat sich der alte lange Vokal ie in Wörtern wie „Wi'ertschaft, Di'er und I'erlen (Erlen) erhalten. In der Gemeinde Nümbrecht gilt dagegen das lange e, und die Wörter lauten „We'ertschaft, De'er und E'erlen. Entsprechend haben die Nümbrechter die Lautformen „Kengd, Wengd, meng und seng", die Wiehler und Drabenderhöher dagegen „Kingd, Wingd, ming und sing". Hier heißt es: „Hä kömmt dn angern Daach mit dn Dieren wi'er", in Nümbrecht „Hä kütt dn andern Daach mit dn Deeren we'er."

Die Mundartproben und Beispielsätze zeigen, daß das Homburger Land keine Dialekteinheit ist, sondern im Norden und Süden unterschiedliche Lautformen aufweist, für deren Verbreitung alte Kirchspielsgrenzen maßgebend sind. Diese Abweichungen und Gegensätze sind zum Teil auch im Wortschatz nachzuweisen. Der Wiehler und Drabenderhöher Raum hat noch eine Anzahl alter niederdeutscher Wörter, die im Nümbrechter und Waldbröler Raum unbekannt sind. Es handelt sich hier um resthaft erhaltene Dialektwörter, von den Sprachgelehrten Reliktwörter genannt. Die Landschaft heißt entsprechend Reliktgebiet oder Rückzugs- und Verzögerungsgebiet. Solche Wörter sind z. B. Böörch (ungezogene Jungen, zum Wort Borch = männliches, verschnittenes Schwein gehörig); Luustern (Ohren); luttbor (laut-ruchbar, bekannt werden); pälen (werfen); fonnesen (heimlich mitnehmen, stehlen); weestern (unruhig hin- und herbewegen, herumfuchteln); flämmen (wegjagen); Schnor (Schwiegermutter); Däll (ebenerdige Küchendiele, in der Gemeinde Nümbrecht „Ehren"); klö'ewern (zerspalten, zerpflücken); daraus die Familiennamen Kleuwer und Klöber = Spalter, besonders Steinspalter; de Lonten (Lumpen, Lappen, verächtlich: Kleidungsstücke); Schnöckelcher (Schwänke, Schwankerzählungen); Mu'er (weibliches Kaninchen; zum Wort „Mutter" gehörig); diese und andere Wörter kommen in ähnlicher Lautung auch im niederfränkischen Sprachraum nördlich der Agger vor.

Unter den vielen im Oberbergischen bekannten Mundartwörtern für den Begriff „verhauen, prügeln" hat unser Raum eine eigene Form: Hä kriet se jeklästerbellt. Andere oberbergische Gleichwörter (Synonyme) sind: Hä kriet se jedrääschen, jekamesöölt, jeschwat, jewammest, jetrocken, jeschlufft, jeflämmt, jedrut, jeprinzt, jewalkt, jebät, jeschwongen, jebängelt, jezöngt, jeschmeert, jeprängelt, jepläästert, jebleut, jetrommt, jezoppt, jetrimmt, dn Hüppes jehauen, dn Dresser jezerrt, dn Henger o'ewen poliert, watt öm dn Ballich, Knöppelszoppe, Draschake, Aska met Schohnäl, met dm Stock öm de Reppen; in Drabenderhöhe auch: Du kries e paar öm de Luustern (Ohren), masch (schnell e paar öm de Lonten.

Die Freude des Volkes am „Zeckeln on Chreezen" (Necken und Spotten) kommt in zahlreichen Spottversen und -namen sowie in Ortsneckereien zum Ausdruck. Die Bewohner einzelner Dörfer und Gemeinden werden fröhlich geneckt und lustig gelästert. Der Volksmund erfindet gern schlechte Eigenschaften und hängt sie den guten Leuten an. In vielen Fällen handelt es sich aber um nicht ernst gemeinte, wenn auch zuweilen derbe Reimsprüche. So kennt oder kannte man im Homburgischen folgende Ortsneckereien: „Opp dr Höhe, do hann se dn Aasch voll Flöhe." — „Em Wi'el, do seng dr Checken vi'el; em Nömmert, do seng se drömm bekömmert." In Eckenhagen behauptet der Volkswitz von den Wiehlern: „Homburjer Knudeln met denn schewen Schnuten, met denn spetzen Kennen; dr Döüwel stecht dodrennen." Die Bewohner von Dahl und Immen wurden mit folgendem Spottvers aufs Korn genommen: „Em Dahl fressen se de Ärpel met dr Schal; em Ömmen konnen se chutt klömmen." Die Vorliebe der Homburger für „Riefkoochen on Pöffert" brachte den Homburgern den Spottnamen „Pöffertsfräßer" ein. (Pöffert: ein in der Pfanne, Kastenform oder Kasserolle gebackener Kuchen aus geriebenen Kartoffeln.) Die „Möcher" riefen ihnen früher „Hommersche Pöffertsfräßer" zu. Dafür wurden die Mucher Nachbarn mit „Möcher Heufresser" gefoppt.

Die Mundart ist unseren Landsleuten ein Prüfstein für Schlichtheit und Heimatverbundenheit. Wer als Abgewanderter oder „Studierter" später daheim nicht mehr seine eigentliche Muttersprache, das erlernte Platt, spricht, gilt als „ho'epö'erzig" und „Eenfallspensel" (stolz, eingebildet) und genießt weder Achtung noch Vertrauen. Er wird wie der Faule verachtet und verspottet.

Leider ist die Mundart nach dem Zweiten Weltkrieg auch in bäuerlichen Kreisen mehr und mehr abgekommen, so daß ein völliges Aussterben zu befürchten ist. Im Jahre 1960 sprachen im Homburgischen in 19 Schulbezirken noch alle einheimischen Jugendlichen Mundart, in 37 nur noch zum Teil und in 5 niemand mehr das heimische Platt. Seit dieser Zeit ist der Gebrauch der Mundart bei Kindern und Jugendlichen fast ganz abgekommen.

Mit dem Schwinden der Mundarten gehen ein kulturelles Erbe unserer Vorfahren, ein altes, ehrwürdiges Volksgut und ein Stück Heimat und Volkstum unwiederbringlich verloren. Außer vielen über 1000 Jahre alten Mundartwörtern sind auch die reichen Schätze der Volksdichtung zum Aussterben verurteilt: die treffenden und bildhaften Vergleiche und Redensarten, die an klugen Lebensregeln und Volksweisheiten so reichen Sprichwörter, die poesievollen Kinderreime und -lieder, die zum Denken anregenden Rätsel, die geschichtlichen und magischen Sagen, die lustigen Tanzlieder und die beliebten von jeher volkstümlichen und humorvollen „Stöckelchen, Döhnchen, Schnörrchen, Ritzchen oder Verze'elchen" (Schwänke). Deshalb der Mahnruf an alle Heimatfreunde: „Laßt Eure alte, schöne Mundart nicht untergehen!"[1])

---

1) Es würde den Rahmen dieses Beitrags sprengen, hier auf weitere Einzelheiten von mundartlichen Unterschieden im alten Oberbergischen Kreis und auf Beispiele aus dem Gebiet der Volksdichtung einzugehen. Der interessierte Leser sei auf die Abhandlung des Verfassers „Die Mundarten im Oberbergischen Kreis" mit zwei Karten im Buch „Der Oberbergische Kreis" (Kreisbeschreibung) hingewiesen; Bonn, 1965, Seite 142–158.

"Höher" Jungen bei der Musterung um 1900

„Die Musterung"

Karl Demmer

Dr Trecksack[1]) spillt, ett cheht de Trumm[2])
Mr hann im Homburg Musterung.
Ming Se'el, do kütt alt wi'er en Tropp[3])
im blo'en Ki'el[4]) de Stroße ropp!
Un Struuß an Struuß dn chanzen Wäch;
opp jedem Hot en Blomenblech.
Dr Hauptmann jutzt[5]): „Hallo! Chalopp!"
Dr Trecksack spillt dn Mücher Fupp[6]).
Do juzen, dangzen allesamt
die Jongen, datt de Stroße dampt.
Ett fuppt[7]) dr Ki'el, ett fuppt dr Rock,
die Eierdöpp am Mispelstock[8]),
dr bungtje Blomenstruuß am Kopp
Datt zwirbelt wie en Dillendopp[9])
Datt stüft [10]) un sprützt un drieht un schwenkt,
äs wann de Frau em Söüpott[11]) mengt.
Sie rofen: „Laudit!" und „Juchhu!"
Ett rießen loß sich Pe'erd un Kuh.
De Höhner stüwen usereen[12]).

---

1) Ziehharmonika
2) Trommel
3) Meiner Seele! Da kommt schon wieder ein Trupp!
4) blauer Leinenkittel
5) juzen = jauchzen, jodeln
7) fuppen = springen, hüpfen
8) ein sich nach oben verjüngender Eichen- oder Schwarzdornstock, ursprünglich aus Mispelholz. Oben hatte er einen Lederknopf, darunter einen eingeflochtenen Handriemen.
9) Kreisel, meist Dilldopp genannt
10) staubt
11) Futtertopf für Schweine
12) stieben auseinander

En Sou, die bascht[13]) sich dur de Been.
Die Möhn[14]), die schre'it im Hingerhus:
„Dr Deubel es de Höll erus!"
Datt Mädchen springt die Trappe hoch
on lu'ert es us dm Öüelsloch[15]).
„Kumm raff, datt von em hommschen Wiet[16])
mr winnigstens de Kor[17]) hüt kriet.
Am Owend bie dm Rummeldangz[18])
de küs'te nitt so chutt drlangs[19])!
Dre'i Dotzend sing mr all bieen
un ahnjeschrie'ewen jedwereen[20])
biee Artillerie un Infantrie
un es keen Fulstich[21]) hüt dobie.
Un zwei, die hatten sich jekloppt.
Die het mr in de Blech[22]) jestoppt.
Dr Hauptmann juzt: „Mosek, juchhei!"
Do cheht we'er an die Dangzere'i.
Die Eierdöpp, dr Mispelstock,
dr Blomenstruß, dr blo'e Rock,
dr Stroßenstuff[23]), die Mistenbrüh
de Blagen, Hippen[24]), Höner, Küh
Datt stüft un sprüzt un drieht un schwenkt[26])
äs wann die Frau em Söüpott mengt.
Bim Seynschen Christ würd oppjestippt[25])
Sie dangzen, datt de Stu'ewe wippt.
Un wann dr Trecksack nitt mehr cheht,
dann singen se datt Eierled.
Si juzen, dangzen, singen, springen
un mooren kunnen se de Butz nitt fingen[26]).
Im Herwst stohn se in Jlitt un Reih.
En Homburjer cheht du'er für drei.
Dr Hauptmann laacht un stricht dn Bart:
„Op so'n Ke'erls hann ich lang jewart'".

---

13) bersten, sich durchzwängen
14) aus dem altdeutschen Wort „Muhme" = Tante
15) Eulenloch in der Giebelspitze alter Bauernhäuser
16) homburgisch = Mädchen im schwarzenbergischen = „Wicht"
17) zum Wort „Küre, küren" gehörig = Wahl, Probe
18) Rummel = dörfl. Tanzvergnügen in Gastwirtschaften
19) da längs, vorbei
20) jeder angeschrieben = für tauglich befunden
21) Untauglicher
22) Gefängnis, meist „Bleche Botz"
23) Straßenstaub
24) Kinder und Ziegen
25) eingekehrt; oppstippen: ursprünglich die Bäume der zweirädrigen Schlagkarre mit zwei Stützen hoch- und feststellen
26) die Hose nicht finden, kommen sie nicht aus dem Bett.

Pflege von Brauchtum und Gemeinschaft in Alt-Drabenderhöhe

Ursula Schoepe

Das im Oberbergischen Land bis ins 20. Jahrhundert hineinreichende Kleinbauerntum prägte die Bewohner sehr stark und beeinflußte maßgeblich seine Sitten und Gebräuche. 80 Prozent der Bauern hatten einen Zweitberuf und waren auf die Hilfe von Frau und Kindern, Nach-

Drabenderhöhe — Kirchdorf auf der Höhe

barn und Nachbarinnen angewiesen. Die Häuser standen in „Höfen" dicht beieinander und boten so den Menschen Schutz und Geborgenheit. Daraus ergab sich ein reges nachbarschaftliches Verhältnis. Man leistete gerne nachbarschaftliche Hilfe und nahm sie auch genauso gerne in Anspruch. Die stetige, enge nachbarschaftliche Berührung machte die Menschen aufgeschlossen, hilfsbereit, gesprächig und förderte den Gemeinschaftssinn und die daraus entstandenen Sitten und Gebräuche. Sie wurden jedoch nicht starr beibehalten, sondern paßten sich den Gegebenheiten der Neuzeit an. Der Fortfall alter Arbeitsweisen und Gemeinschaftsarbeiten, Einflüsse der Stadt, das Schwinden des magisch-kultischen Brauchtums bedingten eine Umwandlung oder ließen sogar alte Bräuche aussterben.

Die hier im Drabenderhöher Kirchspiel erhalten gebliebenen Sitten und Bräuche zeigen sinnfällig Wesensart und Haltung seiner Bewohner: Altes, was erhaltenswert ist, zu erhalten und weiter zu pflegen, dabei aber den Strukturveränderungen der Neuzeit aufgeschlossen gegenüberzustehen und das Beste daraus zu machen.

Heute finden wir in Drabenderhöhe noch drei Arten des Brauchtums: die jahreszeitlichen, die bei Festen und Feiern geübten und die aus der Nachbarschaftshilfe entstandenen Bräuche.

Die jahreszeitlichen Bräuche

Bis weit in die 30er Jahre kündigte sich in Drabenderhöhe das *neue Jahr* ab 12 Uhr mittags bis 24 Uhr stündlich durch Glockengeläut an. Heute finden sich viele Gemeindeglieder zu einer Jahresschlußandacht in der Kirche zusammen, um dann im Kreise der Familie und Freunde das neue Jahr zu erwarten. Glockengeläut und Feuerwerk begrüßen das neue Jahr. Die Nachbarn treffen sich auf der Dorfstraße und rufen sich ein „Prost Neujahr" zu und versuchen dabei, dem Nachbarn zuvorzukommen, es ihm „abzugewinnen". Die Kinder riefen dazu noch bis in die 50er Jahre das Versehen: „Prost Neujohr, dn Kopp voll Hoor, de Mul voll Zäng, datt al Johr ist am Eng." — Der Brauch, in Gastwirtschaften um große Brezeln zu karten, wird seit 1950 nicht mehr ausgeübt. Auch gibt es zu Silvester nur noch in wenigen Häusern die früher so sehr begehrten „Muzen" oder „Riefkoochen mit Rippchessuppe un Ries".

Von den schönen alten homburgischen *Osterbräuchen* ist in Drabenderhöhe kaum etwas erhalten geblieben. Die 17—25jährigen Burschen ziehen nicht mehr mit „Heischeliedern" von Haus zu Haus, um Eier zu sammeln. Auch wird kein Osterwasser, das den Mädchen Schönheit und Gesundheit verleihen sollte, mehr vor Sonnenaufgang geschöpft.

Bommbös'chespann und Dröppelmina

Die Kinder spielen nur noch selten die früher so sehr beliebten Eierspiele — Eierdöppen, Eierschibbeln und Eierwerfen —. Um so erfreulicher ist der schon seit 1922 geübte Brauch des Posaunenchores Drabenderhöhe, am frühen Ostermorgen von Hof zu Hof zu wandern und die Einwohner mit Osterchorälen zu erfreuen und festlich zu stimmen. Alljährlich am *Pfingstmorgen* gegen fünf Uhr ziehen die Knaben und

Posaunenchor Drabenderhöhe

Pfingstblasen auf „Pe'ißhöernern"

Jugendlichen aus den Höfen Scheidt, Dahl und Hillerscheid von Haus zu Haus und blasen nach alter Väter Sitte das Pfingstfest an. Sie „trööten" (tuten) auf selbstgefertigten „Pe'ißhöernern" (Pfingsthörner), die aus geschälter Erlenrinde gedreht sind und mit einem durchgesteckten Ästchen gehalten werden. Ihr „Trööten" klingt dumpf und durchdringend und weckt alle Schläfer auf. Die Nachbarn, wohl vorbereitet auf dieses „Pengstbloosen", halten Geld, Schokolade und Bonbons für die jungen Bläser bereit. In früherer Zeit erhielten die 12- bis 20jährigen Burschen auf ihren Gängen „Hotzeln, Schnetzeln und jedruhte Quetschen" oder Eier, die zu Hause zu „Pe'ißkoochen" (2 cm dicker Eierkuchen aus Eiern, Weißbrot und Speck) verarbeitet und gemeinsam gegessen wurden. Aus Hillerscheid berichtet man, daß auch heute noch der Pe'ißkoochen" zum Pfingstfrühstück gehört.

Großes und auch sorgsam eingeplantes Ereignis ist die *Drabenderhöher Kirmes,* die als altüberliefertes Volksfest jährlich am dritten Sonntag im August stattfindet. Die Kirmes wird im Homburgischen bereits im 16. Jahrhundert häufig urkundlich erwähnt und war das einzige und vielbesuchte Fest im Sommer. Sie ist auch heute noch Treffpunkt vieler Nachbarn, Bekannten und Freunde, Alten und Jungen aus nah und fern, die sich beim Tanz und Kirmestrubel vergnügen und gemütlich beisammen sein wollen. Schaubuden, Karussels, Verkaufs- und Schießbuden tragen dazu bei. Besonders beliebt und bekannt ist heute der „Frühschoppen" am Montag, der sich bis in die späten Abendstunden hinzieht. Vereine, Betriebsbelegschaften und Nachbarschaften ziehen durch die geschmückten Straßen von Lokal zu Lokal, essen, trinken und erzählen sich in froher Runde „Döhncher" und „Stückelcher".

Das *Erntedankfest* in Drabenderhöhe ist weit über die Grenzen des Kirchspiels hinaus bekannt. 1949 wurde es nach dem Krieg wieder gefeiert. Es war ein echtes Bedürfnis der Bevölkerung, nach den Jahren der Entbehrung im Krieg, Gott für seine Gaben zu danken. Dies kam auch im Erntedankgottesdienst am Morgen und in der Festansprache durch den Ortspfarrer Müller auf dem Sportplatz zum Ausdruck. — 1957 wurde der Ernteverein Drabenderhöhe gegründet, und der übernahm von nun an die Gestaltung des Festes. Es beginnt am Morgen mit einem Erntedankgottesdienst in der Kirche oder unter freiem Himmel auf dem Schulhof. Der prächtig geschmückte Altar zeigt die besten Früchte des Jahres und soll Gott Dank sagen für seine Gaben.

Schon viele Wochen vorher werden in den einzelnen Höfen und Nachbarschaften Vorbereitungen getroffen, um mit einfallsreichen und prächtig geschmückten Erntewagen beim Festzug vertreten zu sein. Wer beim Erntezug diese Wagen bewundert, ahnt kaum, wieviel Zeit, Arbeitseinsatz, Phantasie und Gemeinschaftsgeist zum Bau eines solchen Wagens nötig sind. Wer die fleißigen Frauen, Mädchen, Männer und Burschen beim Schmücken beobachtet, weiß aber auch, wieviel Spaß es dabei gibt und wie solch eine Gemeinschaftsarbeit die nachbarlichen Kontakte festigt.

Altar am Erntedankfest

Scheidt beim Bau des Erntewagens

Die Wahl des Erntepaares, die jedes Jahr erfolgt, stellt für die Erwählten eine besondere Auszeichnung dar, der auch heute noch im Kreis der Bürger besondere Achtung und Anerkennung gezollt wird. Ein Ständchen der Blaskapelle auf dem Hof des Paares leitet um 14 Uhr die Festlichkeiten ein. In geschmückter Kutsche geht es dann mit Musik und unter Begleitung der Nachbarn zum Sportplatz, wo das Eintreffen den Auftakt der Veranstaltung bildet. Nach den Festansprachen bekannter Persönlichkeiten des öffentlichen Lebens, nehmen unter der Regie des Erntevereinsvorsitzenden vielfältige Darbietungen bekannter Reitervereine, Turnvereine, der Schule und Tanzgruppen ihren Lauf, denen die Zuschauer viel Beifall spenden. Besonderes Interesse finden natürlich die prächtig geschmückten Erntewagen. Mit Freude und Genugtuung vergleicht man den Ideenreichtum und die sorgfältige Ausführung der Wagen aus den verschiedenen Höfen und Ortsteilen. Nach den Vorführungen auf dem Sportplatz ziehen Blaskapellen, Erntewagen und die Gruppen der Festteilnehmer in einem großen Festzug, der den Höhepunkt des Tages bildet, durch das Altdorf und seit 1967 auch durch die Siedlung. Viele fröhlich gestimmte Zuschauer säumen winkend die Straßen. Jubel und Beifall grüßen immer wieder das Erntepaar und besonders originelle Wagen und Gruppen. — Vor dem großen Ernteball am Abend ist der Fackelzug der Kinder und das daran anschließende Feuerwerk.

Erntewagen

Das *Weihnachtsfest* ist in Drabenderhöhe ein Fest der Kirche und Familie. Am Heiligen Abend gehen fast alle Gemeindeglieder zur Christmette. Die Kirche ist in beiden Gottesdiensten bis auf den letzten Platz besetzt. An der festlichen Gestaltung des Gottesdienstes beteiligen sich alljährlich Posaunenchor, Frauenchor und Männergesangverein und am ersten Feiertag der Kirchenchor. — Die Bescherung findet am Heiligen Abend nach der Christmette statt. Eine schön geschmückte Fichte fehlt in keiner Familie.

In der stillen Zeit zwischen Weihnachten und Neujahr, in den „Luusterdäen", (luustern = lauschen, hören) werden besonders stark nachbarliche Kontakte gepflegt. Das „Noopern" kommt dabei wieder zur Geltung.

Nachbarschaftsbräuche

Träger der Nachbarschaftsbräuche sind die Nachbarschaften. Das Oberdorf, das Unterdorf, der Höher Berg, Scheidt, Biesengarten/Königsbitze und die einzelnen Höfe bilden je eine Nachbarschaft. In gemeinsamer Verantwortung achten und pflegen sie Sitte und Brauchtum. Noch bis 1930 trafen sich in unseren Höfen die Frauen und Mädchen auf den sogenannten „Föchen" und halfen sich gegenseitig und unentgeltlich beim „Bohnenschnibbeln", „Bohnendöppen" und bei der Bereitung der „Schnetzeln und Hotzeln" (Äpfel und Birnen schälen, schnitzeln und für den Winter trocknen). Das Trocknen der Schnetzeln und Hotzeln geschah im „Backes" (ein kleines Backhaus neben dem Wohnhaus, in dem der Bauer das Brot für den täglichen Bedarf buk). Das Dörrobst wurde in Leinensäckchen aufbewahrt und im Winter vorwiegend in Milch- und Buttermilchsuppen gekocht. Sie waren auch ein beliebtes Naschwerk für die Kinder.

Die „Föchabende" waren nicht die einzigen, an denen sich die Frauen und Mädchen des Hofes trafen. Bis in die 90er Jahre kamen sie regelmäßig zum Schwingen und Spinnen des Flachses und Spinnen der Wolle zusammen. Dabei wurde gesungen und „jestrongst" (erzählt). Nach getaner Arbeit kamen die Dorfburschen zum Tanzen, Singen und Spielen. Diese Zusammenkünfte werden heute noch regelmäßig im Winter in Hillerscheid in Form von Strickabenden gepflegt. Auch hier wird bei der Arbeit erzählt, gesungen und gelacht. Im Unterdorf von Drabenderhöhe treffen sich die Frauen alle zwei Monate zu einem geselligen Beisammensein und vertiefen so die nachbarlichen Bande. In den anderen Nachbarschaften trifft man sich meist nur im Sommer zu kleinen Geselligkeiten, zum Wandern oder nach getaner Gemeinschaftsarbeit.

Nachbarschaftshilfe wird heute noch bei der Ernte und beim Ausrichten von Hochzeit, Konfirmation und Taufe geleistet. Bei der Verlobung, der grünen, silbernen und goldenen Hochzeit überbringt die Nachbarschaft ein ansehnliches Geschenk und wird am nächsten Tag zu einer Nachfeier eingeladen. Ein bis zwei Wochen nach der Geburt eines Kindes ist es Sitte, daß jede Nachbarin Mutter und Kind besucht, alles

Gute wünscht und ein hübsches Teil für die Babyausstattung mitbringt. Hilfeleistung bei Krankheit, Not und Tod ist selbstverständliche Pflicht. Bei Beerdigungen tragen und begleiten die Nachbarn den Sarg und finden sich danach zu einem „Röüessen" (Kaffeetrinken) zusammen. Auch beim Bau eines Hauses helfen, wenn nötig, die Nachbarn und sind dann gern gesehene Gäste beim Richtfest. Lassen wir einmal einen alten Zimmermann — Fritz Holländer aus Marienberghausen (nach einer Tonbandaufnahme von Otto Kaufmann 1967) — von den Richtbräuchen, die heute noch ausgeübt werden, erzählen:

> En der Nät vürher hatten die Noopern hemlich dn letzten Keffer (Sparren) witt fortjedräen en en (in ein) Ko'ernfeld, en Schür odder en dn Bösch. Wann de Zemmerlü nu bal met derr Obsetzere'i fä'erdig wooren, fählte opp eemol dr Wandkeffer (letzter Sparren in der Nähe der Eulenluke in der Giebelspitze). Dä moßte nu jesokt wären. Nu zo de chanze Korona loß, on dr Bouherr cheng met on hat de Fläsche Ko'ern bi sich. Di meesten woßten joo, wo dä Wandkeffer loch (lag), awwer si däen, als wenn se vam Tütten on Bloosen nex wößten. Die Sökere'i (das Suchen) du'erte mächmool een bes zwei Stonden, bes eener schleßlich sat: „Looß mr es ent Buren Ko'ernfeld chonn." Do hann se dann endlich denn Keffer fongen. Dann nohmen vi'er bes sechs Mann denn Keffer ob de Schoolder, on dr Bouherr moßte sich dropp setzen on ri'en (reiten). Wa mr en dn Hoff koomen, stongen die Fraulü vörr dr Dür on nöüschierten (waren neugierig) on kicherten. Nu wuer dr letzte Keffer droppjedonn. Dann koom en Dannenböhmchen met bongtijem Papier ahn. Datt hat de Bouherrin brat jemaacht. Nu wuer datt Bömchen am Streck eroppjezo'en. Dann koom ett vür, datt dä Bohm nett schwär jenooch woor. Dann refen die Beuerder (Burschen) von o'ewen: „Dä Bohm hat seng Jewecht noch nett." Dann wuer ett Bömchen wi'er eraffjelooßen. Nu moßte dr Bouherr en Fläsche Schnaps dranbengen, on dann wuer wi'er ö'erntlich jepitscht (getrunken).
>
> Zuletzt klommen (kletterten) dr Zemmermann on en Nooper en den Chi'ewel töscher (zwischen) de Sparren. Van hie uß moßte hä denn alen Zemmermannssproch ußwenig sahn (sagen). Denn weeß ech van mengen A'len, die alt sitt dre'i Johrhonderten Zimmerlü wooren. Dä Bouherr moßt töscherdu'er eenen ußschödden. Dann brät de Husfrau watt ze essen. De Fraulü koomen, un et wuer jedangzt, jeschnäpst, jestrongst, (erzählt, unterhalten) un jesongen.

Viel Spaß gibt es beim *Tischrücken:* Ist das Haus fertig und der Bauherr mit seiner Familie eingezogen, kommen eines Tages die Nachbarn und Freunde mit Hammer und Säge, Beil und „Wasserwaage", um den Tisch in die „Waagerechte" zu bringen. Ein Keil nach dem anderen wird unter die Tischbeine geschoben. Mit einer Flasche Schnaps als Wasserwaage wird festgestellt, ob der Tisch „gerade" steht. Natürlich muß da mancher Keil untergeschoben, gesägt, gehämmert und gemessen werden. Dabei bekommt die Gesellschaft Durst, und das „Wasser in der Wasserwaage" wird immer weniger. Mancher Hausfrau ist dabei schon angst und bange geworden und sie wäre am liebsten mit Staubsauger und Besen in Aktion getreten.

◀ *Oberbergisches Spinnrad mit Spinnerin*

Tischrücken

Feste, Feiern, Vereine

Die Einwohner von Drabenderhöhe und den umliegenden Höfen Dahl, Hillerscheid, Hahn, Immen, Jennecken, Niederhof, Scheidt, Büddelhagen und Verr sind wie alle Oberberger ein fleißiger, aufgeschlossener, fröhlicher und geselliger Menschenschlag. Davon zeugen eine große Zahl von verschiedenen Festen und Feiern, bei denen altes Brauchtum gepflegt wird und neues heranwächst.

Die *Hochzeitsbräuche* sind dabei die ältesten. Sie beginnen mit dem Hieling (am Vorabend vor dem ersten kirchlichen Aufruf) oder dem Polterabend. Nachbarn, Freunde und Verwandte treffen sich vor dem Haus der Braut zum Poltern. Ein alter „Höher" erzählt:

> Do wird met Chasballons jeschossen on met ahlen Pötten on Schiffsschellen chro'eßen Krach jemaacht. Dann kömmt de Brutt eruß on schött eenen uß (jedem ein Gläschen Schaps oder Likör). Dann hört datt Spell (die Handlung, der Brauch) vürm Hus opp, on dann wird jemeinsam en de Wi'ertschaft jezo'en, wo bes en de deepe Nät jezecht, jechessen on jedangzt wird. Do kummen ömmer vill Lü (Leute) hen.

Das Bekränzen der Haustür einen Tag vor der grünen, silbernen und goldenen Hochzeit ist ein weiterer, gern geübter Brauch. Mit großem Geschick und Einfallsreichtum und unter Beteiligung der ganzen Nachbarschaft wird der Türrahmen gemessen und mit Tannengrün, Blumen und einem Willkommensgruß geschmückt. Braut und Bräutigam revanchieren sich mit einem fröhlichen Umtrunk.

Am nächsten Tag wird dem Brautpaar auf dem Weg vom Standesamt der Rückweg mit Ketten und Seilen versperrt. Viele Freunde, Nachbarn und Kinder beteiligen sich daran. Wenn das Paar an eine solche Kette kommt, muß es „Lösegeld" zahlen. Nach einem herzlichen Glückwunsch erhalten die Gratulanten ein Gläschen Schnaps oder Likör und die Kinder Bonbons. So geht es von Strick zu Strick langsam dem Elternhaus der Braut zu. Es wird berichtet:

> Öm nüng U'er woer de Trauung ze Eng, un öm een U'er wore mr e'erscht doheem, un do hann se uns noch Strömpcher, Bützjer on Hemdjer an de Ling (Leine) jehangen.

Ein alter Hochzeitsbrauch — Seilspannen

Nach der standesamtlichen Trauung wird die Braut auf den Armen kräftiger und „hilfsbereiter" Nachbarn ins Haus getragen. Auch dem Bräutigam widerfährt das gleiche. Am Nachmittag nach der kirchlichen Trauung beginnt die eigentliche Hochzeitsfeier im Hause der Braut oder im großen Saal einer Gastwirtschaft. Sie dauert bis in den frühen Morgen. In der Morgendämmerung wird dann die Hochzeit „begraben". Das gibt wieder viel Spaß. Ein „Scheidter Pfarrer" berichtet:

> Morjens in dr Fröh wird bi us de Hochzitt bechrawen. Datt chitt wi'er vill Spaß. Us em Bässemstill un em bungtijen Dooch wird en Fahne jemacht. So züht datt chanze Vollek mit vill Krach un Jedöns vür datt Hus, wo de nächste Hochzitt sing sull. Do chrawen en paar en Loch un wärpen en Fläsche mit Schnaps un en chrön Ries (Lebensbaum-Zweig) erin. Dann

helt dr „Pastor" en Chrafrede, wobie de „Truernden", aut krieschen. Nu kommen de Lü us dm Hus ett chitt en Schnaps. Spä'er züht datt chanze Vollek wi'er in ett Hochzittshus.

Dieser alte Hochzeitsbrauch wird nur noch im Ortsteil Scheidt ausgeübt. Die letzte Flasche wurde 1975 bei A. u. K. Jäkel begraben.

Viele *Dorf- und Nachbarschaftsfeste* bereichern das dörfliche und nachbarliche Geschehen: In Hillerscheid feierte man im Jahr 1974 mit Unterhaltung und Tanz das 25. Dorffest im selbsterbauten Gemeinschaftshaus. Auch die Dähler kommen in jedem Jahr öfter zusammen, planen dörfliche Anlagen und feiern ihr Dorffest. Im Jahr 1975 führte Scheidt unter großer Beteiligung der übrigen Dorfbewohner ein wirklich gelungenes Brunnenfest durch. Die Brunnenanlage war in den letzten Jahren von den „Scheidtern" in Eigenarbeit mit Unterstützung des Heimatvereins angelegt worden. — Ernteverein, BV 09, Frauenchor und Männergesangverein laden zu Frühlings-, Sommer-, Oktober- und Winterfesten ein, die alle großen Anklang finden und gerne besucht werden. So fördert jeder das dörfliche Gemeinschaftsleben. Auch die Gemeinschaftsgrundschule Drabenderhöhe beteiligt sich sehr rege daran.

Das *Schulfest,* seit 1967 jedes Jahr durchgeführt, ist zu einem Dorffest geworden. Schulkinder, Lehrerschaft, Schulpflegschaft und ein großer Teil der Elternschaft wirken aktiv bei der Gestaltung des Festes mit. Es beginnt mit einem Umzug der Kinder durch das Dorf. Nach einer Ansprache des Schulleiters und des Schulpflegschaftsvorsitzenden

Schulfest

herrscht dann ein reger Festbetrieb auf dem Schulhof, in Klassenräumen, Schulküche, Turn- und Schwimmhalle. Die Kinder haben mit Hilfe der Erwachsenen Wurfbuden, Schießbuden, Spielhöllen, eine Geisterbahn, Verkaufsstände, ein Indianercamp und vieles mehr aufgebaut. Sie zeigen in den Klassenräumen Kasperlespiele, Sketchs, Stegreifspiele, führen die „Mode von gestern" vor, laden zum Kegeln, zu Theatervorführungen ein und messen ihre Kräfte im Turn- und Schwimmwettkampf. Schulkaffee, Getränkestände, Würstchenbuden und ein Holzfleischstand sorgen für das leibliche Wohl der vielen hundert Gäste, während die Siebenbürger Blaskapelle mit ihren flotten Weisen die Festteilnehmer unterhält. Das Schulfest klingt mit einem gemütlichen Beisammensein aller fleißigen Helfer aus. Unser Schulfest ist das jüngste aller jährlich wiederkehrenden Feste. Wir hoffen alle, daß es in dieser schönen Form bestehen bleibt und zu einem festen Brauch wird.

Im Altdorf Drabenderhöhe und in den umliegenden Höfen herrscht ein reges und erfolgreiches *Vereinsleben.* Mehr als zehn Vereine dienen entweder der Pflege des Brauchtums, der Geselligkeit, der Musik, dem Sport oder dem Genossenschaftswesen. Sie zeugen von großem Gemeinschaftssinn und genossenschaftlichem Denken, ohne dabei die Persönlichkeit des einzelnen, das Original oder den Individualisten zu unterdrücken.

In besonderem Maß zeigt sich die Liebe zur *Musik,* stehen doch allein im Altdorf Männergesangverein, Frauenchor, Posaunenchor und Gemischter Chor im Dienste der Musik. Hier kommen sich die Wesensart der Alteingesessenen und der Neusiedler sehr stark entgegen. Wird doch auch das Leben der Siebenbürger Sachsen von einem starken Gemeinschaftsgefühl und der Liebe zur Musik getragen. Ihre Vereine und Nachbarschaften dienen, wie an anderer Stelle ausführlich erwähnt, vor allem der Pflege Siebenbürger Brauchtums. Die Mitgliederanteile der Drabenderhöher aus dem Altdorf in den Vereinen der Siebenbürger Sachsen sind daher noch sehr gering, wogegen die Mitgliederanteile der Siebenbürger Sachsen in den Vereinen von Altdrabenderhöhe eine ansehnliche Zahl mit stetig steigender Tendenz aufweisen. Jeder ist bei jedem willkommen!

Die Begegnung der Alt- und Neubürger in den Vereinen wird den Prozeß des Zusammenwachsens fördern und erleichtern. Der wichtigste Verein hierfür ist der Männergesangverein (MGV), das wichtigste Haus das Kulturhaus „Hermann Oberth". Es steht genau am richtigen Ort: an der Nahtstelle zwischen Altdorf und Siedlung. Hier treffen sich alle Bürger zu Festen, Feiern, kulturellen Veranstaltungen und die Jugendlichen zur Jugendarbeit und Freizeitgestaltung; hier führt die Kreisvolkshochschule ihre Kurse für Musik, Basteln, Werken, Nähen und Fremdsprachen durch, und in ihm sind Siebenbürger Heimatstube und Bücherei untergebracht. Dieses Haus ist nicht nur Kulturhaus, es ist ein Haus der Begegnung und erfüllt die Funktion eines Dorfgemeinschaftshauses.

Was Du ererbt von Deinen Vätern hast, erwirb es, um es zu besitzen

Oberbergisches Heimatmuseum Schloß Homburg

Wenn im Vorhergesagten von Alt-Drabenderhöhe oder Alteingesessenen die Rede war, so sind hiermit auch die Zugezogenen und unsere Vertriebenen aus Schlesien, Oberschlesien, Ost- und Westpreußen, Pommern und Sudetenland gemeint. Sie wurden gerne in die große Gemeinschaft aufgenommen, haben sich angepaßt, Grund und Boden erworben und fanden so in Drabenderhöhe eine zweite Heimat. Auch dies zeugt von Hilfsbereitschaft, Aufgeschlossenheit und Gemeinschaftssinn der Drabenderhöher. Als „Zugezogene" darf ich dies mit Dank sagen.

Der bekannte oberbergische Heimatforscher Otto Kaufmann schreibt über Sitte und Brauchtum u. a.: „Als Träger von Bräuchen treten vor allem die Vereine auf... Das Brauchtum ist im heutigen Leben oft Teil der Erholung und Entspannung..." Dies trifft auch für Drabenderhöhe zu und hat auch seine Berechtigung. Die gute Sitte der Nachbarschaft jedoch bedurfte und bedarf keines Vereins, keiner Satzungen. Sie wird vom Vater dem Sohn und von der Mutter der Tochter überliefert, auch heute noch sichtbar gepflegt.

II. Die Siebenbürger Sachsen

Geschichte der Siebenbürger Sachsen — ein Überblick

Ernst Wagner

Siebenbürgen — Teil des südöstlichen Mitteleuropa

Siebenbürgen — heute die Zentralprovinz Rumäniens — ist geographisch, klimatisch und auch kulturell ein Teil Südost-Mitteleuropas. Mit Zentraleuropa wird es einerseits durch die Donau, andererseits durch die Karpaten verbunden. Die Karpaten sind etwa zur gleichen Zeit, wie die Alpen entstanden und setzen sie — unweit von Wien beginnend — nach Osten fort. Dort, wo sie in südöstlicher Richtung abbiegen und dann den großen Bogen nach Westen machen, umschließen sie das siebenbürgische Bergland, das auch im Westen durch das Siebenbürgische Erzgebirge (Westkarpaten) gegen die pannonische (ungarische) Tiefebene abgegrenzt wird. Siebenbürgen wird deshalb oft mit einer natürlichen Festung verglichen, die nur nach Westen hin durch das Tal des Mieresch und im Nordwesten durch das Someschtal und die Meseschberge offen ist. Die Pässe nach Osten und Süden waren früher nur vom späten Frühling bis zum frühen Herbst befahrbar.

> Alle Wasser Siebenbürgens fließen zur Donau und zwar entweder über die Theiß oder — wie Alt und Schiel — unmittelbar zu ihr, um sich hier mit den Wassern von Schwarzwald, Inn, Salzach und Enns, aber auch von March, Waag, Drau und Save zu mischen und dann gemeinsam ins Schwarze Meer zu münden. — Der Balkan beginnt erst südlich dieses großen mitteleuropäischen Stromes!
>
> Auch Klima, Pflanzen und Tierwelt Siebenbürgens sind mitteleuropäisch oder diesem eng verwandt, wobei der kontinentale Charakter des Klimas mit seinen heißen Sommern und kalten Wintern deutlich zum Ausdruck kommt. Erst östlich der Karpaten beginnt der Einfluß des russischen Steppen-, südlich der des Mittelmeerklimas mit einer unterschiedlichen Flora und Fauna.

Innersiebenbürgen ist ein von den Karpaten umgebenes Bergland mit Hochebenen, wie z. B. der des Burzenlandes, das von den Tälern der Flüsse Mieresch, Alt, dem Großen und Kleinen Samosch, den beiden Kokeln und kleineren Gewässern durchschnitten wird. Die natürlichen

---

1) Diese sehr gestraffte Darstellung kann naturgemäß nur einen groben Überblick geben. Der Leser, der nähere Einzelheiten wissen möchte, wird auf folgende Bücher verwiesen, die auch Literaturhinweise zu Einzelfragen enthalten:
   — Zu gleicher Zeit erscheint von demselben Verfasser: Quellen zur Geschichte der Siebenbürger Sachsen, Köln 1976. Wertvoll ist
   — Friedrich Teutsch: Kleine Geschichte der Siebenbürger Sachsen. Mit einem Nachwort von Andreas Möckel, Darmstadt 1965, 380 S. Genaue Daten über einzelne Orte finden Sie bei
   — Ernst Wagner: Historisch-Statistisches Ortsnamenbuch für Siebenbürgen. Mit einer Einführung in die historische Statistik des Landes, Köln (Reihe Studia Transylvanica, Band 3, im Druck).

Seen und Teiche der Siebenbürgischen Heide sind heute weitgehend trockengelegt, sonst finden sich nur wenige, kleine stehende Gewässer. Die niedrigste Stelle des Landes liegt am Mieresch (160 m. ü. NN), die höchsten Erhebungen im Fogarascher (Moldoveanu, 2 543 m) und Rodnaer Gebirge (Pietros, 2 303 m).

Das Land ist reich an Naturschätzen. Heute sind die Energieträger Erdgas (bei Mediasch und in der Siebenbürgischen Heide) und Steinkohle (im Schielgebiet um Petroscheni) neben Erzen, Steinen, Erden und vielen Mineralquellen besonders gefragt. Im Altertum waren es Steinsalz, Edelmetalle (vor allem Gold), Kupfer und Eisen.

Die historische Provinz Siebenbürgen ist rd. 61 600 km² groß. Sie umfaßt damit mehr Fläche als die westdeutschen Bundesländer Baden-Württemberg, Rheinland-Pfalz und Saarland zusammen, oder als Österreich ohne Steiermark und Kärnten (je 58 000 km²). Mit etwa 75 Einwohnern je km² im Jahre 1974 ist es aber viel dünner besiedelt als die genannten drei westdeutschen Bundesländer, wo 1972 etwa 240 Menschen je km², also mehr als dreimal so viel, lebten.

Siebenbürgen wird in den mittelalterlichen lateinischen Urkunden terra Ultrasilvana, *Transsylvania,* also „Land jenseits der Wälder" genannt. Es trägt auch heute noch seinen Namen zu Recht: über ein Drittel der Landesfläche ist mit Wäldern bedeckt, ein weiteres Drittel mit Wiesen, Obstwiesen oder Weiden; ein knappes Viertel ist Ackerland, der Rest entfällt auf Rebflächen mit berühmten Weinen (0,4 vH), bebaute und Wegeflächen, Gewässer und Unland.

> Der Gebietsname *Siebenbürgen* entsteht bald nach der Ansiedlung von Deutschen. Er taucht zuerst in deutschen Heldenliedern auf und gilt zunächst für die Zibinsebene um Hermannstadt, bald für das Gebiet der sog. Sieben Stühle. Erst allmählich wird er der deutsche Landesname, der weder in die magyarische noch in die rumänische und nur in übersetzter Form als Septem castra in die lateinische Sprache übernommen wird.
>
> Über die Herkunft des Namens sind sich die Gelehrten bis heute nicht einig. Er ist mit Sicherheit älter als die Sieben Stühle und die sächsischen Städte, kann also nicht davon abgeleitet werden. Die Zahl Sieben spielt allerdings bei den siebenbürgischen Landeseinteilungen eine besondere Rolle. Neben den sieben sächsischen Stühlen gibt es sieben Szeklerstühle und die sieben Adelskomitate. Die Sprachforscher sind allerdings zum Ergebnis gekommen, daß mit Sieben nicht immer die genaue Zahl gemeint ist; Sieben als Eigenschaftswort bedeutet auch so viel wie „viel, ungezählt". (Im Märchen lebt Schneewittchen hinter den sieben Bergen bei den sieben Zwergen.) In der sächsischen Mundart wird außerdem ursprünglich nicht zwischen „Burg" und „Berg" unterschieden. Von Hermannstadt aus gesehen kann also Siebenbürgen auch so viel wie „Land der vielen Berge" bedeuten. Ähnliches gilt übrigens auch für das rheinische Siebengebirge bei Bonn, wo es müßig wäre, nach genau sieben Bergen zu suchen. Auf ähnliche Weise könnte auch das Wort in der fränkischen Mundart der Siebenbürger Sachsen entstanden sein.

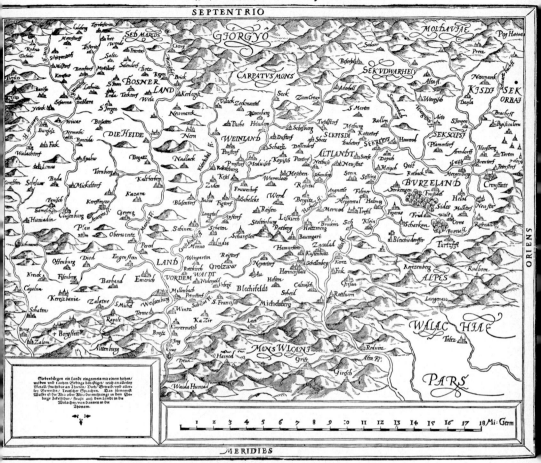

Siebenbürgenkarte aus der Cosmographia von Sebastian Münster (Basel um 1595)

Die Bewohner Siebenbürgens

Das Land hat eine besondere geopolitische Lage: Es ist nicht nur Schnittpunkt zwischen Ost und West, sondern auch zwischen Nord und Süd. In seiner wechselvollen Geschichte war es oft Vorfeld des Westens und Kampfplatz. Viele Völker sind durchgezogen, von denen man heute gerade noch den Namen weiß; einige sind dort geblieben und sind in der eingesessenen Bevölkerung aufgegangen, andere haben sich als ethnische Gruppe bis heute erhalten. Die Deutschen Siebenbürgens leben seit ihrer Einwanderung um 1150 zusammen mit anderen Völkern und waren dabei nur in ihrem Kerngebiet in der Mehrheit. Seit Jahrtausenden leben hier Menschen verschiedener Volkszugehörigkeit, unterschiedlicher Religion oder Konfession und auch ungleicher sozialer Gruppen neben- und miteinander, haben zusammen gestritten und gelitten und waren auch nicht immer einer Meinung — wie es eben unter Nachbarn üblich ist.

Nach den Angaben der letzten amtlichen Volkszählung Rumäniens (1966) leben in den neun Großkreisen, die sich etwa mit den Grenzen der historischen Provinz Siebenbürgen decken, folgende größeren *ethnischen Gruppen:*

> Zwei Drittel der Bevölkerung sind *Rumänen.* Sie leiten ihre Herkunft von den dakischen Ureinwohnern ab, die sich in der Zeit der Römerherrschaft (106—271) mit zugezogenen römischen Soldaten, Beamten und Zusiedlern, die im Lande seßhaft wurden, vermischten und deren Sprache annahmen. Nach der Räumung Siebenbürgens verfielen während der Völkerwanderung zwar die blühenden römischen Städte und dörflichen Siedlungen. Bei der Räumung der römischen Provinz Dazien zogen wohl mit den Soldaten und Beamten auch viele römische Bürger ab. Bodenfunde beweisen aber, daß ein großer Teil der eingesessenen Bevölkerung im Lande blieb. Schriftliche Zeugnisse darüber gibt es allerdings nicht, und das führte zu der, vor allem von Ungarn vertretenen Auffassung, die gesamte lateinisch sprechende Bevölkerung sei zunächst nach Süden über die Donau ausgewichen. Erst später seien die Vorfahren der heutigen Rumänen als Wanderhirten wieder zugewandert. Jüngere archäologische Ausgrabungen haben die Auffassung der Kontinuität des rumänischen Volkes in Siebenbürgen weiter unterbaut.
>
> Die zweitstärkste ethnische Gruppe stellen die *Ungarn und Szekler,* die etwas mehr als ein Viertel der Gesamtbevölkerung ausmachen und vor allem in Ostsiebenbürgen geschlossen siedeln. Zeitweise wurde hier nach 1945 eine Autonome Ungarische Region gebildet.
>
> An dritter Stelle stehen die deutschen Volkszugehörigen, die *Siebenbürger Sachsen,* mit 5 v. H. und 186 200 Personen. Vor etwa hundert Jahren lag ihr Anteil noch bei 10 v. H. Sie leben mit Schwerpunkt in Mittel- und Südsiebenbürgen. 1966 betrugen ihre Anteile in den Großkreisen Hermannstadt und Kronstadt 23,4 bzw. 18,0 v. H. In Nordsiebenbürgen (Nösnerland, Reener Ländchen) leben heute weniger als 10 v. H. der Zahl vor dem Ende des 2. Weltkrieges.
>
> Mit weitem Abstand folgen die *Zigeuner* (1 v. H.). Da sie an der untersten Stufe des sozialen Ansehens stehen, ist mit Sicherheit anzunehmen, daß ein großer Teil der seßhaft gewordenen eine andere Volkszugehörigkeit angegeben hat. Es gibt in Siebenbürgen auch heute noch nomadisierende Zigeunersippen. Bereits Kaiserin Maria Theresia machte den Versuch, sie anzusiedeln. Ihre Bemühungen waren ebenso erfolglos, wie die der heutigen Regierung. Die Zigeuner stammen wahrscheinlich aus Indien und zogen unter türkischer Herrschaft nach Westen. In Siebenbürgen sind sie seit dem 15. Jahrhundert nachweisbar.

Siebenbürgisch-Sächsische Bauern im Kirchenpelz

Als *Juden* bekannten sich 1966 nur etwas mehr als 5 300 Personen (0,2 v. H.). Ihre Zahl nahm in der zweiten Hälfte des 19. und in den vier ersten Jahrzehnten dieses Jahrhunderts durch Zuwanderung aus Galizien stark zu. Nach den Verfolgungen während des 2. Weltkrieges und Auswanderungen ab 1955 ging ihre Zahl sehr zurück. Die Gruppen der *Armenier, Bulgaren und Griechen* gehören zu den älteren Bewohnern, während *Slowaken, Tschechen, Kroaten, Serben, Ruthenen* u. a. vor allem seit dem 19. Jahrhundert zuwanderten.

Konfession und Volkszugehörigkeit decken sich weitgehend: Die Rumänen sind heute, nach Aufhebung der griechisch-katholischen Kirche (nach 1950), fast ausnahmslos orthodoxe Christen. Über 90 vH der Siebenbürger Sachsen sind Lutheraner, die Ungarn Calvinisten, Katholiken oder Unitarier und bei den Juden beantwortet sich die Frage von selbst.

Vor dem 2. Weltkrieg war Siebenbürgen ein Bauernland. Durch die forcierte Industrialisierung ging etwa ab 1955 der Anteil der landwirtschaftlichen Erwerbstätigen laufend zurück. Er dürfte heute (1976) deutlich unter 35 vH, bei den Siebenbürger Sachsen unter 10 vH liegen.

Zur Vor- und Frühgeschichte Siebenbürgens

Die reichen Bodenschätze und die Fruchtbarkeit Siebenbürgens waren seit je ein Anziehungspunkt für Menschen. Es ist deshalb nicht verwunderlich, daß die ersten Spuren menschlichen Lebens bis in die ältere

Steinzeit nachzuweisen sind. Für die Bronzezeit ist eine eigene Kultur, die international nach dem Wietenberg bei Schäßburg benannt wird, und für die über zweihundert Siedlungen nachgewiesen wurden, weit verbreitet. Für die frühe Eisenzeit verdichten sich die Funde weiter.

Die ersten schriftlichen Berichte über das Land finden wir bei griechischen Schriftstellern. Über die Geschichte der römischen Provinz Dazien und ihre Bewohner wurde bereits kurz berichtet. Durch zahlreiche Funde haben wir inzwischen ein ziemlich genaues Bild über die Verhältnisse dieser Provinz, bis hin zum teilweise noch erhaltenen Straßennetz. Wir kennen auch die von den Römern betriebenen Gold- und Salzbergwerke.

Nach der Räumung der Provinz Dazien unter Kaiser Aurelianus (271) rückten zunächst Westgoten und Karpen (nach ihnen werden die Karpaten benannt, die zeitweise auch Bastarnische Alpen hießen) nach. Etwa hundert Jahre später mußten die Westgoten vor dem Druck der Hunnen und ihrer Hilfsvölker nach Südwesten ausweichen. Die ihnen verwandten Gepiden unterwarfen sich den Hunnen und gründeten im Gebiet der nördlichen Theiß ein Reich, zu dem ab 480 auch große Teile Siebenbürgens gehörten. Es wurde 567 von den Awaren zerstört, die sich in der pannonischen (ungarischen) Tiefebene festsetzten. Nach dem Jahre 600 sickerten slawische Stämme ein, die sich allmählich mit der eingesessenen Bevölkerung vermischten. Im 9. und 10. Jahrhundert entstanden slawisch-rumänische Knezate und Woiwodate als lokale politische Zusammenschlüsse, die nach der Jahrtausendwende zum Teil von einer petschenegischen Oberschicht beherrscht wurden.

Von nachhaltiger Bedeutung für das weitere Schicksal Siebenbürgens war die *ungarische Landnahme.* Dieses ursprünglich nomadische Reitervolk verließ im Jahre 896 die Zwischenheimat im Etelköz (Ukraine) und besetzte die pannonische Tiefebene, von wo aus es Raubzüge nach dem Westen unternahm. Nachdem Kaiser Otto I. sie im Jahre 955 auf dem Lechfeld bei Augsburg vernichtend schlug, wurden sie seßhaft. Großfürst Geisa (970—997) bat um die Entsendung von Missionaren, während sein Gegenspieler, der am unteren Mieresch und in Westsiebenbürgen lebende Gyula mit Byzanz und der östlichen Form des Christentums sympathisierte.

> Der Sohn des Fürsten Geisa wurde christlich erzogen und heiratete Gisela, die Tochter des bayrischen Herzogs Heinrichs des Zänkers. Als *Stephan I., der Heilige,* ließ er sich im Jahre 1000 mit der ihm vom Papst übersandten Krone zum ersten König von Ungarn krönen, nachdem er den Widerstand der heidnischen Stammesfürsten gebrochen hatte. Den staatlichen und kirchlichen Aufbau vollzug er mit Hilfe westlicher Priester und Ritter. Er brach auch den Widerstand der Schwarzen Ungarn und ihres Gyula, die im westlichen Siebenbürgen lebten. Es ist allerdings fraglich, ob bereits er das siebenbürgische Bistum in Weißenburg (rum. Alba Julia, magy. Gyulafehérvár) gegründet hat.
>
> Die neuere Forschung hat nachgewiesen, daß die Ungarn Siebenbürgen nicht in einem Zuge eroberten. Zunächst drangen sie vom Westen aus ins

untere Miereschtal, von Nordwesten her bis an die Meseschberge und ins untere Samoschtal ein. Die jeweilige Grenze sicherten sie durch eine Verhauzone (rum./slaw. prisac, magy. gyepü), also einen breiten Landstreifen von 10—40 km, der absichtlich wüst gelassen wurde und mit dichtem Gestrüpp bewachsen war, um feindlichen Reiterheeren den Zugang zu versperren oder zu erschweren. Die schwachen Stellen wurden zusätzlich durch Erdburgen, die Durchgänge durch Tore geschützt. War ein Feind im Anzug, so wurde ihm der Weg durch gefällte Bäume weiter erschwert.

An diesen Verhauzonen wurden Hilfsvölker als Grenzwächter angesiedelt. Das wichtigste waren die Szekler, wir kennen aber auch die Nyék, Kékkend, Kavaren, Petschenegen und Uzen. Verlegte man die Verhausäume vor, erhielten auch die Hilfsvölker neue Wohnplätze. Die bisherigen Verhausäume wurden als Königsland zur Besiedlung freigegeben. Die Eroberung Siebenbürgens erfolgte wahrscheinlich durch sechsmalige Vorverlegung dieser Verhaue.

Die Ansiedlung der Siebenbürger Sachsen

erfolgte unter König Geisa II. (1141—1162) im Zuge der Vorverlegung der Verhausäume von der Mieresch- an die Altlinie auf dem bisherigen Grenzödland, über das der König frei verfügen konnte. Gleichzeitig wurden die bis dahin dort wohnenden Szekler als Grenzwächter ins heutige Szeklerland umgesiedelt. Durch den Befund der Ortsnamen, Ausgrabungen und schriftliche Quellen wissen wir heute, daß Szekler aus dem Gebiet um Mühlbach (magy. Sebes) im späteren Szeklerstuhl Sepsi, diejenigen aus Urwegen (magy. Orbó) im Stuhl Orbai und die aus Keisd (magy. Kézd) als Letzte im Stuhl Kézdi ihre endgültige Heimat fanden. Auch bei Mediasch und vielen anderen Orten, deren Name magyarischen Ursprungs ist, haben vor den westlichen Siedlern zuerst Szekler gewohnt. — Dasselbe gilt übrigens für das Nösnerland. Neben Bodenfunden weist darauf sehr deutlich der Name von Heidendorf (magy. Bessenyö = Petschenegendorf). Der Name des katholischen Archidiakonats Ozd, dem das Reener Landkapitel zugehörte, wiederum deutet auf uzische Grenzwächter hin.

Noch vor hundertfünfzig Jahren hatten die sächsischen Geschichtsschreiber eine viel imponierendere Vorstellung über die Ansiedlung der Siebenbürger Sachsen. Sie meinten, daß um die 300 000 Deutsche aus eigenem Antrieb ins ferne Siebenbürgen zogen, in ein ödes, menschenleeres Gebiet, wo es nur Bären, Wölfe und Füchse gab und wo sie sich nach Belieben die besten Gebiete zur Besiedlung aussuchen konnten. Dort hätten sie auf Anhieb mehrere hundert Dörfer gegründet und ihre Zahl sei erst durch die vielen Kriege mit Tataren und Türken vermindert worden. In dieser Vorstellung war für den ungarischen König als dem Landesherrn nicht so recht Platz. Der Sachsengraf Albert Huet erklärte sich das in seiner berühmten Rede (1591) so: König Geisa habe zu den Nieder-Sachsen flüchten müssen. Diese hätten ihm dann sein Land wieder zurückerobert. Da sie zu zahlreich waren, blieben nur einige dort, die übrigen seien reich beschenkt wieder nach Hause gezogen.

Die Wirklichkeit sieht — wie wir sahen — viel prosaischer aus: Sie kamen nicht von sich aus, sondern wurden vom ungarischen König als dem Landesherren gerufen, der ihnen auch ihr Siedlungsgebiet anwies. Sie kamen „ad retinendam coronam" — zum Schutze der Krone, also des Landes — und der König erhoffte sich von ihnen wesentlich höhere Steuern, bessere Methoden des Ackerbaues, gute Handwerker und eine Belebung des Handels. Diese Erwartungen gingen auch trotz der geringen Zahl der neuen Ansiedler voll in Erfüllung, denn schon König Bela III. rühmte sich 1186, als er um die Hand der Tochter des französischen Königs warb, er erhielte von den westlichen Ansiedlern „jenseits der Wälder" jährlich 15 000 Silbermark (wobei er wahrscheinlich stark übertrieb). — Karl Kurt *Klein,* dem wir die jüngsten Korrekturen an unserem Geschichtsbild verdanken, schätzt die Zahl der ersten Ansiedler im Altland um Hermannstadt nicht auf 300 000 Menschen, sondern nur auf bescheidene 500 Familien, also 2 000—3 000 Personen!

Noch von einer weiteren romantischen Vorstellung müssen wir uns trennen. Sie kommt in einem Lied des 19. Jahrhunderts vor und heißt: „Wo gibts ein adliger Geschlecht, da keiner Herr und keiner Knecht?" — Schon für die ersten Ansiedler stimmt diese Behauptung nicht. Unter ihnen befanden sich nicht nur Gemeinfreie, sondern auch Adlige, die „Gräven", die ihre Anführer stellten. Diese Gräven haben dazu beigetragen, daß sie eine besondere Rechtsstellung erhielten und haben sich auch sonst große Verdienste um sie erworben. Erst dreihundert Jahre nach der Ansiedlung, als die Gräven über gemeinfreie Bauern wie der ungarische Adel über seine Leibeigenen und Grundhörigen herrschen wollten, wurden sie ausgeschieden; sie mußten entweder auf ihre adligen Vorrechte verzichten oder den Königsboden verlassen. Und auch dann gab es noch eine klare ständische Gliederung, in der man allerdings durch Leistung als Freier aufsteigen konnte.

Über die Zeit der Ansiedlung besitzen wir keinerlei schriftliche Nachrichten. Aus dem Andreanischen Freibrief des Jahres 1224 wissen wir, daß die Siedler während der Regierungszeit des Königs Geisa II., also in den Jahren 1141—1162 in das Gebiet der Hermannstädter Provinz gerufen wurden. Der Versuch, für sie ein eigenes Bistum zu errichten, scheiterte am Widerstand des Bischofs von Siebenbürgen. Statt dessen wurde vor 1191 eine freie Propstei in Hermannstadt gegründet, die unmittelbar dem Erzbischof von Gran (Esztergom) als dem Primas der katholischen Kirche in Ungarn unterstand. Durch Innenkolonisation, wahrscheinlich auch verstärkt durch neue Zuzüge, entstanden im mittleren Siebenbürgen und im Unterwald weitere Ansiedlungen, die nicht mehr dem Hermannstädter Propst, sondern dem Bischof von Siebenbürgen kirchlich unterstellt waren. Sie bildeten politisch nach 1224 die erweiterte Hermannstädter Provinz, die später das Gebiet der Sieben Stühle hieß.

Unabhängig davon siedelten sich um die königliche Weißenburg Sachsen in den drei königlichen Dörfern Krakau (Cricău), Krapundorf (Ighiu) und Rumes (Romos) an. Karl Kurt *Klein* hält sie für sächsische Reisige mit ihrem Gesinde. Auch in Unterwinz und Burgberg südlich von Weißenburg wurden westliche Siedler seßhaft, die zunächst keinen Zusammenhang mit den Hermannstädtern hatten. Mit Ausnahme von Rumes, das Teil des Brooser (Gerichts-)Stuhles wurde, verloren diese Dörfer nach mehrfacher Zerstörung durch die Türken im 15. Jahrhundert ihre ursprünglichen Bewohner. Heute beweisen nur ihre Kirchen und Fliehburgen, daß dort einmal Deutsche gelebt haben.

Noch später wird das Gebiet der Zwei Stühle (Mediasch und Schelken) wohl etwa zur gleichen Zeit, wie die Dörfer zwischen den beiden Kokeln, besiedelt. Zum Teil hatten sie ursprünglich, ebenso wie die später freien Dörfer des Laßler Landkapitels, einen adligen oder kirchlichen Grundherren.

Wann im Nösnerland und im Reener Ländchen Nordsiebenbürgens westliche Ansiedler ihre Dörfer gründeten, ist nicht eindeutig nachzuweisen. Mehrere Forscher halten sie für älter als die Dörfer der Hermannstädter Provinz; die Nachweise sind aber nicht eindeutig. Die Einkünfte des Nösnerlandes standen ursprünglich den ungarischen Königinnen zu. 1264 werden als Zentren genannt: Bistritz (Bistiche), Rodna (Rodona), Senndorf (Zolosim) im Budaktal und Baierdorf (Querali, Verschreibung von magy. Királynémeti); Lechnitz und die Gemeinden jenseits des Serethberges bildeten eine besondere Siedlergemeinschaft. Das Reener Ländchen verlor später seine Stellung als königsfreies Gebiet.

Der deutsche Ritterorden im Burzenland (1211—1225)

Um das Jahr 1210 wurde die Grenzverhaulinie vom Geister Wald (Perschaner Gebirge) auf die Karpatenkämme vorverlegt. Damit war die Burzenländer Hochebene für die Besiedlung frei. König Andreas II. vergab sie 1211 an den Deutschen Ritterorden mit der Aufgabe, das Burzenland zu besiedeln und in Kumanien, dem Gebiet der heutigen Moldau und Munteniens, zu missionieren. Die Deutschritter errichteten zum Schutz des Burzenlandes fünf Ordensburgen. Hauptburg und Ordenssitz wurde die nach der Schutzheiligen des Ordens benannte Marienburg, die als Ruine erhalten ist. Die weiteren Burgen waren die Kreuzburg am Tatarenpaß, die Schwarzburg bei Zeiden, die Rukorburg am Törzburger Paß und die Heldenburg nördlich von Heldsdorf. Die sechste Ordensburg wurde außerhalb des Burzenlandes im Land der Kumanen errichtet. Ihr Standort konnte bis heute nicht zuverlässig ausgemacht werden. Vieles spricht dafür, daß sie mit dem Kloster Milkow, Sitz des 1228 gegründeten Kumanen- oder Milkower Bistums, das 1241 von den Tataren zerstört und nicht wieder aufgebaut wurde, identisch ist.

Die Deutschritter waren nur 14 Jahre im Burzenland. Weil sie einen eigenen Staat unter der Oberhoheit des Papstes errichten wollten, wurden sie von König Andreas II. vertrieben. Anschließend wurden sie nach Preußen berufen, wo sie an der Nogat die zweite Marienburg erbauten.

Es wird allgemein angenommen, daß die deutschen Gemeinden des Burzenlandes in diesen 14 Jahren gegründet wurden. Wahrscheinlich handelte es sich um Siedler aus anderen Dörfern Siebenbürgens; darauf deuten jedenfalls mundartliche Gemeinsamkeiten hin. Bereits 1223 wurde ein eigener Dechant für sie vorgesehen.

Deutsche Adlige, Geistliche und Bergleute

Außer den bereits erwähnten, vorwiegend bäuerlichen Siedlern, sind wahrscheinlich schon früher einzelne westliche Adlige und Geistliche nach Siebenbürgen gekommen. Bedeutung erlangten die Siedlungen von Bergleuten, von denen einige wahrscheinlich älter sind als die der Hermannstädter Provinz. So behaupten z. B. die an der Nordwestgrenze Siebenbürgens in Sathmar und Németi lebenden Gastsiedler 1230 vor dem König, sie seien schon unter dem Schutze der Königin Gisela von Bayern (1001—1038) ins Land gekommen, was natürlich auch eine Zweckbehauptung sein kann. Als Rodna 1241 mit seinen Gold- und Silberminen von den Tataren zerstört wurde, galt es als blühende, volkreiche deutsche Stadt.

Für die Bewohner der an Kochsalz armen pannonischen Tiefebene war die Einfuhr von Steinsalz aus Siebenbürgen und der Maramuresch wichtiger als Gold und Silber. Deshalb legte der ungarische König Wert darauf, daß deutsche Bergleute alte Salzgruben modernisierten oder neue in Betrieb setzten und rief sie nach Thorenburg (Turda), Deesch (Dej, in alten Karten Burglos), Kolosch (Cojocna), Seck (Sic) und Salzburg (Ocna Sibiului).

Den Goldbergbau brachten ebenfalls deutsche Siedler wieder in Gang. Die siebenbürgische Münzkammer befand sich bis ins 15. Jahrhundert, wo sie wegen der Türkengefahr in das sichere Hermannstadt verlegt wurde, in Offenburg (Baia de Arieș). Auch an anderen Orten förderten sie Gold, wie in Groß- und Kleinschlatten (Abrud, Zlatna), in Pernseifen (Băița) und Altenburg (Baia de Criș). — Nach Eisenburg (Rimetea, magy. Torockó) wurden Eisenwerker aus Eisenwurzen, also dem österreichischen Ybbs- und Erlaufgebiet und aus der Steiermark gerufen.

Diese deutschen Bergwerkssiedlungen, zu denen im Sathmarer Gebiet noch Frauenstadt, Neustadt und Mittelstadt (Baia Mare, Baia Sprie) hinzukommen, hatten kein deutsches bäuerliches Hinterland. Ihre Zahl wurde durch kriegerische Ereignisse und Seuchen dezimiert, der Rest ging nach einem zeitweisen Verfall der Bergwerke in der magyarischen oder rumänischen Umgebung auf.

Der „Goldene Freibrief" der Siebenbürger Sachsen (Andreanum) des Jahres 1224

Die Siedler, die im Mittelalter dem Ruf ungarischer Könige folgten und ins ferne Land „jenseits der Wälder" zogen, taten das nur gegen Zusicherung besonderer Freiheiten. Vor allem legten sie Wert darauf, ihre Gewohnheitsrecht dort weiter ausüben zu können und nur dem König allein untertan zu sein. Es geschah im Zuge der allgemeinen deutschen Ostkolonisation und sie hatten die Möglichkeit, auch an anderer Stelle eine neue Heimat zu finden. Dieses besondere Recht für „Gastsiedler" (lat. hospites) galt zuerst der berechtigten Gruppe, wurde dann

Der Hermannstädter Rathausturm

aber auf ein bestimmtes Gebiet, den Königsboden, übertragen. Er hieß so, weil dessen Siedler keinen Grundherren kannten, sondern unmittelbar dem König unterstanden, der sich von einem Königsgrafen (Königsrichter) vertreten ließ.

Die ersten Rechtsverleihungen sind uns nicht erhalten geblieben. Sie wurden in dem Freibrief des Königs Andreas II., den er ihnen 1224 ausstellen ließ, für die Ansiedler um Hermannstadt bestätigt und erweitert. Er enthält das am besten ausgearbeitete und weitgehendste Siedlerrecht, das westlichen Siedlern in Osteuropa verliehen wurde und stellt das Grundgesetz der Sachsen auf Königsboden für viele Jahrhunderte dar. Deshalb wollen wir seinen Inhalt mit den wichtigsten Bestimmungen näher betrachten. Der König setzt im einzelnen fest:

1. Er verfügt, daß alles Volk von Broos (Westgrenze) bis zum Boralt (Ostgrenze; Gebiet der heutigen Szeklergemeinde Baraolt, magy. Barót) einschließlich des Szeklergebietes bei Mühlbach und dem Gebiet Draas *eine* politische Einheit bilden und unter einem einzigen Richter stehen soll. Gleichzeitig werden alle Grafschaften außer der von Hermannstadt aufgelöst.

   Wir erfahren also daraus, daß vor 1224 mehrere Siedlerverbände bestanden, die nun unter dem Hermannstädter Königsgrafen die Hermannstädter Provinz bilden. Später heißt dieser Königsgraf oder Königsrichter auch der Sachsengraf (lat. Comes Saxonum). Bis 1477 wird er vom König aus den Reihen des Hochadels (der Barone) ernannt. Von da an hat Hermannstadt das Vorrecht, den Sachsengrafen zu wählen, den der König bestätigt, sobald die Wahl rechtmäßig erfolgt ist.

   Nach 1326 wird die Grafschaftsverfassung durch die Einteilung in Sieben (Gerichts-)Stühle außer dem Hauptstuhl Hermannstadt ersetzt, die der Königsrichter als Repräsentant des Königs leitet und dem der gewählte Stuhlrichter als Volksrichter zur Seite steht. Die Stühle sind in der historischen Rangfolge: Schäßburg, Mühlbach, Großschenk, Reußmarkt, Reps, Leschkirch und Broos.

2. Die Siedlergenossenschaften (Gemeinden) erhalten das Recht, ihre Richter (Ortsvorsteher) selbst zu wählen, die der Königsrichter nur dann bestätigen darf, wenn sie ständig unter ihnen wohnen.

3. Die Sachsen der Hermannstädter Provinz sind verpflichtet, dem König jährlich 500 Silbermark nach Hermannstädter Gewicht, wie der Kölner Silberpfennig, zu zahlen. Dieses sogenannte Terragium (eine Art Grundsteuer) ist am Martinstag (11. November) fällig; es heißt deshalb auch der Martinszins.

4. Bei einer Heerfahrt des Königs im Reich müssen die Hermannstädter Provinzialen 500 Bewaffnete stellen; außerhalb des Reichsgebietes sind es 100, wenn der König nicht selbst ins Feld zieht, nur 50 Krieger.

5. Die Siedlergemeinschaften haben das Recht, ihre Pfarrer selbst zu wählen. Sie müssen dem zuständigen Bischof vorgestellt werden, der sie bestätigt, wenn die Wahl ordnungsgemäß erfolgte und der Gewählte die erforderlichen Voraussetzungen mitbringt.

Die Gemeindepfarrer erhalten von ihren Pfarrkindern den Zehnten, von dem sie ein Viertel als Kathedralzins dem Bischof abführen. In den Gemeinden, deren Bewohner nicht nach westlichem Siedlerrecht leben, gebührt dem Bischof der ganze Zehnte. Er ernennt auch den Ortsgeistlichen, dem er als Bezahlung ein Viertel des Zehnten, das Zehntquarte genannt wird, überläßt.

6. Der König bestimmt weiter, daß über die Siedler der Hermannstädter Provinz nur er selbst oder der von ihm eingesetzte Königsrichter zu Gericht sitzen darf. Dabei gilt ihr eigenes Gewohnheitsrecht. Vor das Gericht des Königs dürfen sie nur geladen werden, wenn der Fall vor ihrem eigenen (Gemeinde- oder Stuhl-)Richter nicht entschieden werden kann.

7. Andreas II. verleiht ihnen das neue Recht, den Wald der Wlachen und Bissenen (Petschenegen) mit diesen gemeinsam zu nutzen. Es handelt sich dabei wahrscheinlich um die Waldgebiete, die zu den Grenzburgen Talmesch und Salgo (Hamlesch, Selischte) gehören.

8. Die Siedler sind weiter berechtigt, ein eigenes Siegel zu führen. Urkunden, die sie mit diesem Siegel versehen, gelten als öffentlich anerkannt.

Wir können einige weniger wichtige Bestimmungen überspringen. Interessant sind noch folgende:

10. Die Nutzung der Wälder und Gewässer, die eigentlich dem König zusteht, wird allen, „den Armen wie auch den Reichen", zur freien Verwendung überlassen.

12. Der König ordnet für alle Zeiten an, daß kein Teil der Hermannstädter Provinz je an einen Grundherrn vergeben werden darf. Sollte einmal dieses Recht verletzt werden, so sollen sie sofort dagegen Einspruch einlegen und sind berechtigt, ihr Recht durchzusetzen.

13. In diesem Punkt wird die damals sehr wichtige Frage der freien Bewirtung des Königs und seiner Beamten geregelt. Der König und sein Gefolge hatten nämlich noch keine feste Residenz, sondern hielten sich je nach Bedarf in den einzelnen Gebieten auf, wo sie untergebracht und verpflegt werden mußten. Andreas II. legt fest, daß sie dem König und seinem Gefolge nur drei, dem Woiwoden Siebenbürgens, wenn er in königlichem Auftrag unterwegs ist, nur zwei Bewirtungen schuldig sein sollen. Schließlich wird unter

14. und 15. festgelegt, daß die Kaufleute der Hermannstädter Provinz im ganzen Reich Ungarn frei von Abgaben sind und daß auch die in ihrem Gebiet abgehaltenen Märkte zollfrei sein sollen.

Dieses Recht der Hermannstädter Provinz ist besser als das der Zwei Stühle (Mediasch und Schelken), des Burzen- und des Nösnerlandes und wird später auch auf diese Königsbodengebiete ausgeweitet.

Warum hat König Andreas II. den Siedlern der Hermannstädter Provinz so weitgehende Rechte gewährt und ihren Königsgrafen mit mehr Macht ausgestattet? — Er tat es sicher nicht nur deshalb, weil sie ihm besonders ans Herz gewachsen waren, sondern weil er sich davon politische Vorteile versprach. Im mittelalterlichen Königreich Ungarn wurde die Macht des Königs vor allem durch die hochadligen Geschlechter, die

Magnaten und Barone, eingeschränkt. Aus deren Reihen stammte auch der mächtige Woiwode von Siebenbürgen. Als die Gräven der Hermannstädter Provinz dem König den Wunsch nach einem neuen Freibrief vortrugen, erkannte er die Möglichkeit, hier ein Gegengewicht gegen die Macht des Woiwoden zu schaffen. Vielleicht suchte er auch Verbündete gegen den Deutschen Ritterorden oder wollte durch diese besonderen Vorrechte erreichen, daß die Hermannstädter nicht mit diesem gemeinsame Sache gegen den König machten? Wir können seine Beweggründe nur vermuten.

Es ist sicher mehr als ein Zufall, daß später vor allem die starken, weitsichtigen Herrscher Ungarns die Bewohner des Königsbodens besonders förderten, wie z. B. Karl I. (Robert) von Anjou, dessen Sohn Ludwig der Große, Sigismund von Luxemburg, der zugleich deutscher Kaiser war, und Mathias Corvinus.

Bevor wir uns aber mit dem weiteren Schicksal der deutschen Ansiedler in Siebenbürgen, den späteren Siebenbürger Sachsen, befassen, müssen wir noch eine andere Frage klären, nämlich:

Woher stammen die Siebenbürger Sachsen?

Die Ansiedlung von Deutschen in Siebenbürgen ist kein isolierter Vorgang, sondern Teil der deutschen Ostkolonisation, zu einem Zeitpunkt als das Erzbistum Magdeburg Zentrum der Neubesiedlung war. Die gleichen Gründe, die deutsche Bauern, Ritter und Kaufleute im Westen bewogen, die alte Heimat zu verlassen und in das heutige Mitteldeutschland, nach Brandenburg, Pommern oder Schlesien zu ziehen, treffen auch für den in Siebenbürgen entstandenen deutschen Neustamm zu.

Noch vor dem 1. Weltkrieg hofften sächsische Wissenschaftler herauszufinden, aus welchem Dorf oder aus welcher Landschaft die Einwohner einer bestimmten sächsischen Gemeinde stammen. Die nächste Forschergeneration mußte erkennen, daß dies wohl nicht möglich sein wird. Die Siedler einer Landschaft mischten sich, wie bei neueren Auswanderungsvorgängen klar nachgewiesen werden konnte, mit denen anderer Gebiete. Neue Siedler kamen zu den ersten, und auch innerhalb Siebenbürgens gab es Wanderungsbewegungen. Es geht also um die bescheidenere Frage: Woher kam die Hauptmasse oder doch der Teil der Ansiedler, deren Mundart sich in der neuen Heimat im wesentlichen durchsetzte?

Aus der Zeit der Ansiedlung ist keine Urkunde erhalten geblieben, aus der wir etwas über die Herkunft der Ansiedler in Siebenbürgen Genaueres erfahren könnten. Wir müssen deshalb indirekte Beweismittel heranziehen. Solche können sein: ihr Name, ihre Mundart, ihre alten Sitten, Bräuche, Rechtsgewohnheiten, die Agrarverfassung u. ä., sowie wahrscheinlich aus der alten Heimat mitgebrachtes Schriftgut. Zu den einzelnen „Beweismitteln" ist folgendes zu sagen:

Der *Name* Siebenbürger *Sachsen* führt uns nicht weiter. Es stellt sich nämlich heraus, daß die Ansiedler in den ältesten Urkunden anders heißen und daß sie ihn sich nicht selbst gegeben haben. Die ältesten päpstlichen Urkunden bezeichnen sie als Flanderer, *Flamen*. Wir wissen heute, daß einige (alt)französisch sprechende *Wallonen* unter den Ansiedlern waren, wie der Ritter Johannes Latinus („der Wale", Wallone). Darauf weisen auch die lateinischen Ortsnamen villa Latina superior et inferior, also Ober- und Niederwallendorf bei Bistritz hin, die in der Mundart eigentlich Walendorf, also Wallonendorf, heißen. Beide Gruppen haben aber sicher nicht die Hauptmasse der Siedler gestellt.

Im andreanischen Freibrief heißen die Ansiedler der Hermannstädter Provinz einfach „Unsere getreuen *deutschen* Gastsiedler". Die Ansiedler selbst haben sich bis ins 18. Jahrhundert auch so bezeichnet. Bei der Reformation nannten sie ihre neuen kirchlichen Bestimmungen die „Kirchenordnung aller *Deutschen* in Sybembürgen". Die Ortsnamen, die sie selbst gaben, heißen Deutschtekes, Deutschzepling, Deutschweißkirch usw. Der Sprachforscher Karl Kurt *Klein* hat auch darauf hingewiesen, daß „Saks" in der sächsischen Mundart ein Lehnwort ist, das — wenn es eine alte Bezeichnung wäre — eigentlich „Sooß oder Suess" heißen müßte. Tatsächlich trifft das auch für den heute nicht mehr von Deutschen besiedelten Ort Sachsenhausen (Săsăuși) im früheren Leschkircher Stuhl zu.

Nun waren unter den ersten Ansiedlern sicher auch Niedersachsen. Darauf weisen jedenfalls gewisse mundartliche Merkmale hin. In den Urkunden der ältesten Zeit werden jedoch nur die Ansiedler von Krakau, Krapundorf und Rumes ausdrücklich als Sachsen bezeichnet. Vieles spricht auch dafür, daß die ersten Bergleute in Siebenbürgen aus Sachsen — dem Bergbaugebiet am Harz — stammen. Sicher ist: Der Name Sachsen wurde den deutschen Siedlern von den Ungarn gegeben. Wir müssen demnach feststellen, daß uns der Name der Siebenbürger Sachsen bei der Suche nach der „Urheimat" nicht weiterhilft.

Kann uns die *Mundartforschung* hier unterstützen? Die „Nösner Germanistenschule" und deren Hauptvertreter, der Klausenburger Professor Gustav *Kisch* und der Debreziner Germanist Prof. Richard *Huß* befaßten sich schon in ihren Doktorarbeiten vor über siebzig Jahren mit dieser Frage. Sie bezeichneten *Luxemburg* als die Urheimat der Siebenbürger Sachsen. Heute gilt als gesichert, daß die Mundarten seit der Einwanderung im 12. Jahrhundert erhebliche Wandlungen mitgemacht haben. Sowohl das Siebenbürgisch-Sächsische als auch das Luxemburgische sind Reliktmundarten, die dem Einfluß des Hochdeutschen weniger ausgesetzt waren als andere. Sie haben auch sehr viel Gemeinsames. Im 12. Jahrhundert war aber die Mundart, aus der sich beide entwickelten, viel weiter verbreitet als heute. Wir müssen deshalb das ganze Gebiet des früheren Kölner Erzbistums, zu dem auch das Bistum Lüttich im Flämischen gehörte mit Hunsrück, Westerwald, bis hin ins Westfälische und das Bistum Trier als mögliche Urheimat ansehen. Das unterstützt auch der Vergleich der Orts- und Flurnamen.

Man hat versucht, eine Antwort auf die Herkunftsfrage zu finden durch den Vergleich bäuerlicher Bauweisen, der Agrarverfassung, der Rechtsbräuche u. a. m. Eine genauere Lokalisierung, als es durch die Mundartforschung möglich war, gelang bisher noch nicht.

Die Rosenauer Bauernburg

Unter denjenigen, die sich mit den religiösen Überlieferungen befaßten, hat die Frage der Herkunft Karl *Reinerth* am gründlichsten untersucht. Er sagte sich: Die Auswanderer haben als gläubige katholische Christen sicher aus der alten Heimat bestimmte Formen des Gottesdienstes und der Heiligenverehrung, vielleicht sogar Meß- und Gebetbücher mitgenommen. Aus den ältesten erhaltenen kirchlichen Büchern in Siebenbürgen hat er in mühseliger Kleinarbeit die ältesten Formen herausgeschält und mit über hundert westlichen Büchern dieser Zeit verglichen. Er bestätigt im wesentlichen die Feststellungen der Mundartforscher und stellt fest: Die Hauptmasse der Siedler dürfte aus dem Gebiet des Kölner Erzbistums kommen. Sie hielten sich aber wahrscheinlich mehrere Jahre in einer „Zwischenheimat" im Gebiet des Erzbistums Magdeburg auf. Von dort zogen sie nach Meinung des Sprachforschers Ernst Schwarz über Schlesien und die Oberzips nach Siebenbürgen. Darauf weist auch die enge Verwandtschaft mit der Mundart der Zipser Sachsen hin (die Zips liegt in der heutigen Slowakei und war früher ungarisches Staatsgebiet).

Spätere Zuzüge auf anderen Wegen sind wahrscheinlich. In Siebenbürgen selbst dürften vor allem Deutsche aus Gemeinden minderen Rechts nach Dörfern des Königsbodens umgezogen sein. In jahrhundertelangem Zusammenleben wuchsen sie zu einer festen Gemeinschaft, den Siebenbürger Sachsen zusammen, die bis vor hundert Jahren (1876) auch ein eigenes autonomes Gebiet mit eigener Verwaltung und Rechtsprechung besaß.

Der Tatareneinfall des Jahres 1241

setzte die jungen, aufstrebenden Gemeinden der ersten großen Belastungsprobe aus. Wir sind darüber durch den ausführlichen und zuverlässigen Bericht des Großwardeiner Domherrn Rogerius, aber auch durch Eintragungen in mehreren Chroniken, wie z. B. den Echternacher Kodex oder die Erfurter Annalen gut unterrichtet: Ein Heer der Tataren fiel von Nordosten durch den Rodnaer Paß ein, vernichtete die blühende Bergwerksstadt Rodna selbst und zerstörte Bistritz (es heißt dort Nosna, also Nösen) mit seinen Ansiedlungen ebenso wie Klausenburg und andere Orte. Ein zweites Heer vernichtete Kronstadt, Hermannstadt und Weißenburg mit den benachbarten Dörfern. In der Schlacht bei Mohi wurde das ungarische Heer vernichtend geschlagen. Der König entkam nur mit knapper Not; viele Große des Reiches fielen, darunter die beiden Erzbischöfe von Gran und Kalocsa, Reinhold, Bischof von Siebenbürgen und Nikolaus, Propst von Hermannstadt. Der Weg nach Zentraleuropa war damit für die Tataren frei. Auf dem Rückweg zerstörten sie die noch unversehrt gebliebenen Orte und führten viele in die Gefangenschaft und Sklaverei. Nur diejenigen, die rechtzeitig in die Wälder flüchten konnten, blieben verschont.

> Die Zerstörungen der Tataren konnten durch Archäologen auch an vielen Kirchenbauten nachgewiesen werden. Die Siedlungen erholten sich von diesem schweren Schlag überraschend schnell, vielleicht auch durch neue Zuzüge. Um bei einer Wiederholung besser gewappnet zu sein, errichteten sie an schwer zugänglichen Stellen Fliehburgen, wie z. B. die auf der Zinne bei Kronstadt, die Rosenauer Bauernburg, bei Urwegen oder auf dem Burgberg nördlich Bistritz. Der nächste Tatareneinfall des Jahres 1285 hatte deshalb bei weitem nicht mehr solche verheerende Wirkungen.

Weiterer Landesausbau; Siedlungen auf Komitatsboden

Die heutigen sächsischen Gemeinden auf Königsboden einschließlich der in den Türkenkriegen wüst gewordenen Dörfer wurden bis auf wenige Ausnahmen bis etwa 1300 gegründet.

> Nicht nur der König legte Wert darauf, Deutsche anzusiedeln. Auch Grundherren wollten durch sie ihr Einkommen mehren. Hier sind in erster Linie der *Bischof* von Siebenbürgen und sein Domkapitel sowie mehrere Klöster und kirchliche Einrichtungen zu nennen. Der Bischof rief deutsche Siedler nicht nur in seine Residenz Weißenburg und deren Umgebung (z. B. nach Schard und Borband). Er war auch zeitweise Grundherr von Klausenburg und rief dorthin, nach Sächsisch-Fenesch und Sächsisch-Lona Ansiedler, ebenso auch nach Mönchsdorf und Billak (Attelsdorf) an der Grenze des Nösnerlandes, oder nach Schlatt und in andere, ihm zugehörige Dörfer.

> Das angesehene Benediktinerkloster von *Koloschmonostor* (heute Stadtteil von Klausenburg) gründete die später dem Schäßburger Stuhl angegliederten Dörfer Großalisch, Großlasseln, Halwelagen und Pruden. Der Hermannstädter *Propst* wiederum berief Ansiedler nach Michelsberg, Probstdorf/b. Agnetheln, nach Groß- und Klein-Probstdorf bei Mediasch und nach Reußen. Das um das Jahr 1210 gegründete Zisterzienserkloster in *Kerz* wurde vor allem durch seine Bauhütte, die fast alle spätromanischen Kirchen Siebenbürgens errichtete oder beeinflußte, und durch die Landwirte und Handwerker dieses Arbeitsordens bekannt. Es war aber auch Grundherr von Kerz, Abtsdorf b. Agnetheln, Deutschkreutz, Klosdorf

und Meschendorf u. a. Zur Zisterzienserabtei *Egresch* bei Arad gehörten Abtsdorf b. Marktschelken, Donnersmarkt, Scholten und Schorsten.

Als Ortsgründer betätigten sich vor allem die sächsischen *Erbgräven*, wie z. B. die Geschlechter der Kellinger, Petersdorfer, Salzburger, Großpolder und Talmescher, in Nordsiebenbürgen der Rodnaer. Durch sie wurden vor allem das Zekeschgebiet bis zum Mieresch und Gemeinden zwischen den Stühlen des Königsbodens besiedelt. Daneben warben aber auch *ungarische Adlige* deutsche Siedler an, wie z. B. die Apaffi für die Dörfer um Malmkrog. Zu dieser Siedlerwelle gehören vor allem die Dörfer zwischen den beiden Kokeln und in Nordsiebenbürgen. Andere Gemeinden, wie z. B. die des Reener Ländchens, wurden zwar zunächst auf Königsboden gegründet, später aber — weil sie nicht das Hermannstädter Siedlerrecht besaßen — an verdiente adlige Grundherren vergeben.

Um Siedler zu gewinnen, machten ihnen die kirchlichen und adligen Grundherren weitgehende Zugeständnisse, so daß sie zunächst wirtschaftlich nicht anders gestellt waren als auf Königsboden. Allmählich verschlechterte sich ihr rechtlicher und wirtschaftlicher Status deutlich im Vergleich zum Königsboden. Mehreren dieser Dörfer und Marktorte gelang es, in rechtlicher und kirchlicher Hinsicht Beziehungen zum Königsboden aufzunehmen, so daß z. B. Rechtsfälle in zweiter Instanz dort entschieden wurden. Anderen gelang es, sich durch Geldleistungen vom grundherrlichen Frondienst zu befreien, wie z. B. Tekendorf und Botsch.

Bis zur Bauernbefreiung (1848) befand sich etwa ein Drittel der sächsischen Dörfer und etwa jeder vierte Siebenbürger Sachse auf grundherrlichem Komitatsboden. Im günstigsten Falle unterschied sich ihr Status wirtschaftlich kaum von dem des Königsbodens, wie z. B. auf den grundherrlichen Gebieten, die den Sieben Stühlen und den sächsischen Städten zugehörten, im ungünstigsten Falle erging es ihnen ebenso schlecht wie anderen Grundhörigen. Im Gebiet der Szekler gab es übrigens keine bäuerlichen sächsischen Siedlungen, sondern höchstens zeitweise Handelsniederlassungen sächsischer Städte, wie z. B. in Szászfalu (= „Sachsendorf") bei Szekler-Neumarkt (Kézdivásárhely, Tîrgu Secuiesc).

Die kirchliche Organisation vor der Reformation

Die Freie Hermannstädter Propstei unterstand eigentlich unmittelbar dem Papst. Die gewählten Pfarrer dieses Gebietes wurden deshalb der Aufsicht des Graner Erzbischofs als Primas der katholischen Kirche in Ungarn unterstellt. Sie schlossen sich bald zu einer Pfarrbrüderschaft, dem Landkapitel Hermannstadt mit den Surrogatien (Abteilungen) Leschkirch und Schenk-Hermannstadt zusammen und wählten zu ihrem Sprecher einen Dechanten. Der weit entfernte Graner Erzbischof übertrug diesem bereits 1264 gewisse bischöfliche Befugnisse.

Auch die frei gewählten Pfarrer des Burzenlandes, deren Dechant schon 1223 ernannt werden sollte, unterstanden dem Graner Erzbischof, wohl weil sie ursprünglich zu dem nach dem Tatareneinfall nicht mehr aufgelebten Milkower Bistum gehörten, dessen Vorgesetzter der Graner Erzbischof war. Auch ihm wurden gewisse bischöfliche Aufgaben wegen der weiten Entfernung Grans übertragen.

Die übrigen sächsischen Landkapitel waren von der Aufsicht der Archidiakone befreit und unterstanden direkt dem Bischof von Siebenbürgen. Auch die nicht auf Königsboden befindlichen sächsischen Pfarreien schlossen sich bald zu Landkapiteln zusammen, blieben aber zunächst dem zuständigen Archidiakon unterstellt.

> Es handelte sich auf Königsboden um die Landkapitel Broos, Mühlbach, Kozd-Reps (mit den Abteilungen Reps, Magarei und Schenk-Kozd), Schäßburg (auch Kisd), Mediasch, Schelken, Bistritz mit Király und Regen. Auf Komitatsboden waren es Spring (auch Zekesch), die Abteilungen Kaltwasser und Vierdörfer des Schelker Kapitels, Bulkesch und Bogeschdorf mit Bachnen (auch Groß- und Kleinkokeln genannt), sowie Lasseln. Nach den verheerenden Folgen der Türkeneinfälle wurden das Brooser, Mühlbacher und Zekescher Landkapitel zum Unterwälder Dekanat zusammengeschlossen. Erst nach der Reformation entstanden die Landkapitel Schogen und Tekendorf. Die Einrichtung der Landkapitel überdauerte übrigens die Reformation und wurde erst 1861 aufgehoben.
>
> Die Landkapitel waren zugleich ein Abgabenverband. Ihre Vertreter kamen regelmäßig im zentral gelegenen Mediascher Kapitel zusammen und zwar auch die dem Graner Erzbischof unterstehenden Dechanten. Ihr Sprecher wurde der Dechant des Mediascher Kapitels, der im 15. Jahrhundert als *Generaldechant* bezeichnet wurde. Hier wurde erstmalig die Einheit aller sächsischen Gemeinden auf Königs- und Komitatsboden Wirklichkeit.

Das Zusammenwachsen zur sächsischen Nationsuniversität

Wegen ihres am besten durchgearbeiteten Rechts erhielten die Sachsen der Hermannstädter Provinz oder der Sieben Stühle bald eine Vorrangstellung vor den anderen Gebieten des Königsbodens. Die Sachsen erreichten allmählich, daß deren Recht auch auf alle Gebiete übertragen wurde. Nach 1318 konnten die Sachsen der Zwei Stühle es übernehmen, 1366 das Nösnerland; 1393 wurde der Winzer Distrikt mit den Sieben Stühlen vereinigt, 1526 aber an einen Grundherren vergeben, spätere Versuche zur Wiedervereinigung scheiterten. 1413 kam auch das Burzenland in den Genuß der Hermannstädter Freiheiten. Die königliche Freistadt Klausenburg unterhielt mit seinen sächsischen Einwohnern dadurch Beziehungen zum Königsboden, daß ab 1397 Rechtsfälle in zweiter Instanz in Bistritz, in letzter in Hermannstadt entschieden wurden. Im Zuge der Reformation nahmen die Klausenburger eine andere Konfession an als die übrigen Sachsen. Durch Zuzug von Ungarn aus der Umgebung gerieten sie auch zahlenmäßig in die Minderheit und gingen schließlich im Magyarentum auf.

Die rechtliche Einheit aller Sachsen auf Königsboden hieß seit dem 15. Jahrhundert die „Universitas Saxonum", also die Gesamtheit der

Sachsen oder die Sächsische *Nationsuniversität*. Mit der Bestätigung des Andreanums durch König Mathias Corvinus (1486) wurde sie ausdrücklich bestätigt. Ihr höchster Würdenträger war der „Comes Saxonum", der Sachsengraf, auch Sachsenkomes genannt, der seit 1477 gewählt wurde. Ihre gemeinsamen Angelegenheiten und schwierige Rechtsfälle regelten sie auf den Versammlungen der Nationsuniversität, die mindestens einmal jährlich am Katharinentag (25. November) stattfanden. Er hieß deshalb auch der Katharinenkonflux. Ihre Rechtsgewohnheiten wurden, teils ergänzt durch römisches Recht, wie bei anderen deutschen Landrechten auch, im Jahre 1583 im Eigen-Landrecht zusammengefaßt und vom Landesherrn bestätigt. Es blieb bis zur Einführung des österreichischen Bürgerlichen Gesetzbuches (1853) in Kraft.

Außer dem Königsboden gab es in Siebenbürgen zwei weitere, in sich abgeschlossene Rechts- und Verwaltungsgebiete, den Szeklerboden und den Komitatsboden des ungarischen Adels, auch Land der Ungarn oder Adelsboden genannt. Die drei ständischen Nationen von Adel, Szeklern und Sachsen schlossen sich erstmals 1437 zu einer „brüderlichen Einigung" zusammen. Diese erste Union wurde mehrfach erneuert. Sie war später Grundlage der ständischen Verfassung des Fürstentums Siebenbürgen. Neben einigen freien, sog. Taxalorten, bildeten diese drei Nationen den siebenbürgischen Landtag.

> Den Kenner der heutigen Verhältnisse wird es wundern, daß der Name der Rumänen unter denen der drei „Nationen" nicht vertreten ist. Die von Rumänen besiedelten Gebiete verloren ihre unsprüngliche Selbständigkeit und wurden den ungarischen Komitaten einverleibt. Ihr Adel wurde entweder magyarisiert, wie z. B. die Kendeffi (Cândea) oder die Barcsai (Bârcea), oder die dörflichen Woiwoden und Knesen verloren ihren besonderen Status. Das Fogarascher Grenzburggebiet war für längere Zeit ein Lehen des Woiwoden der Walachei. Sie und die Woiwoden der Moldau besaßen zeitweise auch als Refugium während der Türkenzeit Grundherrschaften in Siebenbürgen, wie die von Hamlesch, Kokelburg und Ciceu. Der Woiwode der Walachei führt zeitweise auch den Titel „Herzog von Hamlesch" (rum. ducatul Amnașului).
>
> Bei der 1. Union der drei Landstände suchte der Adel bei Szeklern und Sachsen vor allem Hilfe gegen die aufständischen Bauern, die sich 1437 in den Komitaten gegen die Bedrückung durch den Adel erhoben hatten. Der Aufstand wurde blutig niedergeschlagen. Die Sachsen wiederum erkannten die so besonders bedrohende Türkengefahr und wollten sich der Hilfe der beiden anderen Stände versichern. Sie wegen der Unterstützung des Adels zu verurteilen, hieße heutige Maßstäbe und Erkenntnisse auf die Vergangenheit übertragen. Demgegenüber verdient festgehalten zu werden, daß es zu der Zeit in Europa nur ganz wenige, viel kleinere Gebiete gab, in denen königsfreie, keinem Grundherrn unterworfene Bauern und Bürger nach eigenem Recht unter selbst gewählten Beamten aus ihren eigenen Reihen leben konnten und bis ins 19. Jahrhundert erhalten konnten. Es wäre töricht gewesen, diesen Status durch Unbesonnenheiten zu gefährden.

Wirtschaftliche Verhältnisse

Nach dem Landesausbau im 12. und 13. Jahrhundert ist die Zeit des 14. und 15. Jahrhunderts für die Siebenbürger Sachsen eine Zeit der wirtschaftlichen Blüte und des Aufschwungs, auch wenn die immer gefährlicher werdenden Türkeneinfälle — auf die wir noch näher eingehen müssen — dafür sorgten, daß die Bäume nicht in den Himmel wachsen. Hermannstadt, Kronstadt, Bistritz, Schäßburg, Mühlbach und Mediasch entwickelten sich zu städtischen Zentren, andere Orte zu Marktflecken.

Die erste erhaltene Zunftordnung der Sieben Stühle vom Jahre 1376 zeigt schon ein breit gefächertes Handwerk mit 19 Zünften und 25 Gewerben. Wenn man sich vor Augen hält, daß zur gleichen Zeit in Augsburg 16 Zünfte mit 20 Gewerben und in Straßburg im Elsaß 28 Gewerbe bekannt waren, so hält Hermannstadt einem Vergleich durchaus stand.

Der Absatz der Erzeugnisse sächsischer Handwerker wurde durch die im Andreanum gewährte Zollfreiheit sehr gefördert. Hinzu kommt das Stapelrecht der sächsischen Städte: Vor der Weiterreise mußten fremde Kaufleute ihre Ware den Kaufleuten und Gewerbetreibenden der Stadt anbieten. Sehr bald weitete sich der Handel auch auf die Moldau, die Walachei und die genuesischen Städte am Schwarzen Meer aus. Zentrum des Handels mit der Nordmoldau und mit Lemberg war Bistritz, mit der Südmoldau Kronstadt, mit der Walachei ebenfalls Kronstadt und Hermannstadt.

Infolge dieses intensiven Handels entstanden sächsische Niederlassungen in den moldauischen Städten Moldenmarkt (Baia), Kotnar (Cotnari), Neamtz (Tîrgu Neamţ = „Deutschmarkt"), Roman, Sereth (Siret) und Suczawa (Suceava), die vor allem zu Bistritz, aber auch zu Lemberg lebhafte Handelsbeziehungen entwickelten. Wichtigste Handelsstadt in der Walachei war Langenau (Cîmpuşor-Muscel); aber auch Tîrgşor, Tîrgovişte und Brăila werden öfters genannt (Bukarest hatte damals noch geringe Bedeutung). — Die älteste Urkunde über diesen Handel stammt aus dem Jahre 1358. Die sächsischen Städte exportierten nicht nur ihre eigenen handwerklichen Erzeugnisse, sondern auch Waren des Fernhandels. Besonders gefragt waren feine Tuche aus Frankreich, Ypern, Löwen, Köln und aus Polen. Importiert wurden vor allem Rohstoffe, Vieh, Lebensmittel und Gewürze aus dem Orient.

Die wachsende Bedeutung der Städte kommt auch dadurch zum Ausdruck, daß 1438 den Sieben Stühlen der Schutz der Roten-Turm-Passes mit dem Gebiet der Talmescher Grenzburgen übertragen wurde. 1469 erhielten sie auch das Gebiet Hamlesch/Selischte zugesprochen. Der Rodnaer Paß mit dem entsprechenden Grenzburggebiet ging 1475 an Bistritz, die Törzburger Grundherrschaft mit dem Paß 1498 endgültig an Kronstadt. Die Städte — allen voran Kronstadt — waren so finanzkräftig geworden, daß sie auch dem König gegen die Verpfändung von Orten Geld liehen.

Wirtschaftliche Basis der Siebenbürger Sachsen aber blieb die Landwirtschaft. Auch von den Städtern wurde sie von Meierhöfen aus betrieben. Der weitaus größere Teil der Gemarkungen war unaufgeteiltes Eigentum der Markgenossenschaft. Das galt vor allem für Wald und

Weide, die noch nicht streng getrennt waren. Neben der Waldweide für Rinder — Schafe und Ziegen wurden wegen des Verbisses der nachstockenden Baumbestände ferngehalten — war auch die Eicheln- und Bucheckernmast für Schweine wichtig. Entsprechend den Bestimmungen des Andreanums waren Arme und Reiche in gleicher Weise an der Nutzung von Wald und Gewässern beteiligt. In den meisten Orten war die damals intensive Nutzung durch Dreifelderwirtschaft, in einigen durch Zweifelderwirtschaft, üblich. Wegen der Beweidung des Brachfeldes herrschte Flurzwang; die Altschaft bestimmte den Beginn der einzelnen Feldarbeiten.

> Entsprechend fränkischer Erbsitte ging in der Regel der väterliche Hof an den jüngsten Sohn, während die Äcker und Wiesen unter die Geschwister aufgeteilt wurden. Junge Eheleute, die keinen elterlichen Hof erwarten konnten, erhielten eine neue Hofstelle am Ortsrand. Beim Hausbau half die gesamte Nachbarschaft mit. Wenn das vorhandene Ackerland für die wachsende Zahl von Familien nicht mehr ausreichte, schied man ein neues Gewann aus der „Gemeinerde" aus, verteilte es durch Los auf die berechtigten Wirte, und nahm es unter den Pflug. So entstand mit der Zeit eine große Zahl von Gewannen oder Zelgen und eine starke Flurzersplitterung. Erst vor knapp hundert Jahren wurde sie durch Flurbereinigungen („Kommassationen") beseitigt. Nachdem bis zum 19. Jahrhundert das pflugfähige Land aufgeteilt worden war, führte die nun nachteilige Realteilung in vielen Gemeinden zu einer starken Beschränkung der Kinderzahl und zu einem Stagnieren der Volkszahl. — Das sind aber die Sorgen späterer Jahrhunderte; im Mittelalter galt diese Agrarverfassung als vorbildlich.
>
> Es verdient noch festgehalten zu werden, daß neben dem Verkauf von Getreide und Vieh auch der Weinbau eine nicht unwichtige Einnahmequelle darstellte.

Die Türkeneinfälle; Errichtung von Kirchenburgen

Nach dem letzten Tatareneinfall (1285) gab es für über hundert Jahre keine größeren äußeren Bedrohungen. Das sollte sich ändern, als die Türken nach der Eroberung Anatoliens 1350 nach Europa übersetzten und allmählich die Balkan-Halbinsel eroberten. Im Jahre 1395 fielen sie zum ersten Male durch den Törzburger Paß überraschend ins Burzenland ein. Ein Jahr später begannen die Kronstädter mit der besseren Befestigung. Die übrigen Städte folgten ihrem Beispiel. — 1396 schlugen die Türken bei Nikopolis ein christliches Kreuzfahrerheer. König Sigismund von Luxemburg — er wurde 1433 zum Kaiser des Heiligen Römischen Reiches Deutscher Nation gekrönt und war auch König von Böhmen — begann die Abwehr gegen die Türken im Lande zu organisieren. Zu diesem Zweck hielt er sich mehrfach längere Zeit in Kronstadt und Hermannstadt auf. Zunächst diente die Walachei als Vorfeld gegen die Türken. Durch ihre dort angeworbenen Späher versuchten die Kronstädter und Hermannstädter frühzeitig zu erfahren, was sie vorhatten.

Die Kirchenburg von Arkeden

Die Türken drangen 1420, diesmal durch das Miereschtal, ins Land ein, zerstörten Broos und verheerten den ganzen Unterwald. Achtzehn Jahre später (1438) brannten und mordeten sie wieder im Miereschtal, belagerten Hermannstadt ergebnislos und machten auf dem Rückweg Mühlbach dem Erdboden gleich. Der „Ungenannte Mühlbacher", auch als „Rumeser Student" bekannt, wurde mit anderen in die Sklaverei verschleppt. Erst nach achtzehn Jahren gelang es ihm zu entkommen. Als Mönch verfaßte er die erste gründliche Beschreibung der türkischen Sitten und Bräuche in lateinischer Sprache. Das Buch, in dessen Einleitung er die Belagerung Mühlbachs beschreibt, hat unzählige Auflagen und Übersetzungen erlebt. Eine deutsche Übersetzung versah Martin Luther mit einem Vorwort. Der „Ungenannte Mühlbacher" ist der erste bekannte siebenbürgische Schriftsteller.

In dieser Zeit wurden die sächsischen Städte zu Waffenschmieden der Abwehrkämpfe. Selbst für die Festung Chilia im Donaudelta forderte man in Kronstadt Waffen an. Hermannstadt und Kronstadt galten als uneinnehmbare Festungen. Es ist kein Zufall, daß der in die Walachei geflüchtete orthodoxe Bischof Danile den Hermannstädter Bürgermeister nur wenige Wochen nach dem Fall Konstantinopels darüber genau unterrichtete. Der Wiener Bürgermeister und sein Stadtrat erbaten bei den Hermannstädtern genauere Auskünfte über die Türken. Die Städte waren nicht nur Zufluchtstätten für die Sachsen, sondern auch die übrigen Landesbewohner und für so manchen Fürsten und Bojaren der rumänischen Fürstentümer, wie Vlad Tepeș („Wlad der Pfähler"), der die Kronstädter in einem Brief als seine „guten und süßen Freunde" bezeichnete.

Wenn der Türke ins Land eingefallen war, wurde zum Zeichen des allgemeinen Aufgebots ein in Blut getauchtes Schwert durch alle Gemeinden der sächsischen Stühle getragen. Man legte jeweils fest, wie viele dem Aufgebot zum Heeresbann Folge zu leisten und wie viele zum Schutz der Gemeinden zu Hause zu bleiben hatten. Das sächsische Aufgebot, das der Sachsengraf anführte, war dabei, als Johann von Hunyad die eingefallenen Türken vertrieb. Es kämpfte auch zwei Jahre später in der Schlacht bei Varna mit, in der König Wladislaw I. fiel. Der Dichter Michael Beheim erwähnt den Sachsen Hans Mägest, der sich besonders auszeichnete. In der Schlacht auf dem Brodfeld bei Mühlbach (1479) standen die Sachsen mit ihrem Grafen Georg Hecht im ersten Treffen zusammen mit den Rumänen. Hier gelang es dem Woiwoden Stephan Báthori mit Hilfe des Temescher Grafen Paul Kinisi, die Türken entscheidend zu schlagen.

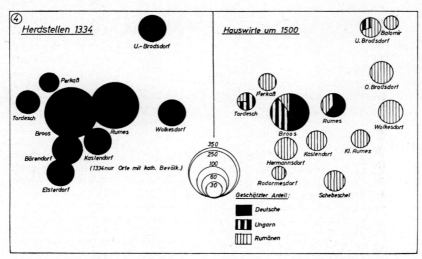

Durch die Türkeneinfälle verlor der Brooser Stuhl den Großteil seiner sächsischen Bevölkerung

In den Jahren 1420—1493 fielen die Türken mindestens fünfzehnmal in Siebenbürgen ein. Wahrscheinlich werden viele kleinere Einfälle in den Chroniken gar nicht erwähnt, obwohl gerade diese verheerende Folgen für die Bevölkerung hatten. Die Türken betätigten sich dabei als „Renner und Brenner": Unvermutet und schnell drangen kleine, berittene Scharen ohne jeden Troß über wenig begangene Gebirgspfade ein, setzten die Dörfer in Brand, raubten Vieh und Menschen und verschwanden wieder auf dem kürzesten Wege. An der Grenze boten sie dann die Menschen gegen hohes Lösegeld an. Wer nicht ausgelöst wurde, kam in die Sklaverei.

Gegen diese unvermuteten Überfälle waren die vom Ort weit entfernten Fliehburgen ungeeignet. Man mußte im Notfall innerhalb weniger Minuten schützende Mauern erreichen können. Deshalb wurden die Kirchen mit einer oder mehreren Mauern und Schutztürmen umgeben und die Kirche selbst als letzte Zuflucht zur Burg umgebaut. Um die Vor-

räte zu sichern, entstanden Kornkammern innerhalb der Kirchenmauern; Speck und Räucherwaren werden z. T. auch heute noch im „Speckturm" der Kirchenburg aufbewahrt. In den meisten Kirchenburgen gab es auch Noträume zur Fortsetzung des Schulunterrichts.

In der 2. Union der drei ständischen Nationen (1459) standen die Sachsen dem Adel und den Szeklern das Recht zu, in Notzeiten Zuflucht in den Städten und den Burgen zu finden. Das galt natürlich auch für die in den Orten lebenden Rumänen. Dafür verpflichteten sich die beiden Mitstände zur Kriegshilfe bei Türkeneinfällen. Zum Schutz gegen die Türken entstanden in Südsiebenbürgen in jedem sächsischen Dorf etwa 250 Kirchenburgen. Die Kirchen Nordsiebenbürgens, mit Ausnahme von Mettersdorf, Senndorf und Lechnitz, waren in der Regel wegen der geringeren Türkengefahr nur mit einem Mauerwall umgeben.

Die Verluste an Menschen waren im Unterwald und im Miereschtal besonders hoch. Viele Dörfer blieben für immer wüst, wie z. B. Weißkirch bei Reußmarkt, Wolkesdorf, Underten oder Sächsisch-Erkes. Auch Orte anderer Stühle, wie z. B. des Leschkircher, blieben jahrzehntelang unbewohnt, so daß manchmal sogar der alte sächsische Name in Vergessenheit geriet. Da die Volkskraft der Sachsen zu sehr gelitten hatte, waren die späteren Bewohner Rumänen, die in den versteckten Gebirgsdörfern durch die Einfälle weniger Verluste hatten.

Die Schlacht bei Mohatsch (1526) und ihre Folgen

Während der Adel in Ungarn die Stellung des Königs immer mehr schwächte und Eigeninteressen vor das Wohl des Reiches stellte, wurde die Türkengefahr immer größer. 1521 eroberten sie das wichtige Griechisch-Weißenburg (Belgrad) und mehrere ungarische Grenzfestungen. Die Absicht des Sultans Sülejman (Soliman) II., zum entscheidenden Angriff gegen Ungarn anzusetzen, war zwar rechtzeitig bekannt. Die aufgerufene westliche Christenheit leistete aber kaum Hilfe und dem Aufgebot des jugendlichen Königs Ludwig II. folgte der Adel nur zögernd und unvollzählig. Auch der siebenbürgische Woiwode Johann Zápolyai ließ sich mit seinem Heer sehr viel Zeit, zum Sammelplatz bei Mohatsch an der unteren Donau zu stoßen.

Als am 29. August 1526 die Entscheidungsschlacht ohne das siebenbürgische Heer begann, waren die Truppen Ludwigs II. den Türken weit unterlegen. Sie endete mit der Vernichtung des ungarischen Heeres. Ludwig II. ertrank auf der Flucht im sumpfigen, durch einen Regen angeschwollenen Cserebach. Ungarn war den Türken schutzlos preisgegeben. Diese eroberten und plünderten die Hauptstadt Ofen, verwüsteten zwölf ungarische Komitate und zogen sich dann mit angeblich 150 000 Gefangenen zurück.

Der nächste türkische Großangriff kam erst vor den Mauern Wiens zum Stehen (1529); 1532 kamen sie bis Güns (Köszeg). Ungarn zerbrach in drei Teile: einen westlichen, einen östlichen und die ungarische Tiefebene, in der die Türken für fast 200 Jahre die Herren blieben. In der ungarischen Hauptstadt Ofen residierte ab 1541 ein türkischer Pascha.

Zu allem Unglück wurden nach dem Tode Ludwigs II. gleich zwei ungarische Könige gekrönt. Nach den bestehenden Verträgen war Ferdinand von Habsburg der rechtmäßige Nachfolger. Eine starke Adelspartei wählte aber den Woiwoden von Siebenbürgen, Johann Zápolyai zum Gegenkönig. Dieser huldigte 1529 dem türkischen Sultan und behauptete sich in den unbesetzten Teilen Ost- und Nordostungarns einschl. Siebenbürgens, während König Ferdinand West- und Oberungarn beherrschte. Erst 1538 kam das Land für kurze Zeit zur Ruhe: Im Frieden von Großwardein erkannte Ferdinand Zápolyai auf Lebenszeit als König des Ostreiches an. Nach seinem Tode sollte Ferdinand über das wieder zu vereinigende Ungarn allein herrschen. Als Zápolyai („König Hans") 1540 starb, erkannte seine Witwe den Vertrag nicht an und erhob für ihren Sohn Johann Sigismund Ansprüche als Fürst von Siebenbürgen. 1551 verzichtete sie zugunsten Ferdinands, wurde aber von den Landständen fünf Jahre später wieder zurückgerufen.

Wie verhielten sich die Sachsen in diesen wirren Jahren? Nachdem sie zuerst „König Hans" akzeptierten, entschieden sie sich für den rechtmäßigen König Ferdinand. Träger des Widerstandes gegen Zápolyai wurde der Sachsengraf Markus Pempfflinger, dessen Geschlecht aus Schwaben stammte. In Hermannstadt sammelten sich auch die nicht sächsischen Anhänger Ferdinands, der jedoch außer Versprechungen keine Hilfe leisten konnte. Trotzdem hielt ihm Hermannstadt unter größten Opfern bis 1536 die Treue. Gegenspieler Pempfflingers war der Kronstädter Stadtrichter Lukas Hirscher, der als Realpolitiker 1530 die Kronstädter, 1531 auch die übrigen sächsischen Gebiete außer Hermannstadt in das Lager von „König Hans" hinüberzog.

Nach dem Tode Zápolyais huldigten die unschlüssigen Stände sowohl Ferdinand als auch Isabella und ihrem unmündigen Sohn Johann Sigismund. Die Sachsen hielten wieder zu Habsburg, diesmal unter Führung des Sachsengrafen Petrus Haller, der einer Nürnberger Patrizierfamilie entstammte. Als sich jedoch Ferdinand wieder nicht durchsetzen konnte, akzeptierten sie 1542 den neuen Fürsten.

Im gleichen Jahre erkannte der Siebenbürgische Landtag auch formell die türkische Oberhoheit an.

> Im neuen Fürstentum Siebenbürgen hatte der Landtag die stärkste Stellung. Er wählte den Fürsten, der vor der feierlichen Wahl die „Kapitulationen" (Wahlbedingungen der Stände) zu unterschreiben hatte und sich bei jeder wichtigen Entscheidung des fürstlichen Rates bedienen mußte, der aus je vier Vertretern der ständischen Nationen bestand. Im Landtag hatte jeder der drei Landstände eine Stimme. Gesetze galten erst als beschlossen, wenn sie mit dem Siegel jeder Nation versehen und vom Fürsten bestätigt wurden. Das Gewicht der drei Nationen wurde dadurch weiter verstärkt, daß sich die Türken als Oberherren mehr auf sie als auf die Fürsten verließen.
>
> Die Länder der „Ungarn" (Adel), Szekler und Sachsen waren im „Reich" Siebenbürgen autonom. In die inneren Angelegenheiten einer Nation hatten sich die beiden anderen nicht einzumischen, ebenso wenig der Landesherr, so lange sie ihren gemeinsamen Verpflichtungen nach-

Das mittelalterliche Kronstadt

kamen. Auf Komitatsboden galt seit 1514 als gesetzliche Grundlage Verböczis Tripartitum, auf Szeklerboden deren besondere Munizipalrechte; das Gewohnheitsrecht des Königsbodens wurde 1583 im Eigen-Landrecht schriftlich festgehalten.

Siebenbürgen als Fürstentum unter türkischer Oberhoheit

Nachdem es Ferdinand von Habsburg nicht gelang, seine Ansprüche auf Siebenbürgen durchzusetzen, waren die Türken klug genug, sich in die inneren Angelegenheiten des neuen Fürstentums nicht einzumischen, so lange der Tribut regelmäßig bezahlt und ihre Oberhoheit nicht in Frage gestellt wurde. Sie wollten auf ihrer Ostflanke Ruhe haben und sahen es als Pufferstaat zwischen sich und Habsburg an.

Seit 1526 gaben die Habsburger den Anspruch auf Ostungarn und Siebenbürgen nie auf. Nach König Ferdinand bewog König Rudolf II. in den Jahren 1595 und 1604 Fürst Sigismund Báthori zum Verzicht auf den Thron. Vor 1645 erhob König Ferdinand III. gegen Georg Rákoczi I. Ansprüche und 1687 kam schließlich das Fürstentum voll unter habsburgische Herrschaft.

Zwischen den beiden Machtblöcken Türkei und Habsburg versuchten einige ungarische Fürsten Siebenbürgens zeitweise als „dritte Kraft" ein nationales Königreich Ungarn zu realisieren. Dieser ungarische Frühnationalismus wurde durch das sehr ungeschickte Vorgehen Habsburgs in dem von ihnen beherrschten Teil Ungarns gefördert. Hauptanlaß war eine mit Gewalt betriebene Gegenreformation. Frankreich begünstigte die ungarischen Bestrebungen, weil es an einer Schwächung Habsburgs interessiert war. Die Kämpfe begannen unter dem Fürsten Stephan Bocskay (1605—06) und erreichten ihren Höhepunkt unter dem Fürsten aus dem Hause Rákoczi. Die Folge für das Land war eine Serie von Unruhen, in die Österreicher, aber auch Türken eingriffen und die dem Land den wirtschaftlichen Ruin brachten.

Die Sachsen konnten ihre Stellung als ständische Nation behaupten, weil alle Beteiligten auf sie angewiesen waren. Ihr Anteil an der Steuerquote wurde allerdings laufend erhöht. In Zusammenhang mit den dauernden Unruhen des 17. Jahrhunderts, denen Hungersnöte, Pest- und Choleraepedemien folgten, führte das zu ihrer völligen wirtschaftlichen Auspowerung.

1547 beschlossen die drei Nationen im Landtag, sie sollten die Lasten des Reiches Siebenbürgen gleichmäßig tragen. Wie sah es damit gegen Ende der Fürstenherrschaft aus? Von der Landesfläche und den Bewohnern des Landes gehörte je ein knappes Viertel zum Königsboden. Aus erhaltenen Steuerverzeichnissen wissen wir aber, daß die Sachsen 53—58 vH der Steuern aufbringen mußten, also mehr als das Doppelte dessen, was ihnen, berechnet an der Landesfläche oder der Bevölkerung, zugestanden hätte. Auch bei einem sicher deutlich höheren Pro-Kopf-Einkommen auf Königsboden bedeutet das eine sehr erhebliche Mehrbelastung.

Lediglich unter dem zügellosen, tyrannischen Fürsten Gabriel Báthori (1608—13), dem letzten Fürsten aus diesem Geschlecht, kam es zu einer Aufhebung der Rechte der sächsischen Nation. 1610 besetzte Báthori Hermannstadt durch List, entzog ihm in einem Schauprozeß alle Rechte wegen angeblichen Hochverrats und vertrieb die Bevölkerung. Den anderen sächsischen Gebieten drohte das gleiche Schicksal. Die Führung übernahm nun Kronstadt, das sich mit Schäßburg unter den Schutz der einrückenden kaiserlich-österreichischen Truppen stellte. Gegen diese wiederum kamen türkische Einheiten ins Land. Gabriel Báthori verwüstete das Burzenland, Kronstadt konnte ihm aber mit Hilfe des walachischen Fürsten Radu Șerban eine schwere Niederlage beibringen. Seele des Widerstandes war der Kronstädter Stadtrichter Michael Weiß. Seine Familie stammte aus Eger, er war in Mediasch groß geworden, stand lange im Dienst des Kaisers Rudolf und ließ sich dann in Kronstadt nieder.

In der Schlacht bei Marienburg fiel Michael Weiß, mit ihm 39 von 40 ausgezogenen Gymnasiasten. Wenige Monate später sagten die Landstände dem wahnwitzig gewordenen Fürsten den Gehorsam auf. Er wurde auf der Flucht ermordet, seine Gebeine erst nach Monaten beigesetzt. Der zu den Türken geflohene und vom Landtag zum neuen Fürsten gewählte Gabriel Bethlen stellte die alte Ordnung wieder her und sorgte für einige Jahre ruhiger Entwicklung.

Die Reformation im Sachsenland; Toleranz in Siebenbürgen

Bereits 1519 brachten Kaufleute Schriften Martin Luthers von der Leipziger Messe mit und die neue Lehre fand bald Anhänger. Den entscheidenden Schritt vollzog allerdings erst der Humanist Johannes

Honterus (1498—1549). Der Magister der Wiener Universität mußte wahrscheinlich 1529 Kronstadt als Anhänger Ferdinands verlassen. Nachdem er in Krakau seine berühmte Cosmographie, 1532 in Basel die erste bekannte Karte Siebenbürgens herausgebracht hatte, kehrte er 1533 nach Kronstadt zurück, gründete eine Buchdruckerei und wurde Rektor des Gymnasiums. Die Reformation des Burzenlandes wurde aufgrund seines Reformationsbüchleins 1542/43 vollzogen. 1547 erschien die von ihm entworfene „Kirchenordnung aller Deutschen in Sybembürgen", die in allen sächsischen Gemeinden Gültigkeit erlangte. Drei Jahre später beschloß die Nationsuniversität auch formell die Einführung der neuen Lehre auf dem gesamten Königsboden. Die sächsischen Landkapitel auf Komitatsboden schlossen sich an.

Die beiden ersten Bischöfe der neuen evangelischen Kirche waren zugleich Stadtpfarrer von Hermannstadt. Der aus Laibach stammende Paul Wiener (gewählt 1553), der bereits nach einem Jahr an der Pest starb, und der in Karpfen (Korponya) geborene Mathias Hebler (1556—71). Dessen Nachfolger Lukas Ungleich (Unglerus) blieb Pfarrer in Birthälm, das dann fast 300 Jahre lang Sitz des „Sachsenbischofs" war. Mit der Wahl von Unglerus nahm 1572 die evangelische Synode auch das Augsburger Glaubensbekenntnis an und ergänzte es durch eine von ihm formulierte Glaubensformel der „Ecclesia dei nationis Saxonicae" (Kirche Gottes sächsischer Nation).

Die Reformation wirkte sich nicht nur auf das geistliche und geistige Leben der Siebenbürger Sachsen belebend aus; aufgrund der Bestimmungen der neuen Kirchenordnung wurde auch das in den Dörfern in Ansätzen bereits vorhandene Schulwesen neu organisiert, den kirchlichen Bruderschaften neue Aufgaben zugeteilt und die Armenhilfe belebt. Durch Kirchenvisitationen nahm die kirchliche und politische Leitung Einfluß auf das ganze Leben der Gemeinden. Honterus selbst gab dem Kronstädter Gymnasium 1543 eine neue Ordnung, in der bereits eine Schülermitverwaltung durch den Coetus (Organisation der Obergymnasiasten) bis in Einzelheiten festgelegt wurde. Diese Coeten bestanden bis zum Beginn des 2. Weltkrieges in abgewandelter Form auch in den traditionsreichen Obergymnasien zu Bistritz, Hermannstadt, Mediasch und Schäßburg und wurden auch in dem später gegründeten Hermannstädter Lehrerseminar und dem Kronstädter Handelsgymnasium eingeführt, z. T. sogar an Abendhandelsschulen, wie in Hermannstadt, Kronstadt und Schäßburg.

Johannes Honterus war nicht nur Reformator der Siebenbürger Sachsen, sondern auch ein bedeutender Humanist, in dessen Kronstädter Buchdruckerei wichtige Bücher, unter dem Drucker Coresi auch in rumänischer Sprache, erschienen. Auch in Hermannstadt und Klausenburg, zeitweise auch Weißenburg, wurden Druckereien gegründet; zur Deckung des wachsenden Papierbedarfs entstanden in Kronstadt und Hermannstadt die ersten Papiermühlen.

Die Reformation beschränkte sich nicht auf die Sachsen. Zentrum der Reformation unter den Ungarn wurde Klausenburg. Die dortigen sächsischen Pfarrer Kaspar Helt (magy. Heltai) und Franz Davidis neigten zuerst der lutherischen Lehre zu, entschieden sich dann aber für das reformierte (calvinische) Bekenntnis, das 1564 mehrheitlich von den reformatorisch gesinnten Ungarn und Szeklern angenommen wurde. Davidis

149

wandte sich schließlich der unitarischen Lehre zu (sie heißt auch die sozinianische, antitrinitarische, arianische). Sie wurde von den Sachsen Klausenburgs, aber auch von Ungarn und Szeklern angenommen. In anderen europäischen Ländern, auch in England, blieb sie noch lange verfolgt. — Versuche, auch die Rumänen für eine Reformation ihrer Kirche zu gewinnen, blieben zwar ohne Erfolg; sie blieben der griechisch-orthodoxen Kirche treu, wie ein Teil der Ungarn und Szekler der katholischen. Aufgrund dieser Bemühungen entstanden aber die ersten Bücher in rumänischer Sprache. Das erste erhaltene schriftliche Zeugnis in Rumänisch ist übrigens ein Bericht, den der Bojar Neacşu an den Kronstädter Stadtrichter Hans Benkner 1521 schrieb.

Der Zusammenbruch des ungarischen Reiches nach der Schlacht bei Mohatsch und die darauffolgenden Wirren haben die Einführung der Reformation in Siebenbürgen zweifellos erleichtert. Wegen der unsicheren Verhältnisse stellte der Landtag ab 1544 mehrfach eine Entscheidung in Religionsfragen zurück, während auf Königsboden die Reformation reibungslos vollzogen wurde. Der Landtag zu Thorenburg beschloß dann 1557,

„daß jeder den Glauben behalten könne, den er wolle, mit neuen und alten gottesdienstlichen Gebräuchen und in Sachen des Glaubens ihrem Gutdünken überlassen, daß geschehe, was ihnen beliebt, jedoch ohne Beleidigung irgendjemandes..."

Damit wurde *erstmals in einem europäischen Land* der Grundsatz der religiösen *Toleranz,* also der religiösen Duldung ausgesprochen und auch konsequent bis in die Gegenwart durchgehalten! Neben der katholischen galten auch die evangelische, reformierte und unitarische Kirche als rezipiert (anerkannt). Die griechisch-orthodoxe Kirche hingegen war nur toleriert (geduldet). Weitere Neuerungen blieben verboten.

Weil in Siebenbürgen keine Universität bestand, beendeten Studierende ihre Ausbildung in westlichen Ländern. Das galt mit kurzen Unterbrechungen bis 1944. Die Sachsen bevorzugten lutherische Universitäten, wie Wittenberg, Halle, Leipzig, Tübingen, später auch Berlin. Die reformierten Ungarn studierten mit Vorliebe in den Niederlanden, in der Schweiz und in Marburg/Lahn. Dadurch blieben sie weiterhin allen wichtigen kulturellen und geistigen Strömungen des Westens eng verbunden.

Siebenbürgen wird Teil des Habsburgerreiches

Das 17. Jahrhundert mit seinen inneren Wirren, in die sich auch Türken, Kaiserliche, Tataren, Haiduken, kuruzzische Freischärler, aber auch walachische und moldauische Truppen einmischten und denen Hunger, Pest, Cholera und andere Seuchen auf dem Fuß folgten, waren schlimmer als die Verhältnisse in Deutschland während des Dreißigjährigen Krieges (1618—48). Viele Orte brauchten Jahrzehnte, bis sie sich z. B. von den Verwüstungen durch die Truppen des österreichischen Generals Basta oder auch Michaels des Tapferen erholt hatten. Andere verloren für immer ihre deutsche Bevölkerung.

Der gotische Flügelaltar der Mediascher Stadtpfarrkirche

Im Jahre 1664 hatten Österreich und die Türkei einen Waffenstillstand für zwanzig Jahre vereinbart, durch den die letztere durch die Überlassung von Großwardein und Neuhäusel ihre größte Ausdehnung auf ungarischem Gebiet durchsetzte. Dadurch und durch die erneut einsetzende Gegenreformation entstanden im unbesetzten Ungarn Unruhen, die unter Führung Emmerich Thökölys zu erneuten Kuruzzenaufständen führten.[1]) 1682 wurde Thököly mit türkischer Hilfe zum König von Oberungarn, also zum Gegenkönig Leopolds I., ausgerufen. Er wurde auch von Frankreich gefördert, um Entlastung für ihren eigenen Krieg mit Österreich zu erreichen.

Unmittelbar nach Beendigung dieses Waffenstillstandes (1683) zog der türkische Großwezir Kara Mustapha mit einem gewaltigen Heer vor Wien, begleitet von französischen Heeresingenieuren, um ihn bei der Belagerung zu unterstützen. Erst als erkannt wurde, daß nicht nur Wien, sondern auch Böhmen, Mähren und die übrigen österreichischen Erblande unmittelbar gefährdet waren, gelang es dem Kaiser eine „Heilige Liga" mit dem Papst, Venedig und Polen durchzusetzen, deren Heer dann Wien befreien konnte.

Im Gegenangriff, den zunächst Herzog Karl von Lothringen, dann Markgraf Ludwig von Baden — der „Türkenlouis" — und später Prinz Eugen von Savoyen leiteten, gelang es nun endlich, die Türken entscheidend zu schlagen. 1686 wurde Ofen befreit, ein Jahr später marschierten kaiserliche Truppen in Siebenbürgen ein und im September 1688 fiel die wichtige Festung Belgrad in die Hände der Kaiserlichen.

Am 9. Mai 1688 hatte sich der siebenbürgische Landtag feierlich von der türkischen Oberhoheit losgesagt und das Land Kaiser Leopold I. als König von Ungarn unterstellt. Nach dem Tode des Fürsten Michael Apaffi (1690) nahm Leopold I. auch den Titel eines Fürsten von Siebenbürgen an und bestätigte im darauffolgenden Jahr im sog. Leopoldinischen Diplom die Landesverfassung einschließlich der Rechte der drei Nationen und der Religionsfreiheit. Dieses Diplom galt als Staatsgrundgesetz bis zum Jahre 1848. Im Frieden von Karlowitz (1699) verzichtete die Türkei endgültig auf die Oberhoheit in Siebenbürgen; Habsburg hatte sich durchgesetzt.

Das verwüstete, völlig verarmte Land atmete auf. Es sollte aber immer noch nicht zur Ruhe kommen. Der von den Türken weiter geförderte Thronanwärter Emmerich Thököly mußte zwar bald das Land endgültig verlassen. Die kaiserlichen Truppen hielten das Land aber weiter besetzt und mußten ernährt werden. Im Jahre 1703 begann außerdem ein neuer Kuruzzenaufstand [1]), den Franz II. Rákoczi anführte. Ein großer Teil des Adels und der Szekler schloß sich ihm an und rief ihn 1704 in Weißenburg zum Fürsten aus. Erst mit dem Frieden von Sathmar (1711) zog endlich Ruhe ein.

---

1) Als Kuruzzen wurden erstmals 1514 die Bauern bezeichnet, die durch Erzbischof Thomas Bakócz zu einem Türkenkreuzzug aufgerufen wurden und deshalb das Kreuzzeichen anlegten (Kuruzzen-Kreuzträger). Unter Führung des Szekler Kleinadligen Georg Dósza entstand aber statt dessen ein großer Bauernaufstand gegen die ihre Grundhörigen ausbeutenden Adligen. Er wurde blutig niedergeschlagen und die Schollenbindung eingeführt. Seither ist „Kuruzzen" die Bezeichnung für ungarische Aufständische allgemein.

Nun hatte es der siebenbürgische Landtag nicht mehr mit einem schwachen, von ihm gewählten und kontrollierten Fürsten zu tun, sondern mit dem Kaiser eines großen Reiches, der sich im Lande durch seinen kommandierenden General und einen Gubernator vertreten ließ. Diese hatten ihren Sitz nicht mehr in Weißenburg, sondern in Hermannstadt. Die wichtigen Entscheidungen fielen nicht auf den Landtagen, sondern in Wien. Die dort 1694 eingerichtete siebenbürgische Hofkanzlei war bald ebenso wichtig wie das Gubernium (Landesregierung), denn ihr Leiter hatte jederzeit Zutritt zu den höchsten Stellen. Alle Entscheidungen des Hofes und die Eingaben aus Siebenbürgen, liefen über die Hofkanzlei.

Das Land war auf Reformen dringend angewiesen. Besonders drückend war das Los der Grundhörigen (Jobagyen) und der Pächter und Tagelöhner (Sedler) in grundherrlichen Gebieten. Vor allem dort, wo eine adlige Gutsherrschaft entstanden war, wurden sie durch Frondienste rücksichtslos ausgebeutet. Auch Gewerbe und Handel lagen völlig darnieder.

Zwischen dem neuen Landesherrn und seiner Verwaltung und dem Landtag, vertreten durch die drei ständischen Nationen, kam es bald vor allem aus zwei Gründen zu Spannungen:

> Obwohl durch das Leopoldinische Diplom dem Lande volle Religionsfreiheit zugesagt worden war, begannen unter Kaiser Karl VI. (1711—40) gegenreformatorische Eingriffe. Wegen der bestehenden Landesverfassung kam es zwar zu keiner Verfolgung der Nichtkatholiken. Durch einseitige Bevorzugung von Katholiken bei Ämterbesetzungen und durch Anreize zum Übertritt gab es aber zahlreiche Willkürakte und Ungerechtigkeiten. Ein größerer Erfolg war der Gegenreformation unter den Rumänen beschieden. Die römisch-katholische Kirche forderte von den Griechisch-Orthodoxen lediglich eine Anerkennung der Oberhoheit des Papstes und dreier Lehrsätze. 1698 traten der orthodoxe Bischof Atanasie und 54 Protopopen (Oberpfarrer) sowie 1524 Popen in die neue griechisch-katholische Kirche über, die nicht ohne Gewalt eingeführt wurde.

> In den österreichischen Erblanden blieb die evangelische Lehre weiter verboten. In den Jahren 1734—36 und dann wieder zwanzig Jahre später, kam es zur zwangsweisen Umsiedlung („Transmigration") evangelischer „Landler" aus Österreich nach Siebenbürgen. Sie wurden vor allem in den Gemeinden Großau, Großpold und Neppendorf angesiedelt. Im Zuge der Besiedlung Südungarns durch Deutsche kamen auch evangelische Baden-Durlacher nach Siebenbürgen und blieben mit Schwerpunkt im Unterwald.

> Außer der Gegenreformation führten vor allem die Vereinheitlichungsbestrebungen des österreichischen Beamtentums zu Spannungen mit den ständischen Nationen. Bei ihrem Bestreben, einen zentral gelenkten Einheitsstaat zu schaffen, gingen sie nicht gerade feinfühlig vor. Auch die sächsische Nationsuniversität als Selbstverwaltungskörperschaft paßte nicht so recht in ihre Zielvorstellung.

Samuel von Brukenthal (1721—1803) — Gubernator Siebenbürgens

Um die Mitte des 18. Jahrhunderts wurde ein Siebenbürger Sachse Berater der Kaiserin Maria Theresia und stieg zum höchsten Staatsamt in Siebenbürgen auf, obwohl er evangelisch blieb und bürgerlicher Herkunft war. Sein Vater war als Königsrichter des Leschkircher Stuhles zwar geadelt worden, auf Königsboden war das aber ein Ehrentitel, der keine adligen Vorrechte gewährte. Nach seinen Studien in Halle und Wien wurde Samuel von Brukenthal Beamter der sächsischen Nationsuniversität. Als Mitglied einer sächsischen Delegation wurde Kaiserin Maria Theresia (1740—80) im Jahre 1753 auf den klug argumentierenden jungen Beamten aufmerksam. Bald war er Provinzialkanzler und Leiter der Siebenbürgischen Hofkanzlei (1765) und hatte damit unmittelbares Vortragsrecht. Als Gubernator von Siebenbürgen, also als Chef der Landesregierung (1773—87), mußte er am Ende seiner Laufbahn erleben, wie der Nachfolger der Kaiserin, ihr Sohn Joseph II., durch überstürzte Reformen sein Lebenswerk wieder gefährdete. Brukenthals Name ist auch dadurch bekannt, daß er seine umfangreichen Sammlungen und sein Vermögen dem Hermannstädter Gymnasium schenkte. Das Brukenthalmuseum mit seiner wertvollen Bibliothek ist auch heute — verstärkt durch weitere Bestände — das reichhaltigste Museum Siebenbürgens.

Brukenthal, der einer der besten Kenner der Landesverfassung und Landesgeschichte Siebenbürgens war, sah es als seine Lebensaufgabe an, die Verhältnisse nicht durch Beseitigung, sondern durch Weiterentwicklung des Vorhandenen schrittweise zu verbessern. Zu seinen wichtigsten Leistungen gehört die Schaffung eines gerechteren Steuersystems in Verbindung mit einer Erleichterung der Lasten der Grundhörigen, die sinnvolle Modernisierung der Verwaltung, Verbesserung der wirtschaftlichen Verhältnisse und die Mitwirkung bei der Einrichtung der Siebenbürgischen Militärgrenze (1762—1851). Fast ebenso bedeutsam war aber daß es ihm gelang, so manche gleichmacherische, bürokratische Regelung, die nicht zu den siebenbürgischen Verhältnissen paßte, zu verhindern oder deren negative Auswirkungen abzumildern.

Es galt auch, einige Bedrohungen von der Nationsuniversität abzuwenden. Die gleichmacherischen Bestrebungen kurzsichtiger Beamter gefährdete die Freiheiten, die für die Bewohner des Gesamtstaates zum Teil erst nach der Revolution 1848 errungen werden konnten. Das machten sich auch mißgünstige beamtete Adlige zunutze, um Vorrechte der bürgerlichen Sachsen zu beseitigen.

Am gefährlichsten war die Behauptung der Finanzverwaltung (Thesauriat), die Sachsen auf Königsboden seien gar keine freie Bauern, sondern in Wirklichkeit Grundhörige des Landesherrn, also „Kronbauern". Sie hätten dem staatlichen Fiskus die gleichen grundherrlichen Leistungen zu erbringen, wie die Hörigen ihren adligen Grundherren. — Ein anderer findiger Finanzbeamter entdeckte, die Sachsen hätten den Martinszins des Andreanums (jährlich 500 Silbermark) seit 1705 nicht mehr bezahlt. Tatsächlich war er aber in anderen, viel höheren Steuern aufgegangen. Nun sollten sie für die Jahre 1705—1758 nachzahlen. Nach jahrzehnte-

langen Prozessen wurde die Nationsuniversität 1782 tatsächlich verurteilt. Der Martinszins wurde 1855 zum letzten Male eingefordert. Mit vielen Landkapiteln wurden Zehntprozesse wegen der nach der Reformation dem Landesherrn zustehenden bischöflichen Zehntquarte (Kathedralzins) angestrengt u. v. a.

Eine weitere Auseinandersetzung entspann sich wegen des freien Niederlassungsrechtes der Adligen und Szekler, der sog. Konzivilität auf Königsboden. Sie ist für uns schwer zu verstehen, denn heute ist das freie Niederlassungsrecht zumindest in westlichen Demokratien ebenso ein Grundrecht wie das Prinzip, daß gleiches Recht für alle zu gelten hat. Der Landesherr bezahlte für besondere Verdienste nicht mit Geld, sondern mit besonderen Freiheiten. Der Adel — die Szeklernation galt insgesamt als adlig, obwohl viele dieses Recht später verloren — war steuerfrei und hatte weitere adlige Vorrechte. Auf Königsboden hingegen galt für Vollbürger gleiches Recht „für Arme und Reiche", keiner konnte von den allgemeinen Lasten befreit werden.

Die auf Königsboden z. T. aufgrund regelrechter Ansiedlungsverträge seßhaft gewordenen Rumänen waren zwar keine Vollbürger, galten aber persönlich als frei und waren rechtlich besser gestellt als Grundhörige oder gar Leibeigene auf Komitatsboden des Adels. Das volle Bürgerrecht auf Königsboden wurde zum Schutz gegen Überfremdung nur einem Freien deutscher Abstammung gewährt, wenn er auf alle adligen oder sonstigen Vorrechte verzichtete, vor allem auf das Recht der Steuerfreiheit. Dabei hatte man das warnende Schicksal der Stadt Klausenburg vor Augen, wo ungarische Adlige Grundbesitz erwerben durften und die Entdeutschung der Stadt die Folge war. Dem Adel ging es darum, das Niederlassungsrecht ohne Verzicht auf seine Vorrechte durchzusetzen und schaffte es trotz einer sehr ausgewogenen, auch heute beeindruckenden Darstellung Brukenthals an die Kaiserin Maria Theresia.

Kaiser Joseph II. versucht die „Revolution von oben"

Der Nachfolger Maria Theresias, Kaiser Joseph II. (1780—90) war ein überzeugter Anhänger der Aufklärung, deren Grundsätze er mit absolutistischen Methoden durchsetzen wollte. Innerhalb weniger Jahre wollte er durch Anordnungen von oben alles umkrempeln, was durch Jahrhunderte gewachsen war und nicht zu seinen Auffassungen über einen modernen Staat paßte. Seine Tragik war, daß die Zeit dafür noch nicht reif war. Für Siebenbürgen ordnete er innerhalb weniger Jahre an:

> Die Aufhebung der erblichen Leibeigenschaft, verbunden mit einer Neuregelung der grundherrlichen Lasten; die Einführung der deutschen Amtssprache anstelle der toten lateinischen und zwar nur aus Gründen der Zweckmäßigkeit und nicht aus ihm fernliegenden nationalistischen Erwägungen; die Aufhebung der ständischen Verfassung und damit auch der sächsischen Nationsuniversität; eine neue Komitatseinteilung ohne Beachtung der bisherigen historischen Grenzen; ein neues Eherecht, eine neue Gerichts- und Strafprozeßordnung; eine allgemeine Volkszählung; die erste Landesvermessung; die Einführung von Kataster und Grundbuch u. v. a.

Da ein geeigneter Beamtenapparat fehlte und vor allem der Adel passiven Widerstand leistete, die übrige Bevölkerung aber manche Anordnung mißverstand, herrschte bald ein unbeschreibliches Durcheinander, obwohl jede einzelne seiner Anordnungen, für sich betrachtet, sinnvoll und zweckmäßig war. Die Rumänen des siebenbürgischen Erzgebirges erhoben sich, geführt von Horia, Cloșca und Crișan, weil sie meinten, der Adel hintertriebe die volle Aufhebung aller grundherrlichen Lasten durch den Kaiser (was er nicht angeordnet hatte); Joseph II. mußte den Aufstand durch Militär niederschlagen lassen. Dazu kam 1787—91 ein unglücklich verlaufender Krieg gegen die Türken. Der Kaiser sah sich gezwungen, auf dem Totenbett alle seine Neuerungen mit Ausnahme des Toleranzedikts für Protestanten und der Aufhebung der erblichen Leibeigenschaft wieder zurückzunehmen und den alten Zustand wiederherzustellen.

Es zeigte sich sehr schnell, daß es nicht mehr möglich war, so zu tun, als habe es diese Anordnungen nicht gegeben, denn sie hatten Auswirkungen zur Folge. Vor allem die Einführung des Deutschen als Amtssprache hatte einen immer stärker werdenden ungarischen Nationalismus zur Folge, der sich gegen einen Einheitsstaat wendete.

Der Klausenburger Landtag des Jahres 1792 schaffte das sog. Kuriatvotum ab, nach dem jede der ständischen Nationen nur eine Stimme hatte und von den beiden anderen nicht majorisiert werden konnte. Von nun an zählte jede Einzelstimme. Außer den Vertretern der drei ständischen Nationen gehörten dem siebenbürgischen Landtag auch die nichtsächsischen königlichen Freistädte Klausenburg und Weißenburg-Karlsburg, die sog. Taxalorte (wichtigere Marktflecken auf Komitats- und Szeklerboden mit Sonderrechten), der hohe Klerus und einzelne, vom Landesherrn berufene Persönlichkeiten („Regalisten") an. Durch das Einzelstimmrecht gerieten die Vertreter der Sachsen vor allem durch die große Zahl von Regalisten hoffnungslos in die Minderheit. Gegen sie gerichtete Beschlüsse, etwa des die Mehrheit bildenden Adels, konnten sie nur noch durch die Verweigerung des Nationssiegels als letztem Mittel verhindern. Beschlüsse waren nämlich weiterhin nur dann rechtsgültig, wenn sie mit den Siegeln aller drei ständischen Nationen versehen waren. Sie hatten damit eine Art Vetorecht, von dem sie in sehr kritischen Situationen auch Gebrauch machten.

> Trotz dieses Einzelstimmrechtes war aber der Landtag alles andere als eine demokratische Einrichtung im heutigen Sinne. Die Mehrheit der Bevölkerung — die Rumänen — war in ihm nur durch ihre Bischöfe mit beratender Stimme vertreten und kam praktisch nicht zu Wort. Mit dem „Supplex libellus Valachorum" (Flehentliche Bittschrift der Walachen) im Jahre 1791 an den Kaiser meldeten sie erstmals deutlich ihre Ansprüche an.

Für die Sachsen war die Aufhebung der ständischen Verfassung und der Nationsuniversität durch Kaiser Joseph II. ein gewaltiger Schock. Sie stellte nicht nur ihre jahrhundertealte Autonomie in Frage, sondern erschütterte auch ihr bisheriges Selbstverständnis als eine der drei tragenden Säulen der bisherigen Staatsverfassung. Erstmals waren sie, wenn auch nicht mit allen Konsequenzen und nur für kurze Zeit, nur noch eine eigene ethnische und konfessionelle Gruppe. Ihre Bedeutung für das Land basierte nie auf ihrer großen Zahl, sondern auf ihrer Leistung, die durch historische, verbriefte Rechte abgesichert war und sie zugleich ermöglichte. Deren Aufhebung aus gleichmacherischen Gründen hätte zu dem Zeitpunkt nur Nachteile auch für das gesamte Land gebracht, dessen wirtschaftliches und kulturelles Rückgrat diese Bürger und freien Bauern bildeten.

Die Sachsen sahen sich veranlaßt, ihre Urkunden systematisch zu sammeln und auszuwerten, um gegen einen neuen Angriff gewappnet zu sein. Auf Anregung der Nationsuniversität veröffentlichte der angesehene Göttinger Gelehrte August Ludwig von *Schlözer* 1795—97 seine „Kritische Sammlungen zur Geschichte der Deutschen in Siebenbürgen" in drei Bänden. Bereits 1790, unmittelbar nach dem Tode Josephs II., brachte Bischof Jakob Aurelius *Müller* die erste deutsche, volkstümlich geschriebene Sachsengeschichte heraus. Weitere wichtige Werke stammten aus der Feder von Joseph Karl *Eder* (1760—1810); auch ältere Arbeiten Martin *Felmers* (1720—67) wurden gedruckt. Johann *Filtsch* (1753—1836) gab die erste wissenschaftliche Zeitschrift, die „Siebenbürgische Quartalschrift", ab 1790 im Verlag des späteren Hermannstädter Bürgermeisters Martin von *Hochmeister* (1767—1837) heraus, durch die vor allem die Geschichtswissenschaft und Landeskunde einen starken Aufschwung erlebte. Bereits 1774 war in Hermannstadt das „Theatral Wochenblatt" als erste periodische Zeitschrift herausgekommen.

Die napoleonischen Kriege berührten das Land nicht unmittelbar. An den Abwehrkämpfen der Österreicher waren jedoch auch siebenbürgische Einheiten und sächsische Offiziere beteiligt, wie der Hauptmann Friedrich Hensel, der als „deutscher Leonidas" eine strategisch wichtige Stellung hielt, bis er fiel. An den Befreiungskriegen nahm auch ein von der Nationsuniversität ausgerüstetes und gestelltes sächsisches Jägerbataillon teil. — Tiefgreifender wirkte sich die Ära Metternich mit ihren polizeistaatlichen Methoden aus, die eine allgemeine Unzufriedenheit mit den Zuständen zur Folge hatte und damit auch in Siebenbürgen den Boden für die Revolution des Jahres 1848 vorbereitete.

In den Jahren des „Vormärz" (vor der Märzrevolution 1848) setzte ein reges geistiges und wirtschaftliches Leben ein. Es kam zur Gründung der ersten sächsischen Vereine, wie des Landeskundevereins (1840/42), des Siebenbürgisch-sächsischen Landwirtschaftsvereins (1845) und der ersten Gewerbevereine. 1835 wurde die Kronstädter Allgemeine Sparkasse als erste Bank Siebenbürgens und Ungarns auf Provinzebene, 1841 ihre Hermannstädter Schwesteranstalt gegründet, um dem Kapitalmangel von Gewerbe und Handel abzuhelfen.

Die Revolution des Jahres 1848 und ihre Folgen; Stephan Ludwig Roth

Die wachsende Unzufriedenheit mit den bestehenden Verhältnissen hatte zur Folge, daß die Märzrevolution des Jahres 1848 in kurzer Zeit von Wien auf Ungarn und Siebenbürgen übergriff. Bei den Ungarn kam es zu einer eigenartigen Mischung sozialer Anliegen mit nationalen, ja, nationalistischen und chauvinistischen Forderungen. Im Mai 1848 wurde

Schäßburg zu Beginn des 18. Jahrhunderts

die Vereinigung Siebenbürgens mit Ungarn proklamiert, der die Sachsen zunächst mit Vorbehalten zustimmten. Als die Revolutionäre ihre Forderungen immer höher schraubten, kam es im Herbst zum Bürgerkrieg. Rumänen und Sachsen stellten sich auf die Seite der Kaiserlichen. Anfang November 1848 plünderten und brandschatzten Szekler die Stadt Sächsisch-Regen, die sich erst nach Jahrzehnten davon erholte. Kaiser Ferdinand mußte nach Innsbruck flüchten und dankte schließlich zu Gunsten von Kaiser Franz Joseph (1848—1916) ab.

Im Frühjahr 1849 gelang es den Revolutionären unter General Bem, Siebenbürgern zu erobern. Die Kaiserlichen wurden in die Moldau und Walachei abgedrängt und kehrten bald mit russischer Hilfe zurück. Am 31. Juli 1849 kam es bei Schäßburg zur Entscheidungsschlacht, in der der ungarische Freiheitsdichter Sándor Petöfi fiel und General Bem geschlagen wurde. Am 11. August 1849 dankte der Führer der ungarischen Revolutionäre, Ludwig Kossuth ab und verließ das Land. Zwei Tage später ruhten die Waffen, die Revolution war mit russischer Hilfe niedergeschlagen.

Die überragende Persönlichkeit des Vormärz ist der Meschener Pfarrer *Stephan Ludwig Roth* (1796—1849). Der Tübinger Doktor und Magister, Schüler des großen Schweizer Pädagogen Heinrich *Pestalozzi,* hatte durch seine Reden, Schriften und sein Handeln mit großer Eindringlichkeit versucht, seine Landsleute aufzurütteln und zu Reformen zu bewegen. Er machte zukunftsweisende Vorschläge zur Verbesserung des Schulwesens und befaßte sich auch intensiv mit wirtschaftlichen Problemen. Roth ist der geistige Vater des Siebenbürgisch-sächsischen Landwirtschaftsvereins, durch den er eine gründliche Verbesserung der inzwischen überholten Dreifelderwirtschaft mit ihrem Flurzwang und der „Flurzerbisselung" erreichen wollte. Mit Hilfe württembergischer Landwirte, die nicht mehr nur nach Amerika, sondern auch nach Siebenbürgen auswandern sollten, hatte er den Plan, Musterwirtschaften einzurichten. Er redete nicht nur, sondern handelte auch, indem er auf eigene Kosten eine solche Wirtschaft einrichtete und in Württemberg Einwanderer für Siebenbürgen gewann.

In seinem „Sprachkampf in Siebenbürgen" nahm Stephan Ludwig Roth auch zu den übersteigerten Forderungen der ungarischen Nationalisten Stellung. Er wies auf die Bedeutung der Rumänen hin und forderte statt der Vorherrschaft einer das gleichberechtigte Nebeneinander der Landessprachen. Er war kein sächsischer Nationalist, sondern wollte ein friedliches Nebeneinander aller Landesbewohner Siebenbürgens. — Durch diese Schrift und die Ansiedlung von Württembergern wurde er der von den ungarischen Nationalisten meistgehaßte Sachse.

Obwohl er durch seine Tätigkeit als Pazifikations-(Befriedungs-)Kommissär der österreichischen Militärverwaltung gefährdet war, lehnte er eine Flucht beim Vordringen der Revolutionstruppen ab, weil er sich keiner Schuld bewußt war. Er wurde im Frühjahr 1849 verhaftet, in Klausenburg vor ein Standgericht gestellt und am 11. Mai 1849 standrechtlich erschossen. General Bem und sachlich denkende Ungarn haben diese Bluttat verurteilt. An seine Kinder schrieb er wenige Stunden vor der Hinrichtung:

„... Mit meiner Nation habe ich es wohl gemeinet, ohne es mit den anderen Nationen übel gemeinet zu haben... Der Nationalkörper ist zerschlagen — ich glaube an keine äußerliche Verbindung der Glieder mehr. Umso mehr wünsche ich eine Erhaltung des Geistes, der einmal in diesen Formen wohnte..."

Der Hermannstädter Landtag (1863)

Nach der zweiten Zerschlagung der Nationsuniversität im Jahre 1848 gelang es tatsächlich nicht mehr, deren Funktion wieder voll herzustellen. Erst 1854 wurde der Belagerungszustand aufgehoben. 1861 wurde durch das sog. Februarpatent eine neue, zentralistische Verfassung für das Kaiserreich Österreich erlassen. Siebenbürgen blieb weiterhin Kronland, die Einzelheiten der inneren Verwaltung sollten unter Beibehaltung der alten Verwaltungsbezirke durch den neuen Landtag vorgeschlagen werden.

Die Sachsen hatten die Zeichen der Zeit erkannt. Bereits am 3. April 1848 hatte die Nationsuniversität die volle nationale Gleichberechtigung der Rumänen auf Königsboden beschlossen. Die Sachsen fühlten sich nun nicht mehr als ständische Nation, sondern als ethnische und konfessionelle Gruppe, der sie auch die Sachsen des ehemaligen Komitatsbodens voll zurechneten. Die Nationsuniversität machte 1862 Kaiser Franz Joseph konkrete Vorschläge zur Durchführung der nationalen Gleichberechtigung der Rumänen, in denen sie u. a. neben den Nationalgebieten der Ungarn, Szekler und Sachsen auch eines für die Rumänen vorsah. Als Landessprachen sollten Ungarisch, Rumänisch und Deutsch gleichberechtigt nebeneinander bestehen.

Der 1863 von Kaiser Franz Joseph nach Hermannstadt einberufene Landtag wurde von Ungarn und Szeklern boykottiert. Sie vertraten die Auffassung, die Union mit Ungarn sei rechtskräftig, ein siebenbürgischer Landtag illegal. Die rumänischen und sächsischen Landtagsabgeordneten erarbeiteten zukunftsweisende Vorschläge. Das von ihnen beratene Gesetz über die gleichberechtigte öffentliche Verwendung der drei Landessprachen wurde am 5. Januar 1865 erlassen. — In den österreichischen Reichstag waren übrigens schon früher auch sächsische Abgeordnete eingezogen.

Schon nach kurzer Zeit waren diese vielversprechenden Anfänge hinfällig: Der preußisch-österreichische Krieg des Jahres 1866 führte zum Verlust der Vormachtstellung Österreichs in Deutschland und Italien. Mit den Ungarn mußte 1867 ein „Ausgleich" durch Schaffung der Doppelmonarchie Österreich-Ungarn gefunden werden. Der Kaiser von Österreich war darnach zugleich König von Ungarn. Außer einigen gemeinsamen Einrichtungen, wie dem Heer und der Vertretung nach außen, galt Ungarn mit Siebenbürgen, Kroatien, Slawonien und Fiume als eigenes Königreich. Mit diesem Ausgleich hörte Siebenbürgen auf, als eigene staatliche Einheit zu bestehen.

Siebenbürgen als Teil Ungarns (1867—1918)

Im neuen Königreich Ungarn betrug der Anteil der magyarischen Volkszugehörigen (einschließlich der Szekler) nur etwa 40 vH; sie hatten zwar die relative, nicht jedoch die absolute Mehrheit. Die stärksten Minderheiten bildeten die Rumänen, Slowaken, Deutschen, Kroaten, Serben und Ruthenen, neben einer großen Anzahl kleinerer ethnischer Gruppen. Die Ungarn empfanden ihre kleine Zahl als Gefährdung „ihres" Staates. Deshalb versuchten sie konsequent, Angehörige anderer Volkstümer zu sich hinüberzuziehn, ihnen die ungarische Sprache aufzudrängen, sie zu magyarisieren. Beamte, die ihren Namen durch einen magyarisch klingenden ersetzten, wurden bevorzugt befördert oder eingestellt, das Magyarische war alleinige Staatssprache. Diejenigen Staatsangehörigen, die sich zu einer anderen Volkszugehörigkeit bekannten, waren zwar nicht durch Gesetz, aber tatsächlich diskriminiert. Durch ein besonderes Gesetz wurde es möglich, die nicht magyarisch klingenden Ortsnamen durch neue zu ersetzen. Der in Gebieten mit starken ethnischen Minderheiten oder Mehrheiten gesetzlich mögliche Gebrauch der Muttersprache vor Behörden und vor Gerichten wurde zielbewußt eingeschränkt u. a. m. Wichtigstes Mittel zur Erreichung dieses Zieles war die Staats- und die Gemeindeschule.

Dieser Magyarisierungsdruck verstärkte sich immer mehr. Am Anfang stand 1868 ein liberales Nationalitätengesetz. Im Gegensatz zum siebenbürgischen Gesetz des Jahres 1865 gab es zwar nicht mehr drei gleichberechtigt nebeneinanderstehende Landessprachen, sondern nur ungarisch als Staatssprache. Hinsichtlich des Gebrauchs der Muttersprache enthielt es aber annehmbare Bedingungen und auch in Bezug auf das Schulwesen gab es keine diskriminierenden Bestimmungen. Vor allem in den Konfessionsschulen — die Sachsen besaßen nur solche — konnte der

Schulträger die Unterrichtssprache bis zuletzt selbst bestimmen. Den Höhepunkt des sich von Gesetz zu Gesetz steigernden Magyarisierungsdruckes bildete das sog. Apponyische Schulgesetz des Jahres 1907. — Einsichtige Ungarn erkannten zwar, daß eine Diskriminierung des größeren Teils der Bevölkerung langfristig die Existenz des Staates selbst gefährdete, und 1914 versuchte eine neue Regierung auch, einen liberaleren Kurs einzuschlagen. Es war aber dafür bereits zu spät: im gleichen Jahr begann der 1. Weltkrieg, an dessen Ende die Auflösung des Reiches der Heiligen Stephanskrone (Ungarns) stand. Der extreme ungarische Nationalismus führte unter den Minderheiten zu entsprechenden Gegenreaktionen. Sie kämpften nicht nur im ungarischen Reichstag verbissen gegen die Magyarisierung, sondern begannen auch selbst immer nationalistischer zu denken und zu handeln. Eine Lösung ihrer nationalen Probleme erschien ihnen nicht mehr in einem Vielvölkerstaat unter einem Habsburger als Kaiser und König möglich, sondern nur in einem eigenen Staat oder in der Vereinigung mit einem Nachbarstaat eigener Nation. Die Rumänen Siebenbürgens sahen immer mehr die Vereinigung mit dem aus der Union von Moldau und Walachei entstandenen Königreich Rumänien als die einzige Lösung an.

Die Siebenbürger Sachsen waren bis 1867 eine der staatstragenden Nationen Siebenbürgens mit einer eigenen Gebietskörperschaft, der Nationsuniversität. Nun waren sie plötzlich eine „Minderheit". Auch sie sahen sich immer weniger durch den Kaiser und König repräsentiert, der zwar deutsch sprach, die Magyarisierung aber nicht verhindern konnte und im übrigen Herrscher über einen Vielvölkerstaat war, in dem der deutsche Einfluß immer mehr zurückging. Preußen gründete 1871 das Deutsche Reich unter eigener Vorherrschaft, zu dem Österreich nicht mehr gehörte. Je stärker die Ungarn die Magyarisierung und Unterdrückung der übrigen Völker betrieb, um so mehr fühlten auch die Sachsen sich nicht mehr als eine eigene „Nation", sondern als ein Stamm der deutschen *Kultur*nation, auch wenn sie im Gegensatz zu den Rumänen nie mit der politischen Zugehörigkeit zu einem deutschen Staat rechnen konnten. Sie gewöhnten sich an die Doppelrolle einerseits treue, loyale Bürger ihres „Vaterlandes" zu sein, andererseits sich aber geistig und kulturell nach dem deutschen „Mutterland" zu richten (und dabei aus der Entfernung auch so manches zu idealisieren).

Die Aufhebung des Königsbodens (1876)

Im Gesetz über die Vereinigung Siebenbürgens mit Ungarn (1868) wurden die bisherigen Gebiete der drei ständischen Nationen aufgelöst, die sächsischen Stühle und Distrikte blieben aber zunächst als Verwaltungseinheiten weiter bestehn. Die Selbstverwaltungsrechte und Rechtsangelegenheiten des Königsbodens und der Nationsuniversität sollten in einem besonderen Gesetz geregelt werden.

Die Siebenbürger Sachsen versuchten zunächst, eine annehmbare Regelung über die Nationsuniversität zu erreichen, zu der im Nationalprogramm des 1. Sachsentages in Mediasch konkrete Vorschläge ge-

Der Kronstädter Marktplatz; im Hintergrund die Schwarze Kirche

macht wurden. Das dann 1876 erlassene Gesetz brachte die Zerschlagung ihrer jahrhundertealten Autonomie: Das Gebiet der Nationsuniversität wurde auf die gleichzeitig geschaffenen neuen Komitate aufgeteilt. Der Titel — aber nicht die Funktion — des Sachsengrafen ging auf den Obergespan des neuen Hermannstädter Komitats über; die Nationsuniversität wurde in eine öffentliche Stiftung umgewandelt. Sie hatte nur noch die Aufgabe, das umfangreiche Vermögen der Nationsuniversität und der Sieben Stühle (auch Siebenrichter) zu verwalten und die Erträge auf die kulturellen Einrichtungen aller Bewohner des ehemaligen Königsbodens zu verteilen.

Die Stiftung Nationsuniversität verlor schließlich im Zuge der 1. rumänischen Agrarreform (1921) ihre umfangreichen Waldungen und die unbebauten Grundstücke. Damit entfiel eine wichtige Finanzierungsquelle für das deutschsprachige Schulwesen, vor allem die Gymnasien und übrigen Höheren Schulen. 1936 wurde sie auch formal aufgehoben. Die evangelische Kirche wurde Eigentümerin des Nationalarchivs, der Ackerbauschule Mediasch und einiger historisch wichtiger Gebäude in Hermannstadt; die orthodoxe Kirche erhielt die übrigen bebauten Grundstücke.

Nach 1876 blieb die Kirche voll intakt und das von ihr getragene deutschsprachige Schulwesen wurde planmäßig weiter ausgebaut. Die „Ecclesia Dei nationis Saxonicae" — die Kirche Gottes sächsischer Nation — wie sie schon im 16. Jahrhundert hieß, wurde alleiniges Symbol der Einheit der Siebenbürger Sachsen, die durch den Sachsenbischof repräsentiert wurde. Ihre Pfarrer und Lehrer waren nicht nur Träger des geistigen und kulturellen Lebens, sondern auch die wichtigsten Mitarbeiter in wirtschaftlichen Vereinigungen, wie dem Landwirtschaftsverein oder den genossenschaftlichen Verbänden; auch in den Aufsichtsräten der Banken war ein Pfarrer keineswegs eine ungewohnte Erscheinung. Vor allem die Bischöfe Georg Daniel Teutsch (1817—1893) und Friedrich Teutsch (1852—1933) und mit ihnen mehrere Generationen von Pfarrern fühlten sich nicht nur als kirchliche Amtsträger, sondern zugleich auch als Führer der Sachsen.

Nach der Aufhebung der politischen Autonomie auf Königsboden war die Folge nicht Resignation, sondern eine Aktivierung des kulturellen, politischen und wirtschaftlichen Lebens im Sachsenland. Bereits 1850 erschien die erste Lieferung der „Geschichte der Siebenbürger Sachsen für das sächsische Volk" von Georg Daniel Teutsch, die sein Sohn Friedrich Teutsch fortsetzte. Sie war nicht nur eine große wissenschaftliche Leistung, auf die wir noch heute zurückgreifen müssen, sondern sollte durch die Darstellung der eigenen Geschichte das Selbstwertgefühl stärken. Sie war aufgrund eines Preisausschreibens des Vereins für Siebenbürgische Landeskunde entstanden, der bei dem Fehlen einer eigenen Universität die Aufgabe einer Akademie der Wissenschaften durch seine Tagungen und Sektionen, vor allem aber durch sein „Archiv" und sein „Korrespondenzblatt" übernahm und die auch heute kein Forscher der Geschichte Siebenbürgens, Ungarns und Rumäniens unbeachtet lassen kann. Es wurde ergänzt durch die „Verhandlungen und Mitteilungen des Siebenbürgischen Vereins für Naturwissenschaften zu Hermannstadt". Die „Vereinstage" der überörtlichen sächsischen Verbände waren kulturelle und auch gesellschaftliche Höhepunkte, die abwechselnd an zentralen Orten stattfanden.

Angesichts neuer politischer Aufgaben polarisierten sich wiederholt die Meinungen, wobei der Gegensatz zwischen Generationen und Rivalitäten zwischen Hermannstadt und Kronstadt mit hineinspielten.

Nach dem österreichisch-ungarischen Ausgleich waren die „Altsachsen" zunächst für einen harten Konfrontationskurs, weil sie ihn nicht als endgültig ansahen. Demgegenüber suchten die „Jungsachsen" eine tragbare Basis zum neuen Staat. Die beiden Richtungen fanden auf dem 1. Sachsentag 1872 zusammen. — Bald setzte sich nach 1876 die Meinung durch, daß es vorteilhafter sei, mit der jeweiligen Regierung zusammenzuarbeiten, um so das Bestmögliche durchzusetzen. Gegen diese „kleinsächsische" Politik der führenden „Schwarzen" stellten sich um die Jahrhundertwende die „Grünen". Sie traten für eine enge Zusammenarbeit mit allen Minderheiten, vor allem mit den Rumänen ein und forderten eine gemeinsame Politik mit den der Magyarisierung viel härter ausgesetzten Schwaben. — Führende Tageszeitung war das „Siebenbürgisch-deutsche Tageblatt" (1868—1945).

In wirtschaftlicher Hinsicht galt Siebenbürgen in der Habsburger Monarchie als entfernte Agrarprovinz, die für die aufstrebende Industrie der westlichen Provinzen als Absatzgebiet interessant war. Zum Schutz des ungarischen Großgrundbesitzes wurden Getreidezölle eingeführt. Aus diesem Grunde kam es 1886—89 zum sog. Zollkrieg mit Rumänien. Damit kam der für Gewerbe und Handwerk lebenswichtige Export der sächsischen Städte und Märkte in dieses Land zum Erliegen. Eine schwere

Wirtschaftskrise war die Folge. Sächsische Unternehmen wichen aus, indem sie im rumänischen Prahovatal eine Reihe blühender Industriebetriebe gründeten, die jedoch bald eine Konkurrenz für die einheimische Wirtschaft wurden.

Unter den verarmten Handwerkern und Kleinbauern setzte eine Auswanderungswelle ein, die zunächst Altrumänien, später vor allem die Vereinigten Staaten von Nordamerika zum Ziele hatte. Sie nahm in einigen Dörfern ein solches Ausmaß an, daß zeitweise vor 1914 mehr als 10 vH ihrer sächsischen Bevölkerung vorübergehend oder auf Dauer in Übersee lebte.

Dr. Karl *Wolff* erkannte, daß es darauf ankam, vor allem die wirtschaftliche Basis zu verbessern; dann verringere sich auch das Auswanderungsproblem. Dazu war vor allem Kapital erforderlich. Er baute deshalb nicht nur die von ihm geleitete Hermannstädter Allgemeine Sparkasse zu einem über Siebenbürgen hinaus wirksamen Kreditinstitut aus, sondern gründete mit der Bodenkreditanstalt auch eine Hypothekenbank, deren Papiere auch in Wien und Budapest gefragt waren. Er bemühte sich um neue Eisenbahnlinien, setzte die Elektrifizierung Hermannstadts und eine Straßenbahn durch, ließ Pläne zur Schiffbarmachung des Altflusses ausarbeiten u. a. m.

Das wichtigste Werk Karl Wolffs war die Schaffung schlagkräftiger Raiffeisengenossenschaften in fast jedem sächsischen Dorf, sowie die Gründung von Konsumvereinen. Darüber hinaus gründete er zusammen mit dem Landwirtschaftsverein die „Vereinsbank", um Aufgaben der inneren Kolonisation zu übernehmen. Bis zum Beginn des 1. Weltkrieges erwarb diese in über 20 Gemeinden auf früherem Komitatsboden adlige Güter, die sie dann parzelliert an Kleinbauern zu günstigen Bedingungen weiterverkaufte oder durch Neubauernstellen weitere Existenzen schaffen half.

Um die Förderung der Landwirtschaft machte sich vor allem der Siebenbürgisch-sächsische Landwirtschaftsverein verdient. Auf seine Initiative hin hatte 1861/62 die Nationsuniversität die Trägerschaft der Ackerbauschulen in Mediasch, Bistritz und Marienburg übernommen. Das von ihm herausgegebene Wochenblatt, die „Landw. Blätter für Siebenbürgen" war in Siebenbürgen, später in ganz Rumänien das Fachblatt mit der höchsten Auflage (etwa 13 000). Die Wanderlehrer des Vereins sorgten durch Kurse und Vorträge für eine zeitgemäße Landbewirtschaftung und setzten sich vor allem für die Kommassation (Flurbereinigung) ein, die bis zum 1. Weltkrieg in drei Vierteln aller sächsischen Gemeinden verwirklicht wurde. Wenn man bedenkt, daß in der Bundesrepublik Deutschland noch 1955 die Hälfte der landwirtschaftlichen Nutzfläche als bereinigungsbedürftig galt, kann man diese Leistung erst würdigen. Auch die existenzbedrohende Verseuchung der Weinberge durch die Reblaus konnte durch zügige Umstellung auf reblaussichere Unterlagen unterbunden werden. Vor dem 1. Weltkrieg setzte eine, wenn auch bescheidene Industrialisierung ein; Gewerbe und Handel konnten sich eine solide wirtschaftliche Basis schaffen. Die sich aus der Aufhebung der Autonomie auf Königsboden ergebende Gefahr war durch neue Aktivitäten überwunden, auch wenn der ungarische Chauvinismus Kräfte band.

Siebenbürgen als Teil des Königreichs Rumänien

Bei Beginn des 1. Weltkrieges verhielt sich Rumänien zunächst neutral, erklärte dann aber zwei Jahre später überraschend Österreich-Ungarn den Krieg und besetzte Südsiebenbürgen. Im Gegenangriff überschritten die Truppen der Mittelmächte bald die Karpaten und eroberten Bukarest und die Walachei, ohne eine Kriegswende herbeiführen zu können. Am 3. November 1918 war Österreich-Ungarn gezwungen, einen Waffenstillstand mit den Westmächten abzuschließen; die Donaumonarchie begann sich aufzulösen. Am 1. Dezember 1918 erklärte die Nationalversammlung der Rumänen Siebenbürgens, des Banats, des Kreischgebiets und der Maramuresch in Karlsburg-Weißenburg den Anschluß an Rumänien. Den nationalen Minderheiten wurde eine Autonomie und weitgehende Berücksichtigung ihrer Belange in den Karlsburger Beschlüssen dieser Nationalversammlung zugesagt.

Aufgrund dessen folgte am 8. Januar 1919 die Mediascher Anschlußerklärung der Siebenbürger Sachsen als der ersten Minderheitengruppe. Auf dem 4. Sachsentag am 6. November 1919 in Schäßburg wurden die Wünsche an den neuen Staat im einzelnen formuliert. Sprecher war Rudolf *Brandsch,* der noch als Abgeordneter im ungarischen Reichstag enge Kontakte zu rumänischen Politikern und zu den Schwaben unterhalten hatte.

> Schon vorher hatten sich alle deutschen Siedlungsgebiete des neuen Vaterlandes zum Verband der Deutschen in Rumänien zusammengeschlossen: außer den Siebenbürger Sachsen und Banater Schwaben auch die Sathmarer Schwaben, die Deutschen der Bukowina (die bis 1918 österreichisches Kronland war), diejenigen aus Altrumänien und der Dobrudscha, später auch die Beßarabiendeutschen, die früher zu Rußland gehörten. Zu Beginn des 2. Weltkrieges gab es in Rumänien fast 800 000 deutsche Volkszugehörige. — Auch die evangelische Kirche wurde durch neue Kirchenbezirke im Banat, der Bukowina, dem rumänischen Altreich und Beßarabiens erweitert.

> Im Interesse der vielen neuen ethnischen Minderheiten schlossen die Westmächte mit Jugoslawien, Österreich, Rumänien, Polen, der Tschechoslowakei und Ungarn Minderheiten-Schutzverträge ab, deren Einhaltung ein Ausschuß des Völkerbundes überwachen sollte. Dieser ist auch hinsichtlich Rumäniens mehrfach tätig geworden. Den Szeklern und Sachsen sollte nach dem Friedensvertrag und dem genannten Abkommen eine kulturelle Gruppenautonomie gewährt werden. Die evangelische Kirche erhielt zwar eine Schulautonomie und das deutschsprachige Schulwesen war in seinem Bestand bis zum Beginn des 2. Weltkrieges auch nie gefährdet. Zu einer ausdrücklichen Kulturautonomie und der Anerkennung des Verbandes der Deutschen in Rumänien als Körperschaft des öffentlichen Rechts kam es allerdings erst 1940 auf Druck des Deutschen Reiches. Weil die Zusagen der Karlsburger Beschlüsse nicht gehalten wurden, lehnten die deutschen Abgeordneten konsequenterweise die rumänische Verfassung des Jahres 1923 ab.

Der auf das Doppelte vergrößerte Staat Großrumänien dehnte sein nach französischem Muster extrem zentralisiertes Verwaltungssystem, nach dem Bukarest sich die Entscheidung bei jeder Kleinigkeit vorbehielt, auch auf die neuen Gebiete aus. Sehr bald wurden „Minderheitler" aus den Behörden und Magistraten verdrängt und durch „Regatler" aus dem rumänischen Altreich ersetzt. Nach vielversprechenden Anfängen machte sich ein Chauvinismus breit, der sich in vieler Hinsicht nur dadurch von dem bis dahin gewohnten unterschied, daß die Anweisungen aus Bukarest und nicht mehr aus Budapest kamen. Einen wesentlichen Unterschied gab es allerdings: Mit zwei Dritteln der Bevölkerung Siebenbürgens und drei Vierteln der Gesamtbevölkerung bildeten die Blutsrumänen zweifellos die Landesmehrheit. Im Gegensatz zu den Ungarn hatten sie die Romanisierung nicht nötig. Der sächsische Senator, Bischofsvikar D. Dr. Adolf *Schullerus,* rief großen Widerspruch, dann Erstaunen und Nachdenken hervor, als er im rumänischen Senat nationale Forderungen verlas und erst am Schluß erklärte, daß es sich um die Beschlüsse der rumänischen Nationalkonferenz vom Jahre 1901 in Hermannstadt handle. — Den Höhepunkt chauvinistischer Bestrebungen bildete ein Gesetzentwurf, wonach in Gewerbe und Industrie ein Mindestanteil von Blutsrumänen beschäftigt werden sollte. Dieser „Numerus Valachicus" wurde allerdings fallengelassen, als 1937 beim Völkerbund Einspruch eingelegt wurde.

Schon in den Karlsburger Beschlüssen war eine umfassende *Agrarreform* proklamiert worden. Im Gegensatz zum rumänischen Altreich kamen in den früher zu Ungarn gehörigen Teilen Großrumäniens zu den sozialen auch nationale Gründe hinzu. Die Bestimmungen unterschieden sich deutlich voneinander. Während die Enteignungsgrenzen im Altreich in Hektar festgesetzt wurden, galten hier mit fadenscheinigen Begründungen zwar die gleichen Zahlen, aber nicht in Hektar, sondern in Katastral-Joch (0, 5755 ha) und waren damit fast um die Hälfte niedriger! In Siebenbürgen konnte im Gegensatz zum Altreich auch Gemeindeeigentum, vor allem Wald, der einen Gemeinde enteignet und einer anderen im Umkreis von 15 km zugeteilt werden. Der Wert wurde nach dem Stand von 1913 festgelegt; dabei wurde die Krone dem Leu gleichgesetzt, obwohl sein realer Kaufwert um mehr als das Vierfache höher war u. a. m.

Unter den Sachsen gab es nur wenige größere Grundeigentümer. Deshalb waren die den sächsischen Privatpersonen enteigneten Flächen auch nicht sehr erheblich. Um so schlimmer erging es den sächsischen Körperschaften und Stiftungen. Die Nationsuniversität verlor mit einem Schlag ihren großen Grundbesitz, vor allem die vorbildlich bewirtschafteten Siebenrichter-Waldungen. Die Kirchengemeinden durften höchstens 32 Kat.-Joch (18,4 ha) behalten. Damit verlor die evangelische Kirche 55 vH ihres Landbesitzes. Auch die sächsischen Gemeinden wurden hart betroffen. In den Dörfern des früheren Königsbodens machte die Gemeinerde (Allmende), die ihrem Wesen nach nicht Gemeinde-, sondern Gemeindegliedervermögen darstellte — aber nicht so behandelt wurde —, im Durchschnitt über ein Viertel der Gesamtgemarkung aus, in vielen Gemeinden ging ihr Anteil bis zur Hälfte. Sie war ein wichtiger Teil der

Der Schäßburger Stundenturm

Ertragsbasis der Kleinbetriebe. Auch davon wurden große Flächen enteignet. Die Gesamtdaten wurden zwar nicht veröffentlicht; wir wissen aber, daß z. B. die Gemeinden Großau, Heltau und Talmesch 57 vH ihres Gemeinbesitzes verloren.

Mit der Enteignung des Gemeinschaftsbesitzes wurde nicht nur die wirtschaftliche Basis der bäuerlichen Kleinbetriebe geschmälert; es fehlten vor allem die Einnahmen zur Deckung der Ausgaben für das deutschsprachige Schulwesen. Deshalb mußten die Schul- und Kirchensteuern empfindlich angehoben werden und waren nun in der Regel höher als die direkten Steuern des Staates!

Für die Gemeinschaftseinrichtungen der Siebenbürger Sachsen entfielen auch weitere wichtige Einkünfte. Sie kamen vor allem von den sächsischen *Banken,* die satzungsgemäß mindestens 10 vH ihres Gewinns — in der Regel erheblich mehr — gemeinnützigen Einrichtungen spendeten. Nach 1918 lag ein Teil ihres Geschäftsgebiets mit entsprechenden Forderungen im Ausland. Durch einen ungünstigen Währungsumtausch, die Zeichnung hoher Staatsanleihen, die mit einem Schlag nur noch Altpapierwert hatten, und eine Inflation verloren sie ihre gesamten Reserven. Da in Rumänien Pfandbriefe nur von staatlichen Geldinstituten aufgelegt werden durften, verloren sie zudem einen ihrer wichtigsten Geschäftszweige. Der nächste Schlag kam durch die Weltwirtschaftskrise mit ihren Zusammenbrüchen und späteren Umschuldungsaktionen. Durch diese Entwicklung hatten die sächsischen Banken trotz großer Fusionen nur noch einen Bruchteil ihrer früheren wirtschaftlichen Bedeutung.

Das wiederum wirkte sich auf die gesamte Wirtschaft der Siebenbürger Sachsen äußerst ungünstig aus, denn sie führte zu einem chronischen Kapitalmangel bei schlechter Auftragslage. Die Situation verbesserte sich erst kurz vor Beginn des 2. Weltkrieges, vor allem durch einen deutschrumänischen Wirtschaftsvertrag.

Die sächsische Landwirtschaft hatte nicht nur die Agrarreform mit ihren Unsicherheiten zu verkraften; auch die Kommassationen (Flurbereinigungen) wurden eingestellt. Am härtesten betrafen sie die Ausfuhrsperren bis zur Mitte der zwanziger Jahre, durch die sie von alten Märkten verdrängt wurde. Nach einer kurzen Erholungszeit brachen die Agrarpreise als Folge der Weltwirtschaftskrise zusammen. Geld war in den kleinbäuerlichen Betrieben so knapp, daß nur die allernötigsten Ersatzinvestitionen getätigt werden konnten und Zucker ein Luxusartikel wurde. Die landwirtschaftliche Umschuldung kam vor allem Großbetrieben zugute, so daß sich erst ab 1939 die wirtschaftliche Lage der Kleinbetriebe besserte.

Auf kulturellem Gebiet entwickelte vor allem die Generation der Kriegsteilnehmer neue Aktivitäten. Leiter des Kulturamtes des Verbandes der Deutschen in Rumänien mit Sitz in Hermannstadt wurde Dr. Richard *Csaki.* Er gab die Zeitschrift „Ostland" heraus; für seine Sommer-Hochschulwochen gelang es ihm regelmäßig, bekannte Persönlichkeiten auch aus dem „Reich" zu gewinnen. 1933 wurde er als Leiter des Deutschen Auslandsinstituts nach Stuttgart berufen. Heinrich *Zillich* sammelte um seine Zeitschrift „Klingsor" vor allem die literarisch Interessierten. Die Schriftsteller Adolf *Meschendörfer* (Die Stadt im Osten, Der Büffelbrunnen), Erwin *Wittstock* (Brüder nimm die Brüder mit) und Heinrich *Zillich* (Zwischen Grenzen und Zeiten, Siebenbürgische Flausen und Flunkereien) wurden im ganzen deutschen Sprachraum bekannt und ihre Bücher erreichten hohe Auflagen. Ab 1930 wandelte Karl Kurt *Klein* das Korrespondenzblatt des Landeskundevereins in die „Siebenbürgische Vierteljahrsschrift" um und schuf damit eine geisteswissenschaftliche Zeitschrift hohen Niveaus.

Die unbefriedigenden wirtschaftlichen Verhältnisse führten zu einer „Unzufriedenenbewegung", die nur langsam abflaute. Die rumäniendeutschen Abgeordneten unter Führung von Dr. Hans Otto *Roth* versuchten, wie schon früher in Ungarn, politische Ziele durch Zusammengehen mit den Regierungsparteien durchzusetzen oder Nachteiliges zu verhüten. Der Rittmeister a. D. und Bankangestellte Fritz *Fabritius* gründete Mitte der zwanziger Jahre die „Selbsthilfe" als Bausparkasse, mit der er auch sozialreformerische und nationale Ideen durchsetzen wollte. Aus ihr entstand die „Erneuerungsbewegung". Dem Führer des „Südostdeutschen Wandervogels", Dr. Alfred *Bonfert,* gelang es, ab 1931 durch Sommer-Arbeitslager breite Kreise der städtischen Jugend zu gewinnen, die sich der Erneuerungsbewegung anschlossen. Diese errang auf dem 5. und letzten Sachsentag 1933 in Hermannstadt die Mehrheit und näherte sich der in Deutschland inzwischen an die Macht gekommenen Nationalsozialistischen Partei. Die immer noch ungünstigen wirtschaftlichen Verhältnisse Rumäniens begünstigten eine politische Radikalisierung.

Im Jahre 1935 kam es zu einer Spaltung der Erneuerungsbewegung in einen gemäßigten Flügel unter Fabritius und eine radikale Gruppe unter Bonfert, Gust und Scheiner. In diese inneren Auseinandersetzungen griff auch die Kirchenleitung durch ein Rundschreiben ein. 1938 wurden Fabritius und Bonfert nach Berlin zitiert und veranlaßt, in Deutschland zu bleiben. Gleichzeitig ordnete Berlin eine Einigung der beiden Gruppen an.

Damit begann eine gefährliche Entwicklung. Erstmals mischten sich reichsdeutsche Stellen in die inneren Angelegenheiten der Deutschen in Rumänien, also nichtdeutscher Staatsangehöriger, ein und spielten den Schiedsrichter. Dieser Einfluß verstärkte sich und war geeignet, einen Loyalitätskonflikt zum Heimatstaat herbeizuführen. Diese Loyalität gegenüber dem rumänischen Staat ist jedoch — von einigen Heißspornen abgesehen — nie ernsthaft in Frage gestanden und ist von rumänischer Seite auch nicht bezweifelt worden.

Beginn des 2. Weltkrieges; der 2. Wiener Schiedsspruch

Am 1. September 1939 begann der 2. Weltkrieg. Rumänien blieb zunächst unberührt. Bereits im Juni 1940 stellte aber die Sowjetunion Rumänien ein Ultimatum: Innerhalb einer kurzen Frist mußte es Beßarabien und die Nordbukowina räumen und an die UdSSR abtreten. Die dort lebenden deutschen Volkszugehörigen wurden ins Deutsche Reich umgesiedelt, anschließend auch die Deutschen der Südbukowina, der Dobrudscha und des rumänischen Altreichs.

Der Marktplatz von Sächsisch-Regen

Am 30. August 1940 fällten der deutsche und italienische Außenminister auf Ansuchen der rumänischen und ungarischen Regierung den sog. 2. Wiener Schiedsspruch, nachdem die beiden Staaten ab 1938 Truppen an ihre Grenzen konzentriert hatten, weil Rumänien einen ungarischen Überfall befürchtete. Siebenbürgen wurde geteilt: Nordsiebenbürgen mit dem sog. Szeklerzipfel einschließlich der sächsischen Gemeinde Draas fiel an Ungarn und damit auch das Nösnerland, das Reener Ländchen, Klausenburg und die Sprachinsel der Sathmarer Schwaben. Mittel- und Südsiebenbürgen mit der größten Gruppe der Sachsen blieben bei Rumänien. Gleichzeitig schloß die Reichsregierung mit Rumänien und Ungarn Abkommen zum Schutze der deutschen Volksgruppen ab. Auch die Süddobrudscha mußte an Bulgarien abgetreten werden.

In Rumänien dankte am 6. September 1940 König Karl II. zu Gunsten seines Sohnes Michael ab, Marschall Antonescu wurde Staatsführer. Wenig später kamen deutsche „Lehrtruppen" ins Land. Durch das rumänische Volksgruppengesetz vom 20. November 1940 wurde der deutschen Volksgruppe der Status einer Körperschaft des öffentlichen Rechts verliehen. Volksgruppenleiter Dr. *Bruckner* wurde durch den ganz auf Berlin eingeschworenen Andreas *Schmidt* ersetzt, der Sitz der Volksgruppenführung von Hermannstadt nach Kronstadt verlegt und die meisten der bisher ehrenamtlichen durch hauptamtliche Amtswalter ersetzt. Der evangelische Bischof Dr. Viktor *Glondys* trat zurück. Sein Nachfolger Wilhelm *Staedel,* der aus der „Erneuerungsbewegung" kam, mußte 1945 sein Amt niederlegen.

Im Jahre 1941 trat Rumänien an der Seite Deutschlands in den Krieg gegen Rußland ein. In seinen Einheiten kämpften auch deutsche Volkszugehörige. Ein rumänisches Gesetz über das deutschsprachige Schulwesen übertrug die (in Siebenbürgen nicht vorhandenen) Staatsschulen mit deutscher Unterrichtssprache dem neu eingerichteten Schulamt der deutschen Volksgruppe. Die Konfessionsschulen wurden aufgrund von Verträgen mit den Kirchen dem Schulamt der Volksgruppe übergeben. Die politische, kulturelle und wirtschaftliche Organisation der Volksgruppe wurde nach reichsdeutschem Vorbild „gleichgeschaltet".

    Wie sah es zur gleichen Zeit in *Nordsiebenbürgen* aus? Hier galt es zunächst zu klären, ob die im Wiener Schiedsspruch vorbehaltene Umsiedlung ernst zu nehmen war. Sie unterblieb. Die sächsischen Organisationen der nun ungarisch gewordenen Gebiete hatten ihre Zentralen in Hermannstadt, wichtige Einrichtungen blieben in Südsiebenbürgen und mußten zum Teil für Nordsiebenbürgen neu begründet werden. Auf kirchlichem Gebiet wurde der Dechant des Bistritzer Kirchenbezirks, Dr. Carl *Molitoris,* Generaldechant mit bischöflichen Befugnissen für die abgetrennten kirchlichen Einrichtungen. In Sächsisch-Regen wurde eine neue Lehrer(innen)bildungsanstalt eingerichtet, die auch Schüler aus anderen Gebieten Ungarns besuchten. Als Ersatz für das Hermannstädter Mädchenlyzeum nahm das Bistritzer Knaben-Obergymnasium auch Mädchen auf. Die Schulen blieben in Nordsiebenbürgen konfessionell. Nordsiebenbürgen war nun ein „Gebiet" des Volksbundes der Deutschen in Ungarn, dem bald unter der Leitung von Robert *Gaßner* auch die Sathmarer und Munkatscher Sprachinseln zugehörten. Auch auf wirtschaftlichem Gebiet entstanden neue zentrale Einrichtungen in Bistritz, wie für die Kredit- und Warengenossenschaften, Molkereien, Versicherungen und Banken. Wegen der auf Hochtouren laufenden Kriegswirtschaft — Ungarn beteiligte sich ebenfalls auf deutscher Seite am Krieg gegen Sowjetrußland — kam es zu einer Hochkonjunktur.

    Im Februar 1942 schloß die Reichsregierung mit Ungarn ein zwischenstaatliches Abkommen ab, durch das im Beisein ungarischer Honvédoffiziere deutsche Volkszugehörige zum Dienst in der Deutschen Wehrmacht (Waffen-SS) gemustert wurden. Die Aktion war offiziell freiwillig, der Druck in den Gemeinden aber so groß, daß sich der Musterung kaum jemand entzog, zumal die Wehrpflichtigen vor der Entscheidung standen, entweder in einer Wehrmacht zu dienen, deren Kommandosprache die meisten nicht verstanden, oder statt dessen deutsche Verbände zu wählen. Dieses Abkommen wurde zweimal erneuert und erweitert.

In Rumänien galt zunächst der Grundsatz, die rumänische Armee dürfe nicht durch Rekrutierungen für die Deutsche Wehrmacht geschwächt werden. 1943 kam es dann zu einem ähnlichen Abkommen wie mit Ungarn. Damit waren die Siebenbürger Sachsen mit allen Konsequenzen voll in das Kriegsgeschehen einbezogen.

Im Frühjahr 1944 zogen die ersten Flüchtlingstrecks von Rußlanddeutschen durch Nordsiebenbürgen; zurückflutende Verbände wollten verpflegt und betreut werden. Dadurch wurde den dort Verantwortlichen klar, daß die Front auch auf Siebenbürgen übergreifen könne. Es wurde beschlossen, für alle Fälle geheime Evakuierungspläne vorzubereiten. Die Volksgruppenführer Dr. Franz Basch (Ungarn) und Andreas Schmidt (Rumänien) lehnten solche Pläne als defaitistisch ab. Sie wurden für Nordsiebenbürgen trotzdem ausgearbeitet.

Die Kapitulation Rumäniens; Evakuierung Nordsiebenbürgens

Am 23. August 1944 schloß Rumänien mit den Alliierten einen Waffenstillstand ab und erklärte wenige Tage später dem bis dahin Verbündeten, dem Deutschen Reich, den Krieg. Die Reichsregierung traf dieser Schritt völlig unvorbereitet, obwohl ihr vorher Warnungen zugegangen waren. Der weitaus größte Teil der an diesem Frontabschnitt zusammen mit Rumänen kämpfenden deutschen Verbände geriet in Gefangenschaft. Volksgruppenführer Andreas Schmidt und die meisten seiner höheren Amtswalter hielten sich zu Besprechungen in Deutschland auf. Die in Siebenbürgen stehenden rumänischen Einheiten verhielten sich in den ersten Tagen nach dem 23. August abwartend und gewährten den dort stehenden, schwachen deutschen Truppen in der Regel freien Abzug.

Auch im ungarischen Teil Siebenbürgens befanden sich keine einsatzfähige ungarische oder deutsche Verbände. Der deutsche General Artur Phleps — ein Siebenbürger Sachse — erhielt zwar den Auftrag, eine „Kampfgruppe Siebenbürgen" aufzubauen, seine Truppe bestand aber überwiegend aus Fronturlaubern, kleinen ungarischen Einheiten und Jugendlichen. Es wurde klar, daß weder der Karpatenwall noch die unnatürliche rumänisch-ungarische Grenze zu halten waren. Einigen Stoßtrupps gelang es, wenige sächsische Gemeinden in der Nähe der Grenze in großer Eile zu evakuieren. Am 7. September ordnete General Phleps auch die Evakuierung der Deutschen Nordsiebenbürgens an.

> Nun zeigte sich, wie wichtig die vorausschauende Planung der nordsiebenbürgischen Gebietsleitung gewesen war. Die Frauen mit Kleinstkindern, Kranke und Greise sowie die Stadtbevölkerung wurden mit der Bahn und Lastwagen der Wehrmacht abtransportiert. Am 9. September brachen die am südlichsten gelegenen Dörfer mit ihren Trecks auf, eine gute Woche später war die gesamte sächsische Bevölkerung Nordsiebenbürgens unterwegs, mit Ausnahme einiger alter Menschen ohne Angehörige und kleiner Kommandos, die in den geleerten Dörfern das zurückgebliebene Vieh versorgen und die Höfe möglichst vor Plünderungen schützen sollten. Mit dem Herannahen der russischen Truppen setzten sie sich mit Fahrrädern ab.
>
> Die Front rückte näher, die Gefahr, abgeschnitten zu werden, wurde deutlich. Deshalb mußte der Plan aufgegeben werden, im Raum Sathmar-Großkarol die weitere Entwicklung abzuwarten. Die Trecks setzten sich über Nyiregyháza in Richtung Westen in Bewegung, überschritten die Theiß über Notbrücken, die bald abgebrochen wurden, erreichten die Donau bei Waitzen (Vác) und sammelten sich in Westungarn in der Umgebung der Stadt Ödenburg. Inzwischen hatten in der ungarischen Tiefebene schwere Panzerschlachten stattgefunden und die russischen Trup-

Die Bistritzer Stadtpfarrkirche (Linolschnitt von Norbert Thomae)

pen leiteten die Einschließung Budapests ein. Deshalb überschritten die Trecks Anfang November die damalige Reichsgrenze. Ein Teil wurde im Raum Hollabrunn nördlich Wien und im niederösterreichischen Waldviertel untergebracht, von wo nur wenige sich beim Heranrücken russischer Truppen nach Westösterreich und Niederbayern absetzen konnten. Die Zurückbleibenden wurden überrollt und zogen im Sommer 1945 nach Hause; sie hatten ein besonders hartes Schicksal.

Der größere Teil der Trecks wurde in Oberösterreich, in der späteren amerikanischen Zone, untergebracht. Als sie ihre letzten Quartiere bezogen, war der Winter bereits eingezogen.

Versuche, vom Westen aus eine Evakuierung *Südsiebenbürgens* zu erreichen, scheiterten schon im Ansatz. General Phleps fiel bei einer Erkundung in der Nähe von Arad. Dort herrschte in den ersten Tagen nach dem 23. August 1944 eine abwartende Stimmung, viele hofften auf baldige Rückkehr der abgezogenen deutschen Truppen. Der Abgeordnete Dr. Hans Otto Roth rief die deutsche Bevölkerung Siebenbürgens und des Banats im Siebenbürgisch-Deutschen Tageblatt vom 31. August 1944 auf, sich ruhig und besonnen zu verhalten und versuchte durch Kontakte mit bekannten bürgerlich-rumänischen Politikern aus der gegebenen Lage das Bestmögliche herauszuholen. Obwohl er ein Gegner des Nationalsozialismus war, wurde er bald auch interniert und starb 1953 in einem Bukarester Gefängnis. Anfang September überschritten russische Einheiten die Karpaten und besetzten Hermannstadt. Es kam zuerst zu Ausschreitungen, die aber bald eingestellt wurden, weil Rumänien als befreundetes Land galt. Nach der Besetzung durch russische Truppen wurden zunächst nur Amtswalter der Volksgruppe interniert, später jedoch immer breitere Kreise, vor allem Intellektuelle und Inhaber größerer Betriebe. Die Rundfunkgeräte und Telefone wurden bald bei allen Deutschen beschlagnahmt. Diese erhielten blaue Sonderausweise und wurden zu Sonderarbeiten eingesetzt. In den Städten wechselten auch viele Wohnungen den Besitzer, es kam aber zunächst nicht zu besonderen Härten.

Die Verschleppung nach Rußland, Enteignungen

Nach Weihnachten 1944 verdichteten sich die Gerüchte über Aushebungen zur Zwangsarbeit nach Rußland. Am 9.–12. Januar 1945 wurden dann schlagartig alle nicht eingezogenen Männer von 17–45 Jahren und die 18–35jährigen Frauen unter russischer Leitung gesammelt. Ausgenommen waren nur die nicht Transportfähigen und Frauen mit Kleinstkindern unter einem Jahr. Wenn die Sollzahl nicht erreicht war, mußten auch jüngere und ältere dran glauben. Die Kinder mußten zum Teil bei Nachbarn oder Fremden unterkommen, wenn nähere Verwandte nicht da waren. Etwa 30 000 Siebenbürger Sachsen wurden verladen und landeten in Lagern im Kohlebecken des Donez oder anderen Gebieten bis hin zum Ural. Die Verluste durch Kälte, vor allem aber durch Hunger und Krankheiten waren erheblich.

Die ersten Rücktransporte von Kranken und Arbeitsunfähigen begannen im Herbst 1945, die letzten Verschleppten blieben bis 1952 in Rußland. Sie wurden zunächst nicht nach Rumänien, sondern nach Frankfurt/Oder zurückgeführt, von wo sich viele zu ihren inzwischen aus der Gefangenschaft entlassenen Männern, Verwandten oder Bekannten nach Westdeutschland absetzten. Die meisten versuchten, irgendwie nach Siebenbürgen zu kommen, wo sich die Kinder, Eltern und Verwandten befanden.

Die in Siebenbürgen Verbliebenen waren nicht nur politisch rechtlos und örtlicher Willkür ausgesetzt. Durch die (2.) *Agrarreform,* die durch Gesetz vom 23. März 1945 angeordnet wurde, kam es zu einer totalen Enteignung des Grundbesitzes der deutschen Volkszugehörigen, von der nur die wenigen ausgenommen waren, die aktiv gegen Hitlerdeutschland gekämpft hatten. Das Ausmaß der Enteignung läßt sich aus folgenden Zahlen erkennen: Die durchschnittliche Enteignungsfläche in den nicht von Deutschen besiedelten Gebieten lag bei 85 ha, betraf also fast ausnahmslos Großbetriebe. Im Banat lag sie aber bei nur 3,66 ha, im Kreis Hermannstadt sogar bei 2,69 ha! Von der Enteignung wurden etwa 55—60 000 sächsische Grundeigentümer betroffen. Rechnet man die Familienzugehörigen dazu, so wird klar, daß fast der gesamte sächsische Grundbesitz enteignet wurde. In den deutschen Siedlungsgebieten ging es also nicht um die Enteignung von Großgrundbesitzern und Kulaken, sondern um Klein- und Kleinsteigentümer!

Ein großer Teil der Bauern mußte außerdem den Hof für zuziehende Kolonisten räumen und z. T. in Zigeunerkaten ziehen. Andere waren froh, wenn sie auf ihrem Hof ein Zimmer behalten durften. Auch den Handwerkern, kleinen Kaufleuten und Eigentümern von Familienheimen ging es in diesem Katastrophenjahr 1945 nicht besser; die meisten verloren ihre bisherige Erxistenzbasis. Durch eine Währungsreform schmolzen auch die Spargroschen dahin.

Die Frage der Staatsangehörigkeit der Deutschen war zunächst ungeklärt, das Wahlrecht wurde ihnen entzogen und das am 7. Februar 1945 erlassene Minderheitenstatut galt nicht für sie. Trotzdem blieb die letzte Konsequenz — die Ausweisung nach Deutschland — in Rumänien aus. Man wollte offensichtlich auf das Wissen und Können der Deutschen, denen man so einiges zu verdanken hatte, nicht verzichten, im Gegensatz zu den anderen mittelosteuropäischen Staaten. Man schickte allerdings lieber sie statt eigener Volkszugehöriger nach Rußland und um ihr Vermögen wurden sie auch erleichtert.

Die einzige Einrichtung, die einigermaßen intakt blieb, war die evangelische Kirche. Sie übernahm im Herbst 1944 wieder das deutschsprachige Schulwesen in eigene Verantwortung bis zu dessen Verstaatlichung im Jahre 1948. In den meisten Orten Südsiebenbürgens wurde der deutschsprachige Unterricht nur für kurze Zeit unterbrochen. Die Kirche mußte sich allerdings nach 1948 ausschließlich auf den rein kirchlichen Bereich beschränken.

In der Volksrepublik Rumänien

Am 30. Dezember 1947 verzichtete König Michael auf den Thron. Die aus dem Zusammenschluß von Kommunisten und Sozialisten hervorgegangene rumänische Arbeiterpartei übernahm die Macht, Rumänien wurde Volksrepublik. Im Sommer 1948 erfolgte die Verstaatlichung von Industrie, Banken, Versicherungen, Hütten- und Transportunternehmen. Die konfessionellen und privaten Schulen wurden verstaatlicht, ihr Vermögen eingezogen. 1949 setzte die Sozialisierung der Landwirtschaft ein und 1950 gingen die größeren Häuser ins Eigentum des Staates über. Die übrigen Parteien wurden verboten.

Bis zur Agrarreform des Jahres 1945 waren die Deutschen Rumäniens ein Volk von Bauern; etwa 70 vH waren landwirtschaftliche Berufszugehörige. Bis zur rumänischen Volks- und Berufszählung des Jahres 1956 hatten sich die Verhältnisse völlig gewandelt: Nur noch 22 vH gehörten zur Berufsgruppe Landwirtschaft, von denen noch 9,6 vH (unter den Blutsrumänen aber noch 53 vH!) selbständig waren. Dafür stieg aber der Anteil der nicht in der Landwirtschaft tätigen Arbeiter und Angestellten auf 72 vH an, zu denen noch 14,5 vH (unter den Rumänen nur 5,7 vH!) Mitglieder von landwirtschaftlichen und gewerblichen Produktionsgenossenschaften kamen! Innerhalb von zehn Jahren war aus einem Volk, in dem die selbständigen Bauern, Handwerker, Kaufleute und Intellektuellen etwa 85 vH ausmachten, eine Gruppe von Unselbständigen geworden!

> In den entlegenen, verkehrsmäßig schlecht erschlossenen Gemeinden sahen sich viele gezwungen, den Wohnort zu wechseln, weil sie hier nur als Wochenpendler leben konnten. Sie zogen nicht nur in die alten sächsischen Städte, sondern mußten sich nach dem Angebot an Arbeitsplätzen richten. Allmählich lockert sich dadurch die Verbindung zur alten Dorfgemeinschaft. Umgangssprache in der Fabrik und in den Büros ist heute nicht mehr wie früher auf dem Acker die sächsische Mundart, sondern das allen geläufige Rumänisch. Das gilt auch für das Gespräch auf der Straße oder bei geselligen Veranstaltungen, sobald Menschen dabei sind, die Sächsisch nicht oder nur schlecht verstehn. Sitte und Brauchtum einschließlich Tracht und Wohnkultur, die den bäuerlichen Jahresablauf und das bäuerliche Leben begleiteten, verlieren zum Teil ihren Sinn und werden aufgegeben. Die vor dieser totalen beruflichen Umstrukturierung vorhandenen geschlossenen Lebenskreise der sächsischen Dörfer existieren nur noch in Ausnahmefällen. Die Assimilationsbereitschaft verstärkt sich allgemein, vor allem in den städtischen Neubaugebieten, was in der zunehmenden Zahl von Mischehen mit Nichtevangelischen und Nichtdeutschen zum Ausdruck kommt.
>
> Die Folge dieser Entwicklung ist eine Überalterung der dörflichen Bevölkerung und dadurch eine weitere Steigerung der Abwanderungsbereitschaft der Jugend. Es muß festgehalten werden, daß diese Entwicklung in ähnlicher Form auch in anderen, der Industrialisierung und Urbanisierung unterworfenen Gebieten, wie dem Westerwald oder früheren oberöster-

reichischen Bauerndörfern zu beobachten ist. Was sie von den Verhältnissen in Siebenbürgen unterscheidet, ist dort die fehlende Möglichkeit, die Probleme öffentlich anzuschneiden und auszudiskutieren. —

In politischer Hinsicht setzte 1949 eine allmähliche Lockerung ein. Es wurde ein deutsches antifaschistisches Kommitee zugelassen, 1950 deutschen Volkszugehörigen das Wahlrecht zuerkannt. Erst das unveröffentlichte Dekret Nr. 81/1956 signalisierte jedoch eine deutliche Wende: Die Deutschen erhielten ihre Bauernhäuser und Familienheime wieder zurück. Seither gelten das Minderheitenstatut und die Nationalitätenbestimmungen der Verfassung ohne Einschränkung auch für sie.

Wohl das schwierigste Problem überhaupt war die über ein Jahrzehnt andauernde Trennung der Familien. Die früheren deutschen Wehrmachtsangehörigen konnten nach Kriegsende nicht mehr zurückkehren. Obwohl sie aufgrund zwischenstaatlicher Verträge mit Rumänien oder Ungarn eingezogen worden waren, verloren sie die rumänische Staatsangehörigkeit. Viele Kinder wuchsen bei entfernten Verwandten oder bei Bekannten auf, eine große Zahl von Ehen hielt die lange Belastung der Trennung nicht aus. Erst ab 1955 gelang es, über die Rote-Kreuz-Organisationen eine Familienzusammenführung einzuleiten, die erst mit der Aufnahme diplomatischer Beziehungen zu größeren Zahlen führte. Inzwischen sind bis zum Jahresende 1975 etwa 33 000 Sachsen aus Siebenbürgen in die Bundesrepublik Deutschland, eine im Vergleich dazu sehr kleine Zahl auch in andere westliche Länder ausgewandert.

In der Sozialistischen Republik Rumänien

Im Jahre 1965 wurde die Verfassung Rumäniens den veränderten Verhältnissen angepaßt. Nicolae *Ceaușescu* wurde Generalsekretär der nun wieder kommunistisch genannten, allein zugelassenen Partei.

Für Partei und Staat gelten die Grundsätze der Leninschen Nationalitätenpolitik, die bekanntlich der Form nach national, dem Inhalt nach jedoch sozialistisch zu sein hat. Ceaușescu versuchte eine Entkrampfung des Verhältnisses zu den deutschen Volkszugehörigen zu erreichen und gab in einer Aussprache mit deutschen Intellektuellen am 3. Juli 1968 frühere Fehler offen zu. Am 15. November wurde der Rat der Werktätigen deutscher Nationalität gegründet. Das Bemühen der Landsmannschaften der Siebenbürger Sachsen in Deutschland und Österreich, zum früheren Vaterland ein sachliches Verhältnis zu finden, führte auch zu Gesprächen mit dem Staatspräsidenten Ceaușescu selbst.

> Eine auch sprachlich einheitliche rumänische Nation mag das unausgesprochene Ziel der heutigen Vertreter der rumänischen Nationalitätenpolitik sein; mit dem Holzhammer geht man dabei nicht vor, obwohl seit dem Herbst 1974 ein schärferer Wind weht: Die liberalen Vorschriften für westliche Verwandtenbesuche wurden eingeengt. Sie müssen nicht nur einen Devisen-Zwangsumtausch vornehmen, sondern dürfen auch nur bei Verwandten 1. Grades privat übernachten. Spätaussiedler müssen seither ihre Häuser dem Staat zum Kauf anbieten und ihre Zahl ist 1975 deutlich

zurückgegangen. Durch das Gesetz über das nationale Kulturerbe wurde ein Obereigentum des Staates in einer auch für osteuropäische Staaten ungewöhnlichen Form proklamiert. Er bezieht sich auf ältere Bücher und antike Möbel ebenso wie auf größere Briefmarkensammlungen oder Orientteppiche.

Wenn man die Haltung Rumäniens gegenüber seinen deutschen Volkszugehörigen mit der anderer osteuropäischer Staaten, etwa Polens oder der Tschechoslowakei vergleicht, schneidet es nicht schlecht ab. Abgesehen davon, daß die evangelische Kirche nie verfolgt wurde — sie bildet heute ihren Pfarrernachwuchs in einem theologischen Institut mit Universitätsgrad selbst aus — ist es nie zur Schließung der deutschsprachigen Schulen oder Abteilungen gekommen. Ihr Anteil entspricht etwa dem der deutschsprachigen Bevölkerung. Das Problem ist nicht die Errichtung deutschsprachiger Schulen, sondern ihre Ausstattung mit entsprechend qualifizierten Lehrern und mit Lernmitteln. Außer einer deutschsprachigen Tageszeitung, Wochenzeitungen und Zeitschriften gibt es deutschsprachige Sendungen in Rundfunk und Fernsehen neben zwei deutschen Theatern. Die Zahl der deutschen Buchtitel ist beachtlich, die Auflagen, z. T. auch wegen eines unzulänglichen Verteilersystems, viel zu niedrig und bald vergriffen.

Von einer Diskriminierung der deutschen Volkszugehörigen im kulturellen Bereich kann demnach nicht gesprochen werden, ebenso wenig allerdings von einer Autonomie. Bei dieser grundsätzlich liberalen Haltung von Partei und Regierung sind Nadelstiche, die damit unvereinbar sind, um so weniger zu verstehen. Gemeint sind z. B. das nie öffentlich erlassene Verbot, deutsche Ortsnamen in deutschen Veröffentlichungen nicht zu verwenden oder das Verschweigen deutscher Leistungen in deutschsprachigen Stadtführern für westliche Touristen und in regionalhistorischen Darstellungen, die zu regelrechten Geschichtsverzerrungen führen. Bringt sich die rumänische Geschichtsschreibung nicht selbst in Verruf, wenn sie seit einigen Jahren die These von den rumänischen Ländern Moldau, Walachei und Siebenbürgen vertritt? Es ist unbestreitbar, daß zum mindesten seit den Verheerungen des 17. Jahrhunderts die Rumänen die Mehrheit der Bevölkerung Siebenbürgens bildet. Kann aber deshalb das Fürstentum Siebenbürgen, in dessen Landtag — leider — Rumänen nicht vertreten waren, auch als „rumänisches" Land bezeichnet werden? Demgegenüber ist es erfreulich festzustellen, daß viele Arbeiten jüngerer rumänischer Historiker sich durch Sachlichkeit auszeichnen.

Rumänien ist heute ein Land unter kommunistischer Herrschaft mit allen Konsequenzen, die sich daraus ergeben und denen auch die dort lebenden Siebenbürger Sachsen voll unterworfen sind. Daß auf Enteignung und eine totale berufliche und soziale Umschichtung eine bis dahin nicht gekannte Industrialisierung und Urbanisierung einsetzte, die nicht umkehrbar ist, macht den letzten Abschnitt sächsischer Geschichte unvergleichbar mit der Zeit der Türkeneinfälle oder der Bastaschen Wirren. Schon das macht es dem Chronisten unmöglich, den Propheten zu spielen.

Welche historischen Leistungen haben die Sachsen für Siebenbürgen erbracht?

Wenn wir zum Abschluß dieses Überblicks noch einmal die vielgenannte achthundertjährige Vergangenheit der Deutschen in Siebenbürgen wie einen Film „rückspulen" und bei wichtigen Abschnitten auf „Zeitlupe" stellen, ergeben sich folgende allgemeine Feststellungen:

1. Die Sachsen haben in diesem schönen und reichen Land im Karpatenbogen nie die zahlenmäßige Mehrheit besessen und auch nie beansprucht oder beanspruchen können, die allein Maßgebenden zu sein. Es konnte auch nie ihr Ziel sein, wie Rumänen und Ungarn eine Vereinigung mit ihren Brüdern jenseits der Grenzen Siebenbürgens anzustreben, weil das außerhalb der realen Möglichkeiten lag. Sie waren immer auf ein harmonisches Miteinander mit den anderen Ständen, Nationen und Konfessionen angewiesen und haben es auch bewußt gepflegt. Dabei ging es nicht immer harmonisch zu und sie waren meistens gezwungen, ihr Recht zu behaupten; das ändert nichts an unserer Feststellung, sondern bestätigt sie. Wenn sie ihre Stellung als besondere Gruppe nicht behauptet hätten und in anderen Völkern aufgegangen wären — was einige sich besonders klug dünkende Betrachter ohne genaue Kenntnis der Verhältnisse als richtig ansehen —, dann hätten sie auch die besonderen Leistungen für dieses Land nicht erbringen können, denn sie erbrachten sie als Gruppe, nicht als Individuum!

   Als jahrhundertealte Minderheit — nicht nur im nationalen Sinne — kamen sie am besten durch, wenn sie sich (wie es in den Urkunden heißt) circumspekt, also umsichtig, bedächtig, vorsichtig, bei aller Festigkeit in der Sache, verhielten. Radikalismus, das Alles-auf-eine-Karte-setzen, war in ihrer Situation lebensgefährlich. Das zeigt uns die Geschichte am Beispiel von Markus Pempflinger ebenso wie im Jahrzehnt vor 1945.

2. Ihre Leistungen wurden erst dadurch möglich, daß ihnen weitsichtige Landesherren — die ungarischen Könige — besondere Freiheiten gewährten, die weit über das damals übliche Maß im übrigen Europa hinausgingen. Als eine Gruppe freier Bauern und Bürger — zu denen am Anfang auch ein in seinen Vorrechten eingeschränkter Ortsadel, die Gräven, zugezählt werden muß — erbrachten sie ihre Leistungen nicht durch Ausbeutung Dritter, sondern dadurch, daß sie sich frei entfalten konnten.

   Wir müssen uns allerdings vor Idealisierungen hüten: Der Zeit entsprechend waren auch sie ständisch gegliedert und mehrfach haben führende Geschlechter auch ihre bevorzugte Stellung mißbraucht. Sie waren nicht ein Volk „da keiner Herr und keiner Knecht" und es war nicht gleichgültig, ob einer als Sohn eines „Sedlers" (Pächters) oder eines Ratsherren geboren wurde. Im Gegensatz zu fast allen anderen Gebieten Europas bis zum Zeitalter der Bauernbefreiungen besaß aber der vollberechtigte Bürger auf Königsboden Grundrechte, die ihn instand setzte, sich — wie viele Beispiele zeigen — gegen die Willkür der Mächtigen zu wehren. Das gilt für den einzelnen ebenso wie für die gesamte, genossenschaftliche Siedlergemeinschaft, die Nationsuniversität.

Brautpaar in der „guten Stube" (Waltersdorf/Nordsiebenbürgen)

3. Ihre bleibende Leistung besteht vor allem darin, daß sie die geistige, kulturelle und wirtschaftliche Entwicklung des gesamten Landes und der das Land mit ihnen bewohnenden Menschen anderer sozialer, ethnischer und konfessioneller Zugehörigkeit als Katalysatoren, also als Mittler, vorantrieben. Das gilt für agrartechnische Entwicklungen ebenso wie für handwerkliche Fertigkeiten, für die Herstellung der ersten gedruckten Bücher in der Sprache der Mitnationen in gleicher Weise, wie z. B. für die Vermittlung neuer wissenschaftlicher Erkenntnisse auf allen Gebieten. Diese Leistung war nur dadurch möglich, daß sie die Verbindung zu den zentraleuropäischen Ländern über Jahrhunderte hinweg aufrecht erhielten und bewußt pflegen konnten. Die Sachsen waren aber nicht nur Gebende, sondern in gleicher Weise auch Nehmende: Ihre Mundart kennt Entlehnungen aus dem Rumänischen und Ungarischen ebenso, wie z. B. ihre Volkstracht; ihr Eigen-Landrecht, das 1583—1853 galt, kannte auch Elemente des ungarischen Rechtsverständnisses. Und was wäre schließlich die sächsische Küche ohne Klausenburger Kraut, Szekler Gulasch, Palatschinten („Kletiten"), Palukes mit Käse oder eine gute Zuika nach einem fetten Essen?

Der zur Verfügung stehende Raum verbietet uns, Einzelheiten zu wiederholen; dazu müßten wir zurückblättern. Die drei wohl wichtigsten Leistungen, deren Bedeutung über das Land Siebenbürgen hinausgeht, müssen aber doch erwähnt werden:

- die Erhaltung bäuerlicher und bürgerlicher Freiheiten bis in die Neuzeit;
- die Durchsetzung und Erhaltung des Grundsatzes der religiösen Toleranz (Duldung) vor allen anderen europäischen Ländern und
- ihr Anteil an der Abwehr der Türkengefahr und der Erhaltung des trotz türkischer Oberhoheit selbständigen Fürstentums Siebenbürgen, durch dessen Existenz die Rückgewinnung Südosteuropas wesentlich erleichtert wurde.

Welche Lehren können wir aus der Geschichte dieser kleinen Gruppe für Gegenwart und Zukunft ziehen? Das Entscheidende dürfte die Erkenntnis sein, daß es bei jeder Regierungsform — vor allem aber in einer Demokratie westlichen Zuschnitts — nicht darauf ankommt, Minderheiten jeder Art zu majorisieren, ihr also den Willen der Mehrheit aufzuzwingen. Minderheiten können dem Gemeinwohl und der Gesamtheit am besten dienen, wenn ihnen über eine formale Gleichberechtigung hinaus ein Freiheitsraum zur Entwicklung ihrer besonderen Fähigkeiten belassen und erhalten wird.

.... denn das Leben ist stärker!

Kurt Schebesch

Zu den mehr als fünfzig Millionen Menschen, die in der ersten Hälfte des 20. Jahrhunderts durch Krieg und Kriegsfolgemaßnahmen Haus und Hof, Heim und Heimat verloren haben, gehören auch nach Zehntausenden zählende Siebenbürger Sachsen. Sie sind ‚Strandgut des Zweiten Weltkrieges'. Aber sie gehören zu den Überlebenden. Von diesen soll hier die Rede sein, nicht von den in der alten Heimat Verbliebenen, auch nicht von den dorthin — freiwillig oder zwangsweise — nach dem Krieg Zurückgekehrten. Ebenso müssen die zahllosen im Krieg gefallenen, in der Gefangenschaft oder während der Deportation in die Sowjetunion, auch die infolge Flucht oder Zwangsverschickung, Zwangsarbeit und Verfolgung im Nachkriegsrumänien umgekommenen Landsleute hier außer Betracht bleiben. Ihnen allen schulden wir ein ehrendes Gedenken, denn die einen sind gefallen in der Überzeugung, einer gerechten Sache zu dienen, die andern sind gestorben, weil sie Deutsche waren und als solche unmenschlich behandelt wurden. Darüber hinaus schulden wir unseren Gefallenen und Nachkriegsopfern den Mut zum Bekenntnis für Wahrheit und Gerechtigkeit, die ihnen im öffentlichen Bewußtsein meist immer noch vorenthalten werden. — Vae victis! [1]) Ihr Vermächtnis ist zugleich unser Auftrag: gleich ihrem Einsatz dafür zu sorgen, daß die Geschichte ihnen und uns Gerechtigkeit widerfahren lasse. Die Geschichte jener Jahre aber muß noch geschrieben werden, damit die nach uns Kommenden die Wahrheit erfahren.

*

Seit dem Krieg sind nun mehr als dreißig Jahre ins Land gegangen. Eine neue Generation ist herangewachsen und meldet sich zu Wort. Rumänien ist längst ein beliebtes Ferienland, das jährlich fast dreihunderttausend Gäste aus der Bundesrepublik Deutschland besuchen, darunter viele Tausende der im Westen ansässigen Siebenbürger Sachsen. Wer sind diese, und woher kommen sie?

Man weiß, daß deutsche Siedler — die Siebenbürger Sachsen — seit dem 12. Jahrhundert bis zum Zweiten Weltkrieg geschlossen in Siebenbürgen ansässig waren. Man weiß, daß sie — nach dem Aufbau eines mustergültigen Gemeinwesens — jahrhundertelang als Nation und einer der drei Landstände im siebenbürgischen Parlament vertreten waren.

Die Ringmauern ihrer Kirchenburgen und ihre Verteidigungsbereitschaft konnten sie einst vor den barbarischen Überfällen aus dem Süden und Osten schützen; dem politischen Anspruch einer fremden, oft feindlichen Umwelt gegenüber bedurfte es aber anderer Funda-

---

1) Lat. Wehe den Besiegten

mente, um das Überleben sichern zu können. Es waren vor allem die eigene Rechtsgemeinschaft auf dem „Königsboden", vertreten durch die „Nationsuniversität", die evangelische Volkskirche mit der Identität zwischen ethnischer und kirchlicher Gemeinde, ein eigenes konfessionelles Schulwesen, der soziale Aufbau des Gemeinwesens mit seinen wirksamen Sicherungen für Gesittung, Traditions- und Gemeinschaftsbewußtsein durch Nachbarschaften, Bruder- und Schwesterschaften, die geistig-kulturellen Ringmauern gegen die Gefahr von Einbrüchen Fremder oder auch Ausbrüchen eigener Volksangehöriger, der allgemeine Gewerbefleiß, der Zusammenschluß und Aufbau ihrer Wirtschaft in Zünften und Genossenschaften, ein weitverzweigtes Vereinswesen zur Pflege kultureller, wissenschaftlich-didaktischer und anderer Belange, Einrichtungen erzieherischer und solche karitativer Betreuung für Kinder, Alte und Kranke.

In den Jahrzehnten beginnenden Niedergangs der Habsburger Monarchie fielen 1848—1876 entscheidend wichtige Teile des Fundamentes und Instrumentariums siebenbürgisch-sächsischer Gemeinschaftsexistenz dem ungarischen Chauvinismus zum Opfer: der Königsboden, die Nationsuniversität, das Zunftwesen, die eigene Rechtsgemeinschaft. Die Kirchenordnung oder „Presbyterialverfassung" von 1861 sorgte dafür, daß künftig unter dem Dach der Volkskirche auch die weltlichen Belange der Gemeinschaft wahrgenommen werden konnten. Die ehemalige Nation verstand sich nunmehr als Volk der Siebenbürger Sachsen.

In den Jahren zwischen den Weltkriegen wurde den Volksdeutschen in Rumänien noch der Status einer Volksgruppe zuerkannt.

Seit der Machtübernahme durch die Kommunisten im März 1945 sind sie (wie alle Minderheiten) „Angehörige der mitwohnenden Nationalitäten" oder auch „Werktätige deutscher Nationalität". Ein Gruppenstatus, ein Gruppenrecht wird ihnen nicht mehr zuerkannt, aber eine papierne Gleichberechtigung. Diese ist zugleich Alibi und Vorhang, hinter denen sich die Entvolkung und systematische Assimilierung der ihrer materiellen, geistigen und geschichtlichen Lebensgrundlagen fast völlig Beraubten vollzieht.

Von den (1940 etwa 253 000) Siebenbürger Sachsen sind heute noch etwa 180 000 diesem Schicksal preisgegeben. Viele haben resigniert, ganz wenige haben sich assimiliert, die meisten wollen durch Aussiedlung (meist in die Bundesrepublik Deutschland) ihre und ihrer Kinder Freiheit und Deutschtum wiedergewinnen. Etwa 33 000 haben diesen Wunsch bisher verwirklichen können. Sie sind meist zu Verwandten und Freunden zugezogen. Diese aber sind größtenteils Überlebende des Kriegseinsatzes bei der Waffen-SS, der Deportation oder der organisierten Flucht aus Nordsiebenbürgen, die in der Bundesrepublik Deutschland (weniger in der DDR), in Österreich, später in Kanada und in den USA, vereinzelt auch in Südamerika, ja selbst in Australien ansässig wurden. Heute leben von den infolge des Zweiten Weltkrieges oder Aussiedlung außerhalb der alten Heimat ansässig gewordenen Siebenbürger Sachsen schätzungsweise 60—65 000 in der Bundesrepublik Deutschland, 20—22 000 in Österreich, 6—8 000 in Kanada, ebenfalls 6—8 000 in den USA und eine geringe Anzahl in der DDR.[2]) Sie sind Gruppen- oder auch Streusiedler. Wieviele Altzuwanderer von vor dem Ersten Weltkrieg und aus der Zwischenkriegszeit in diesen Ländern noch als Siebenbürger Sachsen anzusprechen sind, läßt sich nicht einmal schätzen. Die Zugehörigkeit zu einer Landsmannschaft, als Gemeinschaft von Landsleuten, beruht zwar einerseits auf der Herkunft, andererseits aber auf einem Bekenntnis zu dem Stammesbewußtsein. Das festzustellen, ist nicht möglich.

*

Schon Martin Opitz, August Schlözer, Charles Boner, Adolf v. Harnack, um nur einige der wichtigsten von zahllosen Forschern und Fragern zu nennen, haben eine Antwort darauf zu finden versucht, wieso und wodurch es den Siebenbürger Sachsen möglich gewesen sei, während einer vielhundertjährigen, an Machtkämpfen, Überfällen, Verwüstungen und Heimsuchungen jeder Art reichen Geschichte in ihrer minderheitlich-exponierten Lage als bewußte Deutsche zu überleben. Jeder der Genannten hat seine Antwort darauf gefunden. Allen gemeinsam ist, daß sie einen besonderen Gemeinschaftssinn, ein hohes Maß gegenseitigen Verantwortungsbewußtseins und eine schier einmalige Kirchen- und Heimatverbundenheit als Grundlage der Tragfähigkeit und Wirksamkeit der bereits genannten Fundamente und „Instrumente" erkannten.

*

Ausgestattet mit diesen Eigenschaften — und sonst gar nichts — gingen die infolge des Zweiten Weltkrieges in den freien Westen gelangten Siebenbürger Sachsen daran, sich neue Existenzen zu gründen. In der Bundesrepublik Deutschland kam ihnen eine musterhafte Kriegsfolgelasten-Gesetzgebung zugute, die dazu verhalf, die materiellen Fundamente leichter zu schaffen.

Die zunächst in Österreich und Deutschland, später auch in Kanada und in den USA meist verstreut Angesiedelten versuchten sehr bald, sich zu sammeln und zusammenzuschließen. Obwohl die traditionellen und bewährten Forderungen nach Einigkeit und Gemeinnutz nicht mehr von einer streng strukturierten Gemeinschaft gestellt und durchgesetzt werden konnten, vielleicht gerade deshalb aber wurden sich die der Vereinzelung und Vereinsamung ausgesetzten Neusiedler jener Werte und ihrer prägenden Aufbaukraft besonders bewußt. Sie haben jedenfalls danach gehandelt.

Im Rahmen dieser Betrachtung kann auf die Entwicklung der Gemeinschaften der Siebenbürger Sachsen in den neuen Siedlungsräu-

---

2) Genaue Zahlen sind nicht bekannt; die Schätzungen aber gehen auseinander.

men und ihre mannigfachen Tätigkeiten nur andeutungsweise eingegangen werden. Eine ausführliche Würdigung derselben bleibt der Zukunft anheimgestellt.

Der Schwerpunkt landsmannschaftlicher Tätigkeit liegt wohl in der *Bundesrepublik Deutschland*. Das hat mehrere Gründe: hier ist die überwiegende Mehrheit der außerhalb Siebenbürgens lebenden Landsleute seßhaft geworden; hier besteht ein Patenschaftsverhältnis als politisch-materieller Stützpunkt; hierher kommt — seit etwa zwanzig Jahren bis heute — die Masse der Aussiedler aus Rumänien.

Bald nach Kriegsende gingen beherzte Landsleute daran, auf dem Gebiet der späteren Bundesrepublik Deutschland mit Hilfe kirchlicher Stellen und des Deutschen Roten Kreuzes Auffang- und Meldestellen einzurichten, wo sich Siebenbürger Sachsen einfinden und Rat holen konnten. Es entstanden die Hilfskomitees der Evangelischen Kirche Deutschlands, u. a. das Hilfskomitee für die Siebenbürger Sachsen und die Banater Schwaben e. V. Aus ersten und sporadischen Zusammenschlüssen entstand schließlich 1949 die Landsmannschaft der Siebenbürger Sachsen in Deutschland e. V. mit dem Sitz und der Bundesgeschäftsstelle in München. In der Folge wurden Landes- und Kreisgruppen aufgebaut. Eine festgefügte landsmannschaftliche Organisation war damit geschaffen.

Da ein Großteil der durch die Flucht im Herbst 1944 nach Österreich gelangten Landsleute dort beruflich nicht Fuß fassen konnte, wurde im Rahmen der sogenannten „Kohlenaktion" 1953 eine Massenumsiedlung nach Nordrhein-Westfalen durchgeführt. Aus Bauern wurden Kumpel. Aus provisorischen Ansiedlungen entstanden die schmucken Siebenbürger-Sachsen-Siedlungen Oberhausen-Osterfeld, Herten-Langenbochum und Setterich bei Aachen. Hier wurden so gut wie alle Wünsche wahr: geschlossen siedeln, auf eigener Scholle im eigenen Haus wohnen, frei und in gesicherten materiellen Verhältnissen sich entfalten, die bewährten Gemeinschaftseinrichtungen und das traditionelle Kulturerbe neu beleben und pflegen können.

1957 übernahm die Regierung des Landes Nordrhein-Westfalen die Patenschaft für die Landsmannschaft der Siebenbürger Sachsen. Der Arbeits- und Sozialminister (heute: Minister für Arbeit, Gesundheit und Soziales) wurde vom Kabinett beauftragt, die Patenschaftsaufgaben wahrzunehmen (vgl. Abb. S. 188).

Damit hatte die Landsmannschaft einen politischen und finanziellen, aber auch einen geistig-ideellen Rückhalt gewonnen, der für die Verwirklichung vielfältiger landsmannschaftlicher Zielsetzungen entscheidend wichtig war und ist.[3] Niemals aber wurde im Ministerium die Patenschaft als ein bloßes DM-Verhältnis aufgefaßt, niemals in die Entscheidungsfreiheit der Landsmannschaft eingegriffen. Freilich wurden

---

3) Der Verfasser dieses Beitrages könnte diese Aussage als langjähriger Patenschaftsreferent im Ministerium anhand von Vergleichen und Zahlen belegen.

> DAS LAND NORDRHEIN-WESTFALEN ÜBERNIMMT DIE PATENSCHAFT FÜR DIE „LANDSMANNSCHAFT DER SIEBENBÜRGER SACHSEN IN DEUTSCHLAND". DIESER ERKLÄRUNG LIEGT EIN EINSTIMMIGER BESCHLUSS DER LANDESREGIERUNG VON NORDRHEIN-WESTFALEN VOM 7. JANUAR 1957 ZUGRUNDE. MIT DIESEM AKT BEKUNDET DAS LAND NORDRHEIN-WESTFALEN SEINE VERBUNDENHEIT MIT DER VOLKSGRUPPE DER SIEBENBÜRGER SACHSEN, DEREN URHEIMAT WEITE GEBIETE NORDRHEIN-WESTFALENS SIND, UND SEINEN WILLEN, DIE LANDSMANNSCHAFT DER SIEBENBUERGER SACHSEN IN IHREN AUFGABEN ZU UNTERSTÜTZEN.
>
> NAMENS DER LANDESREGIERUNG VON NORDRHEIN-WESTFALEN
> DER ARBEITS- UND SOZIALMINISTER
>
> *[Unterschrift]*
>
> DÜSSELDORF, DEN 26. MAI 1957

auch von ihren Vertretern Kontakte und Zusammenarbeit pfleglich gehandhabt. Beide waren sich stets im klaren, daß eine Patenschaft als Sonntagsverhältnis nutzlos wäre. Sie haben daher gerne in Kauf genommen, daß man sich im Patenschaftsalltag auch einmal auseinandersetzte, bis man die gemeinsame Formel fand. Toleranz und Gemeinsamkeit sind die Grundlagen dieser Zusammenarbeit geblieben. Die Erfolge aber geben Zeugnis davon.

Geschlossene Siedlungen sind entstanden, von denen Drabenderhöhe unbestreitbar als Krönung zielstrebiger Neubeheimatung gelten darf. Es gibt Stadtrandsiedlungen der Siebenbürger Sachsen. In den Siedlungen gibt es zum Teil Kindergarten, Schule, Turnhalle, Schwimmhalle, Sportplatz, Jugendheim, Altenheim, Kulturheim, Ladenzeile, aber auch Arbeitsplätze. Überall entfaltet sich blühendes Leben und ein harmonisches Miteinander mit der neuen Umwelt. In einer Vielzahl von Vereinen, Chören, Tanzgruppen, Blaskapellen wird Brauchtum, Volkslied, Volkstanz, Musik gepflegt.

Es gibt Trägervereine, etwa für die fünf siebenbürgisch-sächsischen Altenheime, das Museum auf Schloß Horneck in Gundelsheim und andere Sozial- und Kultureinrichtungen.

Die Gedenkstätte der Siebenbürger Sachsen in Dinkelsbühl

Es gibt Berufs- und Fachvereinigungen der Siebenbürger Sachsen in der Bundesrepublik Deutschland, von denen zu den wichtigsten das bereits erwähnte „Hilfskomitee" als Zusammenschluß vornehmlich siebenbürgisch-sächsischer Geistlicher, die „St.-L.-Roth-Gesellschaft für Pädagogik" als Verband der Pädagogen, der „Arbeitskreis für siebenbürgische Landeskunde" als Wissenschaftlervereinigung gehören.

Die Landsmannschaft der Siebenbürger Sachsen in Deutschland e. V. als zweifellos umfassendster Zusammenschluß von Landsleuten und in gewissem Sinne Dachorganisation aller Vereinigungen und Tätigkeiten, ist im Normalfall daran beteiligt. Sie respektiert die Autonomie der nicht als Untergliederungen tätigen Einrichtungen, ist aber anderseits stets bemüht, die verschiedenen Aktivitäten aufeinander abzustimmen, um ihre Aussagekraft zu verstärken und den gemeinsamen Zielsetzungen nutzbar zu machen. Unter den vielen ihrer eigenen Einrichtungen zählen zu den vornehmsten wohl die Gedenkstätte und das Heimathaus in Dinkelsbühl, der Stadt der jährlichen Heimattreffen, und das Sozialwerk mit seiner ständigen Aktion „Hilfe für die Heimat". Eine Reihe weiterer Einrichtungen, wie zum Beispiel Fachreferate auf Bundes- und Länderebene, stehen den Landsleuten zur Verfügung, geben etwa ‚Besuchern aus der alten Heimat oder Spätaussiedlern, fachkundig und selbstverständlich kostenlose Beratung, aber auch Kleider, Nährmittel, Medikamente u. a.

Die „Siebenbürgische Zeitung" sorgt für Information und die geistige Verbindung aller Landsleute, wo immer sie leben.

In *Österreich* hat sich die landsmannschaftliche Tätigkeit nach dem Krieg unter anderen Voraussetzungen und zunächst in anderen Formen entwickelt. Sie hat sich vornehmlich der alten Siebenbürger-Sachsen-Vereine in Wien und Graz als Ansatzpunkten bedient. Das hat nur allmählich zu dem Überbau der Landsmannschaft mit ihren Untergliederungen geführt. Auch hier war das Bestreben nach geschlossenem Siedeln so stark, daß im Ergebnis Rosenau, Elixhausen, Munderfing erstanden, um nur die bedeutendsten der Siedlungen zu nennen. Zu ihren vorbildlichen Gemeinschaftseinrichtungen gehören — als ein Charakteristikum der Siedlungen in Österreich — eigene Kirchen und Gemeindehäuser. Auch diese sind eine Krönung materialisierten Gemeinschaftssinnes und traditioneller Glaubensgebundenheit. Eine Vielzahl von Kultureinrichtungen, Tanzgruppen, Blaskapellen, Chören aber sorgen für die Pflege und Weitergabe von Brauchtum und Kulturerbe an die Umwelt und die nachwachsende Generation.

In den *USA* und in *Kanada* wurden — wie man weiß — bereits vor und nach dem Ersten Weltkrieg Siebenbürger Sachsen ansässig. Viele haben ihre Muttersprache und ihr Kulturgut gepflegt, andere wurden assimiliert. — Ein Erwachen und Bewußtwerden des Woher setzte in den fünfziger Jahren mit der Neuansiedlung größerer Kontingente von Siebenbürger Sachsen ein. Diese stammten meist aus Nordsiebenbürgen und waren nach ihrer Flucht im Herbst 1944 jahrelang bemüht, in Österreich Fuß zu fassen, meist ohne Erfolg. Die Erinnerung an das Gemeinsame, die Notlage der Heimatlosigkeit und der Wille, sich neue Existenzgrundlagen zu schaffen, führte zusammen. „Gemeinschaft" war das Zauberwort, die Formel, die eine bessere Zukunft verhieß. Von dieser Erkenntnis bis zur Tat war nur noch ein kleiner Schritt, wenn auch ein recht schwerer. Er wurde — wie in den anderen neuen Siedlungsräumen — zielbewußt getan: In den USA ist der „Zentralverband", in Kanada die „Landsmannschaft" Zeugnis dafür. „Zweige" und „Clubs"

Kabinettssitzung der Regierung von Nordrhein-Westfalen vom 2. Juli 1963

wurden neu aktiviert oder organisiert; Clubhäuser, Kirchen, Kulturhäuser gebaut. Kulturgruppen sorgen dafür, daß siebenbürgisch-sächsisches Kulturerbe bewußtgehalten und gepflegt wird.

Überall aber gehört zu den Kernfragen, deren Lösung ebenso dringend wie wichtig ist: Wie kann die Jugend an dieser Arbeit interessiert, wie am besten daran beteiligt werden? Denn: damit steht und fällt, was wachzuhalten und fortzuentwickeln den Siebenbürger Sachsen — wo sie auch leben mögen — aufgegeben ist.

Die Anstrengungen und Erfolge der Siebenbürger Sachsen in Österreich, in den USA und Kanada verdienen ebenso gewürdigt zu werden wie jene in der Bundesrepublik Deutschland; allein hier ist nicht mehr möglich, als Hinweise und vielleicht Denkanstöße zu geben.

*

Wer aber von den in Deutschland, Österreich, Kanada und in den USA lebenden Siebenbürger Sachsen könnte seiner Freiheit, seiner Sicherheit, seines Wohlstandes, seiner Erfolge, überhaupt seiner Tage froh werden, ohne ständig seiner in Unfreiheit, Unsicherheit, in Not und bar der primärsten Menschenrechte der Freizügigkeit, der Selbstentfaltung, der Selbstentscheidung über Lebensinhalt und Lebenszweck dahinvegetierenden Landsleute zu gedenken, stets bereit, ihnen durch die helfende Tat beizustehen?

Deshalb hat die Landsmannschaft der Siebenbürger Sachsen in Deutschland e. V. nach den Jahren des „Kalten Krieges", als am politischen Horizont ein Silberstreifen möglicher Verhandlungsbereitschaft Rumäniens sichtbar wurde, am 2. Juli 1963 den Bundesvorsitzenden in einer Kabinettssitzung der Regierung des Patenlandes Nordrhein-Westfalen zur Frage der Familienzusammenführung erklären lassen:

1. **Niemand kann einen Siebenbürger Sachsen zwingen, seine alte Heimat zu verlassen.**
2. **Niemand kann einen Siebenbürger Sachsen zwingen, in seiner alten Heimat zu bleiben.**

3. **Wir sehen es als unsere Pflicht an, jedem Siebenbürger Sachsen, der sich aus eigener freier Entscheidung dazu entschließt, die alte Heimat zu verlassen, jede nur mögliche Hilfe zu geben.**

4. **Wir sehen es aber gleichzeitig auch als unsere Pflicht an, jedem Siebenbürger Sachsen, der sich aus eigener freier Entscheidung entschlossen hat, in seiner alten Heimat zu bleiben, zu helfen, wenn er in Not gerät."**

Diese vier Thesen bilden auch heute noch die Grundlage der landsmannschaftlichen Heimatpolitik. Sie wurde abgesteckt durch die Erklärung anläßlich der Aufnahme der diplomatischen Beziehungen zwischen Bonn und Bukarest im Januar/Februar 1967:

„Die Landsmannschaft der Siebenbürger Sachsen in Deutschland begrüßt die Aufnahme der diplomatischen Beziehungen zwischen der Bundesrepublik Deutschland und der Sozialistischen Republik Rumänien.

Sie erwartet, daß nunmehr die Zusammenführung der durch den Krieg auseinandergerissenen Familien endlich erfolgt.

Die Landsmannschaft der Siebenbürger Sachsen ist der Überzeugung, daß die Erfüllung ihres seit Jahren unentwegt verfochtenen Anliegens nichts anderes bedeutet als die Verwirklichung humanitärer Grundsätze."

Das war klar und deutlich. Diese Linie verficht die Landsmannschaft auch heute noch. Denn, jene „humanitären Grundsätze" und die internationalen Verpflichtungen Rumäniens, letzthin auch die Schlußakte (Korb 3) von Helsinki, haben immer noch nicht dazu geführt, daß diejenigen Siebenbürger Sachsen, die auszusiedeln wünschen, dies auch verwirklichen können. Immer noch hängt Zwangsdasein oder Freiheit des einzelnen von der unbegreiflichen Willkür der rumänischen Obrigkeit und dem persönlichen Glück, nicht aber von Recht und Billigkeit ab!

Um daher den geistigen Überbau einer Gemeinschaft aller Siebenbürger Sachsen über Grenzen hinweg dokumentarisch zu bekunden, um ihrer Stimme mehr Lautstärke und Gewicht, namentlich auch in heimatpolitischen Belangen, zu geben, haben die Bundesvorsitzenden der Landsmannschaften in Deutschland und in Kanada, der Bundesobmann der Landsmannschaft in Österreich und der Präsident des Zentralverbandes der Siebenbürger Sachsen in den USA, aufgrund einstimmiger Beschlüsse ihrer Leitungsgremien, am 25. März 1972 in München diese Erklärung abgegeben und gemeinsam durch ihre Unterschrift bekräftigt (vgl. Abb. S. 193).

Alle landsmannschaftlichen Gruppierungen der Siebenbürger Sachsen gehen davon aus, daß es heute eine Gemeinschaft aller Landsleute über Grenzen hinweg gibt und weiterhin geben wird. Dazu zählen die in der alten Heimat lebenden Landsleute ebenso wie alle außerhalb Rumäniens seßhaften. Diese Tatsache gewährt gegenseitig Rechte und erlegt Pflichten auf. Dazu haben sich alle landsmannschaftlichen Grup-

Anläßlich des Verbandstages 1972 der Landsmannschaft der Siebenbürger Sachsen in Deutschland geben

der Bundesvorsitzende der Landsmannschaft der Siebenbürger Sachsen in Deutschland, Erhard Plesch,

der Bundesvorsitzende der Landsmannschaft der Siebenbürger Sachsen in Kanada, Andreas Dienesch,

der Bundesobmann der Landsmannschaft der Siebenbürger Sachsen in Österreich, Dr. Roland Böbel,

der Präsident des Zentralverbandes der Siebenbürger Sachsen in den USA, Edward R. Schneider

folgende **Erklärung** *ab:*

Wir bekennen uns zum Grundsatz der Erhaltung siebenbürgisch-sächsischer Eigenart und Tradition. Wir sehen es als unsere Aufgabe an, uns für die Pflege des Gemeinschaftsbewußtseins einzusetzen, und betrachten die von uns vertretenen siebenbürgisch-sächsischen Gruppen über Grenzen hinweg als eine durch Abstammung, Sprache und Schicksal geprägte Einheit. Wir setzen es uns zum Ziel, als loyale Bürger der Länder, in denen wir leben, dem Interesse unserer Landsleute und auf der Grundlage der Menschenrechte der Verständigung von Volk zu Volk zu dienen.

München, den 25. März 1972

(Erhard Plesch) (Andreas Dienesch) (Dr. Roland Böbel) (Edward R. Schneider) pierungen bekannt. Sinn der „Erklärung" war es, untereinander zu bekunden, daß man sich als Gemeinschaft begreift und bereit ist, alle Rechte und Pflichten, die daraus erwachsen, in Anspruch bzw. auf sich zu nehmen. Das haben inzwischen Regierungen und Politiker in West und Ost zur Kenntnis genommen und als Tatbestand akzeptiert.

Auf dieser breiteren und gesicherten Grundlage versuchen die landsmannschaftlichen Gruppierungen der Siebenbürger Sachsen, ihre Organisationen zu aktivieren und ihre heimatpolitischen, humanitären Zielvorstellungen durchzusetzen. Sie finden zunehmend Gehör und Zustimmung bei ihren Regierungen und in der Öffentlichkeit; sie fanden zeitweise Verständigungsbereitschaft auch bei den Machthabern in Rumänien. Diese Kontakte sind allerdings durch die berüchtigten rumänischen „Herbstgesetze 1974" jäh unterbrochen worden: Der Devisen-Umtauschzwang, der Hotel-Wohnzwang, die Verstaatlichung aller „Kulturgüter" bei Institutionen, Kirchen und Privaten, die neuerlichen Enteignungen von Grundbesitz und Häusern (selbst von Ausländern, etwa im Westen lebender Siebenbürger Sachsen), das Verbot der Verwendung deutscher Ortsbezeichnungen, die Konfiskation geschichtlich wichtigen Quellenmaterials, das Verschweigen oder Verfälschen der Geschichte der „mitwohnenden Nationalitäten", die Bespitzelung und Einschüchterung, die fristlose Entlassung Aussiedlungswilliger, die willkürliche Handhabung von Aussiedlungsgesuchen und zahllose andere Maßnahmen „sozialistischer Rechtlichkeit", geben Hinweise auf Rumäniens Außen- und Minderheitenpolitik: Abgrenzung und Assimilierung.

Dennoch: Die Politik kann sich nicht mit dem Feststellen begnügen, auch nicht mit dem „Anerkennen von Realitäten"; sie muß versuchen, die Realitäten zu erkennen und im wohlverstandenen Interesse aller Beteiligten zu verändern. Dieses Ziel verfolgt die Landsmannschaft der Siebenbürger Sachsen in Deutschland gemeinsam mit den landsmannschaftlichen Gruppierungen in den anderen Staaten des Westens. Es ist eine Sisyphusarbeit, aber „steter Tropfen höhlt den Stein". — Die Alternative dazu hieße: Aufgabe der Siebenbürger Sachsen in Rumänien. —

Hier scheiden sich die Geister, und das darf nicht verschwiegen werden. Einige ganz wenige sind der Meinung, die noch in Siebenbürgen lebenden Landsleute sollten nicht aussiedeln, denn nur dann könnten sie Siebenbürger Sachsen bleiben und nur dort werde siebenbürgischsächsische Geschichte gemacht. — Andere meinen, es sollten alle Landsleute aus Rumänien aussiedeln, denn sonst würden sie innerhalb weniger Jahrzehnte assimiliert und gingen als Siebenbürger Sachsen unter. Schließlich meinen wieder andere, die allen Menschen zustehenden Menschenrechte müssen auch den Siebenbürger Sachsen in Rumänien zuerkannt und gewährt werden; jeder solle daher von seinem Recht auf Freizügigkeit Gebrauch machen können oder dort bleiben, nach eigener Entscheidung. Diese Haltung entspricht den zitierten vier Thesen und wird von den Landsmannschaften der Siebenbürger Sachsen vertreten.

Wer nicht mehr „volkstumspolitisch" denkt, was angesichts des gegenwärtigen Status der Minderheiten in Rumänien illusorisch wäre, der wird die Allgemeinen Menschenrechte und Grundfreiheiten, wie sie jedem Menschen zustehen, für seine Landsleute in der alten Heimat durchzusetzen versuchen und nicht davon ablassen. Freilich, daß die Siebenbürger Sachsen in Rumänien untergehen, ist nicht weniger wahrscheinlich, als daß sie in der Umwelt ihrer neuen Siedlungsräume aufgehen; sie konservieren wollen, bleibt in beiden Fällen ein fragliches Unterfangen. Wer aber Heimat nicht bloß als geographischen Begriff versteht, wer unter ‚siebenbürgisch-sächsisch' nicht nur den geographisch-biologischen Bezug meint, wer beide gleichermaßen als geistig-seelische Werte für eigentümliche Prägung, Haltung, Lebensart begreift, wird zustimmen, daß es auch außerhalb Siebenbürgens möglich ist, Siebenbürger Sachse zu bleiben und siebenbürgisch-sächsische Geschichte zu machen!

Woher die Kraft dazu kommen soll? Aus den Quellen und Erfahrungen einer achthundertjährigen Geschichte. Als Anlage trägt jeder Siebenbürger Sachse dieses Erfahrungsgut mit sich, jeder ist davon geprägt und für seinen Lebensweg ‚vorprogrammiert'. Es kommt darauf an, in sich zu horchen, um die Stimme der Vorfahren vernehmen und danach handeln zu können. Ist das aber möglich angesichts der eigenen Erfahrungen, des Wirrwars von Abhängigkeiten und Zwängen, denen jeder unterworfen ist, angesichts lebenslang schmerzender Brandmale, die der Krieg, die Willkür und Unmenschlichkeit mehr oder weniger allen Landsleuten beigefügt haben, angesichts fortdauernder Zwangsherrschaft und geistiger Vergewaltigung? — Einzelnen oder wenigen allein wird das nicht möglich sein. Wenn aber alle Siebenbürger Sachsen als Gemeinschaft zusammenstehen, werden sie die Fragen unserer Zeit meistern und den Bedrohungen durch Zwangsherrschaft und Willkür Paroli bieten können, denn das Leben ist stärker!

Unser Hilfskomitee. Seit 30 Jahren im Dienst der Gemeinschaft

Hans Philippi

Unser Hilfskomitee

In einem Überblick über Lebensäußerungen der siebenbürgisch-sächsischen Gemeinschaft fern der Heimat, hat auch das Hilfskomitee der Siebenbürger Sachsen seinen Platz. Es ist die älteste Einrichtung dieser so vielfältigen Gemeinschaft: schon in den ersten Wochen des Zusammenbruchs nach dem Zweiten Weltkrieg aus der Kraft der Gemeinschaft selbst erwachsen, schon nach einem Jahr dann vom Rat der Evangelischen Kirche beauftragt und in das Evangelische Hilfswerk eingegliedert. So ist unser Hilfskomitee eine von der Evangelischen Kirche in Deutschland anerkannte und von ihr getragene Dienstgemeinschaft der Siebenbürger Sachsen.

Hilfe in der Not

Das Ende des Krieges fand die Menschen unserer mehr als 50 im Herbst 1944 evakuierten siebenbürgischen Gemeinden auf den Landstraßen der Flucht, in Deutschland und Österreich umherirrend, Tausende von Männern in Gefangenenlagern, auf der Suche nach ihren Angehörigen, allein in fremder Umgebung, ohne feste Bleibe, ohne Arbeitsplatz, ohne Verbindung zur Heimat. Damals entstanden in Ried im Innkreis (Generaldechant Dr. Molitoris, Direktor Beer) und in München durch Initiative Dr. Otto Appels die ersten Hilfsstellen.

In dieser „Hilfs- und Beratungsstelle für Rumäniendeutsche" (zunächst im Rahmen des Deutschen Roten Kreuzes) kam in den Jahren nach dem Krieg alle Not der vielen suchenden und ratlosen Menschen zusammen und fand Auskunft und Hilfe: ein Stab von 500 ehrenamtlichen Vertrauensleuten und Mitarbeitern überall im Land, eine Suchkartei, zahlreiche Denkschriften an Behörden, 112 Rundschreiben und Nachrichtenblätter, ein täglicher Parteienverkehr von über 200 Personen, mehr als 60 000 ausgestellte Bescheinigungen, zahlreiche Versammlungen, die Umsiedlung von 5 000 Bauernfamilien aus dem katholischen Niederbayern in das evangelische Mittelfranken in anderthalb Jahren, allein diese Aufzählung gibt auch heute noch einen Eindruck von der Not, die in jener Wartesaalsituation herrschte.

Den eingeschlagenen Weg ging dann, als das Evangelische Hilfswerk 1946 die Beratungsstelle aufnahm, das „Hilfskomitee" weiter, das, als Hoffnungsinsel und letzter Halt der Landsleute bezeichnet, im Gefüge dieser kirchlichen Einrichtung nun einen klaren Auftrag erfüllte, der im Beauftragungsschreiben wie folgt umschrieben war:

„Die Bildung des Hilfskomitees geht von dem Bestreben aus, den Gliedern der Evangelischen Kirche A. B. in Rumänien, soweit sie in Deutschland leben, beizustehen, ihnen bei der Eingliederung und bei der Schaffung einer neuen Existenz behilflich zu sein. Die einzige innere Verbindung, die diese Menschen noch besitzen, ist diejenige ihrer Heimatkirche. Die Aufgabe des Hilfskomitees wird es also sein,
— die kirchlichen und kulturellen Bindungen zu pflegen,
— den Mitgliedern bei der Suche nach Familien und Gemeindeangehörigen behilflich zu sein,
— die Seßhaftmachung der Flüchtlinge zu fördern,
— etwaige Auswanderungswillige zu registrieren, zu beraten und zu unterstützen."

Diese Aufgabenstellung griff weit über normale kirchliche Dienste hinaus und umfaßte das ganze Leben der einzelnen und der Gemeinschaft. Der Auftrag des Hilfskomitees im Rahmen der EKD ist geblieben, die Aufgaben haben sich, der Situation entsprechend und im Einvernehmen mit der EKD, weiterentwickelt und neue Schwerpunkte gefunden.

Der geistliche Dienst

Als 1949 der „Verband (später: Landsmannschaft) der Siebenbürger Sachsen" gegründet wurde, übergab ihm das Hilfskomitee als Grundlage der Arbeit die Kartei der Siebenbürger Sachsen in Deutschland, während es selbst auf den Ausbau einer Mitgliederorganisation verzichtete. Sehr bald erklärte der Verband die Vertretung der politischen Belange unserer Landsleute in Westdeutschland als seine Aufgabe, neben der er sich auch für die kulturellen und sozialen Belange verantwortlich wußte. Das Hilfskomitee aber wandte sich nun mit dem Schwerpunkt seiner Arbeit der kirchlichen Aufgabe zu, in all ihrer zentralen Ausrichtung auf die Mitte des Glaubens und in der ganzen Weite ihrer Ausstrahlung in Seelsorge und Diakonie, Verkündigung und Gemeindeleben. Es verstand sich ganz als eine Arbeitsstelle — die Geschäftsstelle wird bis heute vom Diakonischen Werk unserer bayerischen Patenkirche getragen — und eine Gemeinschaft geistlich bewegter Menschen, die ihre Verbundenheit mit der gemeinsamen Heimat und den Landsleuten treibt, diese nicht allein zu lassen.

Dieser geistliche Dienst gewann wesentliche Anstöße aus einem Kreis jüngerer Theologen, die sich seit 1947 um Erich Roth gesammelt hatten und von der biblischen Botschaft her nach unserem geschichtlichen Weg in Siebenbürgen, nach unserem Selbstverständnis und unserer Zukunft, nach den Aufgaben, die sich daraus für das eigene Leben in der Gemeinschaft ergaben, zu fragen begannen. Zahlreich waren noch in den frühen fünfziger Jahren die Besuche bei den größeren und kleineren Gruppen unserer Landsleute überall im Land: Heimatgottesdienste, Abendmahlsfeiern, Bibelstunden, Vorträge und Aussprachen.

Die Landsleute in Mittelfranken und die Siedlungen in Nordrhein-Westfalen, die unter wesentlicher Mitwirkung von Generaldechant Dr. Molitoris und Pfarrer Scheerer entstanden waren, aber auch unsere Landsleute in Oberösterreich erinnern sich bis heute dieser Besuche von einzelnen Pfarrern und Gruppen und der davon ausgehenden Hilfe bei der kirchlichen Eingliederung. Mit Hilfe des Lutherischen Weltdienstes konnte sich Dr. Georg Weber zeitweise sogar hauptamtlich ganz diesem Dienst widmen. Die Kirchbauspende des Hilfskomitees konnte einem Dutzend evangelischer Gemeinden in Österreich zum Bau von Mittelpunkten kirchlicher Sammlung unserer Landsleute helfen.

Unsere siebenbürgischen Kirchentage — in Bad Windsheim, Schwäbisch Hall, Essen, Rothenburg, Uffenheim, Kronberg, Stuttgart, Plettenberg, München, Mainz, Nürnberg, Mainz und Rothenburg — und die Vollversammlungen, die 87 Jugendlager, die wir durchführten; die zahlreichen Rüstzeiten und Tagungen führten immer wieder Menschen zusammen, die von den drängenden Fragen des Lebens und Überlebens unserer Gemeinschaft, von der Frage nach seiner Sinngebung erfüllt sind und gemeinsam nach Antworten und Wegen suchen. Nicht wir haben gesagt, das Hilfskomitee sei durch sein Wirken zum Gewissen anderer Zusammenschlüsse geworden, aber die Verpflichtung, die aus dieser Beurteilung spricht, lastet auf uns und bestimmt uns zutiefst.

Wir bemühen uns, dies auch in unseren Veröffentlichungen erkennbar werden zu lassen. Sie alle wollen nichts anderes als letztlich unserer siebenbürgisch-sächsischen Gemeinschaft bei ihrer Selbstfindung und in ihrem Zusammenhalt dienen: der Monatsgruß „Licht der Heimat" (seit 1953), das Jahrbuch „Siebenbürgisch-sächsischer Hauskalender" (seit 1956), die sieben Heimatbücher sächsischer Gemeinden (Mettersdorf, Rode, Lechnitz, Heidendorf, Bulkesch, Windau, Maniersch), unser Kirchenburgen-Buch und vier weitere Publikationen.

Solidarität

„Gemeinschaft" — wir Siebenbürger Sachsen fühlen uns durch diesen Begriff alle angesprochen und aneinander gebunden. Dieses Bewußtsein ist uns durch alle Wandlungen der letzten Jahrzehnte hindurch erhalten geblieben. Es ist aber in Gefahr, ein Lippenbekenntnis zu werden. Wie wir im Hilfskomitee dieser Gemeinschaft zu dienen versuchen, ist — so hoffen wir — schon bisher erkennbar gewesen. Wir wollen es neu und präziser sagen: denn erst, wenn Begriffe näher umschrieben werden, werden sie glaubhaft und sind Fehldeutungen ausgeschlossen.

Wir tun unseren Dienst nicht isoliert, sondern suchen die Verbindung mit den anderen Organisationen der Siebenbürger Sachsen. Jede gibt sich ihre speziellen Aufgaben, keine ist der anderen übergeordnet; aber alle sind aneinander gewiesen, weil sie sich an die selben Menschen gebunden fühlen. Das Hilfskomitee hat manche aus seiner Mitte herausgewachsenen Initiativen in dieses Miteinander eingebracht und loszulassen verstanden: die Mitgliederorganisation an die Landsmannschaft, den Arbeitskreis junger Siebenbürger Sachsen an den Arbeitskreis für Siebenbürgische Landeskunde, die vom Hilfskomitee begründete Siebenbürgische Bücherei in die gemeinsamen kulturellen Einrichtungen in Gundelsheim, das von Oskar Kraemer geschaffene und bis heute im Diakonischen Werk eingegliederte „Heimathaus Siebenbürgen" an den Hilfsverein Johannes Honterus. Für unsere Arbeit stand nie die Organisation im Vordergrund, geistige Grundlegung und Klärung waren und sind das dauernde Anliegen; das grundlegende Gespräch miteinander erscheint uns für den Weg der Gemeinschaft lebensnotwendig.

Seit Beginn suchten wir vor allem das Gespräch mit den Menschen und der Kirche in der siebenbürgischen Heimat. Dort, auf dem alten Heimatboden, ist die Mitte unserer Gemeinschaft, leben in den Gemeinden unserer evangelischen Kirche unsere Brüder und Schwestern. Diese gewachsene und bodenständige Gemeinschaft ist von anderer Qualität als unsere Zusammenschlüsse hier: sie ist die Heimat auch der Zerstreuten, ihre Sorgen und Fragen bewegen auch uns, und wir sind dankbar, daß wir heute die Möglichkeit haben, sie mit ihnen besprechen und unsere Gedanken an ihren prüfen zu können. Gemeinschaft heißt darum für uns auch und vor allem: Solidarität mit den Menschen und der Evangelischen Kirche der Heimat. Und wo wir dieser Verbundenheit dienen können, da liegt heute die Mitte unseres Denkens und das Herz unseres Dienstes.

Der Arbeitskreis für Siebenbürgische Landeskunde e. V.

Balduin Herter

Seit 1951 fand sich ein Kreis junger Siebenbürger Sachsen, die nach dem Zweiten Weltkrieg in der Bundesrepublik Deutschland und Österreich wohnhaft geworden waren, regelmäßig zu Jahrestreffen zusammen. In der Regel waren es 20- bis 30jährige Menschen der Kriegsgeneration, die zum Großteil noch im Studium standen. Sie wandten sich in erster Linie der Erarbeitung siebenbürgischer landeskundlicher und geschichtlicher Themen zu, denn hier herrschte ein erhebliches Defizit an verläßlichem Wissen. Hervorragende Wissenschaftler, wie der Nestor der siebenbürgischen Geschichtsforschung und Germanistik, Prof. Dr. Dr. h. c. Karl Kurt *Klein*, begleiteten sie. Aus diesem „Arbeitskreis junger Siebenbürger Sachsen" entwickelte sich der „Arbeitskreis für Siebenbürgische Landeskunde", der 1962 ins Heidelberger Vereinsregister eingetragen wurde. Er nahm die Rechtsnachfolge des 1840/42 gegründeten „Vereins für Siebenbürgische Landeskunde" auf und setzt seither — in dritter Folge — die von jenem mit 54 Bänden herausgegebene Archiv-Reihe fort. 1976 liegen neuerdings vom „Siebenbürgischen Archiv, einschließlich der Ergänzungsreihen „Studia Transylvanica" und „Schriften zur siebenbürgischen Landeskunde" insgesamt 17 Bände vor; dazu einige Sonderveröffentlichungen und seit 1971 — nunmehr im 70. Jahrgang der Gesamtfolge — die Zeitschrift „Korrespondenzblatt".

Besondere Schwerpunkte der Tätigkeit sind in Sektionen zusammengefaßt: Germanistik (einschließlich Sprachatlas), Geschichte, Zeitgeschichte, Volkskunde, Didaktik, Kunstgeschichte, Genealogie, Kirchengeschichte, Rechtsgeschichte, Naturwissenschaften. Mit seinem derzeit größten Projekt, der Erarbeitung des „Atlas zur Landeskunde Siebenbürgens" ist der Atlasausschuß mit mehreren Mitarbeitern beschäftigt. Der Verein hat z. Zt. rund 500 Mitglieder, unter denen sich auch Persönlichkeiten befinden, die ihrer Herkunft nach nicht Siebenbürger sind, sondern wegen ihres Interesses an Fragen siebenbürgischer Landeskunde beigetreten sind. Viele der in westlichen Ländern lebenden Siebenbürger Sachsen, die sich mit geistigen Fragen Siebenbürgens beschäftigen, sind dem Landeskundeverein beigetreten. Sie beziehen die von diesem publizierten Veröffentlichungen und helfen auf diese Weise, die wissenschaftliche Landeskunde Siebenbürgens zu fördern. Denn heute ist die Notwendigkeit, Geschichte, Gegenwart und Zukunft der sächsischen Gemeinschaft neu zu bedenken, eher noch dringlicher als im siebenbürgischen ‚Vormärz'. In Deutschland, aber auch in Siebenbürgen, wandeln sich die Verhältnisse, wandeln sich auch die Voraussetzungen des sächsischen Selbstverständnisses.

Die Geschäftsstelle des Arbeitskreises befindet sich in D-6953 Gundelsheim am Neckar auf Schloß Horneck. Der hauptamtliche Geschäftsführer verwaltet dort gleichzeitig die *"Siebenbürgische Bücherei — Wissenschaftliche Bibliothek, Archiv und Arbeitsstelle"*, eine Spezialbibliothek für siebenbürgische Geschichte und Landeskunde im weitesten Sinne. Sie wird zu einer Sammelstelle des gesamten Schrifttums über und aus Siebenbürgen ausgebaut, getragen vom Hilfskomitee der Siebenbürger Sachsen, der Landsmannschaft der Siebenbürger Sachsen in Deutschland und dem Arbeitskreis für Siebenbürgische Landeskunde. Sie umfaßt z. Zt. etwa 12 000 Bände. Der Kontakt zur Wissenschaft, vornehmlich der Südosteuropaforschung, hat sich über die Landes- und Universitätsbibliotheken Deutschlands stark weiterentwickelt, seitdem die Bibliothek dem „Deutschen Leihverkehr" angeschlossen ist. Seltenes Schrifttum und bibliophile Raritäten freilich können nur im Lesesaal eingesehen werden. Ein besonderes Anliegen im Zusammenhang mit den vielseitigen bibliographischen Bemühungen ist die Aufnahme der Weiterführung des großen Standardwerkes siebenbürgischsächsischen Schrifttums, des „Schriftstellerlexikons" von Trausch-Schuller. Angeschlossen ist eine Kartenabteilung, ein Bildarchiv und ein Archiv für zeitgeschichtliche und historische Materialien, mit wissenschaftlichen und familiengeschichtlichen Sammlungen und Nachlässen.

Mit dem Stuttgarter „Institut für Auslandsbeziehungen", der ältesten deutschen Einrichtung für internationalen Kulturaustausch, hat der Landeskundeverein einen Kooperationsvertrag abgeschlossen. Dieser hat die gemeinsame Nutzung beider Bibliotheksbestände für wissenschaftliche Vorhaben zum Gegenstand.

Seit das *„Siebenbürgische Museum Gundelsheim"* auf der Basis eines eingetragenen Vereins tätig ist und ebenso wie der Arbeitskreis einschließlich der Bibliothek den Status der Gemeinnützigkeit besitzt, ist der Geschäftsführer und Bibliotheksleiter auch mit der Verwaltung dieser Einrichtung beauftragt. Träger des Museums sind die Gremien der Bibliothek und der Hilfsverein der Siebenbürger Sachsen „Johannes Honterus", der Hausherr des Schlosses ist. Die Gundelsheimer Sammlungen werden zu einem zentralen, überregionalen Siebenbürgischen Museum ausgebaut. Der ehrenamtliche Kustos ist ein Fachmann, der zusätzlich zur vorhandenen volkskundlichen Ausstellung, die reichhaltige Bestände umfaßt, nun auch Abteilungen zur Siedlungsgeschichte, über den „Deutschen Ritterorden im Burzenland", Zunft- und Schulgeschichte, eine eigene Abteilung „Kirche und Kirchenburg" u. a. m. aufbaut.

Als eine Einrichtung, die der Koordinierung der kulturellen und wissenschaftlichen Aktivitäten dient, ist auf Initiative der Landsmannschaft der *„Siebenbürgisch-sächsische Kulturbeirat"* ins Leben gerufen worden. Dieser Einrichtung hat das Patenland der Siebenbürger Sachsen, Nordrhein-Westfalen, die Funktion einer Drehscheibe kultureller Subventionen eingeräumt und respektiert sie als Selbstverwaltungsorgan. Dem Kulturbeirat gehören an: Landsmannschaft der Siebenbürger Sachsen in Deutschland, Hilfskomitee der Siebenbürger Sachsen, Arbeitskreis für Siebenbürgische Landeskunde; die Landsmannschaft der Siebenbürger Sachsen in Österreich ist auf Einladung beigetreten. Mit der Geschäftsführung ist der hauptamtlich tätige Leiter der Gundelsheimer Kultureinrichtungen beauftragt. Über die gemeinsame Plattform des Kulturbeirats konnten im Laufe der Jahre viele fruchtbare Ansätze kulturell-wissenschaftlicher Tätigkeit der Verwirklichung zugeführt werden.

Die Stephan Ludwig Roth-Gesellschaft für Pädagogik e.V.

Hans Mieskes

Durch einstimmigen Beschluß und Annahme einer Satzung wurde 1970 aus der (seit 1965 bestehenden) „Arbeitsgemeinschaft siebenbürgischer Erzieher" die „Stephan Ludwig Roth-Gesellschaft für Pädagogik" (RGP).

Dem Namenswechsel entspricht ein Wandel im Selbstverständnis: kein (Volksschul-)Lehrerverein, gar eine Standesorganisation, vielmehr eine fachorientierte Vereinigung, in der alle Pädagogen Heimatrecht besitzen, ob sie nun vorwiegend praktisch oder wissenschaftlich tätig sind — eine Unterscheidung, die nicht mehr zählt: Es darf keine Erziehungswissenschaft mehr ohne realen Bezug und keine praktische Tätigkeit abseits der Wissenschaft geben — ein Sachverhalt, der nicht ohne Einfluß auf Struktur und Arbeitsweise der RGP bleiben kann.

Die so geprägte Vereinigung setzt Zeichen, die bislang noch selten anzutreffen sind: Erzieherinnen arbeiten mit Eltern zusammen; Lehrer aller Stufen: Grundschul-, Hauptschul-, Gymnasial- und Hochschullehrer mühen sich um das pädagogisch Gemeinsame sowie das Besondere ihrer Berufe. Ein weitgespannter Fächer theoretischer und praktischer Aufgaben fordert demnach die Mitglieder, deren Bewährung in unserer Zeit harte fachliche Leistungen verlangt. Deshalb muß die eine Aufgabe der Gesellschaft lauten: Weiterbildung ihrer Mitglieder, wiederum in wissenschaftlicher und praktischer Hinsicht. Wer sein Herz für seine persönlichen Pflichten schlagen lassen will, muß den Verstand für die allgemeinen schärfen.

Die kommentierenden Thesen, mit denen der Verfasser die „Satzung" der RGP erläutert, nennen noch eine zweite Aufgabe: das pädagogische Erbe der Siebenbürger Sachsen, das es zu erforschen und darzustellen gilt. Es reicht mit seinen schulischen Einrichtungen bekanntlich bis in die vorreformatorische Zeit zurück. Das Schulwesen gewinnt dann bald generelle und bezeichnende Formen, zeigt stabile Perioden und Zeiten der Wandlung. Die Kenntnis seines Aufbaus und seiner Funktion gehört doch wohl zum historischen Bestand der deutschen Pädagogik überhaupt, wohin sie eingebracht werden muß, desgleichen das Kapitel Lehrerbildung und auch das Lebenswerk bedeutender sächsischer Pädagogen. Dies alles in streng monographischem Sinne, doch nicht ausschließlich, denn die besondere Bedeutung unseres Schulwesens für die Erhaltung des Volksstammes, wiederholt als Angriffspunkt von Entnationalisierungsbestrebungen dienend, die fundamentale Rolle der Lehrerschaft als Kulturträger und schließlich der erzieherische Einfluß von Sitte, Brauchtum und Gemeinschaftsformen beinhalten weitere, langfristige Aufgaben einer siebenbürgischen Pädohistorie [1]), die viele, hier nicht aufzuzählende Einzelprobleme aufwirft. Daß sie alle nicht allein lokaler und provinzieller Natur sind, beweist der Umstand, daß auch Nichtsiebenbürger Mitglieder der RGP geworden, sogar im Vorstand vertreten sind.

Aktuelle und zurückgreifende Fragen sind es also, die den wissenschaftlichen Teil der regelmäßigen Jahrestagungen füllen (im Herbst 1975 fand die 10. Jahrestagung als Jubiläumsveranstaltung in Dinkelsbühl statt). Leider gelang es bisher noch nicht, die vielen und vorzüglichen, thematisch weit streuenden Beiträge laufend zu veröffentlichen. Hier muß Abhilfe geschaffen werden.

Dem pädagogischen Selbstbewußtsein der RGP fehlte eine es auszeichnende Legitimation, würde es sich auf die „Vereinigung" als solche beschränken. Pädagogik sucht, um ihrer Bestimmung willen, den Kontakt mit dem Leben allenthalben, die RGP deshalb die Begegnung mit der Bevölkerung am jeweiligen Tagungsort und mit der ringsum. Den auf die wissenschaftliche Arbeit stets folgenden „Kulturabend" wird nicht gering einschätzen, wer auf ihm die gebotene Folklore und vor allem das Gemeinschaftserlebnis mit den Volksgenossen beobachten konnte. Da wird siebenbürgisch-sächsische Art mit Sang und Klang, Tanz und Geselligkeit gelebt. Und nicht nur das, Einheimische sind es allemal, denen solche Art vorgeführt wird. Bisher mit stets gewinnendem Erfolg. Geredet wird heute viel über den Karpatenraum; an eindrucksvoller Veranschaulichung fehlt es weithin.

Mit solcher Einstellung weiß sich die RGP in bewährter Tradition stehend: sie tritt unbeschadet der völlig veränderten Verhältnisse und Aufgaben in die Nachfolge des „Siebenbürgischen Lehrertag", über dem zwar die Würde der Vergangenheit liegt, der aber ideelle Impulse ausstrahlt, bis heute. Aus dieser Tradition kommend und lebend, war der Plan eines „Schulmuseums" Herzensanliegen von Simon Schwarz, demzuliebe er eine „Simon Schwarz-Stiftung" gründete. Beide Einrichtungen bedürfen zu ihrer Entwicklung günstigerer Umstände, doch die RGP bleibt in ihrem Auftrag.

Als einem Teil der Landsmannschaft der Siebenbürger Sachsen fallen der RGP dringliche Aufgaben zu: es gilt, die Entwicklung der gegenwärtigen Schulverhältnisse in der alten Heimat aufmerksam zu verfolgen; der Kontakt mit den dort tätigen Lehrern will hergestellt und gepflegt werden; Schul- und Sachbücher, Lehr- und Arbeitsmaterial sind begehrt, müssen gesammelt und den Empfängern zugeleitet werden; den spätausgesiedelten Lehrern vor allem gebührt Hilfe mit Rat und Tat. Mag das alles u. U. auch als „karitative Praxis" abgetan werden, die RGP ist nicht bereit, mitmenschliche und berufliche Zuwendung als unerheblich zu betrachten. Schließlich investiert sie auch hierin ihre fach-

---

[1] Geschichte der Erziehungswissenschaft

liche Kompetenz. Anders wüßte sie nicht, wie sie den historischen Geist, auf den wir mit Recht so stolz sind, mit dem uns fordernden Zeitgeist glaubwürdig verbinden könnte. Die Haltung der RGP ist eine einheitliche und einigende in allen Arbeitsfeldern, die sich nicht um Rangplätze streiten.

Diese Haltung gründet letztlich in der jenes Mannes, dessen Namen die RGP trägt. Die „Idee einer allgemeinen Menschenerziehung" trug er von Pestalozzi nach Siebenbürgen; die RGP findet darin ihre oberste Sinngebung.

„Wenn sich unsere Arbeitsgemeinschaft unter die Zeichen seines, Roths, Leben stellt, so bekennt sie sich zu der Sendung dieses Lebens und das freilich in Demut und Bescheidenheit, nicht mit der Hybris des bloßen Nutznießers dieses Namens. Sie erhält in Roths Namen ihre verpflichtende Bindung, und sie gewinnt gleichzeitig durch diesen Namen ihre Freiheit. Roths Name engt weder historisch noch sachlich ein, er isoliert nicht, er provinzialisiert nicht.

Dieser Name vermag wie kein anderer der neueren Zeit Völker und Zeiten zusammenzuführen.

Roths Name ist europäisches und menschliches Anliegen, denn nie werden Menschlichkeit und Erziehung, Freiheit und Gleichheit, Recht und Wahrheit ein Ende nehmen." (6. These)

Unsere Hilfsvereine – Träger der siebenbürgisch-sächsischen Altenheime

Gerhart Albrich

Vor Jahren hat anläßlich einer Feierstunde im Altenheim von Drabenderhöhe der damalige Sozialminister von Nordrhein-Westfalen, Werner Figgen, gesagt: „Ein Volk kann man danach beurteilen, wie es für seine alten Leute sorgt!" Dieses Wort klingt mir in den Ohren, wenn ich hier kurz über die siebenbürgisch-sächsischen Altenheime in der Bundesrepublik Deutschland berichten soll.

Das älteste Heim wurde 1953 in Rimsting bei München am Chiemsee eröffnet. Trägerverein ist der Hilfsverein der Siebenbürger Sachsen

Rimsting

„Stephan Ludwig Roth" e. V. Das gesamte Anwesen ist 20 000 qm mit zwei vorhandenen Altbauten. Aus diesen entstand das Heim, das 1958 für 80 Plätze gebaut war. Im Sommer des vergangenen Jahres wurden mit dem Ausbau verschiedener Räume und einer Pflegestation weitere Möglichkeiten geschaffen.

In Baden-Württemberg wurde auf Grund der Erfahrungen, die man in Rimsting gemacht hatte, am 9. Mai 1960 der Hilfsverein der Siebenbürger Sachsen „Johannes Honterus" e. V. gegründet. Unter dem Vorsitz Oskar Kraemers, der sich tatkräftig für die Errichtung eines Altenheimes ein-

Gundelsheim am Neckar

setzte, kaufte man noch im selben Jahr das alte Schloß Horneck in Gundelsheim am Neckar. Nach gründlichen Instandsetzungsarbeiten konnte am 15. Juli das Altenheim mit 126 Zimmern im Schloß und in den Nebengebäuden eröffnet werden. Der Mangel an Einzelzimmern machte sich aber bald bemerkbar. Erst 1974 konnten dann verschiedene Neu- und Umbauten vorgenommen werden, die Pflegestation wurde ausgestaltet, moderner gemacht und zwei weitere Personenaufzüge wurden eingebaut. Als zentraler, günstigster Platz für eine große wis-

Osterode am Harz

senschaftliche Bibliothek und ein Siebenbürgisches Museum wurde gerade Schloß Horneck von allen Seiten vorgeschlagen. Dieser Wunsch konnte Wirklichkeit werden, als viele Landsleute durch großzügige Spenden und den Verkauf von Bausteinen die Möglichkeit zur Verwirklichung schafften.

Das Heim „Samuel von Brukenthal" e. V. wurde im Jahr 1964 in Osterode am Harz errichtet. Der Hilfsverein der Siebenbürger Sachsen mit Dr. Biesenberger und Frau Thea Woidtke (der jetzigen Leiterin) hat vielen älteren Menschen, die hilfsbedürftig waren, ebenso Vertriebenen aus dem ganzen Bundesgebiet, hier ein schönes Zuhause geschaffen. 63 Plätze, darunter sieben Pflegestellen, besitzt das zeitge-

Altenheim Drabenderhöhe

mäß errichtete Gebäude, auf einem Grundstück von 8 900 qm Fläche. Allen Bewohnern des Hauses wird hier ein harmonischer Lebensabend gewährleistet.

Der Hilfsverein „Adele Zay" e. V. in Drabenderhöhe ließ in den Jahren 1964—66 durch die Oberbergische Aufbaugesellschaft GmbH sein Altenheim „Siebenbürgen" erbauen. Ein weiterer Ausbau erfolgt im Sommer 1976, so daß am Ende des Jahres im Heim mit einer Anzahl von 138 Betten gerechnet werden kann. Näheres über das Altenheim „Siebenbürgen" ist dem Beitrag „Das Vereinsleben in Drabenderhöhe" zu entnehmen.

Lechbruck im Allgäu

Der Bau unseres jüngsten Altenheimes wurde anläßlich der Gründungsversammlung des Hilfsvereines „Siebenbürgerheim Lechbruck" e. V. am 2. 5. 1966 in München beschlossen. In Zusammenarbeit mit der Gemeinde Lechbruck im Allgäu, die bei der Errichtung dieses Hauses sowohl finanziell als auch ideell mitgewirkt hatte, konnte ein neuzeitliches, den Ansprüchen genügendes Altenheim erstellt werden. Es ist so wie auch alle übrigen Siebenbürger Heime dem Diakonischen Werk der evangelischen Kirche angeschlossen. Das Heim verfügt über 71 Plätze. Jedem Wohnzimmer ist ein Badezimmer zugeordnet.

Rund 60 000 Siebenbürger Sachsen, die heute in der Bundesrepublik Deutschland leben, besitzen fünf Altenheime. Der Gemeinsinn, ein Merkmal der Siebenbürger Sachsen, hat diese Leistung möglich gemacht. Besonders sei darauf hingewiesen, daß alle Heime nicht nur Siebenbürger Sachsen aufnehmen, sondern auch andere Vertriebene und Einheimische. Diese Aufgeschlossenheit bewirkt ein harmonisches Zusammenleben und gewährleistet den alten Menschen einen sorglosen, behüteten Lebensabend.

Die Notwendigkeit solcher Heime verdeutlicht uns allerdings den Strukturwandel unseres Lebens, unserer Gesellschaft. Früher konnten Alt und Jung in einer Familiengemeinschaft leben, heute nur in seltenen Fällen.

Die Nachbarschaften der Siebenbürger Sachsen

Eduard Dürr

Geschichtliches

Das von Angehörigen unseres Volksstammes immer wieder hervorgehobene, jahrhundertealte Demokratieverständnis der Siebenbürger Sachsen, ist kein Eigenlob. Auch außenstehende Kenner unserer Gemeinschaftsordnung stellen uns dieses Zeugnis aus. So Armin Mohler in seinem Buch: Was die Deutschen fürchten, Seite 151: „daß das Beispiel der Siebenbürger Sachsen zeigt, daß Deutsche unter ähnlichen Verhältnissen, wie denen der amerikanischen Westwanderung, eine Republik schufen, die den Vergleich mit dem Civil government der frühen Republiken in den USA nicht zu scheuen braucht."

Der völkische Gemeinschaftswille, die Kirche, die Zünfte und die Nachbarschaften bestimmten über weite Zeiträume das Leben in dieser Gemeinschaft. Sie gaben sich eine, mehr der mündlichen Überlieferung als nicht mehr vorhandenen geschriebenen Gesetzen gehorchende Ordnung, wie etwa die wenigen bis zum heutigen Tag erhaltenen Nachbarschaftsordnungen, die das Zusammenleben regeln. In diesen freiwillig auferlegten Bindungen unterwarfen sich unsere Vorfahren Spielregeln des Zusammenlebens, „der Arme wie der Reiche".

Gewiß, die Ordnungen, die sie sich gaben, waren den Verhältnissen und der neuen Umgebung angepaßt. Mitgebracht wurden sie aber im Ansatz aus der Urheimat (1141—1162), aus den geschlossenen Ortschaften von der Mosel, dem Rhein, aus Luxemburg und Flandern. Menschen, die sich Ordnungen für das Zusammenleben in einer größeren Gemeinschaft geben, können nur aus geschlossenen Ortschaften gekommen sein. Die Freiheit der Gemeinschaft war ihnen verteidigungswert gegen die Bestrebungen des ungarischen Adels, diese Freiheit zu beschneiden.

Das „Grundgesetz" für ihr Gemeinschaftsleben auf dem sogenannten „Königsboden" war der 1224 erlassene „Goldene Freibrief" des ungarischen Königs Andreas II., der sie in die Lage versetzte, in den von ihnen gegründeten 300 Ortschaften — bewehrt mit Kirchenburgen oder Stadtbefestigungen — über 600 Jahre ihr Leben weitgehend nach eigenen Vorstellungen zu gestalten.

Chronisten und Berichte von Reisenden aus vergangenen Jahrhunderten bescheinigen die echt demokratischen Formen des Gemeinschaftslebens. Sie bewundern die Sitten und Bräuche, die hier in Siebenbürgen noch lebendig sind und in den *Nachbarschaften* bewahrt und gepflegt wurden.

Die meisten Ortschaften Siebenbürgens waren bis 1941 nach dem Vorbild der Hundertschaft (Hond-, Honschaft) in Nachbarschaften und Zehntschaften (als kleinste Untergliederung) eingeteilt. (Sie wurden zu diesem Zeitpunkt von der damaligen Volksgruppenführung als nicht mehr „zeitgemäß" aufgelöst.)

Der Name „Hann", wie der Vorsteher einer Ortschaft in Südsiebenbürgen genannt wurde, ist von dem des alten Hundertschaftsführers (altgermanisch Hunno, Honne) abzuleiten. Der Nachbarschaft stand der „Nachbarhann", später „Nachbarvater" vor.

Während in den Auswanderungsgebieten die Einrichtung der Nachbarschaft, bis auf wenige Überreste (etwa im Hunsrück) unterging, ist sie in Siebenbürgen als wichtiges Element des Gemeinschaftslebens erhalten geblieben. Auch heute, 1976 gibt es, allerdings nur noch vereinzelt, da auch die heutigen Machthaber sie nicht gerne akzeptieren, die Einrichtung der Nachbarschaft.

Urkundlich nachgewiesen sind die Nachbarschaften in Siebenbürgen 1498 in der Gemeinde Tartlau bei Kronstadt und 1533 in Kronstadt selbst. In Hermannstadt werden sie 1563 und in Schäßburg 1601 erwähnt, um nur einige Beispiele zu nennen. Die ersten 350 Jahre nach der Einwanderung bleiben sie urkundlich unerwähnt, was aber nicht heißen muß, daß sie nicht vorhanden gewesen sind. Sie waren eine Selbstverständlichkeit, so daß es auch nicht notwendig erschien, sie in Urkunden zu nennen.

Die Satzungen oder Nachbarschaftsordnungen waren in ein und demselben Ort oft verschieden voneinander und sind im Laufe der Zeit gelegentlich durch den Rat des betreffenden Ortes vereinheitlicht worden. Diese Unterschiede hatten keine größere Bedeutung, der Sinngehalt war überall der gleiche.

Die Nachbarschaft als demokratische Verwaltungseinheit

Die Nachbarschaften erfüllten im eigenen Bereich und in eigener Verantwortung Obliegenheiten, die sie als hervorragende Helferinnen der Stadt- bzw. Gemeindeverwaltungen auswiesen:

Sie überwachten die Straßenreinigung, die jeder Nachbar vor seinem Anwesen vornehmen mußte und verhängten in eigener Kompetenz Strafen über die Säumigen. Sie waren zuständig für die Grubenentleerung. Die Reinhaltung der Brunnen oblag jeweils zwei Brunnenmeistern, die von der Nachbarschaft gestellt wurden.

Ruhe und Sicherheit gewährleistete die sog. „Gassenhut" und während der Nachtzeit die „Nachthut". An Sonn- und Feiertagen wurde während des Gottesdienstes eine „Predigthut" gestellt. Eine weitere wichtige Einrichtung war die „Torwache". Sie unterstand während des Dienstes dem Torhauptmann und den Zehntmännern als seinen Unter-

Bäuerin aus Klein-Bistritz am Spinnrad

führern. Kam ein Fremder in die Stadt, mußte er den Grund seines Aufenthaltes bekanntgeben und wurde die ganze Zeit über unter Kontrolle gehalten.

Die Instandhaltung der Befestigungsanlagen, die Bekämpfung von Bränden mit eigenen Löschgeräten gehörten ebenfalls zu den Pflichten der Nachbarschaften. Um Brände zu verhüten, mußten die hölzernen Schornsteine ständig geprüft werden. Für diese Arbeiten wurden geringe Gebühren eingehoben, die der Neuanschaffung von Löschgeräten dienten.

Bevor es öffentliche Gasthäuser gab, ging das Ausschankrecht reihum. Über die Weinvorräte der Nachbarn wurde genauestens Rechnung geführt.

Die Benachrichtigung der Bevölkerung über Beschlüsse und Anordnungen des Rates, aber auch Bekanntmachungen des „Hannen" erfolgten durch das „Nachbarzeichen". Dieses bestand in der Regel aus Holz, bei wohlhabenderen Nachbarschaften aus Messing, das mit Inschriften oder Motiven schön verziert war. Die Nachricht mußte nach Kenntnisnahme unverzüglich an den nächsten Nachbarn weitergegeben werden. Unbegründete Verspätung wurde bestraft . . . „bei welchen das Nachbarzeichen über Nacht verhalten wird, der verfelt ohn alle Gnad Denar 10".

Nachbarschaftslade

Die Nachbarschaft als Trägerin des Gemeinschaftslebens

Die Nachbarschaften waren jedoch keineswegs nur Helferinnen der jeweiligen Ortsverwaltung. Ihre eigentliche Aufgabe erfüllten sie als Trägerinnen des Gemeinschaftslebens.

Wurde in der Nachbarschaft ein Kind geboren, erkrankte ein Nachbar, war die Nachbarschaft sofort mit ihrer Hilfe da. An den Hochzeiten nahm, wie in der Gemeinde Großalisch bei Schäßburg nachgewiesen, die ganze Nachbarschaft teil; wer zu spät kam oder überhaupt nicht erschien, wurde bestraft. Bei der Zubereitung des Hochzeitsschmauses halfen die Frauen der Nachbarschaft. Das persönliche Erscheinen wurde als Ehrung der Ausrichter angesehen.

Bei Todesfällen war das Geleit der Nachbarschaft bis zum Grab die letzte Ehre, die dem verstorbenen Nachbarn erwiesen wurde. Nach der Beerdigung versammelten sich die Nachbarn im Trauerhaus bei Brot und Wein, dem „Tränenbrot".

Diese Einbettung in die Gemeinschaft war jedoch keineswegs eine Selbstverständlichkeit. An die Aufnahme in die Nachbarschaft waren gewisse Voraussetzungen geknüpft. Nach einer Bestimmung aus dem Jahr 1696 mußte in Hermannstadt der Nachbar „ehrlich, redlich, aufrichtig und nicht verdächtig" sein. Bei der Aufnahme in die Nachbarschaft war nicht nur ein Geldbetrag zu entrichten, sondern (1604 in Hermannstadt) noch zwei Achtel Wein zur nächsten Nachbarschaftsunterhaltung beizusteuern. Auch mußte der Neuaufgenommene einmal im Jahr die Nachbarn bewirten oder am „Richttag" einen Geldbetrag als Ablösung erlegen.

Die Pflege der Geselligkeit und die damit verbundene Festigung der Gemeinschaft, war ein wichtiges Moment im Leben der Nachbarschaft. Anlässe dazu gab es genug: Wer ein Haus erwarb, schenkte die „Hausseeligkeit" aus. Diese bestand aus einer Mahlzeit und einem Eimer Wein.[1]

Höhepunkte der Geselligkeit waren die Veranstaltungen um den „Richttag" oder „Sittag". Er wurde jährlich einmal abgehalten und war in seinem ersten Teil eine ernste Amtshandlung. Kein Nachbar durfte ohne gewichtigen Grund fehlen. Der „Nachbarhann" führte den Vorsitz, die „Nachbarschaftslade" war geöffnet. Alle Verfehlungen und Verstöße sowie Versäumnisse der Mitglieder im abgelaufenen Jahr, die dem „Nachbarhannen" zur Kenntnis gelangten, wurden verhandelt. Sprach die Nachbarschaft ihr „Schuldig", mußte die Strafe sofort erlegt werden. Als höchste Strafe wurde der Ausschluß aus der Nachbarschaft verhängt. Damit war der Betroffene aus der Gemeinschaft ausgestoßen und wurde hinfort gemieden. Es war der „Gerichtstag".

---

1) Heute 10 l. Der siebenbürgische Eimer umfaßte acht siebenbürgische Maß (auch Ächtel) zu je 1,41 l; ein Eimer enthielt demnach 11,28 l.

Nach den Verhandlungen schloß der Nachbarvater die Lade. Von diesem Augenblick an konnte keine Klage mehr erhoben werden. Abschließend erfolgte die Neuaufnahme der hinzugezogenen oder herangewachsenen Nachbarn in die Nachbarschaft, ebenso die Rechnungslegung. Beschlüsse wurden gefaßt und Neuwahlen durchgeführt. Dem neugewählten „Hannen" (Nachbarvater) gab die Gemeinschaft das Ehrengeleit bis zu seinem Hause. Nachbarschaftslade, Feuerlöschgeräte, Werkzeuge für die Brunnenreinigung usw. wurden ihm zur Aufbewahrung übergeben.

War diese, nach alten Überlieferungen durchgeführte Handlung vorbei, fanden sich am Abend die Nachbarn mit ihren Frauen zu einem fröhlichen Unterhaltungsabend ein. Es ging närrisch und derb zu. Umzüge mit Larven und Masken hatten vorher stattgefunden, weil der Richttag am „Äschtag" (Aschermittwoch) stattfand. Die nichtdeutschen Mitbewohner Siebenbürgens sprachen von diesen „Richttagen" als von der Zeit, „wenn die Sachsen verrückt werden" (mikor a szászok megbolondulnak!). — Mitgebrachter Karneval vom Rhein?

Doch mehr als alle fröhlichen Unterhaltungen festigte die Gemeinschaft die gegenseitige Hilfe der Nachbarn untereinander: Hilfe, die bis zum Hausbau reichte, wodurch jedes erbaute Haus ein Gemeinschaftswerk darstellte. Man verdankte „das eigene Dach über dem Kopf" buchstäblich der Gemeinschaft.

Die Nachbarschaft als Bewahrerin des Brauchtums

Das bisher Gesagte ist im Laufe der Jahrhunderte zum „Brauchtum" geworden. Anteilnahme der Gemeinschaft an den Ereignissen innerhalb der einzelnen Familie, angefangen von der Geburt, über die Hochzeit bis zum Begräbnis, ist Ausdruck eines Gemeinschaftslebens, wie es wohl nur in einem Volkssplitter, wie dem der Siebenbürger Sachsen, so lange bewahrt werden konnte. Losgelöst vom Ganzen, allein auf sich gestellt, umgeben von fremden Völkern, hatte dieser deutsche Volksstamm, fern von der Heimat der Väter, ein mustergültiges Gemeinwesen errichtet.

Die Abkapselung, die den Siebenbürger Sachsen oft vorgeworfen wurde, bildete die Voraussetzung für ihr Überleben als Gemeinschaft. In dieser Gemeinschaft wurde Althergebrachtes bewahrt, weiterentwickelt und immer wieder neu belebt.

Die besondere Stellung der evangelischen Kirche, die als wahre „Volkskirche" in Siebenbürgen wirkte, ist mit eine Einrichtung gewesen, der die Erhaltung des Brauchtums, das sich um die kirchlichen Feste rankte, zu verdanken ist. Die Nachbarschaften schmückten an den hohen Festtagen die Gotteshäuser. Sie sorgten dafür, daß der Platz um die Kirche gesäubert und in Ordnung gehalten wurde. Sie brachten ihrem Geistlichen, den sie selbst wählten, Gaben zu den kirchlichen Feiertagen und luden ihn zu ihren Familienfesten ein. Sie nannten ihren

Pfarrer „Herr Vater" und seine Gattin „Frau Mutter". Von der Konfirmation bis zur Heirat waren die Jugendlichen in den „Bruder- und Schwesternschaften" unter der Leitung des „Altknechtes" und der „Altmagd" vereinigt.

Seit ihrer Gründung war die Nachbarschaft stets Bewahrerin des Brauchtums und damit Hüterin geschichtlicher Überlieferungen.

Verfall und Wiederaufbau

Seit dem Ende des 18. Jahrhunderts bekamen auch Nichtdeutsche das Bürgerrecht in den sächsischen Städten und mußten, nachdem sie Hausbesitz erwerben konnten, in die Nachbarschaften aufgenommen werden. Damit begann der Niedergang des Nachbarschaftswesens und führte vielerorts zu seiner Auflösung. Die neuen Bürger auf dem alten „Königsboden" waren nicht gewillt, sich der gewachsenen Ordnung in den Nachbarschaften einzufügen. Es entstanden Meinungsverschiedenheiten und offener Streit um den Einfluß und die Rechte der Nachbarschaften. In Hermannstadt kam es soweit, daß sie infolge einer Auseinandersetzung mit einem hochgestellten ungarischen Beamten, 1891, durch einen Ministerialerlaß der ungarischen Regierung vorübergehend aufgelöst wurden.

Auch in anderen Ortschaften gaben die nichtdeutschen Mitglieder durch ihr Verhalten Anlaß zu Klagen. Schließlich wurden die Nachbarschaften fast ganz ihres ursprünglichen Charakters entkleidet. Trotzdem bestanden sie unter veränderten Verhältnissen in vielen Ortschaften weiter und blieben, z. B. gerade in Hermannstadt, wo sie 1918 nach dem Zusammenbruch der Österreichisch-Ungarischen Monarchie den „Selbstschutz" zur Aufrechterhaltung der Ordnung einrichteten, ein wichtiger Faktor.

Anfang der dreißiger Jahre griff die „Erneuerungsbewegung" den Nachbarschaftsgedanken von neuem auf und versuchte eine Wiederbelebung dieser Einrichtung. Der Gemeinschaftsgedanke, der durch Jahrhunderte gerade in den Nachbarschaften das Leben bestimmte, erfuhr eine Neugestaltung seiner Grundlagen, die im Dienst am Nächsten, in der gegenseitigen Hilfe und der Beseitigung der Standesunterschiede bestand.

In Hermannstadt, wo eine Hilfsgemeinschaft auf Gegenseitigkeit, die „Selbsthilfe" entstanden war, begann der Wiederaufbau der Nachbarschaften. Mit dieser Aufgabe wurde, bald nach dem „Sachsentag" vom 1. Oktober 1933, von der 1934 neu gewählten Volksführung unter Fritz *Fabritius* der damalige Gymnasial-Professor Wilhelm *Schunn* betraut. Mit großer Umsicht, ohne Überstürzung ging er daran, in Hermannstadt ein Vorbild für die übrigen Orte zu schaffen. Erfahrungen sollten gesammelt und ausgewertet werden, um mit der Neubelebung dieser alten Einrichtung in einer neuen Form und in gewandelter Zeit Rückschläge zu vermeiden.

Die alte Aufgabenstellung konnte in vielen Bereichen nicht mehr beibehalten werden: Längst gab es „Freiwillige Feuerwehren", die mit modernen Geräten die Bekämpfung von Bränden besser als eine Nachbarschaft durchführen konnten. Auch die Überwachung von Reisenden, der Ausschank von Getränken usw. konnten nicht mehr zum Aufgabengebiet der Nachbarschaften gehören. Dafür traten andere, zeitgemäßere Notwendigkeiten in den Vordergrund, die anzupacken und zu lösen waren.

Auf dem Stadtgebiet von Hermannstadt wurden 39 Nachbarschaften eingerichtet. Sie umfaßten Männer und Frauen deutscher Abstammung, die das 21. Lebensjahr erfüllt hatten und bereit waren, die neu erstellten Satzungen anzuerkennen, sowie die ihnen darin auferlegten Pflichten zu erfüllen. Für die ordnungsgemäße Durchführung der den „Nachbarhannen" und „Zehntmännern" gestellten Aufgaben war der „Stadthann" verantwortlich.

Jede Nachbarschaft erhielt ein „Zeichen" mit einem eigenen Wappen, das sich auf besondere Merkmale ihres Stadtgebietes stützte. Die Nachbarschaften erhielten Namen, die nicht aus den Straßennamen abgeleitet wurden, sondern eine geschichtliche Beziehung hatten. So finden wir Namen wie: „Nachbarschaft in der Burg", „Auf der kleinen Erde", „Am Zwinger", „Am Heltauer Tor", „Auf der Töpfererde", „In der Josefsstadt", „Am Sagtor", „Auf der Konradwiese", „Roter Turm" u. a. m.

Nachdem die äußere Form gefunden war, ging man daran, sie mit Leben zu erfüllen. Den Satzungen sind folgende Zielsetzungen zu entnehmen: Sich gegenseitig Hilfe zu leisten, den Mitgliedern die Möglichkeit zu geben, an den öffentlichen Angelegenheiten mitzuwirken, den Kirchen in ihren Belangen helfend zur Seite zu stehen usw. Erreichen wollte man diese Ziele durch Ausschaltung aller parteipolitischen Auseinandersetzungen sowie Pflege des Brauchtums und der guten Sitten. Ausdrücklich wurden auch die Frauen in die Arbeit der Nachbarschaften einbezogen und erhielten ihnen gemäße Aufgabenstellungen.

Soziale Einrichtungen

Neben der Wacherhaltung und Pflege des Bekenntnisses zum angestammten Volkstum wurde der Lösung des sozialen Problems Vordringlichkeit zuerkannt, um auch in Zukunft als Gemeinschaft bestehen zu können. So wurde die „Nachbarliche Hilfe" zum wichtigsten Bestandteil der neugegründeten Nachbarschaften.

Es ist allgemein bekannt, daß der siebenbürgisch-sächsische Bauer im Durchschnitt einen Landbesitz von knapp 3 ha als Eigentum bewirtschaftete. Diese „Zwergwirtschaft" erlaubte es nicht allen Nachkommen auf dem elterlichen Hof zu bleiben, hier fand höchstens ein Kind sein

Auskommen. Die übrigen zogen in die Stadt und versuchten dort eine neue Existenz zu gründen. Um im Laufe der Zeit ihr Ziel zu erreichen, waren sie jedoch auf die Hilfe der Nachbarn angewiesen.

Diesen Minderbemittelten galt die Aufmerksamkeit der Gemeinschaft. Ein Ehrengeschenk in Höhe von 20 000 Lei, das jede gesunde Familie bei der Geburt des 4. Kindes erhielt, versetzte diese in die Lage, sich dafür 1,5 ha Grund oder ein kleines Wohnhaus zu kaufen, einen Anbau an ein vorhandenes Eigenheim vorzunehmen oder sich durch die Einrichtung einer Werkstatt eine Existenz zu schaffen. Diese Zuwendungen wurden durch regelmäßige Beiträge von jährlich 200 Lei aufgebracht. Dabei mußte von den Eltern ein Verwendungsnachweis erbracht werden, aus dem eine eindeutige Verbesserung der Lebenslage der Familie hervorzugehen hatte.

Um das „Ehrengeschenk" nicht zu einem Almosen für Minderbemittelte abgleiten zu lassen, wurde dieses auch an vermögende Nachbarn verliehen, sobald die Voraussetzungen für die Verleihung gegeben waren. Dieses Beispiel, in Hermannstadt geschaffen und angewandt, wurde auch in anderen Städten nachgeahmt. Die „Nachbarliche Hilfe" leistete ferner Hilfe bei Todesfällen, die auch aus diesen, freiwillig von den Nachbarn geleisteten und von einer Zentralstelle verwalteten Beiträgen gewährt wurden.

Doch war dies nur ein Aspekt der „Nachbarlichen Hilfe". Darüber hinaus wollte sie mit dem Ehrengeschenk, wenn die Einrichtung auf die Dörfer ausgedehnt werden konnte, den Empfängern die Möglichkeit geben, neuen Grund und Boden anzukaufen. Dadurch sollte der Bestand des Bauerntums gesichert und einer übermäßigen Abwanderung in die Stadt Einhalt geboten werden.

Zu diesen Hilfen aus den regelmäßigen Monatsbeiträgen kamen solche, die aus sog. „Spenden nach eigenem Ermessen" bestritten wurden. Hier handelte es sich in den meisten Fällen um Beihilfen in Krankheitsfällen, die an bedürftige Nachbarn geleistet wurden. Eine weitere soziale Einrichtung, die in den Rahmen der „Nachbarlichen Hilfe" hinein gehörte, waren die mit großem Einsatz und Erfolg durchgeführten „Winterhilfen", die Geld- und Sachspenden in Millionenwerten erbrachten.

Ein besonderes Schwergewicht fiel den Frauen in der nachbarschaftlichen Arbeit zu: Erkrankten Nachbarn wurde reihum das Essen gebracht. Für junge Mütter wurden „Wanderkörbe" eingerichtet, die alles Notwendige an Säuglingswäsche enthielten. Zu Weihnachten wurden alle Kinder der Nachbarschaft im Rahmen einer Feier beschenkt, wobei die Minderbemittelten reichlicher bedacht wurden als die übrigen.

Es bleibt ein Verdienst der Männer um Wilhelm Schunn, vor allem auch seines treuen Helfers Dr. Viktor *Quandt* als Leiter der „Nachbarlichen Hilfe", die Nachbarschaften zu neuem Leben erweckt und sie zu vorbildlichen sozialen Einrichtungen gemacht zu haben. Weitreichenden

Planungen, die durchdacht und in die Wirklichkeit umgesetzt werden sollten, wie: Einführung eines kostenlosen Rechtsschutzes, Gewährung billiger Kredite u. a., setzte der 2. Weltkrieg ein Ende. Was in Siebenbürgen von der Einrichtung der Nachbarschaften übrig blieb, sind kümmerliche Reste in einzelnen Ortschaften, die eines Tages untergehen werden, dank einer Ordnung, die jede Eigenständigkeit der Siebenbürgen Sachsen abgeschafft hat und nur noch die „Solidarität der arbeitenden Klasse" kennt. Eine Solidarität deren einziges, gemeinsames Merkmal die Besitzlosigkeit ist.

In der neuen Heimat

Die im Jahr 1944 mit Treck aus Nordsiebenbürgen geflüchteten Landsleute hatten überwiegend in Österreich Unterkunft gefunden. Ein Teil von ihnen übersiedelte zehn Jahre später in die Bundesrepublik Deutschland. Ein akuter Mangel an Arbeitskräften im Kohlebergbau veranlaßte sie, eine neue Existenz im Patenland Nordrhein-Westfalen zu suchen. Es kam 1954 zu der Gründung der drei Bergwerkssiedlungen Herten-Langenbochum, Oberhausen und Setterich. In allen drei Ortschaften wurden Kreisgruppen der Landsmannschaft der Siebenbürger Sachsen gegründet, die sich in Nachbarschaften gliederten. Diese schufen die Voraussetzungen und gaben den Rahmen ab für ein Zusammenwachsen zu einer Gemeinschaft der aus verschiedenen Ortschaften in Siebenbürgen stammenden Landsleute.

Im Jahr 1965 begann die Zahl der Eigenheime in der noch im Aufbau befindlichen, größten Siebenbürger Siedlung in der Bundesrepublik Deutschland fortschreitend zu wachsen. Das Patenland Nordrhein-Westfalen hatte für die Gründung in *Drabenderhöhe* erhebliche Mittel eingesetzt und damit für viele siebenbürgisch-sächsische Flüchtlinge und Spätaussiedler eine neue Heimat geschaffen. Sie kamen aus verschiedenen Ländern in der Bundesrepublik, wo sie vorübergehend Aufenthalt genommen hatten, um hier, in der Gemeinschaft mit Landsleuten, eine neue Heimat zu finden. Zu ihnen gesellten sich Neuankömmlinge, die im Wege der Familienzusammenführung aus Siebenbürgen ausgereist waren und ohne Zwischenaufenthalt in der Siebenbürgersiedlung seßhaft wurden.

Der Herkunft nach stammen sie vorwiegend aus ländlichen Gebieten. Ehemalige Bauern, die ihren Besitz durch Kriegseinwirkungen verloren haben und hier versuchen, sich und ihrer Familie eine neue Zukunft aufzubauen. Nicht allein die hier so günstigen Bedingungen zur Schaffung eines Eigenheimes hat sie veranlaßt, nach Drabenderhöhe zu kommen, mehr noch war es der Wunsch, zusammen mit Landsleuten zu siedeln und die verlorengegangene Gemeinschaft wiederzufinden. In diesem, Siebenbürger Sachsen eigentümlichen Drang zur Gemeinschaft, in der die Schwierigkeiten des Lebens leichter zu bewältigen sind, liegt die eigentliche Ursache des sprunghaften Anwachsens der Siedlung.

Die Straßenzüge füllten sich. Die hier zu Nachbarn wurden, hatten sich im Leben vorher meist nicht gesehen. Sie waren sich aber nicht fremd. Herkunft und Sprache verbanden sie miteinander und bald wurden Freundschaften im kleinen Kreis geschlossen, die zur größeren Gemeinschaft drängten.

Die *Kreisgruppe Oberberg der Landsmannschaft der Siebenbürger Sachsen* wurde gegründet und in der Landesgruppe Nordrhein-Westfalen verankert. Der gewählte Kreisvorstand nahm seine Arbeit auf, die naturgemäß auf Fragen im Zusammenhang mit der Siedlung ausgerichtet war. Es erwies sich bald, daß eine engere Zusammenfassung notwendig war, sollte aus diesen Menschen, die aus allen Teilen Siebenbürgens stammten, eine Gemeinschaft entstehen.

Der Gedanke, Nachbarschaften nach dem Vorbild aus Siebenbürgen zu gründen, war naheliegend und wurde von der Kreisgruppe bald in die Wirklichkeit umgesetzt. Eine Nachbarschaftsordnung, die auf Erfahrungen aus Siebenbürgen fußt und den hiesigen Verhältnissen angepaßt ist, wurde in der Mitgliederversammlung am 11. 3. 1967 angenommen und beschlossen.

Die Organisation der Nachbarschaften in Drabenderhöhe

Auf dem Gebiet der Siebenbürger Siedlung wurden acht Nachbarschaften gegründet und zwar: Unterwald, Altes Land — Harbachtal, Burzenland, Haferland, Kokeltal, Weinland, Reenerland und Nösnerland. Über ihre Zielsetzung wird in der Nachbarschaftsordnung folgendes ausgesagt:

> „Wir haben unsere alte Heimat Siebenbürgen verloren. Was wir nicht verloren haben, ist das Gefühl der Zusammengehörigkeit, das Gemeinschaftsbewußtsein, das uns hier in unserer neuen Heimat Drabenderhöhe Grundlage für eine neue Lebensgemeinschaft sein soll.
>
> Wir wollen kein Fremdkörper in unserer Dorfgemeinschaft sein und uns von unserer Umwelt absondern, wir wollen aber unser Brauchtum, unsere Sitten, die wir aus der Heimat mitgebracht haben, weiterpflegen und erhalten.
>
> Diese Absicht wollen wir innerhalb unserer Nachbarschaften, eine Einrichtung, die unsere Vorfahren aus Deutschland mitgenommen und über 800 Jahre bewahrt haben, verwirklichen. Wir wollen unsere Nachbarschaften auch zu Trägern der gegenseitigen Hilfe machen und dadurch das Zusammengehörigkeitsgefühl erhalten und stärken.
>
> Die Nachbarschaft soll eine lebendige Einheit sein und dem einzelnen das Bewußtsein vermitteln, Glied einer Gemeinschaft einer großen Familie zu sein, die ihm in Notfällen zur Seite steht.
>
> In unserer Arbeit soll uns eine Erkenntnis leiten: Daß eine Vereinigung mit seelischen Bindungen einer solchen, die sich nur auf materielle Vorteile gründet, turmhoch überlegen ist!
>
> Die Verhältnisse, in denen wir hier leben, unterscheiden sich von denen in der alten Heimat grundlegend. Deshalb wird auch eine Nachbarschafts-

ordnung, wie die vorliegende, sich den neuen Verhältnissen anzupassen haben.

Der hier abgesteckte Rahmen soll mit dem überlieferten Gemeinschaftssinn ausgefüllt werden, den wir aus der alten Heimat mitgebracht haben und der der gleiche war, ob wir im Nösner- oder Burzenland, im Weinland, in Hermannstadt oder im Unterwald gelebt haben. Unsere Nachbarschaften werden uns diese kleinen Unterschiede bald vergessen lassen und uns zu einer wirklichen Tatgemeinschaft innerhalb der Landsmannschaft der Siebenbürger Sachsen zusammenfügen."

Die Nachbarschaften verstehen sich als Untergliederungen der Landsmannschaft. Die „Nachbarväter" und „Nachbarmütter" mit ihren Stellvertretern leiten die Nachbarschaften und sind Mitglieder des Kreisvorstandes der Landsmannschaft. Dadurch ist eine Einheit gewährleistet, die von einem einzigen Führungsgremium geleitet wird. Mitglied ist jeder Erwachsene, vom 18. Lebensjahr aufwärts, der sich zur Nachbarschaft zugehörig fühlt und die in der Nachbarschaftsordnung vorgesehenen Pflichten zu erfüllen bereit ist. Die Mitgliedschaft ist freiwillig und erlischt bei Wohnsitzverlegung in einen andern Ort oder durch Tod. Ehrenrührige Handlungen oder Verstöße gegen die Gemeinschaft können einen befristeten oder endgültigen Ausschluß zur Folge haben.

Förderung des Gemeinschaftslebens — Brauchtumspflege in Drabenderhöhe

Die in Siebenbürgen geübte Anteilnahme an Familienereignissen ist das feste Band, das die Nachbarn verbindet: Bei der Geburt eines Kindes überbringt eine Abordnung der Frauenschaft einen Glückwunsch und überreicht als Geschenk der Nachbarschaft für das Neugeborene ein paar Kinderschuhe. Auch an der Hochzeit eines Mitgliedes nimmt die Nachbarschaft Anteil und überbringt neben den Glückwünschen ein Geschenk. Dieser Brauch wiederholt sich bei silbernen und goldenen Hochzeiten. Zum 70., 80., 85., 90. Geburtstag (und darüber) werden die Nachbarn durch ein Ständchen der Blaskapelle oder des gemischten Chores geehrt. Stirbt ein Mitglied, geleiten ihn die Nachbarn zum Grabe und betten ihn zur letzten Ruhe. Ein Kranz mit blau-roter Schleife, mit dem letzten Gruß der Nachbarschaft, wird auf das Grab gelegt. Die finanziellen Aufwendungen, die sich aus diesen Anlässen ergeben, werden aus Beiträgen der Nachbarn bestritten.

Hand in Hand mit der Förderung des Gemeinschaftslebens wird bewußt altes Brauchtum gepflegt: So lebte das „Oster-Bespritzen" hier neu auf: Am zweiten Ostertag sieht man Jung und Alt die „Rosenstöcke" (Mädchen, Frauen) bespritzen gehen und als Belohnung bringen die fleißigen Bespritzer bunte Eier nach Hause. Auch manches Gläschen wird geleert und läßt die Stimmung von Haus zu Haus beschwingter werden.

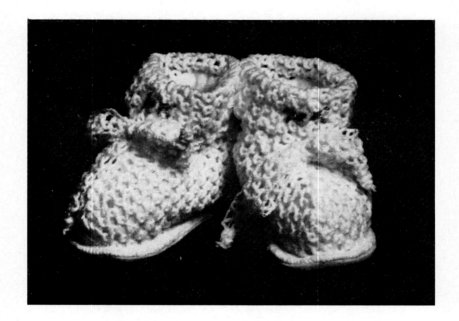

Zusammen mit der Dorfgemeinschaft des Altdorfes und der „Höfe" wird das Erntefest gefeiert. Schön geschmückte Erntewagen bieten ein anschauliches Bild der Erzeugnisse aus den gepflegten Gärten und den noch vorhandenen Feldern. Die bunten Trachten der Siebenbürger Sachsen sind nicht mehr wegzudenken aus diesem, schon vor der Gründung der Siedlung gepflegten Brauch. Die Nachbarschaften schmücken reihum einen Erntewagen, der stellvertretend für die ganze Siedlung am Erntezug teilnimmt. Ein schönes Miteinander zwischen Alt- und Neubürgern in Drabenderhöhe! Ende November findet jedes Jahr der „Katharinenball" statt, der vom „Honterus-Chor" ausgerichtet wird. Mundartlieder und ein Theaterstück in sächsischer Mundart bilden den Auftakt zu fröhlichem Tanz.

Der „Richttag" oder „Sittag" ist der Höhepunkt des geselligen Lebens innerhalb der Nachbarschaften. Ihm kommt eine wichtige Bedeutung zu. Vereinigt er doch die Nachbarschaft zu einer ernsten Zusammenkunft, in welcher der „Nachbarvater" und die „Nachbarmutter" über ihre Arbeit im abgelaufenen Jahr berichten. Alle wichtigen Vorkommnisse in der Nachbarschaft werden besprochen und Vorhaben für das kommende Jahr geplant. Die schöne Nachbarschaftslade steht, wie vor Jahrhunderten in Siebenbürgen, geöffnet auf dem Tisch, an dem der Nachbarvater mit seinen Mitarbeitern Platz genommen hat. Nach alter Tradition hat jede Diskussion ein Ende, sobald sie geschlossen ist. Jedes zweite Jahr wird neu gewählt, so daß im Laufe der Zeit alle Nachbarn in die Verantwortung kommen.

Nach der Versammlung, dem eigentlichen „Richttag", treffen sich die Mitglieder der Nachbarschaft zu fröhlichem Beisammensein. Heitere Darbietungen verbreiten Frohsinn und leiten über zu einem gemeinsamen Mahl, das die Frauen der Nachbarschaft zubereitet haben. Es besteht aus einem heimatlichen Gericht, zu dem Siebenbürger Wein getrunken wird. Anschließend wird fröhlich getanzt.

Nachrichten und Bekanntmachungen sowie Einladungen zu Veranstaltungen werden durch das „Nachbarzeichen" vermittelt. Jede Nachbarschaft besitzt ein solches „Zeichen", schön bemalt, in der Form des jeweiligen Landschafts- oder Stadtwappens gefertigt, nach der die Nachbarschaft benannt ist.

Nachbarschaftszeichen

Die gegenseitige Hilfe

Der Erwerb eines Eigenheimes bringt vielfältige Arbeiten für die neuen Hausbesitzer mit sich. Schon bei der Errichtung des Wohnhauses gilt es Hand anzulegen, um durch Eigenleistung den Preis niedriger zu halten. Hier ist die Hilfe guter Nachbarn willkommen. Noch mehr angewiesen ist der Siedler auf die Hilfe der Nachbarn, wenn er sein Eigenheim selbst errichtet.

Erkrankten Müttern wird in der Hauswirtschaft und bei der Betreuung der Kinder geholfen, wobei die „Nachbarmutter" in diesen Fällen die Hilfe der Nachbarinnen vermittelt. Auch sonst ergeben sich Fälle, wo ein Nachbar dem andern helfend und ratend beisteht, sei es bei einer dringenden Fahrt ins Krankenhaus, bei der Beratung in Fragen der Eingliederung, bei Zeugenaussagen in Rentensachen u. a. m. Die Nachbarschaftsordnung sagt über diese Hilfen folgendes aus:

„Es gibt viele Fälle, wo die Hilfe des Nachbarn einsetzen muß, über die Grenzen eines Wohltätigkeitsvereines hinaus, nach der Erkenntnis: Hilfe empfängt, wer sie benötigt, und Hilfe leistet, wer dazu im Stande ist, ohne Rücksicht darauf, ob er sie selber jemals nötig haben wird."

Die fortlaufende Erweiterung der Siedlung machte es nötig, die Zahl der Nachbarschaften zu vergrößern. Die ergänzte Nachbarschaftsordnung nennt die seit dem 11. 3. 1967 neugegründeten Nachbarschaften: Nösnerland II, Hermannstädter Gasse, Bistritzer Gasse, Kronstädter Gasse I, Kronstädter Gasse II, Schäßburger Gasse, Mediascher Gasse, zu der auch die Häuser „Im Bräunfeld" gehören. Damit hat sich die Zahl der Nachbarschaften auf fünfzehn erhöht. Bei fortschreitender Erweiterung der Siedlung werden neue Nachbarschaften gegründet.

Außer in den geschlossenen Siedlungen in Nordrhein-Westfalen gibt es auch anderwärts im Bundesgebiet Nachbarschaften der Siebenbürger Sachsen. Sie verstehen sich als Untergliederungen der Landsmannschaft und pflegen das Gemeinschaftsleben, wie sie es von Zuhause kennen. Nachbarschaften im eigentlichen Sinne sind sie nur dem Namen nach.

Die Nachbarschaften in Österreich

Anders als die in der Bundesrepublik Deutschland verstreut existierenden Nachbarschaften stellt sich das Nachbarschaftswesen in Österreich dar. Hier gibt es seit 1958, 1959 und 1960 drei intakte Nachbarschaften in Wien. Es sind dies die Nachbarschaften Hietzing, Augarten und Penzing. Sie entwickeln ein ausgeprägtes Gemeinschaftsleben und erfreuen sich eines zunehmenden Interesses auch von außerhalb ihres eigentlichen Bereiches. In diesen Nachbarschaften wird die alte Tradition aus Siebenbürgen gepflegt: Richttage werden abgehalten, es finden Muttertagsfeiern statt und am „Kathreinball" wird getanzt. Ein Kinderblasi [2]) findet regelmäßig jedes Jahr in der Nachbarschaft Augarten statt.

Die Anteilnahme an Familienereignissen ist ausgeprägt. Abordnungen der Nachbarschaft überbringen Glückwünsche und Geschenke bei einer Geburt und bei grünen, silbernen und goldenen Hochzeiten. Auch zu markanten Geburtstagen und Dienstjubiläen wird seitens der Nachbarschaft gratuliert. Bei Sterbefällen nimmt die Nachbarschaft am Begräbnis teil und ehrt den Verstorbenen durch einen Kranz mit blau-roter Schleife. In Notfällen, soweit diese bekannt werden und Hilfe möglich ist, ist die „Nachbarliche Hilfe" da.

Die Nachbarschaften in Wien gehören dem „Verein der Siebenbürger Sachsen für Wien, Niederösterreich und das Burgenland" als Unterorganisationen an und werden von einem „Betreuer" dieser Vereinigung geleitet. Er hält regelmäßig Arbeitsbesprechungen mit den gewählten Würdenträgern der Nachbarschaften ab.

---

[2] Eine gesellige Veranstaltung für Kinder, die wohl ursprünglich am Blasiustag (3. Februar), also im Fasching, stattfand.

In Oberösterreich und im Salzburger Land gibt es in den dort bestehenden Siebenbürger Siedlungen Nachbarschaften, die siebenbürgisch-sächsische Traditionen pflegen. Sie haben in den ersten Jahren nach ihrer Gründung großartige Leistungen erbracht. Der Bau von 17 evangelischen Kirchen z. B. ist zwar keine Leistung der Nachbarschaften im engeren Sinne, jedoch ohne tätige Mithilfe des einzelnen in alter, nachbarlicher Verpflichtung nicht denkbar.

*

Als „unsichtbares Fluchtgepäck" haben die Nachkommen derer, die vor mehr als 800 Jahren das Waldland Siebenbürgen urbar gemacht und kultiviert haben, das Nachbarschaftswesen in die „neue, alte Heimat" eingebracht. Der jahrhundertealte Gemeinschaftssinn hat diese Einrichtung in der Diaspora, einige tausend Kilometer von der Urheimat entfernt, erhalten. Die alten Nachbarschaften haben auch ihren Teil dazu beigetragen, unserem kleinen Stamm das Überleben, mitten unter fremden Völkern, zu ermöglichen. Sie haben sich im Laufe der Jahrhunderte gewandelt, erneuert, den Verhältnissen angepaßt. Daß sie auch heute, in unserer modernen Welt, ihre Lebensberechtigung behalten haben, beweisen das Beispiel Drabenderhöhe und andere. Sie werden auch hier das bleiben, was sie immer waren: Eine kostbare Einrichtung zur Bewahrung der Gemeinschaft der Siebenbürger Sachsen über alle Parteien und Gruppen hinweg; ja, über Grenzen und Länder, wie die Hilfsaktionen in den Flutjahren 1970 und 1975 für Siebenbürgen bewiesen haben.

Opferfreudig und im Geiste einer wahren „Nachbarlichen Hilfe" haben die Nachbarn ihren Brüdern und Schwestern geholfen, die Not zu überwinden, in die sie unverschuldet geraten waren. Wenn es noch eines Beweises bedurft hätte, die Lebensberechtigung der Nachbarschaften augenfällig zu machen, dann ist er durch diese Leistungen erbracht worden.[3]) Und:

> „In überschaubare ‚Einheiten mit Herz' untergeteilt, bei der Pflege gegenseitiger Hilfe in den kleinen Notfällen des Alltags, vor allem der Anteilnahme, wie wir sie praktizieren, könnte der Nachbarschaftsgedanke auch für unsere Umwelt eine ganz wesentliche Lebensbereicherung ergeben, weil er, trotz Verlust fast aller früheren Aufgaben, etwas zu bieten hat, was selbst der bestorganisierteste Wohlfahrtsstaat der Menschheit schuldig bleibt: Herzenswärme, diese große Mangelware unserer Zeit."
>
> (V. Quandt)

---

3) Quellen: Wilhelm Schunn: Die Nachbarschaften der Deutschen in Rumänien, Hermannstadt 1936, 88 S. sowie briefliche Mitteilungen von Dr. Viktor Quandt, Wien und Rudolf Schuller, Taufkirchen.

Mundartgedicht „Af deser Jërd, dô äs e Lånd"
(Auf dieser Erde, da ist ein Land)

Ernst Thullner

Af deser Jërd, dô äs e Lånd
Si hîsch äs nichen åndert;
Ich sînt mich äng nô äm zeräck,
Wä ich de Wält durchwåndert.

Än desem Lånd äs en Gemîn,
Si înich, wä e Guërten,
En hescher hun ich net gesän
Af alle menge' Fuërten.

Än diër Gemîn, dô stît en Hous,
Huët nichen prächtich Hallen,
Und doch huët uch det Kenengs-   [schluëß
Mer net esi gefallen.

Denn än diëm Hous, dô wunt me
Dî mir de Trå gehålden;   [Schatz,
Und all meng Fråd und all me Gläck
Äs än diëm Hous enthålden.

Auf dieser Erde, da ist ein Land
So schön ist kein anderes;
Ich sehnte mich immer nach ihm zurück
Als ich die Welt durchwanderte.

In diesem Land ist eine Gemeinde,
So lieblich, wie ein Garten,
Eine schönere hab ich nicht gesehen
Auf allen meinen Fahrten.

In dieser Gemeinde, da steht ein Haus,
Hat keine prächtigen Hallen,
Und doch hat auch das Königsschloß
Mir nicht so gut gefallen.

Denn in dem Hause, dort wohnt mein
Der mir die Treue gehalten;   [Schatz,
Und all' meine Freude und all' mein Glück
Ist in dem Haus enthalten.

Unser Weg

Erhard Plesch

Der durch die Kriegs- und Nachkriegsereignisse in einem bis dahin unbekannten Ausmaß zersplitterten und zerrissenen siebenbürgisch-sächsischen Gemeinschaft erwuchs in der zweiten Hälfte unseres Jahrhunderts die Aufgabe, sich wieder zu finden und neue Formen der innersächsischen Verbindung und Gemeinsamkeit zu entwickeln, die über politische Grenzen und über Kontinente hinweg tragfähig sein mußten. Hält man sich vor Augen, daß die einst auf dem siebenbürgischen Siedlungsraum geschlossen lebende Gemeinschaft heute in vier größeren Gruppen in den westlichen Ländern Bundesrepublik Deutschland, Österreich, Vereinigte Staaten von Nordamerika und Kanada, in kleineren Gruppen aber in zahlreichen Ländern und in der größten geschlossen siedelnden Gruppe immer noch in Siebenbürgen lebt, so ermißt man die Schwierigkeiten, die es zu überwinden galt, als man sich sagte: daß die durch Zerreißung entstandenen politisch-humanitären Probleme nur dann erfolgreich gelöst werden können, wenn die Gemeinschaft „mit einer Stimme" spricht.

Der Verwirklichung dieser Erkenntnis kam das traditionelle Bedürfnis der Siebenbürger Sachsen nach Zusammenhalt entgegen. Auf der anderen Seite aber gab es — wie zum Beispiel im Wiener Verein der Siebenbürger Sachsen oder im Zentralverband der Siebenbürger Sachsen in Nordamerika — schon seit vielen Jahrzehnten bestehende sächsische Gruppierungen, die über ein ausgeprägtes Leben mit einem gut funktionierenden Verbandsapparat verfügten. Hinzu kam, daß die nach dem Krieg in den westlichen Ländern verbliebenen Sachsen, die zunächst den Status von Staatenlosen hatten, erfaßt und zusammengefaßt werden mußten; es galt, ihre rechtlichen und wirtschaftlichen, ihre humanitären und heimatpolitischen Ansprüche zu sichern. Von jenen ersten Anfängen einer neuen Gemeinschaftsbildung der im Westen zerstreut lebenden Landsleuten bis hin zu der nach und nach mehr ins Bewußtsein dringenden Notwendigkeit ihrer landsmannschaftlichen Geschlossenheit, mußte ein Weg zurückgelegt werden, der mit vielfältigen Hemmnissen und Hindernissen gepflastert war. So war es unsere Aufgabe, bei den Landsleuten in den verschiedenen Ländern das Gefühl für die politische Notwendigkeit ihrer Geschlossenheit zu wecken, damit mit Aussicht auf Erfolg das Problem ihrer in Ost und West getrennt lebenden Sippen und Familien gelöst werden könne; zudem bemühten wir uns bei Behörden, Ämtern und Regierungen Verständnis und Kenntnis unserer besonderen Lage zu vermitteln und schließlich Kontakte und Verbindungen zu Landsleuten in Siebenbürgen so herzustellen, daß Bukarest diese billigte.

An jedem Tag, an dem wir uns mit dem Schicksal unserer Landsleute beschäftigten, festigte sich in uns mehr und mehr die Erkenntnis, daß in unserem Jahrhundert die Weichen für die Zukunft unseres Volksstammes gestellt werden; gewannen wir aber auch in zunehmendem Maße die Überzeugung, daß wir in dieser Lage nicht Zuschauer sein dürfen, wenn der Film der Geschichte vor uns abrollt, sondern daß wir in den für das Schicksal bedeutenden Stunden und Tagen mit handelnd und entscheidend zum Wohle der Menschen, für die wir Verantwortung tragen, eingreifen müssen, unterstützt von unseren Landsleuten, die sich bewußt sind, daß es bei der Durchsetzung von Zielen für eine kleine Gruppe auf jeden einzelnen ankommt.

Zweifellos war mit der durch den Krieg und die Nachkriegszeit eingetretenen Situation ein Einschnitt von einmaliger historischer Bedeutung im Dasein der sächsischen Gemeinschaft erfolgt, der eine Herausforderung an diese Gemeinschaft bedeutete, in deren Geschichte sich kein Beispiel von ähnlicher Tragweite jemals zugetragen hat. Damit diese Geschichte nicht über Nacht in Namenlosigkeit versinke, mußten sich verantwortungsbewußte Frauen und Männer in den westlichen Ländern im Geiste der durch acht Jahrhunderte gepflegten und behaupteten Grundsätze der Menschlichkeit und des Moralischen, des Gedankens und der Aufgabe der Fortführung dieser Geschichte unter gewandelten Bedingungen annehmen. Es gereicht den im Westen ansässig gewordenen Siebenbürger Sachsen zur Ehre, daß sie diese Grundsätze in sich lebendig erhielten und die geschichtliche Herausforderung annahmen.

Denn in Siebenbürgen selbst, in der „alten Heimat", war und ist dies nicht mehr möglich. Die typische sächsische Daseinsform mit all ihrem kulturellen und geistigen Reichtum konnte — im Sinne der sächsischen Tradition — nur im freien Teil der Welt ihre Fortsetzung finden. Sie kann dies jedoch nur dann, wenn trotz der erschwerenden Bedingungen geografisch-räumlicher Getrenntheit jedem Sachsen das einigende Band der Gemeinsamkeit der Gemeinschaft zutiefst bewußt ist. Wir in den freien Staaten des Westens sind aufgefordert, das Gute und Bewährte aus jahrhundertelanger Erfahrung zu übernehmen, es im Sinne neuer Erkenntnisse neu zu gestalten und als — wenn auch noch so kleinen — Bestandteil in die gesamte Kultur der freiheitlich denkenden Gesellschaft einzubringen. Dies ist eine der wesentlichsten Notwendigkeiten, um siebenbürgisch-sächsisches Geistesgut auch im Westen zu erhalten, umso mehr als diese Möglichkeit in Siebenbürgen nicht mehr besteht.

Unsere Landsmannschaften haben Thesen erarbeitet, die fordern, daß jeder Siebenbürger Sachse die Möglichkeit erhalten muß, selbst zu bestimmen, wo er und die Seinen ihr künftiges Leben verbringen werden. Wer heute aber im freien Westen — wie es mitunter geschieht — um irgendwelcher fiktiver Zukunftsaussichten willen die Forderung erhebt, die Siebenbürger Sachsen müßten in ihrer Heimat im Karpatenland ausharren, ist nicht nur ein Ignorant politischen Realitäten und Entwicklungen gegenüber, er hat auch das moralische und jenes international gesetzte Recht gegen sich, das jedem Individuum die Freizügigkeit zubilligt — und er macht sich (oft ohne sich dessen bewußt zu sein) Theorien östlicher Ideologien zu eigen, denen er in die Hände arbeitet. Auch der Abwehr solcher Irrwege gilt die Arbeit unserer Landsmannschaften, die über Tausende von Meilen hinweg eine Gemeinschaft bilden.

Der Sinn der siebenbürgisch-sächsischen Gemeinschaft über Grenzen und Erdteile hinweg liegt somit weitab von jeder Phrase, von jedem hohlen Schlagworte: er ist vielmehr aus der gewandelten historischen Lage heraus als organische Weiterführung sächsischen Selbst- und Weltverständnisses zu sehen, er ist darüber hinaus in der gegenwärtigen Lage die Basis, von der aus wir uns in all jenen Fragen und Problemen zu Wort melden können, in denen es unseren Landsleuten in Siebenbürgen verwehrt ist, in eigener Sache frei zu sprechen. Wir wissen alle, daß ihre Not groß ist, und müssen uns täglich bewußt sein, daß wir diese Not nicht stillschweigend und gleichgültig zur Kenntnis nehmen dürfen; täten wir dies, wir würden vor uns selbst und vor dem Geist unserer Geschichte unglaubwürdig, wir verstießen gegen das Gebot der Menschlichkeit, dem jeder verpflichtet ist.

Auf die Verwirklichung von mehr Menschlichkeit war auch die Politik unserer Landsmannschaft im Zusammenspiel mit der Staatsführung der Sozialistischen Republik Rumänien gerichtet. In einer Stellungnahme im Jahre 1961 hatte unsere Landsmannschaft, wie die der Banater Schwaben, sich gegenüber dem Deutschen Bundestag für die Aufnahme diplomatischer Beziehungen zu Rumänien ausgesprochen. Zum 50. Jahrestag der Karlsburger Beschlüsse — der Entscheidung des siebenbürgischen Rumänentums für den Anschluß Siebenbürgens an Großrumänien — hat ihr Presseorgan, die Siebenbürgische Zeitung, am 30. November 1968 den Anspruch Rumäniens auf Siebenbürgen bestätigt. Die Siebenbürger Sachsen haben sich auch in unseren Tagen — und dies in einem Jahrhunderte zurückreichenden traditionellen Sinne — für die uneingeschränkten Rechte des Rumänentums eingesetzt; sie können mit gutem Grund erwarten, daß die heutigen Exponenten Rumäniens die gerechtfertigten Ansprüche des Rumäniendeutschtums durch Wort und Tat anerkennen.

Es besteht kein Zweifel, daß es ein dorniger Weg für unsere Landsmannschaften und für die Regierungen, die sie in den Bemühungen um die Verwirklichung humanitärer Probleme unterstützen, ist, beim Gesprächspartner Schritt für Schritt Lösungen durchzusetzen. Gewiß stehen wir hier erst am Anfang, und wir haben mehr Rückschläge erlebt, als wir erwarteten. Das darf uns nicht entmutigen. Haben wir doch auch immer wieder Hoffnungen schöpfen können:

1973 wurde der Bundesvorsitzende der Landsmannschaft der Siebenbürger Sachsen in Deutschland erstmalig zu einem offiziellen Besuch — von der Gesellschaft „România" — nach Rumänien eingeladen. Im gleichen Jahr erklärte Bundespräsident Heinemann bei einem Empfang für den rumänischen Staatspräsidenten Ceauşescu in Brühl bei Bonn: „Ich übertreibe nicht, wenn ich sage, daß unser besonderes Verhältnis zu Ihrem Lande, Herr Staatsratsvorsitzender, ganz wesentlich der vermittelnden und für ihre rumänische Heimat werbenden Tätigkeit Ihrer deutsch-sprachigen Landsleute zu verdanken ist."

Wenige Tage danach hatte der Bundesvorsitzende mit seinen beiden Stellvertretern Gelegenheit zu einem Gespräch mit Staatspräsident Ceauşescu in Schloß Gymnich. Und im Jahr darauf — als der Bundesvorsitzende und seine Stellvertreter Gäste Rumäniens in der alten Heimat waren — empfing Ceauşescu die Repräsentanten unserer Landsmannschaft erneut, diesmal in Bukarest.

Diese Fakten sind nicht Ziel unserer Politik, sondern nur Marksteine, die der besseren gegenseitigen Kenntnis, größerem Verständnis dienen sollen. Vor uns liegen noch zahlreiche gewaltige Aufgaben.

Sehr entscheidend ist unsere landsmannschaftliche Arbeit durch die Patenschaft gefördert worden, die das Land Nordrhein-Westfalen im Jahre 1957 für die Landsmannschaft der Siebenbürger Sachsen in Deutschland übernahm. Die an den Niederrhein aus dem Karpatenland zurückgekehrten Siebenbürger Sachsen sind hier auf Boden ihrer Urheimat ansässig geworden, aus der ein Teil der Ahnen des sächsischen Stammes ausgewandert war. Das volkreichste Land der Bundesrepublik hat seine Patenkinder hilfreich und mit großer Herzlichkeit aufgenommen, hat mehr, als andere es vermocht hätten, für ihre Eingliederung getan und zugleich doch auch der Wahrung siebenbürgisch-sächsischer Eigenart den Weg durch die Gründung von Siedlungen — in ganz hervorragend, beispielhafter Weise in Drabenderhöhe — bereitet. Die Landesregierung und der für das Patenschaftsverhältnis zuständige jeweilige Minister für Arbeit, Gesundheit und Soziales haben nicht nur unsere sozialen und kulturellen Anliegen gefördert, die Kontakte zu Behörden und Institutionen hergestellt und auch in unseren Fragen, oft gemeinsam mit uns die Verbindung zur Bundesregierung — insbesondere hinsichtlich heimatpolitischer Probleme — gepflegt, sondern sie haben auch die der Landsmannschaft in Deutschland zugedachte Patenschaft so gestaltet, daß deren Auswirkungen unseren Landsleuten in der ganzen Welt zugute kommen. Wir haben ideelle und materielle Hilfen empfangen, die sich gegenseitig ergänzen und sehr viel zu den Erfolgen beitragen, die wir in den letzten beiden Jahrzehnten erringen konnten. Die Menschen des Landes an Rhein und Ruhr, die uns solches ermöglichten, unser Patenland, haben damit unser Schicksal und die Entwicklung unserer Gemeinschaft mitgestaltet und sind so selbst Teil der neuen Geschichte unseres Stammes geworden.

Die in der Verantwortung stehenden Frauen und Männer der Landsmannschaften der Siebenbürger Sachsen in der Bundesrepublik Deutschland, Österreich und Kanada und des Zentralverbandes in den USA sind sich ihrer Aufgaben bewußt; alle ihre seit Jahren miteinander geführten Gespräche, die Abstimmung ihrer Initiativen aufeinander, die Beurteilung der Lage in Siebenbürgen und der Möglichkeiten, Hilfe zu leisten, die — trotz der weltweiten politischen Spannungen und Komplikationen — ein solider Ausgangspunkt ist, um die Existenzfrage der Siebenbürger Sachsen weltweit in Ost und West bekanntzumachen und Lösungen im Sinne der Menschenrechte zu erarbeiten und durchzusetzen.

III. Entstehung und Entwicklung der Siebenbürger-Sachsen-Siedlung Drabenderhöhe

Zehn Jahre Siebenbürger-Sachsen-Siedlung Drabenderhöhe

Robert Gassner

Menschen unterwegs

Millionen Menschen sind im Zweiten Weltkrieg und in den Jahren danach über die Straßen Europas gezogen — ohne Heimat, ohne Besitz, Opfer des Krieges. An dieser größten Völkerwanderung aller Zeiten waren auch Siebenbürger Sachsen beteiligt. Der Wiener Schiedsspruch vom 30. August 1940 teilte zum ersten Mal das Land Siebenbürgen, und das bedeutete auch eine Teilung der Siebenbürger Sachsen. Aus einem räumlich geschlossen lebenden und in der Gemeinschaft festgefügten Volk wurde nach dem Krieg eine zerrissene Gruppe, verstreut über Europa und darüber hinaus.

Nach 1945 waren es drei Gruppen Siebenbürger Sachsen, die eine neue Heimat suchten: Angehörige des großen Trecks aus Nordsiebenbürgen und einiger Orte Südsiebenbürgens nach dem Abfall Rumäniens 1944; dazu kamen Männer, die aufgrund zwischenstaatlicher Vereinbarungen in den Reihen der deutschen Wehrmacht (vor allem der Waffen-SS) gedient hatten und nun in Deutschland blieben, weil sie nicht mehr in die Heimat zurück konnten. Als dritte Gruppe stießen die Anfang 1945 aus Siebenbürgen in die Sowjetunion verschleppten Männer und Frauen dazu, die nach Deutschland entlassen worden waren.

Alle diese Menschen waren durch ein schweres Schicksal gezeichnet. Sie hatten die Heimat verloren, waren oft von ihren Familien getrennt worden und wußten nicht, was sie erwartete. Doch Rückschau und Hader durften und konnten ihren Sinn nicht trüben. Im alten Kolonistengeist und mit Gottvertrauen richteten sie den Blick in die Zukunft. Beengt in Mietwohnungen, Notquartieren, Lagern, ja selbst in Erdbunkern, wurden Pläne geschmiedet, „die Hand an den Pflug gelegt und Furchen gezogen". 800 Jahre Erfahrung und politische Klugheit halfen diesen ältesten deutschen Kolonisten, einen neuen Weg zu finden.

Es war erstaunlich, mit welcher Kraft Menschen aller Altersgruppen Arbeitsplätze und neue Ziele suchten und sich der fremden Umgebung anpaßten. Alle Bevölkerungsschichten, Einheimische und Vertriebene, hatten das Gebot der Stunde begriffen. Nur so ist das zu erklären, was dann später das „deutsche Wirtschaftswunder" genannt wurde. Es war auch — oder vor allem — ein Wunder des Geistes und der Seele. Auch Siebenbürger Sachsen haben einen bescheidenen Anteil an diesem Erfolg.

Es ist nicht möglich, hier Einzelschicksale wiederzugeben, obwohl sich darin eine Fülle an Lebenswerten offenbaren könnte. Die Geschichte des Ganzen spricht aber auch für die einzelnen.

Treck aus Nordsiebenbürgen

Uns Siebenbürger Sachsen sagt man nach, daß wir einen besonders ausgeprägten Gemeinschaftssinn hätten. Unsere Geschichte liefert ausreichend Beweise dafür, warum diese Gemeinschaft so sehr zusammenhielt und sich ihr auch heute noch verbunden fühlt. Ein Volksstamm, der vor acht Jahrhunderten keineswegs als Einheit nach Siebenbürgen einwanderte, ist dort zusammengewachsen, hat alte Werte mannigfacher Art im Heimatraum Siebenbürgen und im Zusammenleben und Wirken mit anderen Nationen (Rumänen, Magyaren...) fortentwickelt. Dabei blieb die geistige Verbundenheit mit der alten Heimat ebenso lebendig wie die Erschließung neuer Kraftquellen in Siebenbürgen. Wir haben uns stets als Mittler des deutschen Volkes verstanden und selbstverständlich unserer Größenordnung entsprechend eingesetzt.

Es ist kein Zufall, daß gerade wir Siebenbürger Sachsen nach der Abwanderung aus der alten Heimat die Sehnsucht hatten, in Deutschland in geschlossenen Siedlungen ansässig zu werden. Wir meinen, daß es zu unserer Aufgabe gehört, ererbtes Kulturgut zu erhalten und in den neuen Heimatraum einzubringen. Wer der Meinung sein sollte, daß eine Fortführung „früheren Eigenlebens in der Gemeinschaft" als Abkapselung oder Erstarrung anzusehen sei, verkennt unseren Charakter und gibt im Grunde genommen sich selber leichtfertig auf. Die Siebenbürger Sachsen wollen — so wie die Bayern, Hessen oder Friesen — ihre Eigenart bewahren, ohne das Ganze aus dem Auge zu verlieren.

Die Auflösung und Preisgabe unserer völkischen Gemeinschaft hier wäre für unsere Landsleute in Siebenbürgen unverständlich. Sie würde den Sinn ihres weiteren Bestandes in Rumänien in Frage stellen.

Vom Acker in den Kohlenschacht

Während Tausende unserer Landsleute völlig verarmt festen Boden unter den Füßen suchten, waren es einige Männer, die sich in besonderem Maße darum kümmerten, neue Ansiedlungsmöglichkeiten zu finden. Obwohl etwa 6 000 Nordsiebenbürger nach dem Zusammenbruch aus Österreich, dem Sudetenland, Sachsen und Schlesien, zum Teil gegen ihren Willen, wieder in die alte Heimat rückgeführt wurden, war den meisten der mit Treck Geflüchteten aus dem Jahr 1944 und den anderen klar, daß eine Rückkehr in die alte Heimat unter den gegebenen Verhältnissen unmöglich war.

Verhandlungen mit westlichen Staaten, insbesondere Luxemburg und Frankreich, die Kontaktaufnahme mit nord- und südamerikanischen sowie afrikanischen Regierungen führten zu keinem greifbaren Erfolg. Das Lagerleben in dem von Flüchtlingen überfüllten Österreich wurde von Tag zu Tag unerträglicher. Arbeitsmöglichkeiten waren nur in begrenztem Ausmaß gegeben, und so wurden ernsthafte Versuche unternommen, in Westdeutschland, der heutigen Bundesrepublik Deutschland, eine neue Heimat zu finden. Dabei war man sich bewußt, daß Millionen Vertriebene aus dem deutschen Osten nach Westdeutschland einströmten. Ein Großteil der Bevölkerung der heutigen Bundesrepublik Deutschland hatte selbst Hab und Gut verloren. Wohnhäuser, Fabriken und Einrichtungen glichen einem Trümmerfeld. Mußte eine weitere Zusammenballung heimat- und arbeitsuchender Menschen nicht zu einem Unruheherd werden, dessen Folgen unübersehbar wären? War es nicht gerade der Sinn der Vertreibung, Deutschland auseinander zu sprengen, Anarchie zu säen?

Es kam anders. Ein ungeheurer Arbeits- und Aufbauwille räumte den Schutt weg. Bei ehemaligen Feinden im Westen wuchs Vertrauen; Hilfsmaßnahmen, insbesondere aus Amerika, wurden eingeleitet. Die Bundesrepublik Deutschland wurde zu einem eigenen, wenn auch geschrumpftem Staat. Die politische Leitung und das Volk, in seiner Vielschichtigkeit organisiert, kannten nur ein Ziel: die Zukunft zu sichern. Dieser wirtschaftliche Wiederaufbau schuf immer weitere Arbeitsplätze. Das kam auch uns Sachsen zugute. Insbesondere drei Männer: Dr. Eduard *Keintzel,* Generaldechant Dr. Carl *Molitoris* und Pfarrer Sepp *Scheerer* haben ein großes Verdienst, daß diese Möglichkeiten genutzt wurden. Sie sprachen mit deutschen Wirtschaftsstellen und mit den jeweiligen Besatzungsmächten.

Schließlich führte dies zu dem Ergebnis, daß im Kohlenbergbau des Ruhrgebietes und im Raume Aachen eine Vielzahl unserer Landsleute, zum größten Teil ehemalige Bauern, Handwerker, Kaufleute und Aka-

demiker, Unterkunft und Arbeitsplätze fanden. Im Frühjahr des Jahres 1953 kamen zunächst nur die listenmäßig erfaßten Männer nach Herten-Langenbochum, Oberhausen-Osterfeld und Setterich bei Aachen. Es war ein bitterer Neuanfang in völlig ungewohnten Lebens- und Arbeitsverhältnissen. Der Bauer fuhr nicht mehr auf den Acker, sondern in die Tiefe der Erde, in den Schacht, er förderte Kohle. Dieser schwere Entschluß führte die meisten Landsleute zu einer festen Bindung. Sie hielten durch. Erschwert war diese Zeit dadurch, daß die Familien der in die Bundesrepublik Deutschland übergesiedelten Männer in Österreich ungeduldig wurden und auf eine baldige Zusammenführung drängten.

Es entstanden die ersten *drei Siedlungen* in Nordrhein-Westfalen. So wie unsere Vorfahren zielstrebig, gottesfürchtig und fleißig, jeweils für die kommende Generation den Boden gut bestellten, waren auch diese Menschen Wegbereiter für viele noch in Ungewißheit lebende Landsleute. Die schon vor diesem starken Zuwachs sächsischer Familien im Raume Nordrhein-Westfalen lebenden Landsleute, die bereits am 28. 1. 1951 die Landesgruppe der Landsmannschaft der Siebenbürger Sachsen in Nordrhein-Westfalen gegründet hatten, waren über diese Entwicklung erfreut.

Patenschaft Nordrhein-Westfalen

Die Tatsache, daß unsere Vorfahren zu einem Teil aus dem Rheingebiet nach Siebenbürgen ausgewandert waren, wie auch der Einsatz im Kohlenrevier und schließlich der Wille, sich weiterhin zu den in Siebenbürgen lebenden Siebenbürger Sachsen zu bekennen, führten am 26. Mai 1957 zu der Übernahme der Patenschaft des Landes Nordrhein-Westfalen durch die Regierung Steinhoff mit dem damaligen Arbeits- und Sozialminister Hemsath.

Die Tragweite dieses Ereignisses konnte man an dem Tage nur ahnen. Heute kann gesagt werden, daß es nicht eine „Urkunde", auch nicht eine Patenschaft vieler Worte war und ist, sondern ein Bündnis der Tat. Die Türe stand uns jederzeit offen. Unsere begründeten Anliegen fanden Gehör. Abgesehen von der weitgehenden Finanzierung unserer Organisation und deren Organe — vor allem im kulturellen Bereich — sei die Einrichtung der Ferien- und Altenfreizeiten genannt. Gerade wir in Drabenderhöhe können für die vielseitige Förderung nicht genug danken. Eigentlich ist die Bezeichnung Patenschaft unzutreffend, sie ist mehr als „Vaterschaft" anzusprechen.

Auf der Suche nach dem Standort der Siebenbürgersiedlung

Unser Ziel war und ist: Landsleute in einer großen Siedlung in ländlicher Umgebung zusammenzuführen, ihnen eine neue Heimat zu vermitteln, Arbeitsmöglichkeiten zu bieten und Gelegenheit zu geben, siebenbürgisch-sächsische Sitten und Brauchtum zu erhalten. Damit verbunden ist der Wille, hier nicht „Fremdling" zu bleiben, sondern in guter Gemeinschaft mit der einheimischen Bevölkerung unseren Kindern den Weg zur Einheit zu bauen. Gleichzeitig soll eine zahlenmäßig starke Siedlung ein treues Bindeglied zu den Menschen der alten Heimat bilden.

Hatten schon im Jahre 1951 zwei Landsleute (Schneider/Gassner) im Zusammenhang mit der Entstehung der großen Reichswald-Siedlung am Niederrhein in einer Eingabe an den Regierungspräsidenten in Düsseldorf um Ansiedlung der Siebenbürger Sachsen, in ihrer Mehrzahl ehemalige Bauern, angesucht, so ging nunmehr die Suche nach Siedlungsmöglichkeiten verstärkt weiter. Der oft geäußerte Wunsch, aus der Zerstreuung innerhalb der Bundesrepublik in eigene Siedlungen zusammengeführt zu werden, sollte nicht nur die Erfüllung einer menschlichen Sehnsucht bedeuten, sondern zugleich zum Ausdruck bringen, daß geschlossene Siedlungen allein die Möglichkeit bieten, in rechter Weise altes Volksgut zu erhalten. Diese Männer bewegte aber auch das Wissen, daß ein Einleben im neuen Heimatbereich und damit die gesellschaftliche und wirtschaftliche Eingliederung leichter erfolgen, wenn die Begegnung mit bekannten Menschen gleicher Herkunft heimtliche Vertrautheit ausstrahlt.

Gerade wir Siebenbürger Sachsen haben es immer wieder erfahren, daß bei aller Liebe zur Landschaft der wesentliche Inhalt dessen, was wir Heimat nennen, der Mitmensch ist. Das trägt besonders in der Familie, der Verwandtschaft und darüber hinaus im Volksganzen Früchte. Unsere Literatur bedient sich der Beschreibung der räumlichen Umwelt, im Kern jedoch sucht sie immer die Begegnung mit dem Menschen.

Zahlreiche Beratungen, insbesondere mit Ministerialdirigent Dr. Ludwig Landsberg, dem im Arbeits- und Sozialministerium verantwortlichen Abteilungsleiter für Vertriebenenfragen, waren für eine positive Entwicklung entscheidend. Durch ihn wurde auch die Verbindung mit dem Schwedenpfarrer Birger Forell, dem Begründer von Espelkamp und Leiter der Schwedenhilfe in Köln-Nippes, hergestellt. Bei unserem ersten Gespräch eröffnete mir Pfarrer Forell, unmittelbar nach der Begrüßung, daß er für die Belange der Siebenbürger Sachsen ein offenes Ohr habe. Er sei einmal bei einem befreundeten deutschen Pfarrer zu Besuch gewesen und habe an einem Abendmahlgottesdienst teilgenommen. Nach dem Gottesdienst sei der Ortspfarrer auf einen Mann zugegangen und habe mit ihm ein kurzes Gespräch geführt. In diesem Gespräch habe das Kirchenmitglied sich entschuldigt, diesmal nicht zum Abendmahl gegangen zu sein. Er habe eine Verärgerung über einen Mitmenschen nicht rechtzeitig ausräumen können. Das habe ihm den Weg zum Abendmahl versperrt. Dieses Erlebnis hatte Pfarrer Forell so beeindruckt, daß er nach der Herkunft des Mannes fragte. Er erhielt zur Antwort, es sei ein Siebenbürger Sachse. — Unser erstes Gespräch endete mit der Zusage, daß die Schwedenhilfe bereit sei, uns zu unterstützen.

Bei einem Besuch der Gesellschaft zur Förderung der Inneren Kolonisation (GFK) in Düsseldorf wurde uns in Aussicht gestellt, im Bergischen Land bei Overath Gelände für eine größere Siedlung zu finden. Noch am gleichen Tag fuhren wir nach Großhurden, Immekeppel und Heidermühle, um das dortige Gelände zu besichtigen. Wir mußten feststellen, daß die Flächen für ein Großprojekt nicht ausreichten. Dennoch entschlossen wir uns, mit dem „Rheinischen Heim" in Bonn als Siedlungsgesellschaft Verbindung aufzunehmen. Zusammen mit Pfarrer Scheerer, als Vertreter des Hilfskomitees der Siebenbürger Sachsen, führten wir Verhandlungen mit dem Siedlungsträger, dem Patenministerium und der Schwedenhilfe, mit dem Ergebnis, daß der erste Siedlungsabschnitt in Angriff genommen wurde. Als Vertreter und Verbindungsmann der Siedlungswilligen wurde Stefan Fleischer eingesetzt, der über die Schwedenhilfe, unterstützt durch das Patenland, eine finanzielle Sicherstellung fand.

Zur gleichen Zeit wurde durch Werner Achermann, dessen Frau aus Mediasch in Siebenbürgen stammt, ein weiteres Siedlungsgelände, in Strombach bei Gummersbach, empfohlen. Dies alles konnte jedoch nur einen Teil der Siedlungswünsche erfüllen, da die Zahl der Siedlungsbewerber über 500 betrug.

Bei Krefeld, Norf, Opladen, Leichlingen, Dhünn und Lüdenscheid wurde ebenfalls Siedlungsgelände angeboten. Die Einzelverhandlungen ergaben jedoch Schwierigkeiten (Autobahnplanung, Wassereinzugsgebiet usw.).

Es schien, als ob alle unsere Bemühungen nutzlos seien, und selbst die Unterstützung des Patenlandes ohne Erfolg bliebe.

Die ersten Kontakte in Drabenderhöhe

Unmittelbar vor dem Abschluß der Verhandlungen mit Lüdenscheid erhielten wir die Nachricht, daß bei Drabenderhöhe im Oberbergischen Kreis Hoffnung auf Erfüllung unserer Wünsche bestehe.

Es wird berichtet: „Hier hatte sich im Jahre 1958 auf Antragstellung aus dem Raume Bielstein, den Gemeindenamen Drabenderhöhe in Bielstein zu ändern, in der Bevölkerung von Drabenderhöhe eine Bewegung vollzogen, die für die Entstehung der Siebenbürger-Sachsen-Siedlung von Bedeutung sein sollte. Es wird an anderer Stelle über die Änderung des Gemeindenamens, die sich über Jahre hinzog, berichtet. Erwähnenswert erscheint, daß Regierungspräsident und Innenminister sich nicht für eine Änderung des Gemeindenamens entscheiden konnten, sondern es dem Kreisausschuß überließen. Hierin sah man in der Bevölkerung von Drabenderhöhe eine schwache Begründung und Prestigedenken, dies besonders, da die heute vollzogene Kreisraumordnung damals schon geplant war, worauf auch bei den damaligen Beratungen hingewiesen wurde. In dieser schwierigen Stunde unseres Gemeindelebens, in der geschichtliche, kulturelle, wirtschaftliche, verwandtschaftliche und freundschaftliche Bindungen in der Bevölkerung der Gemeinde zu zerreißen drohten, fanden sich die Bürger von Drabenderhöhe und Umgebung in Gesprächen und Bürgerversammlungen zu einer engen Gemeinschaft zusammen, mit dem Ziel, durch Eigeninitiative dem Raum Drabenderhöhe wieder den Standort in unserer Heimat zu geben, den er in den vergangenen Zeiten inne gehabt hatte.

Zunächst einmal sollte die Bevölkerungszahl vergrößert werden, dann konnten Industrie und Gemeinschaftsbauten folgen. In vielen schwierigen Gesprächen von Leo Heu, Ernst und Kurt Halstenbach und Hermann Lutter bei Behörden, Architekten und Grundstückseigentümern wurden die Voraussetzungen für die Siedlung Brächen geschaffen. Durch den Architekten Hermann Wüster, der im Siedlungsgebiet Brächen beschäftigt war, erfuhr man in einem Gespräch am 7. Oktober 1961 mit Leo Heu, daß die Siebenbürger Sachsen an Siedlungsland interessiert seien.

Es kam zu einer kurzen Besprechung und man war einmütig der Meinung, alles zu unternehmen, diese Siedlung in Drabenderhöhe zu erstellen, wobei die Gemeindeverwaltung in Bielstein erst unterrichtet werden sollte, wenn die Voraussetzungen mit der Landsmannschaft der Siebenbürger Sachsen bzw. dem Rheinischen Heim klargestellt waren.

Hermann Wüster wurde beauftragt, sich mit Kurt Koch, Wuppertal, Landaufkäufer des Rheinischen Heims, in Verbindung zu setzen. Selbst führte man in den nächsten Tagen Gespräche mit den Grundstückseigentümern. Am 10. Oktober 1961 fand schon die Besprechung mit Koch, Wuppertal, statt. Hieran nahm auch Rudolf Krüger, der zwischenzeitlich in den Rat der Gemeinde gewählt worden war, teil. Da die Grundstücksangelegenheiten gute Fortschritte machten, wurde beschlossen, eine Vertretung der Siebenbürger Sachsen sowie des Rheinischen Heimes zu einer Besichtigung einzuladen. Am 17. Oktober 1961 besichtigte Hubert Pauls vom Rheinischen Heim Drabenderhöhe sowie das zur Siedlung vorgesehene Baugelände."

Am 19. Oktober 1961 besuchten drei Landsleute, die dem Leitungsgremium der Landesgruppe Nordrhein-Westfalen unserer Landsmannschaft angehörten, nämlich Rudolf Dienesch, Richard Georg und Michael Schenker, Drabenderhöhe. Es kam zu einem ersten Gespräch mit den Brüdern Halstenbach, dann mit Heu, Lutter, Krüger und Hartmann aus Drabenderhöhe, sowie dem Grundstücksmakler Koch und Architekt Wüster. Dieses erste Gespräch verlief so positiv, daß eine Fortführung aussichtsreich schien. Man stellte sich gegenseitig vor und entwickelte Vorstellungen.

Da die Vorbereitungen gut vorangekommen waren, luden die Initiatoren aus Drabenderhöhe für den 23. Oktober 1961 die Grundstückseigentümer zu einem Informationsgespräch ein, wobei Kurt Halstenbach die Anwesenden über die bisherigen Verhandlungen unterrichtete und

Koch, Wuppertal, zu den unklaren Fragen Stellung nahm. Nach etwa einer Stunde war man mit den Grundstückseigentümern einig. Man besuchte sie am 27., 28. und 29. Oktober 1961. Ausnahmslos unterschrieben alle den Anbietungsvertrag. Rund 20 Tage waren seit dem ersten Wort über die Erstellung einer Siebenbürger-Sachsen-Siedlung in Drabenderhöhe vergangen und schon standen 25 ha Land zur Bebauung zur Verfügung.

Eine Landschaft wie in Siebenbürgen

Die guten Vorverhandlungen ermöglichten dem damaligen Gemeindevertreter Hermann Lutter, am 24. Oktober 1961 Gemeindedirektor Selbach und die Gemeindeverwaltung von dem Vorhaben in Drabenderhöhe in Kenntnis zu setzen.

Schließlich kam es am 3. November 1961 um 15 Uhr zu dem für die Zukunft von Drabenderhöhe entscheidenden Gespräch. An diesem Gespräch beteiligten sich aus Drabenderhöhe die Gemeindevertreter Lutter und Krüger, die Gebrüder Halstenbach, Hauptlehrer Hartmann und Leo Heu. Von der Gemeinde Bielstein Bürgermeister Steinmetzler, Gemeindedirektor Selbach, Oberinspektor Kämper und Born vom Gemeindebauamt. Das Rheinische Heim war durch Direktor Jakobs und Hubert Pauls vertreten. Seitens der Landsmannschaft der Siebenbürger Sachsen waren Dienesch, Gassner, Georg, Kellner, Niesner, Schenker und Frau Elvine Gusbeth anwesend. Ebenso nahmen an dem Gespräch Koch aus Wuppertal-Ronsdorf und Architekt Wüster aus Bergisch-Born teil.

Die Anfahrt durch das Bergische Land bis nach Drabenderhöhe offenbarte die Schönheit dieser Landschaft. Sie erinnerte manchen von uns an die hügelige, bergige siebenbürgische Heimat. Und dann kam es zur menschlichen Begegnung. Jedwede Zurückhaltung fiel weg. Es herrschte Offenheit. Der Wille, einer gemeinsamen Sache zu dienen, beseelte alle Teilnehmer dieses Gespräches. Bei gastfreundlicher Aufnahme seitens der Ortsansässigen wurden die bereits im ersten Gespräch angeschnittenen Fragen weitergeführt und die etwaige Größenordnung abgesteckt. In Drabenderhöhe sollte die größte Siebenbürger-Sachsen-Siedlung außerhalb Siebenbürgens entstehen. Das entsprach nicht nur dem Wunsch der Anwesenden, sondern zugleich auch den Bemühungen des Patenlandes.

Die grundsätzliche Einigung mit den Vertretern der Bevölkerung von Drabenderhöhe erforderte schnelle und gezielte Arbeit. Erläuterungen über den Standort und die Größenordnung erfolgten im Patenministerium, das damals unter der Leitung von Konrad Grundmann stand, der ein unermüdlicher Förderer unserer Sache war und keinen persönlichen Einsatz scheute, um die Siedlung voranzutreiben.

Teilnehmer des entscheidenden Gesprächs

Im Vordergrund des Raumprogrammes stand der Bau von 143 landwirtschaftlichen Nebenerwerbssiedlungen. Für einen weiteren Personenkreis wurden 68 Kleinsiedlungen (sozialer Wohnungsbau) benötigt. Einzelhandelsgeschäfte, Gewerbe- und Industriebetriebe als Ergänzung der in Drabenderhöhe bereits vorhandenen Einrichtungen durften ebenfalls nicht fehlen. Dabei wurde angenommen, daß in Alt-Drabenderhöhe, ferner in Bielstein, Wiehl, Ründeroth und Engelskirchen ausreichend Arbeitsplätze vorhanden seien, um den Siedlern Vollbeschäftigung zu sichern.

Ministerpräsident Meyers besichtigt das Baugelände

Die Planungsphase

Die Siedlungsgesellschaft „Rheinisches Heim" in Bonn, Erbauer der Reichswaldsiedlungen Nierswalde und Reichswalde, erklärte sich bereit, ihre bislang größte geschlossene Nebenerwerbssiedlung für uns zu bauen. In einer Vorplanung erstellte sie kurzfristig eine erste Unterlage für den neuen Bebauungsplan.

Am 13. 11. 1961 fand eine eingehende Beratung bei Oberkreisdirektor Dr. Friedrich-Wilhelm Goldenbogen in Gummersbach statt. Seitens der Kreisverwaltung war auch Kreisbaurat Sahr zugegen, als Vertreter der Gemeinde Bielstein: Steinmetzler, Kind und Selbach, die Architekten Koch und Wüster und seitens der Landsmannschaft Dienesch, Gassner, Georg, Dr. Keintzel und Schenker. Bei diesem Gespräch wurden noch einmal die verschiedenen Gesichtspunkte der vorgesehenen Siedlung durchberaten. Der Oberkreisdirektor (selbst Vertriebener aus Pommern) bekräftigte den Willen des Oberbergischen Kreises, die Siebenbürger Sachsen aufzunehmen. Es sei erfreulich, daß eine geschlossene Gruppe hier ihre Ansiedlung erstrebe. Nunmehr gelte es, sorgfältige Überlegungen anzustellen, damit die Menschen, die hier heimisch werden wollten, eine glückliche Zukunft haben könnten. Von diesem Gespräch an blieb der Oberbergische Kreis, neben der Landesregierung und der Gemeinde Bielstein, ein dauernder Fürsprecher des Siedlungsvorhabens. Nachdem am 15. 11. Vertreter der Bezirksregierung (Franzen und Vogel) das vorgesehene Gelände besichtigt und begutachtet hatten, wurde am 27. 11. 1961 ein Gutachten seitens des Landesamtes erstellt, und am 21. 12. 1961 nahm der Rat der Gemeinde Bielstein offiziell Kenntnis von dem Plan der Siedlung.

Am 22. 12. 1961 besuchte der Arbeits- und Sozialminister Konrad Grundmann das Baugelände und stellte in der anschließenden Pressekonferenz den Willen der Landesregierung unter den Leitsatz: „Mit kühlem Kopf und heißem Herzen bauen". Dieser Satz wurde zur Richtschnur. Es sei an dieser Stelle festgehalten, daß weder der schwierige Sachverhalt, noch die Vielfalt der eingeschalteten Behörden und Dienststellen, auch nicht die hohen finanziellen Anstrengungen, jemals in Bürokratismus erstickten. Bei allen Verhandlungen konnten wir uns überzeugen, daß in der Tat mehr mit dem Herzen als mit starren Paragraphen gearbeitet wurde. Nur so ist es zu erklären, daß alles sehr zügig ablief — vom Grundankauf (vom 4. bis 6. Dezember 1961 hatte Schaefer vom Rheinischen Heim 25,5418 ha Siedlungsgelände angekauft) über den Bebauungsplan durch den Städteplaner, Dipl.-Ing. Zimmermann, die Offenlegung und Beschlußfassung des Bebauungsplanes durch den Rat der Gemeinde Bielstein, bis zu den Genehmigungen.

Außer den Ministerien mußten bereits in der Planungsphase weitere Stellen eingeschaltet werden: die Gemeinde, der Oberbergische Kreis, der Regierungspräsident Köln, die Bezirksplanungsstelle, der Land-

Mitarbeiter der Siedlungsgesellschaft „Rheinisches Heim"

schaftsverband, die Verkehrspolizei, das Kulturbauamt, das Amt für Flurbereinigung und Siedlung, der Aggerverband, die Industrie- und Handelskammer, die Kreishandwerkerschaft u. a.

In interministeriellen Besprechungen, die in der Regel von Ministerialdirigent Dr. Ludwig Landsberg geleitet wurden, kam es zu Absprachen, die einen reibungslosen Fortgang sicherten.

Es zeigte sich bald, daß neben den beiden Siedlungsträgern Rheinisches Heim und Rheinische Heimstätte eine weitere Einrichtung notwendig war, um Gemeinschaftsbauten, Geschäftszentrum und Industrieanlagen zu betreuen. Am 8. Januar 1963 wurde vor Notar Wilhelm Boelk (Urk. Rolle Nr. 17/1963) die Oberbergische Aufbau-GmbH Gummersbach gegründet und am 21. Februar 1963 in das Handelsregister eingetragen. Zu den unmittelbaren Aufgaben der Gesellschaft gehörten:

> „die Schaffung von Gemeinschaftseinrichtungen, die Ansiedlungsplanung für Landwirtschaft, Handel und Gewerbe sowie die Förderung für die Siedlung der Siebenbürger Sachsen und für andere Siedlungen im Oberbergischen Kreis."

> Dem Aufsichtsrat der Oberbergischen Aufbau GmbH gehörten an:
> der Arbeits- und Sozialminister des Landes Nordrhein-Westfalen, der Minister für Wirtschaft, Mittelstand und Verkehr, der Direktor des Landschaftsverbandes Rheinland, der Regierungspräsident, der Oberkreisdirektor, der Direktor der Kreissparkasse, ein Vertreter der evangelischen Kirche, der Gemeindedirektor der Zivilgemeinde Bielstein, der Leitende Ministerialrat im Ministerium für Landesplanung, Wohnungsbau und

öffentliche Arbeiten und ein Vertreter der Landsmannschaft der Siebenbürger Sachsen. Allein die Zusammensetzung des Aufsichtsrates liefert den Beweis dafür, welche Bedeutung diesem Vorhaben beigemessen wurde.

Mit einem Anfangskapital von 20 000,— DM begann die Gesellschaft ihre Tätigkeit. Ihr oblag die Koordinierung aller am Aufbau der Siedlung Tätigen, vor allen Dingen die Beschaffung von Geldmitteln, aber auch entscheidend die Führung von Verhandlungen hinsichtlich der Ansiedlung von Industrie und damit der Ausweitung und Sicherung von Arbeitsplätzen. In der konstituierenden Aufsichtsratsitzung, die am 12. März 1963 im Kreishaus in Gummersbach stattfand, wurde Dr. Goldenbogen zum Vorsitzenden gewählt, zum 1. Stellvertreter Kreissparkassendirektor Heinrich Gebauer und zum 2. Stellvertreter Hauptlehrer Robert Gassner. Als Geschäftsführer wurde Kreissparkassendirektor Jochens und als weiterer Geschäftsführer Dipl.-Kaufmann Heinrich Ongjerth bestellt. Ministerialdirigent Dr. Landsberg vom Arbeits- und Sozialministerium sicherte Ongjerth die Finanzierung seiner Tätigkeit zu. Seine Aufgabe als Geschäftsführer war, die Siedlungsbewerber zu erfassen und als Verbindungsmann zu den Siedlungsgesellschaften und der Landsmannschaft tätig zu werden. Gleich in dieser 1. Sitzung umriß Kreisbaudirektor Sahr noch einmal das Rahmenprogramm für Nebenerwerbssiedlungen und Kleinsiedlungen, sowie die öffentlichen Bauten; der eventuelle Kostenaufwand wurde mit 25 Millionen DM beziffert. Besondere Aufmerksamkeit fand bei dieser Beratung das Raumprogramm für die öffentlichen Einrichtungen, wobei auch die zukünftige Trägerschaft erörtert wurde.

Um einer Fehlplanung vorzubeugen, sollte das Institut „Gewerbebetriebe im Städtebau" Köln beauftragt werden, ein Kurzgutachten zu erstellen. Dafür wurden 3 000 DM zur Verfügung gestellt. Als Unterlage für dieses Gutachten wurde von der Gemeinde eine Aufstellung über Zahl der gewerblichen Betriebe und Einzelhandelsgeschäfte in Drabenderhöhe übergeben. Es herrschte Einmütigkeit darüber, daß in der Neuplanung die vorhandenen Einrichtungen Berücksichtigung finden müßten. Das Gutachten, im Mai 1963 überreicht, diente als Unterlage und hat sich bestens bewährt.

Am 30. April 1963 gab die Landesregierung von Nordrhein-Westfalen in ihrer 767. Sitzung grünes Licht für die Siedlung Drabenderhöhe und beauftragte die Ressortminister, tätig zu werden.

Die oberbergische Presse hatte bereits in der Planungsphase das Geschehen mit viel Aufmerksamkeit verfolgt und die Bevölkerung unterrichtet.

Der Baubeginn

Das Bauleitungsbüro wurde im September 1963 eingerichtet. Architekt Günter Roberz übernahm die Bauleitung, während Franz Josef Bürger die zuständige Verfahrensleitung für die Gesamtmaßnahme innehatte.

Bald verwandelten sich die grünen Weiden und Obstgärten in eine riesige Baustelle. Wo noch vor Monaten zukünftige „Neubürger" mit ihren Familien zusammenkamen, um sich die Landschaft anzusehen —

Spiel und Heiterkeit, eine Vorschau auf das Zusammenleben von morgen — stand kaum noch ein Obstbaum. Bagger und Raupen schoben den Mutterboden zu Erdhügeln zusammen und baggerten die Kanalleitungsgräben aus, die Straßen wurden angelegt. Das schwierige Gelände erforderte große Erdbewegungen, sogar Sprengungen waren teilweise erforderlich. Die ersten Großbaukräne rückten an.

Die Bautätigkeit begann im Oktober 1963 im Bereich „Altes Land". Die Baufirmen sorgten für den notwendigen Großeinsatz, so wuchsen

die ersten Bauten in die Höhe. Die Bauarbeit wurde in drei Abschnitten durchgeführt. Trotz teilweise ungünstiger Witterungsverhältnisse ging es zügig voran.

Die Siedlungsbewerber rechneten allerdings mit einem noch viel schnelleren Ablauf. So begegnete man auf den Baustellen oft enttäuschten Menschen, die sich nach dem Einzugstermin erkundigten.

Die Kleinsiedlerstellen betreute die Zweigstelle Köln der Rheinischen Heimstätte, unter der Leitung von Dipl.-Ing. Becker. Die unmittelbare Bauleitung hatte Architekt Thierfelder aus Gummersbach.

Die Gemeinschaftsbauten

Hand in Hand mit dem Bau der Familienhäuser sollten auch die Gemeinschaftsbauten entstehen. Die Aufbau GmbH hatte die planerischen Unterlagen in interministeriellen Gesprächen abgeklärt, die Finanzie-

rung in Höhe von ca. 4,5 Millionen DM errechnet und die Genehmigung eingeholt. Die Vergabe erfolgte an den Architekten Hans Brand aus Marienheide, dessen Pläne, insbesondere nach Begutachtung durch Baudirektor Sahr, die beste Ausgestaltung des *Gemeindezentrums* auf dem Siebenbürger Platz versprach. Bewußt wurden diese Gemeinschaftsbauten ins Zentrum gesetzt, d. h. an die Nahtstelle der Altgemeinde und der Siedlung.

Ursprünglich sollte das *Altenheim* an einen Waldsaum gebaut werden, doch waren wir der Meinung, gerade die alten Mitbürger sollten so günstig wie möglich wohnen, um am Leben der Gemeinde teilzunehmen und nicht das Gefühl zu haben, sie seien in die Einsamkeit abgeschoben worden. Dem Wunsch des damaligen Arbeits- und Sozialministers Grundmann entsprechend sollte das Altenheim in aufgelockerter Bauweise erstellt werden. Das bedeutete außer einem Hauptgebäude mit Innenhof zusätzlich den Bau von 9 Bungalows, die durch einen überdachten Gang mit dem Hauptgebäude verbunden sein sollten. Ebenso war von Anfang an eine Pflegestation vorgesehen. Von den insgesamt 100 Plätzen waren 24 für Pflegefälle ausgewiesen.

In dem *Jugendheim,* das in seinem Ansatz zugleich eine Stätte der Begegnung, nicht nur der Neubürger, sondern aller Bürger von Drabenderhöhe sein sollte, waren Gruppenräume, Werk- und Bastelräume und auch ein Saal mit 260 Sitzplätzen und einer Küche vorgesehen. Dieses Jugendheim war zu dem Zeitpunkt eines der schönsten und vielleicht das größte im Oberbergischen Kreis. Für 3 Gruppen, also 90 Kinder, wurde ein *Kindergarten* geplant. Dazu die notwendigen Nebenräume, wie Küche, Gymnastik- und Liegeraum und sanitäre Anlagen.

Die Siedlerauswahl

Parallel zu den Erschließungs- und Baumaßnahmen erfolgten Aufnahme der Siedlungsbewerber, Erstellung der Unterlagen, Auswahl der Bewerber und schließlich deren Ansetzung.

Der Bearbeitungsgang war allerdings überaus beschwerlich. Unter den Siedlungsbewerbern, die sich entweder unmittelbar bei der Landsmannschaft oder bei den Siedlungsträgern meldeten, befanden sich Landsleute, die in der Bundesrepublik Deutschland verstreut von München bis Hamburg lebten, andere, die als Spätaussiedler während der Bautätigkeit zuzogen. Der Wunsch nach einer „großen Familienzusammenführung" in der Siedlung wurde durch die zunehmende Meldung der Bewerber deutlich unterstrichen. Selbst Familien, die bereits ein Eigenheim erworben hatten, einige sogar Bauernhöfe, andere, die als Pächter auf Bauernhöfen in der Bundesrepublik saßen, gaben die Häuser zurück und bewarben sich um ein Eigenheim in Drabenderhöhe.

Außer der unmittelbaren Familienverwandtschaft spielte bei der Bewerbung die ehemalige Heimatgemeinschaft eine nicht unwesentliche Rolle. Aus 130 Ortschaften Siebenbürgens stammten die weit über 500 Bewerber.

In der alten Schule war das Büro der Aufbau GmbH und der Landsmannschaft eingerichtet worden. Dort stauten sich die Briefe und dort wurden die Siedlungsbewerber direkt beraten. Sie scheuten keinen Weg, um sich an Ort und Stelle das Gelände ihrer zukünftigen Heimat anzusehen und Auskünfte über die Siedlungsmöglichkeiten, vor allen Dingen über die Finanzierung einzuholen. Geschäftsführer Ongjerth war ausgelastet.

Waren die Meldungen überprüft, dann trat unser Siedlungsausschuß, dem Dienesch, Gassner, Kosch, Schenker, Scholtes, Kellner, Niesner und Frau Gusbeth angehörten, zusammen, um eine Entscheidung über die Annahme der Bewerber zu treffen. In den meisten Fällen erteilte dieser Ausschuß seine Zustimmung. Nur dort, wo schwerwiegende Einwände bekannt wurden, oder die Grenzen der gesetzlichen Bestimmungen unter- oder überschritten wurden, war eine Absage unumgänglich. Wir legten auch Wert darauf, daß die Bewerber sich die Zielsetzung dieser Siedlung zu eigen machten, in der Gemeinschaft und durch sie zum Wohle vieler Menschen tätig zu werden.

◀ *Kindergarten, Schule, Kulturhaus Drabenderhöhe „Hermann Oberth", Altenheim*

Erschwert wurde die Bearbeitung der Einzelfälle dadurch, daß vom Tage der Meldung bis zur Fertigstellung der Häuser doch eine längere Zeitspanne verstrich und in der Zwischenzeit immer wieder Bewerber absprangen. So mußten wir die Siedlungsbewerber auffordern, ihre Bereitschaft dadurch zu unterstreichen, daß sie bei der Hausbank der Siedlungsgesellschaft Rheinisches Heim, der Spar- und Darlehnskasse in Drabenderhöhe, einen Betrag von 1 500 DM einzahlten. Diese Maßnahme war sehr wirksam, auch zum Vorteil schwankender Bewerber. Sie haben manchen Weg, und damit unnötige Kosten erspart. Wir hatten stets genügend Bewerber, um die fertiggestellten Häuser zu belegen.

Standen die Siedler fest, dann erfolgte die Genehmigung durch das Amt für Flurbereinigung und Siedlung, später Amt für Agrarordnung. Dieses Amt bediente sich eines Ausschusses, dem Vertreter der vertriebenen Landwirte und des Lastenausgleichsamtes angehörten. In besonderen Fällen mußte das Landesamt eingeschaltet werden. Bei den Kleinsiedlern wurde die Genehmigung seitens des Wohnungsbauförderungsamtes eingeholt.

Nicht ganz einfach war die *Zuteilung* der Häuser. Bei der Anmeldung als Bewerber bestand von einem bestimmten Zeitpunkt an die Möglichkeit, sich für eine Siedlerstelle vormerken zu lassen; oft kam es vor, daß mehrere Bewerber auf eine bestimmte Baustelle besonders erpicht waren. In Beratungen war es meistens möglich, eine gütliche Regelung zu finden. Nur in wenigen Ausnahmefällen mußte das Los entscheiden. Am Rande sei vermerkt, daß nicht alle Siedler jeweils die von vornherein erwünschten Nachbarn bekamen. Das hing zum Teil von den zwölf Haustypen ab. Wichtiger erscheint aber die Feststellung, daß nach Bezug der Häuser überall eine gute Nachbarschaft entstand.

Die seinerzeitigen Richtlinien machten eine Förderung all derer möglich, die aus der Landwirtschaft stammten oder beruflich in der Landwirtschaft oder einem Gärtnereibetrieb tätig waren. Der Siedlereignungsschein war die Voraussetzung für eine Nebenerwerbsstelle. Dabei spielte es keine Rolle, wieviele Familienangehörige gefördert werden wollten. In die Kleinsiedlerstellen konnten nur solche Familien einziehen, die mit ihrem Einkommen die Höchstgrenze nicht überschritten.

Bei der Beratung der Siedler konnte manche Hilfe gegeben werden. In Einzelfällen gelang die Beschaffung zusätzlicher verbilligter Gelder. Nur so war der Erwerb des Eigenheims für viele Familien möglich.

Aufgabe unseres Siedlungsausschusses war es auch, die Bewerber um ein Einzelhandelsgeschäft bzw. Gewerbe- oder Industrieunternehmen zu überprüfen und eine Auswahl zu treffen. In Zusammenarbeit mit der Aufbau-GmbH und deren Hausbank, der Kreissparkasse Waldbröl, konnte eine zufriedenstellende Regelung gefunden werden. Hauptsächlich von der Deutschen Siedlungs- und Landesrentenbank flossen die Mittel zur Finanzierung.

Allein die vielen Verhandlungen mit Behörden, Siedlungsträgern, Geldgebern nahmen Zeit und Kraft in Anspruch. War auch die Hilfsbereitschaft bei den einzelnen Stellen groß, mußte doch jeweils der durch Gesetze und Verordnungen vorgeschriebene Weg eingehalten werden. So erfolgte z. B. die Finanzierung der Eigenheime grundsätzlich wie in allen anderen Siedlungsverfahren, und dennoch gab es zusätzliche Möglichkeiten. Das galt für einen erheblichen Betrag günstiger Erschließungskosten. Ebenso wurde eine günstigere Finanzierung bei den Kleinsiedlungen möglich. Das führte dazu, daß die Unterschiede zwischen den Nebenerwerbsstellen und Kleinsiedlungen im Finanzierungsbereich einigermaßen ausgeglichen werden konnten. Gerade für diese einmalige Zusatzleistung sind wir sehr dankbar. Beinahe alle Möglichkeiten, Ausnahmegenehmigungen zu erhalten, wurden bei der Erstellung dieser Siedlung ausgeschöpft. Das fand finanziell seinen Niederschlag und kam den Siedlern zugute, und andererseits hat es rein menschlich dazu beigetragen, etwaige Spannungen auszuschalten.

Bei der Übernahme der ersten Siedlungshäuser entstand die Sorge, ob es wohl möglich sein würde, die finanzielle Belastung zu tragen. Die Landsmannschaft hat immer wieder darauf hingewiesen, daß die Beschaffung und Finanzierung eines Eigenheimes nicht zuletzt eine vermögensbildende Maßnahme ist. Während man als Mieter das Geld weggibt, steckt man es als Eigentümer praktisch aus der einen in die andere Tasche. Dabei darf natürlich nicht verkannt werden, daß ein Eigentümer stets Zusatzbelastungen gegenüber einem Mieter in Kauf nehmen muß. Nach zehn Jahren darf heute gesagt werden, daß die meisten Hauseigentümer des ersten großen und abgeschlossenen Bauabschnitts froh sind, so billig zu einem Eigenheim gekommen zu sein. Die meisten konnten die schwere Belastung der I. Hypothek abtragen oder mindestens mindern und dadurch die Belastung auf ein erträgliches Maß reduzieren.

Die Vergabe der Siedlerstellen erfolgte aufgrund eines Kaufvertrages zwischen dem Siedlungsträger und dem Siedlungsbewerber, wobei öfters Notar Dr. Fischer aus Wiehl eingeschaltet war, und als Behörde, bei der die amtliche Beurkundung erfolgte, das Amtsgericht Wiehl, vertreten durch Amtsgerichtsdirektor Wilhelm Kollmeyer.

Bereits während der Bautätigkeit waren einige siebenbürgische Familien in Altdrabenderhöhe eingezogen und hatten somit nicht nur den Baufortgang erlebt, sondern auch erste Verbindungen mit der einheimischen Bevölkerung aufgenommen.

An dieser Stelle soll darauf hingewiesen werden, daß die Chronik der Kirchengemeinde Drabenderhöhe nachweist, daß der erste Siebenbürger Sachse bereits vor 182 Jahren hier eine neue Heimat fand. Wir lesen:

„Franz Groß aus Siebenbürgen heiratet Engel (Angelika) Maria Müller am 24. 12. 1794." ... Im Sterberegister des Jahres 1837 steht weiter zu lesen: „Franz Groß, von Hillerscheid, starb am 16. Mai und wurde beerdigt am 19. e./d. Krankheit: Altersschwäche. Alter: 82 Jahre. (Er war demnach im Jahre 1755 geboren) ... Dieser Mann, gebürtig aus Ungarn, noch sehr jung war er zum Soldatenstande gezogen worden, in welchem er auch viele Jahre blieb, unter anderem hatte er auch mehrere Feldzüge der Österreicher gegen die Türken mitgemacht und der Belagerung Belgrads beigewohnt.

In dem Kriege der Österreicher gegen Frankreich, der in dem letzten Dezenium des vorigen Jhdts. (18) geführt wurde, kam er mit seinem Regiment in die Gegend von Jülich (bei Aachen) und entwich hier, des Soldatenstandes im höchsten Grade überdrüssig, von seiner Fahne. Er bereute diesen Schritt sogleich, wurde aber von der Furcht der verdienten Strafe abgehalten, wieder zu seinem Regimente zurückzukehren. Er kam in unsere Gemeinde und suchte als Taglöhner sein Brot zu verdienen. Später heiratete er in unsere Gemeinde. Ehrlichkeit und Gottesfurcht waren bis in sein hohes Alter sein Schmuck."

Der erste Siedler zieht ein

Am 17. Dezember 1964 konnte der erste Siedler mit seiner Familie, Kurt Kirscher und Schwiegereltern Mootz, einziehen. Es war ein besonderes Ereignis. So kamen Landrat Dr. Schild und Vertreter der Kreisverwaltung, der Bürgermeister Leyer, Gemeindedirektor Selbach, Pfarrer Weitz, Mitglieder des Rates und der Bevölkerung aus Altdrabenderhöhe, Vertreter der Landsmannschaft, wie auch die Presse des Oberbergischen Kreises, zu diesem Ereignis. Auf einem Zinnteller, den wir von der Landsmannschaft der Familie überreichten, ist das Einzugsdatum vermerkt. Damit war der Anfang gemacht, und nun saßen schon viele Siedlerfamilien auf gepackten Koffern und Kisten und warteten sehnsüchtig auf die Mitteilung, wann sie ihr neues Heim in Drabenderhöhe übernehmen könnten. Kein Wunder, daß hie und da auch Mängel in der Arbeitsausführung auftraten. Als unerfreulich muß vermerkt werden, daß auf einer so großen Baustelle leider auch viel gestohlen wurde.

In den ersten Monaten des Jahres 1965 kamen von allen Seiten die Neubürger aller Alters- und Berufsgruppen nach Drabenderhöhe. Wir folgten dem alten Brauch in Siebenbürgen und überreichten jedem, der in sein Haus einzog, Salz und Brot. Auch wurden die Türeingänge in der ersten Zeit mit Kränzen geschmückt.

Unvergessen für alle, die daran teil hatten, bleiben die ersten Wochen und Monate in der neuen Heimat. Menschen, die sich zuvor nie gesehen hatten, spürten nunmehr, daß sie zueinander gehören. Das, was im besten Sinne des Wortes Nachbarschaft bedeutet, wurde in die Tat umgesetzt. Es war eine Selbstverständlichkeit, einander zu helfen, füreinander da zu sein. Erinnerungen aus der alten Heimat wurden ausgetauscht, nicht um in Trauer zu versinken, sondern als Kraftquelle. Sogar Verwandtschaften, von denen man vorher nichts wußte, wurden entdeckt.

Die Wohnräume waren wohl bezugsfertig, gewisse Nacharbeiten wurden noch erledigt, doch die Außenanlagen, einschließlich der Zugänge von der Straße zum Haus, glichen noch einem Baugelände. Nun galt es, den schmucken Häusern auch einen passenden landschaftlichen Rahmen zu geben. Dabei stellte sich unser aus Deutsch-Budak stammende Landsmann, Mathias Sponer, heute Landschaftsgärtner bei Köln, zur Verfügung. Er übernahm die Planung der Vorgärten, die Auswahl der Pflanzen und legte einige Vorgärten als Muster an. Seine Tätigkeit war ein kostenloses Geschenk an seine Landsleute. Für diese großzügige Hilfe sind wir dankbar.

Die Siedlerfamilien begannen ihrerseits mit viel Fleiß, ihre Gemüsegärten — 800—1000 m^2 groß — anzulegen. Dabei machte manch einer die überraschende Feststellung, über Nacht „steinreich" zu sein. Der teils sehr steinige Boden war schwer zu bearbeiten, doch lohnte der von Jahr zu Jahr steigende Ertrag die vielen Schweißtropfen. Gold auf Kreisebene und die Silberplakette auf Landesebene im Wettbewerb „Unser Dorf soll schöner werden" waren ein zusätzlicher Lohn der Arbeit.

Inzwischen waren die Raupen, Schlepper und Baukräne zum größten Teil abgezogen. Die Restarbeiten wurden fortgeführt, bis schließlich alle Wohnhäuser des ersten großen Bauabschnittes und die Gemeinschaftsbauten fertig waren.

Die Siedlungshäuser hatten zunächst, wie in den Dörfern Siebenbürgens, durchlaufende Nummern. Das bereitete der Post große Schwierigkeiten. Die Postzustellung konnte nicht reibungslos vorgenommen werden. Immer wieder kam es zu Rückfragen. Es wurde notwendig, den einzelnen Straßen Namen zu geben. Der Siedlungsausschuß kam in Beratungen mit den inzwischen ansässigen Siedlern zum Entschluß, die Bezeichnungen der großen Landschaften Siebenbürgens in den Straßennamen der neuen Siedlung festzuhalten. Der Rat der Gemeinde Bielstein machte sich unsere Vorschläge zu eigen und beschloß nachstehende Straßennamen: Nösnerland, Reenerland, Weinland, Kokeltal, Haferland, Burzenland, Altes Land, Harbachtal und Unterwald.

Die Siedler wurden dadurch jeweils an ihre Herkunftsgebiete erinnert. Die holzgeschnitzten und durch die Landsleute Kurt Berger und Georg Janesch gestalteten Straßenschilder zeigten Motive wie: Schwarze Kirche, Bistritzer Kirche, Trachten und Wappen. Niemand dachte bei dieser Namensgebung, daß schon einige Jahre später in Siebenbürgen auf Anordnung der rumänischen Behörden deutsche Ortsnamensbezeichnungen nicht mehr verwendet werden durften.

Der Zuzug so vieler Menschen — es waren rund 1 400 — brachte der Gemeinde Bielstein und ab 1969 der Stadt Wiehl zusätzliche Aufgaben. Zunächst suchten die Neubürger das Meldeamt auf. Für die Spätaussiedler war die Beschaffung von Personalausweis, Vertriebenenausweis und schließlich der Staatsbürgerschaft damit verbunden. Beim Sozialamt wurden Renten, Versicherungsfälle, Härtefälle, bis zu Erstausstattungsbeihilfe, in zahllosen Beratungsstunden erledigt. Standesamt, Schulamt, Ordnungsamt, Wohnungsamt und das Bauamt seien stellvertretend für alle Dienststellen genannt.

Die Bearbeitung aller Fälle erfolgte mit Entgegenkommen und viel gutem Willen, unbürokratisch, man wollte den Menschen helfen. Die jeweilige Verwaltungsspitze, ob es sich um Gemeindedirektor Selbach oder die Stadtdirektoren Dr. Waffenschmidt oder Dr. Fuchs handelte, übertrugen ihre Sorgfalt auf alle Mitarbeiter.

Einweihung im großen Rahmen

Mit der Fertigstellung der Eigenheime und teilweise der Gemeinschaftseinrichtungen einschließlich der Ladenzeile und der Industriebetriebe, rückte der Tag der Einweihung der Siebenbürger-Sachsen-Siedlung Drabenderhöhe näher.

Am 18. Juni 1966 war es dann soweit. Nach Abstimmung mit der Landesregierung und allen anderen zuständigen Behörden, bis zur Gemeinde, liefen die Festvorbereitungen an. Die Einzelfamilien konnten zahlreiche Verwandte und Bekannte an diesem Tag in ihren Heimen willkommen heißen. Neben dem Ministerpräsidenten des Landes Nordrhein-Westfalen, Dr. Meyers, konnten die Minister Grundmann, Kienbaum und Franken, Bundestags-Abgeordnete, Vertreter des Landtages

und verschiedener Landesämter, die Bezirksregierung, sowie Abgeordnete des Oberbergischen Kreises und der Gemeinde Bielstein begrüßt werden. Weiter kamen Präses Dr. Beckmann und einige Pastoren einschließlich Superintendent Fach aus der Aggersynode, sowie ein Vertreter des erzbischöflichen Stuhles aus Köln, Hochwürden Generalvikar Domkapitular Dr. Daniels und schließlich Dechanten und Pfarrer der katholischen Kirche des Kreises. Der Bundesvorstand unserer Landsmannschaft, an der Spitze der Bundesvorsitzende Erhard Plesch und viele Landsleute gaben sich ein Stelldichein, unter ihnen der Vorsitzende des Hilfskomitees, Oberstudiendirektor Hans Philippi.

Mit Gottesdiensten beider Konfessionen wurde der Festtag eingeleitet. Anschließend begab sich die Festgemeinschaft in das große Zelt auf dem Sportplatz, das bis auf den letzten Platz gefüllt war. Annähernd 2 000 Menschen aus allen Himmelsrichtungen hatten sich an diesem Tag eingefunden. In Festansprachen, musikalisch umrahmt durch Darbietungen siebenbürgischer Kapellen und der hiesigen Chöre, wurde die Einweihung gewürdigt.

Mit Recht durfte ich im Schluß- und Dankeswort beginnen: „Wir sind daheim". Vielleicht erschien es in der Stunde manch einem Zuhörer gewagt, dies Wort zu sagen. Heute, in der Rückschau nach zehn Jahren, glaube ich jedoch, daß wir es bestätigen können. (Wir fühlen uns wie daheim und sind bemüht, zusammen mit allen Mitbewohnern, unseren Kindern und Kindeskindern in diesem Sinne eine Zukunft zu bauen.) Das Fest wurde zu einem besonderen Ereignis, das nicht nur uns in Drabenderhöhe, sondern auch all denen, die daran teilgenommen haben, in steter Erinnerung bleiben wird.

Mit Besichtigung der Gemeinschaftseinrichtungen, erst zum Teil fertiggestellt, und einzelner Wohnhäuser, war das Nachmittagsprogramm voll ausgefüllt. Am Abend gab es einen fröhlichen Ausklang des Festes. Dieser Tag bot Gelegenheit, all den Stellen und Einzelpersonen, die uns so großzügig mit menschlicher und finanzieller Hilfe unterstützt haben, herzlichst zu danken.

Der Alltag beginnt

Die Siedlerberatung erfolgte in unserer Dienststelle hier in Drabenderhöhe. Der persönliche Kontakt und die Hilfestellung durch mancherlei Landsleute waren Selbstverständlichkeiten.

Unmittelbar nach Einzug hier in Drabenderhöhe wurde eine Kreisgruppe der *Landsmannschaft* der Siebenbürger Sachsen gegründet. Willi Niesner übernahm den Vorsitz. Über Sinn und Aufgabe unserer landsmannschaftlichen Organisation ist schon viel gesagt worden. Daß gerade hier in Drabenderhöhe diese Organisationsform unserer siebenbürgischen Gemeinschaft lebendig werden mußte, liegt auf der Hand. Die Entstehung dieser Siedlung ist der Initiative der Landsmannschaft zu verdanken, Einzelpersonen hätten dieses Werk niemals ins Leben rufen können. Wie vielfältig und reichhaltig die Hilfestellung war, kann im Einzelnen nicht ausgeführt werden. Daß aber in ehrenamtlicher Arbeitsleistung manchmal die Grenze des Möglichen beinahe überschritten wurde, ist und bleibt eine Tatsache; so mancher hat dabei seine eigene Familie vernachlässigt.

Nach Errichtung des *Kindergartens* durch die Aufbau GmbH., übernahm die Trägerin, die evangelische Kirchengemeinde, das eingerichtete Gebäude samt den Außenanlagen des Spielhofes. Am 6. Mai 1966 erfolgte die Eröffnung unter der Leitung von Frau Oleinek. Die Anmeldung der 3–6jährigen Kinder ging zügig voran. Die Befürchtung, der neugebaute Kindergarten wäre zu groß, wurde durch die lebhafte Nachfrage nach Plätzen bald zerstreut. Vollbelegte Gruppen mit den notwendigen Fach- und Hilfskräften gewährleisteten eine gute Betreuung der Kinder. Die sonnigen und gut eingerichteten Gruppenräume boten für das muntere Treiben den geeigneten Rahmen. Für die Nachmittage wurde ein Kinderhort eingerichtet.

Die schulpflichtigen Kinder bekamen eine *neue Schule.* Die Zivilgemeinde Bielstein hatte den Erweiterungsbau beschlossen. In einem Architektenwettbewerb erhielt Werner Schoepe den Preis und Auftrag. Zu den bereits vorhandenen vier Klassenräumen, zwei Gruppenräumen und der Turnhalle, kamen fünf weitere Klassenräume, Physikraum, Lehrküche, Werkraum, Lehrmittelraum, Bibliothek, Lehrerräume und eine Kleinstschwimmhalle hinzu.

Als zeitweiliger Schulleiter möchte ich darauf hinweisen, daß Kinder und Lehrer schnell zu einer Gemeinschaft zusammenwuchsen. Das Zusammenwirken im Lehrerkollegium übertrug sich auf die Arbeit in den Klassen und auf die Eltern der Schulkinder. Die gute Zusammenarbeit mit Schul- und Klassenpflegschaften bewährte sich auch nach der schulischen Neuordnung. Die Zusammenlegung der Grundschulen Drabenderhöhe und Faulmert bereitete keinerlei Schwierigkeiten.

Der Zuzug neuer Familien brachte wohl etwas Unruhe in den schulischen Ablauf. Die Schüler lebten sich aber sehr schnell ein, unter ihnen gab es keine Unterschiede. Im Lehrerkollegium arbeiteten einheimische und Siebenbürger Lehrer, die sich gut zusammenfanden.

Die Einführung des Schulfestes im Jahre 1967 bot die Bestätigung, welcher Geist die Schulgemeinde durchwehte. Die Reformfreudigkeit der letzten Jahre hatte vor allen Dingen organisatorische Umwälzungen zur Folge, dessen letzte Bewährung noch aussteht. Neben der Kirche waren die Schulen nicht nur Kulturträger, sondern auch stets ein Bindeglied menschlicher Gemeinschaft. Wenn unüberschaubare Größenverhältnisse das gegenseitige Kennenlernen unmöglich machen, ist eine wesentliche Erziehungsaufgabe in Frage gestellt. Reform ist ein stetiger notwendiger Wandel in der Entwicklung der Menschheit und damit auch des Kindes in der Schule. Doch sind von Natur aus Grenzen gesetzt. Sie sollte man nicht überziehen. Es war kein falsches Aufbegehren, daß die Eltern unsere Mittelpunktschule unbedingt erhalten wollten.

Nach Einzug der ersten Siedlerfamilien in Drabenderhöhe suchten die Jugendlichen untereinander Kontakte. Bis das Haus der Teil-Offenen Tür fertig war, hatten sie die Möglichkeit, sich in einem Untergeschoßraum der Schule zu treffen. In den ersten Wochen gründeten wir einen Zusammenschluß Jugendlicher aus ganz Drabenderhöhe. Lieder, Spiel, Volkstanz, Tanzunterhaltungen, aber auch Kurzvorträge und Diskussionen kennzeichneten die ersten Monate der Begegnung. Die Zahl der Jugendlichen stieg, der Platzmangel machte sich bemerkbar; die Zielsetzung war vielschichtig. Einem ersten Aufflackern folgte schließlich eine Zeit der Lauheit und der Gruppenbildung.

Das änderte sich in dem Augenblick, als das *Jugendheim* im November 1967 seiner Bestimmung übergeben werden konnte. Der Leiter des Heimes, Klaus Brandsch-Böhm, scharte die Jugend in verschiedenen Seminaren um sich. Musizier- und Bastelgruppen wurden gebildet, Foto- und Nähkurse eingerichtet, begeisterte Jugendliche begannen mit Emaillierarbeiten. Die kirchliche Gemeindejugend nahm die Räumlichkeiten auch für ihre Arbeit in Anspruch. Eines besonderen Zuspruchs erfreute sich die Volkstanzgruppe unter Leitung von Klaus Böhmer. Ihre Leistung führte zu vielen Einladungen, auch auf internationaler Ebene. So hatte gerade diese Gruppe eine Ausstrahlungskraft für uns alle. Die Musiziergruppen unter Leitung von Johann Dengel, entwickelten sich ebenfalls erfreulich.

Ein Mitarbeiterkreis, dessen Zielsetzung die Zusammenführung aller Jugendlichen aus Drabenderhöhe sein sollte und der die Programmgestaltung im Jugendheim als Aufgabe hat, unterstützt die Jugendarbeit. Jugendlager und Ferienfreizeiten mit unseren Landesjugendleitern, dem Ehepaar Anni und Harald Janesch, konnten allerdings nicht zu der erhofften „Jugendgruppe" führen. Das Interesse der Jugendlichen an unserem Gemeinschaftsleben ist ohne Zweifel vorhanden. Dafür ist die Jugendkapelle unter Leitung von Michael Pfingsgräf ein Beweis und die Jugendsportgruppe mit Viktor Gündisch.

Trachtenkapelle und Volkstanzgruppe

Der Honterus-Chor

Wo Siebenbürger Sachsen geschlossen beieinander wohnen, gehört auch die *Blaskapelle* dazu. Nicht nur die Musiker, sondern alle Dorfbewohner denken noch mit großer Freude an die Zusammenkünfte im Saal Lang (Dorf-Schänke), als die junge Kapelle ihre ersten Weisen spielte. Sie ist zugleich ein gutes Bindeglied nicht nur in der Gemeinde Drabenderhöhe, sondern auch darüber hinaus im Oberbergischen Kreis geworden. Aus ihr hervorgegangen ist in der Zwischenzeit die „SI-TA-KA", eine fünf Mann starke Tanzkapelle. Sie erfreut sich großer Beliebtheit weit über das Stadtgebiet Wiehl hinaus.

Im deutschen Volk war das Lied stets Gemeingut. Im Altdorf Drabenderhöhe legen ein Frauenchor, ein Männerchor und der Kirchenchor davon Zeugnis ab. Die Einladung an die Neubürger, in diesen *Vereinen* mitzuwirken, fand lebhaften Widerhall. So haben diese Vereine Freundschaften geknüpft und vertieft. Ihnen gesellt sich der „Honterus-Chor" hinzu, mit der Sonderaufgabe, die Mundartlieder zu pflegen. Daß dieser Chor zusätzlich siebenbürgisch-sächsische Volksstücke (Theaterstücke) aufführt, ist mehr als gute Tradition. Wir alle sollten glücklich sein, daß so viele Frauen, Männer und Jugendliche sich neben der schweren Alltagsarbeit Stunden aussparen, um Gemeinschaft zu pflegen. Das gilt für das Lied sowie für Sport- und Frauenarbeit.

Nicht unerwähnt dürfen die gut organisierten Nachbarschaften bleiben. Dieses Bindeglied dient der Gemeinschaft in besonderem Maße. Nachbarväter und Nachbarmütter sind jederzeit erreichbar und sorgen für Hilfeleistung wo immer es nötig ist.

Am 20. September 1966 öffnete das *Altenheim* seine Pforten. Der baulichen Schönheit sollte eine von Liebe getragene menschliche Begegnung Lebensinhalt verleihen. So konnten die Heimleiterin Gerda Tausch und der Verwaltungsleiter Fritz Weniger mit ihren Mitarbeitern schon am ersten Tag eine Siebenbürgerin und eine Drabenderhöherin willkommen heißen. Dieses Heim hat in den zehn Jahren seine Aufgaben bestens erfüllt. Es muß noch besonders erwähnt werden, daß unser Altenheim zugleich ein Ort für viele Rat- und Hilfesuchenden war. Als einzige Einrichtung in der Trägerschaft von Siebenbürgern hat es räumlich auch unsere Kleiderkammer, das Heimatwerk und das Archiv aufgenommen.

Beim Bezug eines neuen Heimes muten die kahlen Wände und leeren Räume fremd an. Eine geschmackvolle Einrichtung und Ordnung in der Wohnung bringen die notwendige „Nestwärme". Es ist die Frau und Mutter, die der Familie die Wohnung zum „Heim" macht. So ist es auch in der großen Lebensgemeinschaft. Wir sind froh, daß unsere *Frauengruppe* diese Aufgabe im neuen Heimatbereich voll erfüllt. Mit 492 Mitgliedern ist sie nicht nur der stärkste „Verein", sondern entfaltet eine sehr rege Tätigkeit (siehe Vereine). Die Frauen pflegen vor allem unser Sitten- und Brauchtum. Das beginnt mit den Spezialitäten der Küche, setzt sich in der Trachtenpflege und in Handarbeiten mit siebenbürgischen Motiven fort, wobei sie bemüht sind, sich den Gegebenheiten der jetzigen Wohnkultur anzupassen.

Die Bemühungen unserer Frauen erfahren durch das seit 1960 in Drabenderhöhe angesiedelte Siebenbürgisch-Deutsche-*Heimatwerk* eine wesentliche Stütze und Lenkung. Der Verkauf vieler Volkskunsterzeugnisse unterstreicht den Wert dieser Arbeit.

In den verschiedenen Vereinen wird die Begegnung von Mensch zu Mensch gepflegt. Die rund 20 Vereine beweisen die Lebendigkeit dieser Arbeit.

Unser Bote

1968, zwei Jahre nach der Gründung der Siedlung, hatte St.-Rat i. R. Gerhart Albrich die Idee, für die Drabenderhöhe ein Nachrichtenblatt zu schaffen, und bald erschien auch „Unser Bote". Er erscheint zweimal monatlich, anfangs mit nur sechs, heute schon mit zehn Seiten, und hat eine Auflage von 500 Exemplaren, von denen 60 an auswärtige Abnehmer in München, Düsseldorf, Köln usw. versandt werden. Die Kosten des Blattes, DM 10 für 24 Hefte jährlich, sind so gering gehalten, daß jedermann die Möglichkeit zum Bezug hat. „Unser Bote" will seine Leser mit allem, was in Drabenderhöhe wichtig und wissenswert ist, auf dem Laufenden halten. Besonders bemüht er sich, durch entsprechende Hinweise, die Eingliederung von Neuankömmlingen zu erleichtern. Ein weiterer wichtiger Zweck ist auch, Bindeglied zwischen der Altgemeinde und der Siedlung zu sein. „Unser Bote" hat zur Festigung unserer Gemeinschaft beigetragen, und so ist zu hoffen und zu wünschen, daß der Einsatz seines Herausgebers auch weiterhin gute Dienste leistet und schöne Früchte trägt.

Es wird weiter gebaut

Entgegen der Auffassung, daß die Wünsche unserer siedlungswilligen Landsleute nunmehr erfüllt seien, erfuhren wir, daß noch viele heimatsuchende Menschen unterwegs waren, die gerne nach Drabenderhöhe kommen wollten. Dieser Wunsch paßte gut in die Konzeption der Stadt Wiehl. Insbesondere Stadtdirektor Dr. Horst Waffenschmidt und sein Nachfolger Dr. Dieter Fuchs setzten sich entschieden für die Vergrößerung eines der Schwerpunkte der Stadt Wiehl-Drabenderhöhe ein.

Die ständige Zunahme der *Spätaussiedler* aus Siebenbürgen im Zuge der Familienzusammenführung sprach ebenfalls für die Vergrößerung. Eine neue Phase wurde eingeleitet. Trotz aller Bemühungen der Stadtverwaltung, insbesondere von Friedhelm Grebe, ergaben sich bei der Unterbringung Schwierigkeiten. In einem Gespräch im Dezember 1969 beim Ltd. Min. Rat Zurhausen tauchte der Gedanke auf, ein *Übergangswohnheim* in Drabenderhöhe zu bauen. Dieses Heim sollte nicht nur die Unterbringung regeln, sondern zugleich eine schnellere Eingewöhnung der Aussiedler im „Bekanntenkreis" ermöglichen. In zügiger Zusammenarbeit von Stadt, Oberbergischem Kreis, Oberbergischer Aufbau-GmbH, Landesregierung und Landsmannschaft war es möglich, rechtzeitig Bau- und Finanzierungspläne vorzulegen und innerhalb eines Jahres seitens der OAG die Fertigstellung des Hauses unter Einhaltung der veranschlagten Bausumme zu bewerkstelligen. Für 113 Personen gebaut, pachtete die Stadt das Gebäude und war damit die Sorgen der Unterbringung los.

Es erscheint angebracht, bei dieser Gelegenheit ein Wort über die Familienzusammenführung zu sagen. Am Anfang dieses Berichtes wurde darauf hingewiesen, welche Gruppen Siebenbürger Sachsen hier ansässig wurden. Daraus ergab sich, daß viele Familien zerrissen lebten, und somit eine Zusammenführung zwingend notwendig wurde.

Dabei kam zumindest in der ersten Zeit nur eine Zusammenführung innerhalb der Bundesrepublik in Frage. Daß die Zahl der beim Deutschen Roten Kreuz gemeldeten Ausreisewilligen aus Rumänien verhältnismäßig hoch lag, kann unterschiedlich beurteilt werden. Dabei wird übersehen, daß nach 1945 in Rumänien eine „Innere Aussiedlung" erfolgt ist. Damit ist die Enteignung des Besitzes, die Trennung von der eigenen Scholle, dem Handwerksbetrieb, dem Geschäft gemeint. Das hatte zur Folge, daß eine verstärkte Abwanderung (Landflucht) aus den Gemeinden in die Stadt zu neuen Arbeitsplätzen einsetzte. Der Grund zur eigentlichen „Heimatlosigkeit" und Entwurzelung wurde damit gelegt.

Es wäre zu einfach, Einzelbürgern, die aus Rumänien ausreisen möchten „Fehlverhalten" vorzuwerfen, wenn auf politischer Ebene in Verträgen das Wort Selbstbestimmung und freie Wahl der Niederlassung zum Gesetz erhoben wird. Natürlich spielen bei manchen Entscheidungen auch wirtschaftliche Vorteile eine wesentliche Rolle. Sie sind

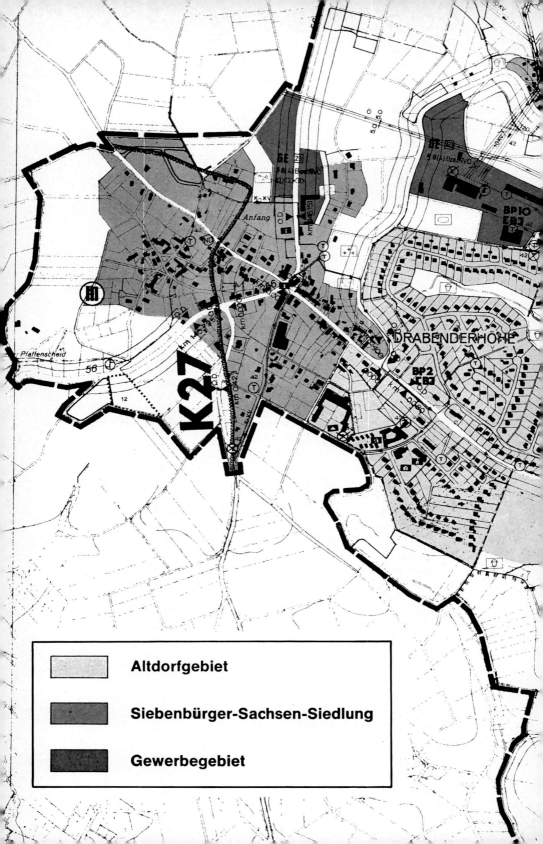

menschlich verständlich. Den Schwierigkeiten dieses Fragenkomplexes haben wir versucht, dadurch Rechnung zu tragen, daß wir als Landsmannschaft und Hilfkomitee den freien Entscheidungswillen des einzelnen betonen.

Bei der Erweiterung der Siedlung galt es zunächst, die notwendige Fläche zu erwerben. Während im ersten Bauabschnitt das Rheinische Heim den Ankauf der Baugrundstücke und sämtliche Erschließungsaufgaben tätigte, trat nunmehr die Stadt Wiehl auf den Plan. Sie beauftragte die Oberbergische Aufbau-GmbH (OAG), für die Stadt tätig zu werden. Die Oberbergische Aufbau-GmbH war bereits im Jahre 1970 in eine neue Phase getreten. Nach Kapitalaufstockung, Aufnahme neuer Gesellschafter und Satzungsänderung dehnte sie ihren Aufgabenbereich aus, ohne dabei Drabenderhöhe zu vernachlässigen. Die Zeit der nebenamtlichen Tätigkeit der Geschäftsführer Kreisoberbaudirektor Sahr, Kreiskämmerer Förster, Kreisoberamtmann Hansmann, und die Mithilfe des pensionierten Kreiskämmerers Linden ging zu Ende. Eine „Wachablösung" in der Geschäftsführung wurde notwendig, da die neuen, umfangreicher werdenden Aufgaben das erforderten. Mit Wirkung vom 1. April 1970 traten als Geschäftsführer Oberstadtdir. a. D. Dr. Orth und Kreisbaurat Dipl.-Ing. Strombach ein. „Die Gesellschaft dient der Verbesserung der sozialen und wirtschaftlichen Struktur des Oberbergischen Kreises." Eine Ausweitung des Wirkungsbereiches wirkte sich auch positiv auf Drabenderhöhe aus.

Zu den rund 33 ha im ersten Bauabschnitt gekauften Fläche sollten weitere 30 ha hinzukommen. Innenminister Weyer hatte sich an Ort und Stelle von der Notwendigkeit und Richtigkeit der Erweiterung unserer Siedlung überzeugt und volle Unterstützung zugesichert. Sie geschah durch Bereitstellung von Mitteln in Millionenhöhe und, in Anbetracht dessen, daß in erster Reihe Spätaussiedler hier eine neue Heimat finden sollten, durch eine Sonderregelung hinsichtlich der Erschließungsbeitragspflicht.

Trotz erhöhter Grundstückspreise wurde der Ankauf verwirklicht. Der Bebauungplan von Stadtplaner Zimmermann unterschied sich wesentlich von dem des ersten Bauabschnittes. Die neuen Richtlinien forderten einen verstärkten *Mietwohnungsbau* (70 : 30) zu Lasten der Eigenheime. Das bedeutete auch, daß erstmalig hochgeschossige Bauten eingeplant wurden. So sehr der Mietwohnungsbau für Spätaussiedler notwendig war, erschien uns die vorgesehene Zahl mit 200 Mietwohnungen doch zu hoch gegriffen.

Hatte inzwischen die „Klein-Wohnungsbau" Düsseldorf an der Nahtstelle der Altgemeinde zur Siedlung 30 Mietwohnungen erstellt, so fing im neuen Baugelände die Gemeinnützige Bau- und Siedlungsgenossenschaft Wiehl beim Sendt-Denkmal an, ein Gebäude mit 36 Mietwohnungen zu bauen. Es ist das höchste und größte Gebäude, sechsgeschossig, mit Aufzug, paßt sich jedoch der Landschaft sehr gut an. Finanz-

kräftige Grundstücksbesitzer wickelten über das Architektenbüro Römer und Dunkel die weitere Baumaßnahme mit insgesamt 94 Mietwohnungen ab.

Bis heute wurden bezogen: 193 Nebenerwerbsstellen, 76 Kleinsiedlerstellen, 160 Mietwohnungen und 16 frei finanzierte Häuser.

Der Drang zum eigenen Haus ist nach wie vor groß. So hat die Landesentwicklungsgesellschaft (LEG) von der Stadt Teile des Siedlungsgeländes erworben und bereits 27 Nebenerwerbsstellen fertiggestellt bzw. in Bau genommen. Zusätzliches Gelände für weitere 41 Häuser wurde ebenfalls erworben.

Karl Spoo oblag die Verfahrensleitung, wobei unser Landsmann Andreas Diener die örtliche Bearbeitung inne hatte und zugleich als unser Siedlungsreferent und Verbindungsmann tätig war. Bauleiter Hans Triest wurde ebenfalls von Diener unterstützt.

Die Bearbeitung der Unterlagen für die Siedlungsbewerber gestaltete sich schwieriger als im ersten Bauabschnitt. Allein die rechtlichen Grundlagen haben sich wesentlich verändert. Nach einem verlorenen landwirtschaftlichen Besitz kann nur ein Berechtigter gefördert werden. Jeder Fall muß einzeln berechnet und daraufhin die Höhe der Bundes- und Landesmittel festgelegt werden.

Erstaunlich ist dabei, daß trotz der stark gestiegenen Baupreise — ein Haus das 1966 noch 85 000,— kostete, liegt heute bei 210 000,— DM — genügend Siedlungsbewerber da sind. Obwohl die monatliche Belastung hoch ist, können die Besitzer die Lasten dennoch tragen, weil in der Regel Mann und Frau berufstätig sind. Die hohen Mieten lassen den Bau eines Eigenheimes vernünftig erscheinen.

Erstmals besteht die Möglichkeit Baustellen zu erwerben, um frei finanziert zu bauen. Dieser Abschnitt verbindet baulich Drabenderhöhe mit Hillerscheid. Es konnte also praktisch allen Bauwilligen Hilfe zukommen.

Wir sind sehr froh, daß die vielen Mitwohnungen belegt werden konnten. Unter den Mietern befinden sich auch einige einheimische Familien und fünf Gastarbeiterfamilien. Alle anderen Wohnungen sind mit Familien aus Siebenbürgen belegt. Die Zahl der Neubürger in Drabenderhöhe beträgt zur Zeit rund 2 000. Erfreulich ist, daß keineswegs, wie vermutet wurde, in erster Reihe Rentner und Pensionäre hier Unterschlupf suchten, sondern daß eine Vielzahl junger Familien ansässig wurden. Die Zahl der Kinder, die zum Gymnasium und zur Realschule gehen, liegt prozentual hoch.

Die neu entstandenen Straßen erhielten durch Ratsbeschluß ihre Namen. Dabei wurden in erster Reihe siebenbürgische Städtenamen ausgesucht. Sie heißen: Kronstädter-, Hermannstädter-, Bistritzer-, Mediascher-, Schäßburger-Gasse und Auf dem Bräunfeld.

Neben Mietwohnungen wurden in Verbindung mit dem Altenheim in den Jahren 1969 zwölf Altenwohnungen, davon neun für Ehepaare und drei für alleinstehende Personen, gebaut. Leider konnte der Adele-Zay-Verein als Träger des Altenheimes aus finanziellen Gründen eine weitere Aufstockung nicht vertreten. Diese Altenwohnungen werden leitungs- und verwaltungsmäßig vom Altenheim mitbetreut.

Das kirchliche Leben

Das ständige Wachsen der Zahl der Bevölkerung in Drabenderhöhe ist nicht nur für die Zivilgemeinde von Bedeutung, sondern bringt auch für die Kirchengemeinde neue Gegebenheiten. Der Schreiber dieser Zeilen ist davon überzeugt, daß die „Gemeindewerdung" letzten Endes nur auf dem Boden der Kirche geschehen kann. Wenn es dafür einer Bestätigung bedurfte, dann hat das gerade die Evangelische Kirche in Siebenbürgen eindeutig unter Beweis gestellt. Zu allen Zeiten war sie Hort und Kraftquelle unserer Gemeinschaft. Sie hat nicht nur das Wort Gottes verkündet, sondern auch lebensnotwendige kulturelle Einrichtungen unter ihren Schutz gestellt.

Nicht zu Unrecht wurde vom evangelischen Theologen Adolf von Harnack behauptet, man wisse bei uns Siebenbürgern nicht, wo die Kirche aufhöre und das Volkstum beginne. Alle Schularten bis zum Kindergarten und zur Bewahranstalt waren Einrichtungen der Kirche. So konnte es auch nicht Wunder nehmen, daß das Interesse des einzelnen innerhalb seiner Gemeinde für seine Kirche so groß war, daß die Bereitschaft, finanzielle Opfer zu bringen, weit über unserer derzeitigen Kirchensteuer lag. Dankbarkeit beseelt viele Siebenbürger für die Bewahrung und Führung bis zu der neuen Heimatstätte. Der sonntägliche Kirchenbesuch ist ein Beweis dafür, daß wir hier in Drabenderhöhe, Altbürger und Neubürger, uns gerne unter Gottes Wort sammeln und uns von ihm leiten lassen. Das Presbyterium hat, kurz nachdem die ersten Siedler aufzogen, Gespräche mit ihren Vertretern aufgenommen und Mitglieder aus ihren Reihen in sein Gremium berufen. Unsere Gemeinde ist eine Unionsgemeinde. Insofern konnte sehr schnell Einmütigkeit darüber erzielt werden, daß im kirchlichen Unterricht aus beiden Katechismen unterrichtet wird. An der Gottesdienstordnung hat sich nichts verändert.

In den kirchlichen Einrichtungen, Kirchenchor, Posaunenchor, Frauenhilfe und Mitarbeiterkreis, wie auch dem Presbyterium und der Gemeindejugend, ist eine gute Verzahnung aller Gemeindeglieder möglich. Darüber sollten wir uns freuen. Es ist nicht zu verkennen, daß alle Menschen verschieden sind; gerade deshalb kann jedermann für den anderen zur Aufgabe werden. Da gilt es zu erkennen und bemüht zu sein, als Christ seinen verantwortungsvollen Beitrag zur Gemeindewerdung zu leisten. Nicht sehr günstig war der häufige Wechsel im Pfarramt. Eine Gemeinde im Aufbau leidet natürlich unter diesem Wechsel.

Mögen auch die Mitarbeiter, in erster Reihe die Presbyter, bemüht sein, ihren Aufgaben gerecht zu werden, so bleibt doch gerade auch vom Verständnis unserer Kirche her der Pfarrer die entscheidende Persönlichkeit in der Kirchengemeinde.

Vom Neubau einer Kirche haben wir bewußt Abstand genommen, um den Weg zueinander nicht durch zwei Kirchengebäude zu erschweren. Der verhältnismäßig gute Kirchenbesuch stellte das Presbyterium vor die Aufgabe, für zusätzliche Sitzplätze in der Kirche zu sorgen. So wurde der Entschluß gefaßt, die Kirche zu renovieren und Emporen einzubauen. Dabei hat unsere Kreissynode an der Agger, sowohl unter Superintendent Fach, als auch seinem Nachfolger Pack, uns freundschaftlich beraten und finanziell sehr geholfen. Auf Wunsch des Landeskonservators, Dr. Borchers, wird die Kirche nach den Richtlinien des Denkmalschutzes renoviert. Finanziell haben uns außer der Kreissynode auch das Kultusministerium des Landes Nordrhein-Westfalen und der Landeskonservator bestens unterstützt.

Die Neubürger katholischen Bekenntnisses fanden in der Bonifatius-Gemeinde ihre kirchliche Heimat. Die regelmäßigen Messen in der Kirche in Bielstein erfuhren durch vierzehntägige Samstagabend-Messen in der evangelischen Kirche Drabenderhöhe eine Anreicherung. Religionsunterricht hielt Pfarrer Kürten wöchentlich an der hiesigen Schule. Die Vorbereitung für die Erstkommunion erfolgte in Bielstein.

Die kommunale Neuordnung

Im Zuge der kommunalen Neuordnung kam es am 1. Juli 1969 zur Zusammenlegung der Gemeinden Bielstein und Wiehl, und am 22. Juni 1971 beschloß die Landesregierung von Nordrhein-Westfalen, der bisherigen Gemeinde Wiehl das Stadtrecht zu verleihen. So sind wir heute alle Glieder dieser Stadt und bilden neben Wiehl und Bielstein, sowie Marienhagen, in Drabenderhöhe einen weiteren Schwerpunkt. Rat und Verwaltung haben für unsere Anliegen im Raum Drabenderhöhe stets ein offenes Ohr und helfen, wo es irgendwie geht. In zahlreichen Rats- und Ausschußsitzungen wurden die im Zusammenhang mit der Erstellung der Siedlung anstehenden Fragen erörtert und die notwendigen Beschlüsse gefaßt. Dabei konnten in der vorigen Legislaturperiode vier Ratsmitglieder, die in Drabenderhöhe wohnten, darunter ein Siebenbürger und nunmehr sechs, darunter drei Landsleute, unsere Belange gut vortragen und vertreten. Viele Verhandlungen bei den zuständigen Stellen haben die Gemeinde- und Stadtdirektoren geführt, um ein Höchstmaß der Gestaltung und Lebenssicherung der Bevölkerung zu erreichen. Dabei wurden immer wieder Initiativen entwickelt und das in harmonischem Zusammenwirken.

Äußerlich findet das einen besonders sichtbaren Niederschlag darin, daß vom Rat die Erweiterung des ehemaligen Jugendheimes zu einem

◀ *Evangelische Kirche in Drabenderhöhe*

*Der Raketenforscher
Prof. Dr. Hermann Oberth*

Kulturhaus beschlossen und von der Verwaltung zügig durchgeführt wurde. Architekt Werner Schoepe erhielt den Auftrag. Zusätzliche Jugend- und Gruppenräume, Erweiterung der Bibliothek, Modernisierung und Erweiterung der Küche und nicht zuletzt der Anbau eines großen Saales, gehörten zum Erweiterungsprogramm. Beide Säle zusammen haben ein Fassungsvermögen von rund 600 Sitzplätzen, mit Bühnen und Nebenräumen. Zu dem beachtlichen Kostenaufwand von über 1 Million DM hat unser Patenland, nachdem die Ministerialräte Zurhausen und Graeven von der Notwendigkeit der Erweiterung überzeugt waren, über 750 000 DM zur Verfügung gestellt. Minister Werner Figgen setzte damit die patenschaftliche Förderung gezielt fort. Wie bei allen Gemeinschaftseinrichtungen, die im Rahmen der Siebenbürger-Sachsen-Siedlung Drabenderhöhe gebaut wurden, hat sich der Oberbergische Kreis jedes Mal mit einem beachtlichen Zuschuß beteiligt, der letztlich für die Ausführung dieser Bauten mit entscheidend war. Der Kreistag (in den 1969 und 1975 auch ein Siebenbürger Sachse gewählt wurde) und die Kreisverwaltung haben die Entwicklung in Drabenderhöhe mit Verantwortungsbewußtsein und vielfacher Hilfeleistung begleitet.

Am 12. Dezember 1972 konnte das neue *Kulturhaus* Drabenderhöhe, „Hermann Oberth" seiner Bestimmung zugeführt werden. Es hat die Sachsen besonders gefreut, daß der Rat diesem Haus den Namen des größten siebenbürgischen Wissenschaftlers, des Vaters der Weltraumfahrt, gab. Bei den Übergabefeierlichkeiten war Prof. Dr. h. c. Hermann Obert in Drabenderhöhe. Seit Fertigstellung dieses Gebäudes hat sich die Nutzung aller Räume wesentlich gesteigert. In Seminaren, Aus- und

Fortbildungskursen, aber auch in Betätigung der Vereine und in vielen Geselligkeiten, auch Familienfeiern, wurde der Beweis erbracht, daß ein solcher Bau hier wichtig ist.

In diesem Kulturhaus fand am 20. April 1975 eine besondere Ehrung statt. Prof. Dr. h. c. Friedrich Krauß erhielt seitens der Philosophischen Fakultät der Friedrich-Wilhelm-Universität Bonn die Ehrendoktorwürde verliehen. Wir sind alle froh, diesen Mann in unserer Mitte zu haben. Seine Forschungstätigkeit ist ein Beispiel dafür, was es bedeutet, die Kultur eines Volkes nicht preiszugeben. Aus seiner Dankesrede zitieren wir nachstehenden kurzen Beitrag:

> „Wie offenbart sich nun die Verwandtschaft zwischen Siebenbürgen und dem alten Stammland?
>
> Ich greife das nur im Gebiet Siegen und Altenkirchen vorkommende Wort ‚Füllfaß', mundartlich felfas, felwes, heraus auch im Oberbergischen in Wildberg (Bürgermeisterei Denklingen), allerdings in übertragener Bedeutung, von uns hier nur 15 km entfernt, vorhanden; die Bedeutung im Rheinischen ist: ‚niedriger Korb aus Eichenschienen (siebenbürgisch: aus

Verleihung der Ehrendoktorwürde an den Mundartforscher Prof. Friedrich Krauß

geflochtenen Haselschienen) mit Griff an beiden Seiten, der beim Tragen an den Leib gestemmt wird'. Die Nordsiebenbürger sagen: det felfes und felfas, südsiebenbürgisch allerdings felpes; die Bedeutung ist dieselbe in Siebenbürgen: Es müssen also Auswanderer aus den Gebieten Siegen oder Altenkirchen, selbst aus dem Oberbergischen, vor 800 Jahren das Wort auch nach Siebenbürgen mitgenommen haben. Im neuen Luxemburger Wörterbuch findet sich das Wort ‚Füllfaß' nicht."

Beratungsstellen

Die wöchentlich zweimal in unserem Büro im Kulturhaus abgehaltenen Beratungsstunden unseres Sozialreferenten Eduard Dürr erfreuen sich großen Zuspruchs. Übersetzungen, Beglaubigungen, Eingaben und andere Dienste sind für die Spätaussiedler von besonderer Bedeutung. Heinrich Ongjerth erstellt die zahlreichen Ablichtungen, insbesondere der Lastenausgleichsunterlagen. Übrigens sei vermerkt, daß wir mit dem Lastenausgleichsamt — heute Sitz in Opladen — bestens zurecht kommen. Siedlungsreferent Julius Jobi, als Nachfolger von Diener, berät die Siedlungsbewerber und trägt die Unterlagen zusammen. Eine Vielfalt ehrenamtlicher Tätigkeit, dabei sei auch Fritz Weniger genannt, ist ein Merkmal der Leistung unserer Mitarbeiter auf Kreisebene.

In den Räumen des Altenheimes erfolgt seitens des Oberbergischen Kreises die Beratung und Antragstellung in Lastenausgleichsangelegenheiten durch Heinrich Heidenpeter.

Jahrelang hat das Arbeitsamt Gummersbach einen Beratungsdienst in Drabenderhöhe aufrechterhalten. Abgesehen von Fahrt- und Zeitersparnis konnte vielen Menschen Hilfestellung gegeben werden. Wir sollten bedenken wie viele Landsleute, insbesondere Spätaussiedler, aber nicht nur sie, umschulen mußten. Es ist übrigens beachtlich, mit welchem Fleiß sich ohne Altersunterschied Frauen und Männer einer Umschulung stellten. Selbst Sonderkurse wurden zeitweilig im Oberbergischen Kreis angesetzt.

Seitens der Bundesbahn fand allwöchentlich im Kulturhaus eine Reiseberatung und Kartenausgabe statt.

Bündeln wir alle Hilfsmaßnahmen, finanzieller Art, im Sozialbereich, der Eingliederung seitens des Patenlandes, auf Bezirksebene, sowie die des Kreises und der Gemeinde bzw. Stadt, dann dürfte sich eine Parallele in der Bundesrepublik so schnell nicht anbieten. Darum gilt unser aufrichtiger Dank allen Behörden und Einrichtungen, allen Förderern und Helfern, vom Grundstückseigentümer bis zum Patenland. Es ist nicht möglich, alle namentlich zu nennen.

Betriebe schaffen Arbeit

In einem Bericht von Reinhold Muth wurden über die handwerkliche und gewerbliche Entwicklung im Altdorf klare Aussagen gemacht. Die explosive Vergrößerung von Drabenderhöhe verlangte zusätzliche Arbeitsplätze. Es gelang bisher, sieben gewerbliche industrielle Betriebe für eine Ansiedlung zu gewinnen, sie sind heute krisenfest. Ein gutes Einvernehmen zwischen den Besitzern, den Leitungsgremien und den Arbeitnehmern verbürgt ein gutes Arbeitsklima.

Die *Firma Reiner Hackbarth,* Kuststoffverarbeitung, — ab 1968 Produktion und Verkauf von Verpackungsmitteln —, wurde am 1. Mai 1964 gegründet. Die eigene Entwicklung von Spezialverpackungen erweiterte den Kundenkreis bei SB-Warenhäusern, Bettwarenindustrie, Textil- und Verbandsstoffindustrie. Lieferungen ins Ausland erhöhten die Kapazität und führten zum Neubau einer Produktionshalle im Industriegebiet. Mit 27 Beschäftigten, davon neun in fester Anstellung, ist eine Grundlage zur Weiterentwicklung gegeben.

1967 gegründet, besteht das Fabrikationsprogramm der *Firma Loede-Siebdruck* aus Werbemitteln, wie Werbeembleme, Schilder, Schriften, Etiketten, Musterkarten und Bedrucken von Fertigteilen. Die Erzeugnisse haben Bedeutung für Industrie, Behörden und Gewerbe. Die Firma beschäftigt rund 50 Personen, darunter erfahrene Fachkräfte.

Die *Firma Müller-Elastics K. G.* wurde 1906 von Conrad Paul Müller in Wuppertal gegründet. Nach völliger Zerstörung im Jahre 1945 wurde das Werk in Wuppertal neu aufgebaut. Durch ständige Produktionserweiterung in vier Werken wurde eine Konzentration des Betriebes erforderlich. Drabenderhöhe ist der geeignete Ort hierfür, denn hier war das geeignete Gelände, aber auch die Arbeitskräfte durch die neu errichtete Siebenbürgersiedlung vorhanden.

1965 wurde das neue Werk geplant und am 23. Mai 1966 eingeweiht. Die stetige Aufwärtsentwicklung machte in den Jahren 1969 und 1970 eine Erweiterung der Betriebsräume notwendig. 1971/72 wird der Neue Fertigungszweig „Maschinentechnik" aufgebaut, der der Firma eine führende Marktposition sichert. Die Firma Müller-Elastics stellt elastische Webwaren her, die in der Wäsche- und Bekleidungsindustrie, der Mieder-, Polstermöbel-, Schuh- und Strumpfindustrie ihre Abnehmer haben. In dem Werk werden zur Zeit 86 Arbeitnehmer beschäftigt.

Firma Walter Sarstedt stellt Kunststoff-Spritzwerkzeuge und Geräte für die Medizintechnik her. Im Januar 1974 wurde der von der Firma Felten & Guilleaume u. W. Sanner u. Co. erbaute Betrieb von der Firma Walter Sarstedt aus Nümbrecht gekauft. In diesen Betrieb wurde die Abteilung Werkzeuge- und Gerätebau verlegt. Hier werden die Werkzeuge ausschließlich für die eigenen Werke in Nümbrecht und Rheinbach gefertigt. Im Betrieb Drabenderhöhe werden zur Zeit 36 Arbeitnehmer beschäftigt.

Der aus Reußmarkt in Siebenbürgen stammende *Michael Schenker* hatte im Jahre 1955 in Wuppertal seinen Betrieb „Micha" gegründet. Türheber, Gleitschoner, Kleiderbügelhalter, dazu Auslandspatente gehörten zur Fertigung. 1965 hat er in Drabenderhöhe sein Werk aufgebaut und mit gutem Erfolg weitergeführt.

1966 begann *Peter Schiffbahn* seine Tätigkeit mit Kunststoff-Spritzgußteilen aller Art. 1975 hat er seinen Betrieb in die selbst erbaute Werkstatt nach Drabenderhöhe verlegt.

Bauku, Troisdorfer Bau- und Kunststoff-Gesellschaft mbH wurde 1952 gegründet. In der Firma werden Spiral-Kanalrohre, Schächte, Formteile aus Niederdruck-Polyäthylen und Polypropylen und Spiral-Wickelrohre für Apparatebau und Lüftungstechnik aus den vorgenannten Materialien hergestellt. Kunden für Abwasserkanalrohre sind Städte, Gemeinden, Abwasserverbände, chemische und artverwandte Industriebetriebe für eigene Kanalisationsnetze. Die Rohre werden in der gesamten EG mit bestem Erfolg verkauft.

Die Spiral-Wickelrohre werden hauptsächlich in der chemischen Industrie, der Nahrungsmittelindustrie, der Papierindustrie und in der Galvanotechnik in Geräte und Maschinen eingebaut.

Der Umsatz im Werk Oberlar hatte 1968 eine Größenordnung erreicht, die eine Ausweitung des Betriebes notwendig machte. Am 1. 4. 1969 wurden die mit der Firma Robeplast geführten Verhandlungen abgeschlossen und das gesamte Betriebsgelände mit den aufstehenden Gebäuden übernommen. Seit dieser Zeit ist das Unternehmen mit einem Betrieb in Drabenderhöhe ansässig. Es ist eine ständige wirtschaftliche Aufwärtsentwicklung zu beobachten, die seit 1974 eine Arbeit in drei Schichten notwendig macht.

Mit 14 Handwerksbetrieben, ebenso vielen Dienstleistungsbetrieben, 19 Handelsunternehmen, 6 Versicherungen und Banken, Arzt, Zahnarzt und Apotheke ist der Stadtteil Drabenderhöhe recht gut ausgestattet. Die Anfangsschwierigkeiten der Geschäfte und der Siedler sind überwunden. Es lohnt sich also, hier zu wohnen und zu arbeiten. Alle diese Einrichtungen sind in besonderem Maße geeignet, der Bevölkerung zu dienen. Sie sind zugleich eine Werbung für den Fremdenverkehr. So ist es kein Wunder, daß die gutgeführten Gastwirtschaften überlaufen sind.

Das Bild der „Landschaft" hat sich auch in dieser Hinsicht gewandelt. Der dringende Wunsch nach zusätzlicher Ansetzung von Industriebetrieben, und damit Schaffung weiterer Arbeitsplätze — insbesondere für Frauen — darf nicht überhört werden. Alle zuständigen Stellen setzen ihre diesbezüglichen Bemühungen fort.

Zufriedene Gesichter

Zehn Jahre sind im Leben eines Menschen ein kurzer Abschnitt. Für uns als Siedlergeneration bedeuten sie viel. Noch einmal drängen sich die Fragen auf, ob es richtig war, hier geschlossen zu siedeln.

Die Antwort kennt, wer auf der Straße, im gepflegten Gemüse- und Blumengarten, in den Betrieben, den Vereinen und bei den Menschen zu Hause fröhlichen, zufriedenen Gesichtern begegnet. Die überwiegende Mehrzahl hat die gesuchte neue Heimat gefunden. Wer allerdings der Meinung war, daß hier in Drabenderhöhe ein „siebenbürgisch-sächsisches Dorf" alter Prägung seine Fortsetzung finden müßte, hat die Gegebenheiten völlig verkannt. Die Bauernhöfe fehlen, der Strukturwandel hat unserem Leben andere Aufgaben gesetzt, und diese bestimmen weithin das Zusammenleben. Wir leben nicht mehr als eine Minderheit unter anderen Nationen. „Siebenbürgen" kann nicht in das Oberbergische übertragen werden. Aber eine große geschlossene Einheit ermöglicht es, Geschichte fortzuschreiben. Wir können Sitten und Brauchtum, kulturelle Werte pflegen, und in Vorträgen und Darbietungen Kenntnisse über unseren Volksstamm vermitteln. Zugleich wollen wir ein starkes Bindeglied zu den Menschen in der alten Heimat sein, im Bewußtsein, daß auch heute noch dort der Mittelpunkt der Siebenbürger Sachsen ist.

So sehr die Entstehung solcher Siedlungen zu bejahen ist, darf doch nicht verkannt werden, daß die Mehrzahl unserer Landsleute in der Bundesrepublik Deutschland in der „Zerstreuung" lebt. Ihre Berufe, ihre Lebensziele gebieten das. Auch aus unserer Siedlung werden immer wieder Männer und Frauen, Junge und Alte aus den verschiedensten Gründen (Beruf, Heirat u. a.) abwandern. Diese Tatsachen gilt es richtig einzuschätzen, und daraus zu erkennen, welche Vielfalt den Dienst in unserer Gemeinschaft und dadurch auch im neuen Heimatbereich bestimmt. Wo immer wir beheimatet sind, darf es weder unter uns noch zwischen uns und der einheimischen Bevölkerung einen Zaun geben.

Wir sind in Drabenderhöhe eine der 17 Kreisgruppen der Landesgruppe Nordrhein-Westfalen und damit ein Kettenglied der Landsmannschaft der Siebenbürger Sachsen und ihrer „Großfamilie" in aller Welt. Unsere Organisation als Kreisgruppe mit 503 Mitgliedern, in 15 Nachbarschaften untergliedert, samt der Frauengruppe, der Blaskapelle, dem Honterus-Chor und den Jugendlichen hat sich bewährt, von der Hilfe bei der Erlangung des Eigenheimes oder einer Mietwohnung, bis zur gesellschaftlichen Eingliederung. Unser Bekenntnis hat seinen Niederschlag in handfesten Leistungen gefunden. Erwähnt seien die Hilfsmaßnahmen anläßlich der beiden Flutkatastrophen in Siebenbürgen. Im Jahre 1970 überschritten die durch uns abgewickelten Sachspenden die Millionengrenze, während 1975 ein Wert von 232 000 DM erreicht wurde. In beiden Fällen hat uns die einheimische Bevölkerung unterstützt. Rund 9 000 DM haben wir dem Deutschen Roten Kreuz für die Flutgeschädigten in Norddeutschland als Gabe überreicht.

Stätte der Begegnung

Es kann wohl kaum etwas Schöneres geben, als wenn Menschen einander suchen, aufeinander zugehen und sich finden. Hier seien die vielen Gruppen- und Studienbesuche, die in diesen zehn Jahren aus dem innerdeutschen, dem kirchlichen und dem internationalen Bereich Drabenderhöhe aufsuchten, erwähnt. Sie konnten das Wissen um unsere Gemeinschaft weiter hinaustragen. Bundes- und Landesministerien lernten das Beispiel einer geschlossenen landsmannschaftlichen Siedlung kennen und würdigen. Sachverständige, Kommissionen, Journalisten u. v. a. aus aller Herren Länder kamen, um unsere Lebensweise und unsere Einrichtungen in Augenschein zu nehmen.

Eine Sonderstellung nehmen die Besucher aus der alten Heimat ein. Es gibt kaum eine Jahreszeit, in der nicht Verwandte oder Freunde aus Rumänien hier zu Gast weilen. So sind wir zu einer wahren Stätte der Begegnung und des Zusammenhaltes geworden. Daß dabei unsere Kleiderkammern und sonstige Hilfseinrichtungen sich bewähren, sei nur am Rande vermerkt. Viel wichtiger ist dabei die stete menschliche Bereicherung im beiderseitigen Geben und Nehmen.

Da die schulischen Einrichtungen unserer Stadt Wiehl bis zum Abiturabschluß alle Möglichkeiten bieten, wurde erstmalig für deutsche Spätaussiedler aus Rumänien seit 1974 ein Sonderlehrgang am Gymnasium in Wiehl zur Erlangung des Abiturs eingerichtet. Diese Jugendlichen wohnen in Privatquartieren. Übrigens kann sowohl an der Realschule als auch im Gymnasium Rumänisch als Lehr- und Prüfungsfach belegt werden. Damit erhält unsere Jugend die Möglichkeit, die Kenntnis einer bekannten Sprache zu festigen, die ihnen nützlich sein kann. Zugleich ist es ein Zeichen dafür, daß durch Jahrhunderte ein gutes Miteinander mit dem rumänischen Volk möglich war. Man sollte auch in dieser Hinsicht seine Vergangenheit nicht leichtfertig abschreiben.

In zahlreichen Gegenbesuchen einzelner, aber auch ganzer Gruppen, haben wir selbst in den Jahren des schweren Aufbaues Freundschaften vertieft. Wir haben die ideellen Werte dem wirtschaftlichen Streben nicht untergeordnet.

Doch die „große Familienzusammenführung" möchte nicht allein uns Siebenbürger umfassen. Wir verstehen darunter auch das Miteinander mit der alteingesessenen Bevölkerung von Drabenderhöhe, Hillerscheid, Jennecken, Niederhof, Immen, Hahn, Dahl, Brächen, Verr und Büddelhagen sowie die Bevölkerung aus dem Oberbergischen. Wer dieses Zusammenleben nüchtern und frei von Illusionen beurteilt, kann nur dankbar dafür sein, wie sich unsere Kontakte verstärkt und vertieft haben. Beide Teile sind bereit, den Kindern und Kindeskindern eine gute Zukunft zu bauen. Mit Geduld und Einsicht, auch bereit zu jedem Dienst, soll Drabenderhöhe sich stets weiterentwickeln. Es ist einwandfrei erwiesen, daß unter unseren Vorfahren Deutsche aus dem Kölner Raum in nicht geringer Zahl waren. Gerade die neuesten Forschungsergebnisse bestätigen das. Somit kann von einer „Heimkehr" durchaus die Rede sein.

Aus verschiedenen Beiträgen unseres Buches geht hervor, daß eine Verzahnung in mancherlei Bereichen gegeben ist. Natürlich gibt es Vorbehalte, gegenseitige Kritik, jede „Seite" möchte die von ihr geschätzten Werte erhalten. Ist das nur negativ zu werten? Sind nicht erfreuliche

Tatsachen der Besinnung gute Zeichen? Hier herrscht Leben. Wer miteinander am Arbeitsplatz steht, in Vereinen gemeinsam singt und spielt, Feste und Feiern gestaltet, wo gesunde „Mischehen" das Band enger knüpfen und wo man miteinander beten kann, da sollte Zukunftshoffnung jedweden Schatten verdrängen.

Wir haben zehn Jahre nicht nebeneinander, sondern aufeinander zu gelebt. Uns Siedlern ist manche Gabe und Hilfe seitens der Einheimischen zuteil geworden. Dafür wollen wir dankbar sein. Unvergessen bleibt, wie etwa Frau Ruland monatelang ausgeholfen hat, als eine Siedlerfrau erkrankt war. Heilung erfolgt im Leben nicht nur am Krankenbett. Wieviel Schmerz tragen viele Menschen, bei völliger physischer Gesundheit! Wir sprechen vom verwundeten Tier und haben Mitleid, bieten Hilfe an. Stellen wir nicht gerade hier in Drabenderhöhe fest, wie viele Spätaussiedler den Abschied selbst vom enteigneten Haus schwer überwinden? Das spricht keineswegs gegen solche Menschen. Ein solches „Menschsein" bekräftigt letzthin die Stärke des Herzens. Drabenderhöhe ist zum Wahrzeichen dafür geworden, daß das kleine Volk der Siebenbürger Sachsen noch genügend Kraft hat, um völlig neu zu beginnen, wenn es vor die Existenzfrage gestellt wird. Es kann aber nicht genug betont werden, wie sehr diese Leistung erst durch die Hilfe ermöglicht wurde, die uns von so vielen Seiten zuteil wurde.

Der große britische Historiker Arnold Toynbee glaubt, daß Herausforderung und Antwort darauf die bewegenden Kräfte der Weltgeschichte seien. Folgt man dieser Auffassung, dann kann man sagen, daß die Siebenbürger Sachsen eine würdige Antwort auf die harte Herausforderung gefunden haben, als sie aus dem Leben in geschlossener, gewachsener Gemeinschaft herausgerissen wurden. Nicht nur auf der großen Weltbühne, auch im kleinen Rahmen können der Mensch, die Familie, die Gruppe und das Volk zeigen, was in ihnen steckt. In solcher Haltung sind wir alle gerufen, Einheimische und Siedler, lebendige Geschichte zu machen. Möge die Kraft dazu in uns allen weiterleben.

Drabenderhöhe —
ein Gemeinschaftswerk

Ludwig Landsberg

Die Voraussetzung für die Eingliederung der Vertriebenen haben die Alliierten bestimmt. Sie haben damit späteren Ergebnissen vorgegriffen. Bereits die anrückenden sowjetischen Armeen hatten eine explosionsartige Fluchtbewegung ausgelöst, die selbst Dorfgemeinschaften, ja einzelnene Familien über das ganze spätere Bundesgebiet und die DDR verstreute. Die spätere zweite und dritte Fluchtwelle — Aussiedlung genannt — verlief ähnlich. Die Alliierten hätten daran in den Jahren 1945/46 einiges durch „gelenkte Aussiedlung" korrigieren können. Sie haben es nicht gewollt. Sie haben aus politischen Überlegungen auf jede Berücksichtigung landsmannschaftlicher, konfessioneller, beruflicher, sogar familiärer Zusammengehörigkeit (über die engste Familienzusammenführung hinaus) verzichtet. So entstand jene, dem Zufall überlassene Zerstreuung der Vertriebenen, der auch die von den deutschen Behörden organisierte „Innere Umsiedlung" Rechnung tragen mußte. Sie hat Menschen ohne Ansehn ihres landsmannschaftilchen Herkommens mit Wohnraum und Arbeitsplatz versorgt. Die Gleise einer endgültigen Zerstreuung aber waren gelegt.

Es entstanden trotzdem gewisse landsmannschaftliche Schwerpunkte:

Die Ostpreußen, Westpreußen und Pommern wurden in Norddeutschland wieder seßhaft;
die Schlesier in Niedersachsen und Nordrhein-Westfalen;
die Sudetendeutschen in Bayern;
die Südostdeutschen im ganzen Süddeutschland.

Es fanden sich aber starke Minderheiten der großen Landsmannschaften in allen Gebieten der späteren Bundesrepublik Deutschland, außer in der französisch besetzten Zone, wieder. Diese „starken Minderheiten" ermöglichten es den Angehörigen der großen Landsmannschaften sich überall landsmannschaftlich zu organisieren. Die Angehörigen der kleinen Landsmannschaften dagegen fanden, weit verstreut über das ganze spätere Bundesgebiet, keinerlei landsmannschaftlichen Anhalt, keine Möglichkeit sich zu organisieren und heimatliches Erbe zu pflegen.

Diese Gefahr drohte auch den Siebenbürger Sachsen. Soweit sie sich vor den anrückenden sowjetischen und rumänischen Truppen durch organisierte Flucht hatten retten können, saßen sie während der ersten Nachkriegsjahre noch in Lagern in Österreich. Nur wenigen von ihnen war es gelungen, in „das Reich", das als das alte deutsche Reich bei ihnen in hoher Achtung stand, einzusickern. Dort vereinsamten sie und konnten nichts dafür tun, ihr sehr ausgeprägtes Eigenleben zu erhalten.

Gerade auf sie schien die damals viel gebrauchte Formel „Deutsche kommen zu Deutschen" (im Gegensatz zu den vielen ausländischen und fremdsprachigen Flüchtlingen) nicht zuzutreffen. Sie waren Volksdeutsche, nicht fremder Sprache. Sie hatten als Deutsche achthundert Jahre mit Fremden (Ungarn, Rumänen, Juden) zusammengelebt. Sie besaßen nicht die deutsche Staatsangehörigkeit, und befürchteten von den „Reichsdeutschen" (Einheimischen, Vertriebenen und Flüchtlingen) nicht als richtige Deutsche anerkannt zu werden. Sie waren deshalb äußerst empfindlich und heftig darum bemüht, nicht nur ins „Reich" zu kommen, sondern zusammen zu bleiben und sich wiederum als deutsche Minderheit, auch inmitten von Deutschen, zu organisieren. Dabei betonten sie ihr Deutschtum, die Eigenart ihres Schicksals als deutsche Volksgruppe in Südosteuropa, und die Andersartigkeit ihrer landsmannschaftlichen Zielsetzung im Gegensatz zu den binnendeutschen Landsmannschaften. So pflegten sie niemals den Gedanken der „Rückkehr in die Heimat", betonten vielmehr die Endgültigkeit ihres Wegganges aus Rumänien. Sie fühlten sich ihren in Rumänien verbliebenen Landsleuten in erster Linie verpflichtet, und pflegten regen Verkehr mit ihnen. Schließlich wollten sie siebenbürgisch-sächsisches Leben in der Bundesrepublik Deutschland fortsetzen und so Auffangstellungen für nachziehende Landsleute schaffen.

Diesem Anliegen wurde das Land Nordrhein-Westfalen erstmalig dadurch gerecht, daß es 1953 drei Bergarbeitersiedlungen in Form von Kleinsiedlungen für Siebenbürger Sachsen schuf:

— Herten-Langenbochum,

— Oberhausen-Osterfeld,

— Setterich b. Aachen.

Die Siebenbürger Sachsen haben sich hier, unter ihnen völlig fremden und ungewohnten Bedingungen, außerordentlich bewährt. Sie haben ihr Brauchtum nicht nur bei besonderen Gelegenheiten, sondern im Alltag gelebt. Sie haben Nachbarschaft gepflegt, sich zu ihrer Kirche gehalten, die Trachten nicht abgelegt, ihre typischen Blaskapellen wiedergeschaffen. Es ist ihnen gelungen, sich in Nordrhein-Westfalen in der angenehmsten Weise bekanntzumachen und Aufmerksamkeit auf sich zu ziehen. Aber das Leben in den Bergarbeitersiedlungen war nicht angemessen für sie. Sie sagten das auch immer lauter, je mehr Selbstbewußtsein sie gewannen.

In Siebenbürgen hatten die Siebenbürger Sachsen als Herren gelebt, als Bauern und Handwerker, als Akademiker und Freiberufler, auf dem Land als Pfarrer und Lehrer, die beiden typischen gehobenen Berufe. In Rumänien siedelten sie zwar im fremden Volke, aber auf eigener Scholle. Schließlich gehörten sie zum Zeitpunkt der Vertreibung zur anerkannten Oberschicht einer im Grunde konservativ-bäuerlich-vorindustriellen Gesellschaft, wenn sie auch aus nationalen Gründen unterprivilegiert und materiell nicht bevorzugt waren. Sie waren in ihrem sozialen Selbstbewußtsein nicht betroffen. Im Gegenteil, die um sie herum lebenden Rumänen, Ungarn, Juden und anderen Volksgruppen standen gesellschaftlich in ihren Augen unter ihnen. Für Siebenbürger Sachsen gab es mit diesen wenig Umgang, fast keine Vermischung, ohne sich praktisch aus der Volksgruppe auszuschließen. Aus diesem Grunde war es für Siebenbürger Sachsen selbst in anderer Umgebung so schwer, als gleichberechtigte aber sozial unterprivilegierte Deutsche unter Deutschen zu leben. Nur ihre geschichtlich erprobte Anpassungsfähigkeit verdeckte ihren inneren Vorbehalt, sich den veränderten gesellschaftlichen Verhältnissen einzuordnen.

Deshalb war ihr Streben zusammenzubleiben und, neben den Bergarbeitersiedlungen, sich in ländlicher Umgebung einen heimatlichen Mittelpunkt zu schaffen nur zu verständlich. Aber die Voraussetzungen hierfür waren schlecht. Was in achthundertjähriger Geschichte in Siebenbürgen gewachsen war, ließ sich nicht ohne weiteres in die Bundesrepublik Deutschland verpflanzen. Die gesellschaftlichen Verhältnisse waren andere, die materiellen Voraussetzungen, die Strukturen ebenfalls. Außerdem hatten sich mit ihnen notwendigerweise auch die Menschen verändert. Das wollten die Vorsitzenden der Landsmannschaft der Siebenbürger Sachsen nicht sehen. Im Gegenteil, sie vertraten ihr Anliegen zusammenzubleiben und in ländlicher Umgebung zu siedeln so hartnäckig, daß sie schließlich verständnisvolle Freunde auch in einflußreichen Kreisen der Einheimischen fanden. Zumindest aber schien es ein Gebot der Gerechtigkeit, den Bauern, die man in Bergarbeitersiedlungen gepreßt hatte, nunmehr wenigstens eine ländliche Siedlung anzubieten.

Der erste Schritt zum Erfolg zeichnete sich ab, als 1957 das Land Nordrhein-Westfalen die Patenschaft über die Landsmannschaft der Siebenbürger Sachsen übernahm und offiziell — entgegen der bisher geübten Praxis — ihren Patenkindern die Berechtigung zusprach, in landsmannschaftlicher Gemeinschaft zu leben. Später wurde das in einer Kabinettsvorlage (vom 18. April 1963) so ausgedrückt:

> „Die Siebenbürger Sachsen waren in ihrer achthundertjährigen Geschichte eine der politisch (und kulturell) aktivsten deutschen Volksgruppen außerhalb der Reichsgrenzen. Sie haben in einer Gemeinschaft die beste Möglichkeit, ihren Zusammenhalt, heimatliches Brauchtum und Kultur zu pflegen und zu erhalten."

Solche Gemeinschaft wenigstens modellhaft herzustellen, hat allerdings vom Zeitpunkt der Patenschaftsübernahme noch viele Jahre gedauert. Die beiderseitigen Bemühungen darum haben aber seit 1957 nicht mehr ausgesetzt. Was zunächst nicht gelang, war geeignetes Siedlungsland zu erwerben. Projekte am Niederrhein und im rheinisch-bergischen Kreis zerschlugen sich. Einer Verwirklichung kam man erst 1961 durch Bodenankauf in Drabenderhöhe näher. Der Plan einer Siedlung für Siebenbürger Sachsen fand schließlich einen ebenso erfahrenen wie engagierten Protektor in dem Oberkreisdirektor des Oberbergischen Kreises, Dr. Goldenbogen. Erst dann konnte die Mithilfe aller derer gewonnen werden, deren Mitarbeit für die Durchführung eines derartigen Vorhabens erforderlich war.

Geplant wurde eine Siedlung — nicht ein Dorf — eine Siedlung ausschließlich für Siebenbürger Sachsen. Das war nicht ein Einzelfall. Es bestanden bereits einige kleinere, von Siebenbürger Sachsen bewohnte Siedlungen, aber es war doch die Krönung aller Versuche, den Siebenbürger Sachsen zu gemeinsamem eigenständigem Leben zu verhelfen. So wurden landwirtschaftliche Nebenerwerbsstellen mit einer durchschnittlichen Landzulage von 900 qm errichtet. Daneben entstanden auch Kleinsiedlungen mit fast gleichgroßer Landzulage (800 qm). Letztere waren für früher nicht in der Landwirtschaft Tätige vorgesehen. Geplant und gebaut wurden außerdem Gewerbebetriebe und Gemeinschaftseinrichtungen, z. B. ein Haus der Teiloffenen Tür mit einem großen Saal, ein Kindergarten, ein Altersheim, eine Ladenzeile. Bei all dem diente bewußt als Vorreiter (Landkäufer, Aufschließer) die gemeinnützige ländliche Siedlungsgesellschaft „Rheinisches Heim G. m. b. H.", Bonn.

Nicht erworben oder errichtet wurde auch nur ein einziger Bauernhof. Das lag nicht in der Absicht der Planer. Dazu fehlte es an Land und reichten auch die vorhandenen Finanzierungsmöglichkeiten nicht aus. Man meinte, den Plänen der Siebenbürger Sachsen und dem vorwiegend bäuerlichen Herkommen der Siedler durch Eigentumsmaßnahmen in Form von Nebenerwerbsstellen und Kleinsiedlungen gerecht werden zu können. Die Siebenbürger Sachsen haben hart um wenigstens größere Landzulagen gekämpft. Sie haben sich gegen die realen Möglichkeiten nicht durchsetzen können.

So zogen in Drabenderhöhe die ehemaligen Bauern und Handwerker als Unselbständige, als Arbeitnehmer (Arbeiter und kleine Angestellte) ein. Nicht einmal die kleine Zahl der Selbständigen (Gewerbetreibende, Kaufleute, freiberuflich Tätige) besteht hier durchweg aus Siebenbürger Sachsen. Für die Siebenbürger Sachsen als Arbeitnehmer, vor allem für die Frauen, aber gibt es noch heute nicht ausreichend geeignete und sichere Arbeitsplätze. Es ist zu verhindern, daß Drabenderhöhe zur Wohnsiedlung für Alte und Kinder absinkt.

Die Strukturveränderung gegenüber dem früheren Leben in der Heimat Siebenbürgen liegt also ebenso auf der Hand, wie der soziale Abstieg der Siedler. Ein sozialer Abstieg, wie er alle Vertriebenen, vor allem die früher auf dem Land Selbständigen, getroffen hat.

Andererseits wurde das Ziel erreicht (wenigstens zunächst) eine fast ausschließlich von Siebenbürger Sachsen bewohnte große Siedlung zu schaffen. Die Voraussetzung dafür schufen diejenigen, die dafür sorgten, daß Finanzmittel des Landes auch für den Zuzug siebenbürgischsächsischer Familien aus der ganzen Bundesrepublik Deutschland freigegeben wurden. Gleichzeitig wurde dafür gesorgt, daß die aus Rumänien zuziehenden Familien vorrangig nach Nordrhein-Westfalen und Drabenderhöhe eingewiesen wurden.

So entstand verhältnismäßig schnell, neben der Altgemeinde, eine in sich selbständige große siebenbürgisch-sächsische Siedlung, deren eigenständigen Charakter niemand übersehen kann. In zehn Jahren ist Drabenderhöhe tatsächlich zu einem menschlichen und kulturellen Mittelpunkt siebenbürgisch-sächsischen Lebens geworden. Die Ausstrahlung reicht weit über die Gemeinde Wiehl, den Oberbergischen Kreis, das Land Nordrhein-Westfalen hinaus. Drabenderhöhe ist als Anziehungspunkt für die Siebenbürger Sachsen aus der ganzen Bundesrepublik Deutschland, der siebenbürgisch-sächsischen Besucher aus Rumänien, aber auch vieler Einheimischer ebenso wichtig, wie für die Erhaltung und Weiterentwicklung siebenbürgisch-sächsischen Lebens. Dabei soll nicht angezweifelt werden, daß sich Drabenderhöhe mit einem Siebenbürger-Sachsen-Dorf wie es früher war, nicht vergleichen läßt.

Die Gefahr zum Ghetto zu werden, Staat im Staat zu sein, als Deutsche neben und nicht mit Deutschen zu leben, ging an Drabenderhöhe nicht vorbei, aber sie kam nicht hoch. Dazu trug viel die Eingemeindung in die Stadt Wiehl bei. Die Tatsache, daß die Siebenbürger Sachsen der altansässigen Bevölkerung in Schule und Beruf, in der Freizeit, bei Festen und auf dem Sportplatz täglich begegnen, hat eine Ghettobildung verhindert. Hier haben die Neubürger mit den Einheimischen verständnisvoll zusammengewirkt, so daß höchstens die alten Menschen sich abkapseln können. Man weiß heute noch nicht, wie stark Drabenderhöhe in diese Umwelt hineinwirkt, wie stark die Umwelt die siebenbürgisch-sächsische Gemeinschaft beeinflussen wird. Aber soviel steht fest, daß sehr lebhafte Beziehungen hinüber und herüber wirken und es selbst in dem Altenheim, das unter siebenbürgisch-sächsischer Leitung steht, eine sehr lebendige Beziehung zwischen Menschen der verschiedensten Landsmannschaften entstanden ist. Das Altenheim steht außer den Siebenbürger Sachsen auch anderen Vertriebenen und Einheimischen zur Verfügung.

So gering die Gefahr der Ghettobildung ist, so groß ist die Gefahr des Verlustes Jahrhunderte alten Brauchtums und Gemeinschaftssinnes, besonders bei der Jugend. Natürlich wird von den Siebenbürger Sachsen selbst dagegengesteuert. Großes Verdienst hat hier der langjährige Schulleiter Robert Gassner. Aber Zerstreuung bedeutet Untergang. Wer will die Jugend in Drabenderhöhe bei den Sitten der Väter halten? Nur eine intakte Gemeinschaft kann das. Zuzug von Fremden kann diese zerstören. Die Gefahr der Überfremdung und der Abwanderung der Jugend ist unter den gegebenen Verhältnissen gerade groß genug; sie ist weitaus größer als die Gefahr der Ghettobildung.

Nur deshalb erfüllt es mit Besorgnis, daß sich in den Ministeriumsakten ein Brief der Stadt Wiehl befindet, in dem erstmalig ein angebliches Interesse des Landes daran bekundet wird, in Drabenderhöhe nicht nur Siebenbürger Sachsen, „sondern auch Ostdeutsche, die im Wege der Familienzusammenführung aus den deutschen Ostgebieten in die Bundesrepublik Deutschland" kommen, einzuweisen. Tatsächlich ist diesem Wunsch sehr bald durch den Bau eines Übergangswohnheimes mit einhundert Plätzen — das noch vorzüglich für Siebenbürger Sachsen gedacht war — und reinem Mietwohnungsbau, in dem sich siebenbürgisch-sächsisches Leben nicht wie in den Eigentumshäusern entwickeln kann, Rechnung getragen worden.

Man kann die Motive dafür verstehen, etwa das Drängen auf eine raschere Erweiterung der Siedlung, als dies ausschließlich mit Siebenbürger Sachsen möglich wäre. Man muß auch die Behauptung zur Kenntnis nehmen, daß die Lebensfähigkeit der Siedlung erst bei drei- bis viertausend Einwohnern gegeben wäre. Man kann auch dem Wunsch nur zustimmen, der ebenfalls in den Ministeriumsakten zu finden ist: „Rundum Leben allen Berufen, allen Altersschichten, jeder Intelligenzschicht anzubieten". Die Erfahrung mit der viel größeren und in ihren Voraussetzungen günstiger gelegenen Flüchtlingsstadt Espelkamp lehrt, daß dieser letzte Wunsch nicht erfüllbar ist. Qualifizierte Fachkräfte, Jungakademiker und ähnliche Gruppen werden von Drabenderhöhe immer abwandern.

Als Ziel sollte daher bestehen bleiben, der Siedlung Drabenderhöhe den siebenbürgisch-sächsischen Charakter zu erhalten, siebenbürgisch-sächsischen Lebensformen Heimat zu geben und sie mehr und mehr zum Mittelpunkt der kulturellen Bestrebung jener Landsmannschaft zu machen, die achthundert Jahre Deutschtum im Südosten Europas repräsentiert hat. Das gegen die Mächte der Umwelt durchzuhalten, ist die den Bewohnern von Drabenderhöhe und ihrer Umwelt, aber auch der öffentlichen Verwaltung gestellte Aufgabe.

# IV. Das Vereinsleben in Drabenderhöhe

Das Vereinsleben in Drabenderhöhe*)

Gerhart Albrich

Bevor ich Ihnen das Vereinsleben in Drabenderhöhe schildere, halte ich es für richtig, etwas über den Begriff „Verein" mitzuteilen. Was stellt er dar, seit wann besteht er?

> „Eine vom Wechsel ihrer Mitglieder unabhängige, dauernde Verbindung einer Mehrzahl von Personen, unter einem Gesamtnamen, zur Erreichung eines bestimmten gemeinsamen Zwecks und mit einer Zwecks- und Willensbildung dieser Personenvereinigung regelnden Satzung."

Das ist nach dem „Brockhaus" ein Verein. Wir unterscheiden je nach dem Zweck des Vereines, Idealvereine und Wirtschaftsvereine. Die Ersteren huldigen auf irgend einem Gebiet unseres kulturellen Lebens ihrem Vereinsziel (Musik, Tanz, Sport, Brauchtum usw.), während die anderen wirtschaftliche Ziele verfolgen (Aktien-Gesellschaften, Genossenschaften usw.). In Bezug auf die Rechtsstellung unterscheidet man rechtsfähige und nicht rechtsfähige Vereine. Der rechtsfähige Verein hat seine Satzungen beim Amtsgericht in das Vereinsregister eintragen lassen und ist damit zur juristischen Person erklärt worden. Er darf dann die Bezeichnung „eingetragener Verein", oder kurz den Zusatz „e. V." führen.

Die Vereine sind ein Kind des Zeitalters der Aufklärung. Sie begannen in Deutschland und auch in Siebenbürgen vor allem nach 1800 Boden zu fassen. Zunächst waren es Turn- und Schützenvereine, dann kamen aber auch Gesang- und andere Vereine immer mehr auf. Hier in Drabenderhöhe war es die

Freiwillige Feuerwehr

die als erste im Jahre 1885 als Verein gegründet wurde. In grauen Drillichanzügen, die einer der Gründer, Hermann *Lutter,* vom Militär beschafft hatte, mit selbstgeschmiedeten Feuerhaken, Leitern und Feuereimern wurden die ersten Übungen unter Junglehrer Hermann *Schmidt,* den man sich zum Hauptmann auserkoren hatte, durchgeführt.

Nach vier Jahren emsiger Arbeit konnte aus Spenden die erste kleine fahrbare Saug- und Druckspritze beschafft werden. Gleichzeitig gab es auch die ersten Feuerwehruniformen, Helme, und der Hauptmann bekam eine Pickelhaube und einen Schleppsäbel. Nach dem provisorischen Spritzenhaus gegenüber der alten Post gingen viele Jahre ins Land, bis 1909 eine neue Spritze gekauft und ein neues Gerätehaus an der Straße nach Verr gebaut werden konnte. Unterdessen war nämlich die Feuerversicherung (Wehrversicherung) eingeführt worden und die Gemeinde war damit der finanzielle Hauptträger der Feuerwehr geworden.

---

*) Bearbeitet nach Berichten der Vereine

In den zwei Weltkriegen mußten im ersten sieben, im zweiten vier Getreue ihr Leben lassen. Im Zweiten Weltkrieg wurde Drabenderhöhe vom Luftkrieg nicht verschont, immer wieder mußte die Wehr ihre Einsatzkraft beweisen. Noch zweimal wurde das Gerätehaus gewechselt, weil es den gestiegenen Ansprüchen nicht mehr genügte, und nun, im Jahre 1976, wird wieder ein neues Gerätehaus bezogen werden. Die Drabenderhöher Feuerwehr zählt 18 aktive Mitglieder.

Der zweitälteste Verein ist der

Männergesangverein

Unter dem Vorsitz von Christian *Dreibholz* und dem Dirigenten, Lehrer Schmidt, wurde der Verein im Jahre 1887 aus der Taufe gehoben. Damals fanden sich 36 Männer aus unserem Dorf und der Umgebung regelmäßig zu den Gesangstunden ein.

Man vermied hochtrabende Namen und nannte sich einfach und bescheiden „Männergesangverein Drabenderhöhe". Mit Drabenderhöhe ist die alte Schulgemeinde gemeint.

Überall fand der neugegründete Verein, von Beginn an, echte Sympathie und großen Anklang in allen Kreisen der Bevölkerung. Das ist auch heute noch so, und das bildet seine zuverlässige Grundlage.

Aus dem Jahre 1896 liegt noch das Programm einer Veranstaltung vor, in der der MGV in Wuppertal zusammen mit einem dort ansässigen Verein auftrat. In den zwanziger Jahren gab es nachhaltige Erfolge bei den damals üblichen Wettsingen, so z. B. in Pracht/Sieg und in Bielstein.

60 aktive und 140 fördernde Mitglieder sind ein beredtes Zeugnis für die Beliebtheit des Chores. Im Verlauf seiner Geschichte haben dem MGV sieben Vorsitzende und auch sechs Chorleiter vorgestanden. Nach der Rückkehr aus dem Kriege, fanden auch junge Männer den Weg zu ihm. Dadurch erhielt der Chor Nachwuchs. In den frühen fünfziger Jahren kam es zu Kontakten mit dem Komponisten Willi *Sendt*. Aus diesen Begegnungen entwickelten sich echte freundschaftliche Beziehungen. Durch ihn hat der MGV neue Anregungen, neue Kenntnisse schöpfen können. Sendt wurde später zum Ehrenchorleiter gewählt. Als Dank und in Würdigung seines Könnens wurde ihm ein Gedenkstein gesetzt, der heute im Park zwischen Schule und Altenheim steht.

Am neugeschaffenen Leistungssingen (1952) nahm der Verein erfolgreich teil und konnte auch bei Wettsingen 1952 in Altenhundem und 1958 in Krombach erstklassige Erfolge erzielen. 1968 konnte mit nachhaltiger Förderung durch die Landesregierung eine Fahrt nach Siebenbürgen, der früheren Heimat vieler Sangesbrüder, unternommen werden.

1972 wirkte der Verein bei einer Jubiläumsveranstaltung des Pensionärsvereins Kopenhagen mit.

Während einer Bodenseereise im Jahre 1974, veranstaltete der MGV im Kurort Immenstaad ein beifällig aufgenommenes Konzert. In diesem

Jahr (1976) wird der Verein während des Festes des Deutschen Sängerbundes in einem großen Konzert in Berlin-Wilmersdorf mitwirken.

Der Verein bemüht sich, die Verbindung mit dem heimischen Publikum nicht abreißen zu lassen. Jährliche Konzertveranstaltungen, Ständchen, Singen bei öffentlichen Anlässen werden ständig eingeplant. Daneben wird auch die Geselligkeit nicht vernachlässigt. Seit Jahrzehnten sind seine gemütlichen Abende Höhepunkte des geselligen und gesellschaftlichen Lebens in Drabenderhöhe. Am 3. Oktober-Wochenende jeden Jahres, veranstaltet der MGV seit fünf Jahren ein Oktoberfest, das im Dorfe selbst, auch im Umkreis, die Zuhörer anzieht und begeistert. Im kommenden Jahr (1977) feiert der Männergesangverein das 90. Jahr seines Bestehens. Er kann stolz zurückblicken auf das in dieser Zeit Geleistete.

Zwei weitere musische Vereine sind der

Kirchen- und Posaunenchor Drabenderhöhe

Eine Chronik des Geschehens in Drabenderhöhe berichtet über die beiden Vereine folgendes:

> 1922 fanden sich die Brüder Franz und Willi *Kranenberg* aus Verr mit Fritz *Schmidt* aus Büddelhagen, erstmals zum Posaunenblasen zusammen. In der Inflationszeit reiste man nach Köln und erstand drei gebrauchte Hörner für etwa 10 000 Mark. Wie freute man sich, als man nach beendigter Eisenbahnfahrt im stillen Molbachtal die Hörner ausprobieren konnte! Mit Hingabe wurden Noten gelernt und geübt. Inzwischen kamen neue Bläser hinzu. Der Chor wuchs im Laufe der Jahre auf gut 20 Personen an, und man spielte eine Zeit lang im Mühlener Posaunenchor mit.
>
> Die jungen Bläser hatten eine Reihe von väterlichen Gönnern. Diese stifteten zur Anschaffung der ersten Hörner einen schönen Betrag und leisteten auch erste Hilfe, als am Ende der zwanziger Jahre der Chor sich ein eigenes Posaunenhäuschen errichtete. Es lag nicht weit von der alten Schule entfernt. Vor dem Krieg, 1939 bis 1945 gehörten zeitweilig auch Klarinette, Schlagzeug und dicke Trommel mit zu den Instrumenten, die bedient wurden. Nach dem Krieg jedoch, wurde das nicht mehr aufgegriffen.
>
> Sieben der Bläser waren im Krieg gefallen. Heute bilden fünfzehn das Gerüst des Vereins, der der Oberbergischen Posaunenvereinigung angeschlossen ist und gleichzeitig Mitglied im CVJM ist.

Mit Franz *Kranenberg* als Leiter hat der Chor im Mai 1963 sein vierzigjähriges Bestehen in der Kirche feiern können. Prof. Dr. *Hüschen* (Köln) an der Orgel, unterstützt von den beiden Kirchenchören, brachte unter anderem die Motette für Orgel, Gesang und Posaune, Psalm 23, und den Chor „Jauchzet dem Herrn alle Welt" zu Gehör. Die beachtliche Gestaltungskraft der Chöre wird in Presseberichten besonders hervorgehoben.

Heute blickt Franz Kranenberg, der Gründer und Chorleiter, auf eine 53jährige Tätigkeit zurück. Er,der heute noch Organist in unserer Kirche ist, singt und spielt mit seinen beiden Chorvereinigungen auch weiter zur Ehre Gottes und zur Freude aller Zuhörer.

Der Frauenchor Drabenderhöhe

verdankt seine Entstehung einer Anregung von Willi *Sendt*. Auf besonderes Bemühen von Frau Frieda *Klein,* fand am 30. Oktober 1951 die Gründungsversammlung statt, an der 28 Frauen und Mädchen teilnahmen. Die Anzahl der Frauen wuchs in den anschließenden Proben weiter. Als erster Chorleiter war Arthur *Wirths* tätig, der auch den Männergesangverein betreute. Schon am zweiten Weihnachtsfeiertag 1951 konnte der Chor bei einem Weihnachtskonzert des MGV Zeugnis seines Könnens ablegen. In den nächsten Jahren entwickelte sich die Chorarbeit so gut, daß er an vielen Konzerten im Oberbergischen Kreis teilnehmen konnte. Die Weihnachtsfeier mit den Chormitgliedern, den Nichtaktiven und Gästen ist ein Bestandteil der jährlichen Veranstaltungen des Dorfes.

Am 24. 10. 1952 trat der Frauenchor dem Deutschen Sängerbund bei. Einen schweren Verlust erlitt der Verein im Jahre 1960 durch den Tod des Chorleiters Arthur Wirths. Als neue Chorleiterin nahm Frau Martha *Kreetz* das musikalische Geschehen des Vereines in die Hand. Sie hat dem Chor bis zum heutigen Tage viele Erfolge beschert.

Im Jahre 1965 löste Liesel *Disselhoff,* die aus Altersgründen ausscheidende Frau Frieda Klein als 1. Vorsitzende ab, die zur Ehrenvorsitzenden des Vereines ernannt wurde. Besondere Höhepunkte in der Vereinsgeschichte sind Reisen nach Berlin (1971) und nach Ostende (1975).

Mit der Gründung der Siebenbürger-Sachsen-Siedlung wurden auch kulturelle Einrichtungen, die es in der alten Heimat gab, neu ins Leben gerufen. In Stadt und Land bestanden in Siebenbürgen Gesangvereine, Blaskapellen, Turn- und Sportvereine. Dieses ausgeprägte Vereinsleben wird hier weiter gepflegt. Es sind zu nennen:

Der „Honterus-Chor"

wurde im Frühsommer 1965 als gemischter Trachtenchor gegründet, der heimatliches Liedgut pflegen wollte. Der erste öffentliche Auftritt erfolgte beim Richtfest des Erweiterungsbaues der neuen Schule in Drabenderhöhe. Eine Frauengruppe in sächsischer Tracht sang unter der Leitung des damaligen Schulrektors Robert Gassner zwei Lieder in sächsischer Mundart. Im Herbst 1965 übernahm Michael *Weber,* Lehrer i. R., die musikalische Leitung. Der Chor trat in der Folgezeit bei verschiedenen Gelegenheiten mit Mundartliedern an die Öffentlichkeit.

Dem losen Zusammenschluß folgte 1966 ein vereinsmäßiger Aufbau. Ein Vorstand wurde gewählt. Gerhart *Albrich* übernahm den Vorsitz. Der Honterus-Chor wollte mit der Wahl seines Namens (Johannes Honterus ist der Reformator der Siebenbürger Sachsen) seine Verbundenheit mit der Kirche und dem religiösen Liedgut ausdrücken. Nach dem Rücktritt von Michael Weber übernahm Heidrun *Dürr* im Herbst 1966 das Amt der Chorleiterin. Zum erstenmal wurde am 17. Dezember 1967 in der Kirche zu Drabenderhöhe eine vorweihnachtliche Feier veranstaltet. Seither gehören diese Feiern zum festen Bestandteil des Arbeitsprogrammes. Der Chor gehört der Gemeinschaft der Siebenbürger Chöre in Nordrhein-Westfalen an und ist Mitglied im Verband „Ostdeutsche Chormusik". Es ist für ihn selbstverständlich, an allen Veranstaltungen der Landsmannschaft der Siebenbürger Sachsen in seinem Bereich aktiv teilzunehmen. Zur Freude der Heimbewohner singt er öfters im Altersheim und wirkt auch bei der Betreuung der Altenfreizeiten in Waldbröl mit. Im Rahmen seiner kirchenmusikalischen Tätigkeit hilft er, die Konfirmations- und Adventgottesdienste auszugestalten. Aus gesundheitlichen Gründen legte am 17. Oktober 1969 Gerhart Albrich sein Amt als Vorsitzender nieder. Zu seinem Nachfolger wurde Dr. Arnold *Dernerth* gewählt. Der Chor entwickelt sich gesanglich von Jahr zu Jahr weiter. Das Mundartlied ist längst nicht mehr Hauptinhalt der Chorarbeit, wenn auch seine Pflege nicht vernachlässigt wird. Ein Jahr vor seinem Tode, 1972, übergab Dr. Arnold Dernerth den Vorsitz an Eduard *Dürr.* Die Mitgliederzahl ist inzwischen auf 45 aktive Sängerinnen und Sänger angestiegen.

Der Chor beschreitet neue Wege in seiner Vereinsarbeit: Die gemeinsame Herkunft ist Anlaß, die Ursprungsgebiete der Ahnen zu besuchen. 1972 wurde eine Fahrt nach Luxemburg unternommen und mit der „Societé de Chant CAECILIA Merl-Belair" Freundschaft geschlossen. Zwei Jahre später wurden Beziehungen zum flämischen Chor „Cantate" in Aarschot (Belgien) geknüpft. Der Besuch 1974 verlief sehr freundschaftlich und wurde 1975 erwidert. Im Kulturhaus „Hermann Oberth" fand ein Gemeinschaftskonzert der beiden Chöre statt. Der Besuch des „Kammerchores" aus Schäßburg (Siebenbürgen), der zusammen mit einer rumänischen Tanzgruppe 1973 in Drabenderhöhe weilte, wurde für beide Teile zu einem großen Erlebnis. Um die Brauchtumspflege zu bereichern, übernimmt der Honterus-Chor die Veranstaltung des in Siebenbürgen traditionellen „Katharinenballes". Um den 25. November, dem Katharinentag, veranstaltet er seit 1972 regelmäßig einen Unterhaltungsabend, der mit Liedern eingeleitet wird. Ein Theaterstück in sächsischer Mundart bildet den Höhepunkt des Abends. Anschließend wird zu Ehren der Katharinen, ein in Siebenbürgen häufiger Frauenname, fleißig getanzt.

„Der Honterus-Chor", der heute über 60 Mitglieder zählt, versteht sich als eine Vereinigung, die Althergebrachtes pflegt, sich aber auch dem guten Neuen nicht verschließen will.

In Siebenbürgen hatte fast jeder deutsche Ort seine Blaskapelle und war stolz auf sie. Kein Wunder, daß auch in Drabenderhöhe schon im

Jahre 1965 der Wunsch laut wurde, eine solche zu gründen. Da sich unter den ersten Siedlern einige „alte Musiker" befanden, konnte mit diesen die

Siebenbürger Trachtenkapelle Drabenderhöhe

gegründet werden. Kurz vor Weihnachten 1965 wurden die ersten Instrumente geliefert. Nun galt es, für jedes Instrument einen musikfreudigen Liebhaber zu finden. Von den nimmermüden Lehrern muß Michael *Pfingstgräf* sen. besonders genannt werden. Bei der Gründung bestand die Kapelle aus 16 Mann; heute zählt sie bereits 48 Mitglieder.

Schon im Jahr 1967 konnten die ersten Kurkonzerte in Wiehl übernommen werden. Immer mehr Jugendliche fanden in der Kapelle Aufnahme. Heute ist die Reihe der Kurkonzerte etwa folgende: Marienheide, Nümbrecht, Ründeroth, Wiehl. Aber auch außerhalb des Oberbergischen Kreises ist die Kapelle gut bekannt. Sie stellte sich vor in Hamburg, Bielefeld, Bad Salzuflen, Nierswalde, Goch, Düsseldorf, Dinkelsbühl, Solingen, Köln, Bonn, Neu-Isenburg, Elixhausen, Munderfing, Salzburg und Saulheim.

Den Höhepunkt im Vereinsleben bildete im Jahre 1972 eine Konzertreise durch die Vereinigten Staaten und Kanada. In zehn verschiedenen Orten, darunter auch Chicago, lernten sie die über alle Meere reichende siebenbürgische Gemeinschaft kennen! Daß auch mit der alten Heimat noch immer die Verbindung nicht abgerissen ist, erfuhr die Trachtenkapelle im Sommer 1974 anläßlich einer Reise, die auf Einladung der Gesellschaft „România" unternommen wurde. In Jahrmarkt, Salzburg, Schäßburg, in der Schulerau und Bukarest, überall schlug den Musikern und ihren Gästen, die die Kapelle begleiteten, Verbundenheit und Zuneigung entgegen! Die Reisemitglieder hatten dann die Möglichkeit, sich eine Woche lang von den Reisestrapazen am Schwarzen Meer zu erholen. Für das Jahr 1976 hat sich die Kapelle eine Fahrt nach England, in das Städtchen Ormskirk bei Liverpool vorgenommen. Sie macht damit einer dortigen Mädchenkapelle einen Gegenbesuch. Etwas ist an dieser Stelle noch als bedeutsam herauszustreichen: Die gute Kameradschaft mit dem Männergesangverein Drabenderhöhe. Fast alljährlich gibt es Veranstaltungen, wo beide Vereine gemeinsam ein Programm gestalten und damit zum Bindeglied zwischen Altdorf und der Neusiedlung werden.

Ernst *Salzer* führte in der ersten Zeit als Vorsitzender den Verein. Von ihm hat Michael *Baier* die Leitung übernommen. Der Gründer und langjährige Dirigent der Kapelle, Robert *Gassner,* mußte im April 1974 wegen Arbeitsüberlastung seine Stelle niederlegen und an Michael *Hartig* abgeben; Robert Gassner wurde Ehrendirigent der Musikkapelle.

Das Akkordeon-Orchester Drabenderhöhe

Als im September 1969 Johann *Dengel* als Jugendleiter die Arbeit im Jugendheim Drabenderhöhe antrat, versuchte er neben vielseitigen Seminaren, wie Emaillieren, Keramikarbeiten, Fotografieren, Holzverarbeitung, Zeichnen und Malen, Fremdsprachen, Gitarreunterricht, Weihnachtsbastelarbeit, mit Jugendtanzveranstaltungen, Filmabenden, Diskussionsabenden und anderem alle Möglichkeiten der Jugendarbeit auszuschöpfen. Dengel, von Beruf Musiker, baute nebenher einen Kinderchor auf, der sich nach kurzer Zeit wieder auflöste. Mit einer Flötengruppe ging es besser. Bald wurden zwei daraus, wobei jede Gruppe aus zehn bis fünfzehn Kindern bestand. Seither ist auch die Gruppenanzahl gestiegen, sie schwankt zwischen zwei bis vier Gruppen.

Neben diesen flötespielenden Kindergruppen wurden auch Akkordeonabteilungen für Jugendliche und Kinder ins Leben gerufen. Heute bestehen zwei solche Gruppen mit je fünfzehn Musikern, denen pro Gruppe einige Gitarrespieler angehören. Die Gruppen wählen für jeweils ein Jahr ihren Vorsitzenden, Kassierer, Schriftführer und deren Stellvertreter. Alle Jugendlichen und Kinder müssen sich ihre Instrumente selbst beschaffen, ebenso Noten- und Schreibmaterial. Geldeinnahmen aus Spielen oder Spenden werden für Noten und ähnliches verwendet. Seit 1970 wurden alljährlich Jugendkonzerte veranstaltet. Daneben wird an Nachmittagen im Altenheim musiziert. Ihr Können bewiesen die jungen Spieler während der Musikwoche in Bielstein, in Wiehl bei der Kunstausstellung und bei einem Malwettbewerb, in Leverkusen, in Ekkenhagen bei einem Konzert der Waldjugend von Windfus und schließlich in Gummersbach bei einem Schützenfest. Überall gab es Beifall und Zustimmung.

Das Akkordeon-Orchester Drabenderhöhe hat für 1976 öffentliche Auftritte vorgesehen in Dinkelsbühl, bei der Zehnjahrfeier der Siedlung Drabenderhöhe; das alljährliche Jugendkonzert im Herbst; Vorspielnachmittage im Altenheim und schließlich bei der Weihnachtsfeier.

Wenn in den bisherigen Abschnitten hauptsächlich von Vereinen die Rede war, die sich mit Musik befaßten, wollen wir nun zu den Gemeinschaften übergehen, die sich mit anderen Belangen beschäftigen. Der erste, der unter diesen angesprochen werden soll ist der

Heimatverein Drabenderhöhe e. V.

Er ist aus dem im Jahre 1925 gegründeten „Verkehrs- und Verschönerungsverein Drabender Höhe und Umgebung" hervorgegangen, der 1929 den 22 m hohen Aussichtsturm auf dem „Löher-Kopf" und 1932 das Freibad in Verr erstellte.

Nach dem Zweiten Weltkrieg wurde dieser Verein in „Heimatverein Drabenderhöhe" umbenannt und folgendes geplant:

1. Der Verein sollte ins Vereinsregister eingetragen und von der Finanzverwaltung als gemeinnützig anerkannt werden; das wurde 1968 erreicht.
2. Der Heimatverein sollte auch eine Koordinierungsfunktion für alle Vereine und Verbände in Drabenderhöhe übernehmen. Deshalb

wurde neben dem Vorstand auch der sogenannte Dachausschuß ins Leben gerufen, dem Vertreter aller örtlichen Vereine, der Kirchengemeinde, der Schule und der einzelnen Ortsteile angehören.

Nach der Umbenennung der Gemeinde stellte dieser Dachausschuß auch Überlegungen an, wie man Drabenderhöhe im wirtschaftlichen Wettbewerb mit anderen Orten anziehender gestalten könne. Das Ergebnis dieser Anstrengungen ist u. a. die Siebenbürger-Sachsen-Siedlung.

3. Bei der Auflösung des Vereins sollte das Vermögen auf die evangelische Kirchengemeinde Drabenderhöhe übergehen, mit der Maßgabe, es nur für gemeinnützige Zwecke zu verwenden.

Nun einige Worte zu der Arbeit des Heimatvereins: Jeden zweiten Monat kommen die Vertreter aller Vereine zu einem Gespräch am „Runden Tisch" zusammen. Hier werden Termine abgestimmt, allgemeine Fragen des dörflichen Lebens besprochen, Feste und Feiern vorbereitet. Der Heimatverein veranstaltet Altenfahrten, Altennachmittage und Ausflugsfahrten durch den Oberbergischen Kreis, die sich besonderer Beliebtheit und eines großen Zuspruchs erfreuen. Das Aufstellen und die Pflege von rund 140 Ruhebänken, die Kirchenanstrahlung zu Weihnachten und das Aufstellen von beleuchteten Christbäumen gehört ebenso zu seinem Aufgabengebiet. Im Laufe der letzten fünf Jahre wurden ein Kinderspielplatz und ein Dorfplatz mit Springbrunnenanlage in Scheidt angelegt, Spielplatzgeräte, gemeinschaftliche und andere Geräte für den Friedhof gekauft. Mit diesen werden auch die dörflichen Anlagen und Straßenränder instand gehalten. Einen besonderen Wert legte der Verein seit je auf die Verschönerung des Ortsbildes. Auf seine Anregung nahmen viele Bürger an den Vorhaben „Sauberer Wald" und vor allem „Unser Dorf soll schöner werden" teil. So wurden fünf Dorfanlagen hergerichtet, 28 Blumenschalen aufgestellt, Böschungen abgetragen, eine Scheune abgerissen, der Platz gesäubert und eingeebnet, dann bepflanzt, neue Holzzäune aufgestellt und viele Anregungen zur Verschönerung der Vorgärten und Straßenfronten gegeben. Alle diese Anstrengungen haben sich gelohnt: Im Jahre 1973 errang Drabenderhöhe im Kreiswettbewerb „Unser Dorf soll schöner werden" den zweiten Platz und 1975 im Landeswettbewerb eine Silbermedaille.

Der Ernteverein Drabenderhöhe

Mit der Ernte stehen eine ganze Reihe von bäuerlichen Bräuchen in Verbindung. Das Erntefest mit Dankgottesdienst wird auch heute noch alljährlich in Drabenderhöhe als Erntedankfest am Sonntag nach Michaeli gefeiert (29. September). In großem Rahmen fand das Fest vor 1945 statt. Damals schon stellten die umliegenden Ortschaften Erntewagen, und auch ein Erntepaar wurde gewählt.

Dann kam der Krieg. Von 1945 bis 1948 wurde kein Erntedankfest veranstaltet. Erst 1949 wurde auf Anregung von Christian *Klein* und Erich *Dreibholz* (Drabenderhöhe), Eugen *Schmidt* (Hillerscheid) und Fritz *Schmidt* (Büddelhagen) das Fest wieder ins Leben gerufen.

1957 wurde der Ernteverein mit 18 Mitgliedern gegründet. Aus den umliegenden Ortschaften wurden Vertrauensleute gewählt, die dafür sorgten, daß ein geschmückter Erntewagen bereitgestellt wurde. Ab 1957 wurde das Erntedankfest an zwei Tagen gefeiert; seit 1971 gibt es auch einen „Gemütlichen Abend", der sich bis heute besonderer Beliebtheit erfreut. Nach Christian Klein folgten W. *Pack* aus Jennecken, W. *Mörchen* aus Hahn, L. *Rohler* aus Brächen und seit 1974 Paul v. *Swiontek* als Vorsitzende des Vereins, der im Vorjahr (1975) 268 Mitglieder zählte. Im Oberbergischen Kreis bestehen nur noch zwei Erntevereine.

Das Altenheim „Siebenbürgen" in Drabenderhöhe; Hilfsverein der Siebenbürger Sachsen „Adele Zay" e. V.

Im Zusammenhang mit der Siebenbürger-Sachsen-Siedlung durfte auch ein Altenheim nicht fehlen. Zunächst war jedoch kein Träger da, der bereit war, die Lasten zu tragen. Im Jahr 1962 wurde der Hilfsverein der Siebenbürger Sachsen „Adele Zay" e. V. gegründet, dessen Vorsitzender Pfarrer Peter *Gärtner* wurde. Der Name Adele Zay wurde gewählt, weil sie die stärkste weibliche Erzieherpersönlichkeit war, die das sächsische Volk hervorgebracht hat.

Die Oberbergische Aufbau GmbH wurde beauftragt, auch den Bau des Altenheimes durchzuführen. Die Pläne wurden von Dipl.-Ing. Hans Brandt (Marienheide) angefertigt. Mit dem Bau wurde im Frühjahr 1964 begonnen. Insgesamt entstanden 100 Heimplätze und neun Zimmer für Angestellte, darunter 36 Einzelzimmer, fünf Zweibettzimmer, sechs Dreibettzimmer und neun Bungalows zu je zwei Appartements als Zweibettzimmer. In den 100 Heimplätzen sind die 24 Plätze der Pflegestation inbegriffen.

Am 20. September 1966 war das Altenheim bezugsfertig. Die erste Heimbewohnerin, Frau Maria Schuster, war 87 Jahre alt und kam aus Österreich. Sie mußte morgens um 5 Uhr aus Köln abgeholt werden. Als zweite zog am selben Tage, die in Drabenderhöhe wohnende Frau Josepha Hess ein. Der Hilfsverein der Siebenbürger Sachsen „Adele Zay" hatte nämlich von Anfang an beschlossen, daß im Altenheim nicht nur Siebenbürger Sachsen aufzunehmen seien. Daher setzt sich die Zahl der Heimbewohner zu zwei Dritteln aus Siebenbürgern und einem Drittel aus Einheimischen oder anderen Vertriebenen zusammen. Innerhalb eines halben Jahres war das Haus voll belegt. Da das Personal aus der Siedlung kam, konnten auch ihre Zimmer und auch zwei Bügelräume belegt werden. Nun standen 111 Plätze zur Verfügung. Die Baukosten beliefen sich auf 3,3 Millionen DM und wurden durch Zuschüsse von Bund, Land und Kreis gedeckt. Der Hilfsverein, der eifrig um Mitglieder warb, konnte 20 000 DM zur Finanzierung beisteuern. Das Diakonische Werk der evangelischen Kirche im Rheinland, dem das Altenheim angeschlossen ist, gab ein Anfangskapital in gleicher Höhe.

Das Leben im Altenheim ist abwechslungsreich. Für Unterhaltung wird im Haus und durch viele Vereine und Personen von außerhalb gesorgt. Allwöchentlich wird im Heim eine Bibelstunde abgehalten; für Vorträge kultureller Art, mit und ohne Dias, ist gesorgt. Die Trachtenkapelle, der Männergesangverein, der Frauen- und Kirchen- sowie „Honteruschor", der Kösterchor, die Jugendblaskapelle, die Flöten- und Akkordeongruppe, alle sind bestrebt, den Heimbewohnern etwas von ihrem Können mitzugeben. Alljährlich werden mit den rüstigen Bewohnern auch Ausflüge unternommen. Anfangs mußten manche Schwierigkeiten überwunden werden, die wir hier nicht verheimlichen wollen. So gab es z. B. in den Bungalows dreimal Überschwemmungen. Aus den tiefer gelegenen mußten ältere Damen „auf Händen" hinausgetragen werden, da das Wasser eine Höhe von einem halben Meter erreicht hatte! Durch eine neue Abflußmöglichkeit des Oberflächenwassers der angrenzenden Wiese, konnte diese Gefahrenquelle beseitigt werden.

Da die Nachfrage nach Heimplätzen auch weiterhin rege ist, sah sich der Vorstand des Hilfsvereins gezwungen, Abhilfe zu schaffen. Es werden weitere neun Einzelzimmer im Erdgeschoß und neun Zweibettzimmer für Pflegefälle geschaffen. Gleichzeitig wird der Speisesaal vergrößert, und im Obergeschoß entsteht ein neuer Aufenthaltsraum für die Pflegebedürftigen. Auch dieser Erweiterungsbau wird mit Bundes-, Landes- und Eigenmitteln finanziert.

Die große Nachfrage nach Altenwohnungen veranlaßte den Hilfsverein unter dem Vorsitz Robert Gassners, sich auch mit dem Vorhaben eines Altenwohnheims zu befassen. Im Jahre 1969 wurde die heutige Landes-Entwicklungsgesellschaft (damals noch Rheinisches Heim GmbH, Bonn) mit der Planung und Baubetreuung beauftragt. Es wurden zunächst vierundzwanzig Wohneinheiten geplant. Da sich deren Kosten aber als zu hoch erwiesen, mußte man sich mit zwölf Wohneinheiten begnügen. Es entstanden neun Wohneinheiten zu je 47 qm Größe für Ehepaare und drei Wohneinheiten zu je 37 qm für Alleinstehende. Das Altenwohnheim wurde am 31. August 1972 bezugsfertig und voll belegt. Auch nach Altenwohnungen besteht weiter eine große Nachfrage. Da jedoch der notwendige Bauplatz fehlt, kann an eine Erweiterung nicht gedacht werden.

Die Frauengruppe der Landsmannschaft

Schon in einer Zeit, bevor die Häuser des ersten Bauabschnittes 1963—64 fertig waren, kümmerten sich vier Frauen, die mit ihren Familien in der Umgebung wohnten, um Gäste und klärten sie über das Siedlungsvorhaben in Drabenderhöhe auf. Mit dem Einzug der Familien erweiterte sich auch der Mitgliederstand der Frauengruppe. Man traf sich in der Gaststätte Klein oder bei Lang. Es war recht komisch, wenn unsere Frauen damals noch über schwankende Bretter und Bohlen aus den Häusern auf die Straße gelangten und ohne Straßenbeleuchtung zu den Treffpunkten wanderten!

Im Februar 1966 wurde ein Vorstand gewählt, dessen Vorsitzende, Elvine *Gusbeth,* bis zum heutigen Tag dieses Amt inne hat. Welche Arbeiten fielen den Frauen zu? Auf sozialem Gebiet sind es der Besuch von Wöchnerinnen, Begrüßung der neuen Erdenbürger mit Überreichen der ersten Schuhchen, nach altem Brauch, Betreuung von Kranken und Pflegebedürftigen. Auf kulturellem Gebiet haben sich als regelmäßige Veranstaltungen eingebürgert die Kinderfeste (wo alles, einschließlich der Urgroßmutter dabei ist), eine Adventsfeier, der Frauenkarneval, die Muttertagsfeier; schöne Auslandsfahrten als Studienfahrten, aber ebensolche im Bundesgebiet, um Land und Leute kennen zu lernen. Die selbstlose Gemeinschaftsarbeit zeigt sich auch bei der Betreuung und Bewirtung der vielen Besuchergruppen. Ob vom Arbeits- und Sozialministerium des Landes geschickt, ob vom Gustav-Adolf-Verein, oder dem Haus des Deutschen Ostens, jede Besuchergruppe wird vorbildlich betreut.

Aus einem monatlichen Beitrag von 60 Pfennig bestritt die Frauengruppe gar manche Anschaffungen, z. B. Kaffeegedecke für 400 und Eßgeschirr für 200 Personen. Dadurch ist die Frauengruppe in der Lage, selbst bei größeren Hochzeiten oder Festlichkeiten, die für gewöhnlich im großen Saal stattfinden, auszuhelfen. Nennenswerte Beträge wurden dem Sozialwerk der Siebenbürger Sachsen, der Blindenmission, dem Kinderdorf, der Kirche u. a. überwiesen. Einer Einladung der Frauengruppe folgten 45 körperbehinderte Kinder und deren Betreuer nach Drabenderhöhe. Es gab viel Freude für die Kinder und Entlastung für die Begleiter. Die Heimatstube (Trachten und Handarbeiten) wird gerne den Besuchern gezeigt, sie ist ein nicht genug zu schätzendes Anschauungsmaterial!

Alle diese geschilderten Tätigkeiten beweisen den nimmermüden Einsatz der Frauen. Ist es da ein Wunder wenn man hört, daß ihre Mitgliederzahl heute 492 beträgt?

Das Siebenbürgisch-Deutsche Heimatwerk

besteht seit dem Jahr 1966 in Drabenderhöhe und wird ehrenamtlich von Frau Liane *Weniger* geleitet. Es hat sich folgende Aufgaben gestellt:
1. Erhaltung und Verbreitung der siebenbürgisch-sächsischen Volkskunst durch Herstellung von Handarbeiten, Vermittlung von Trachten und Trachtenteilen;
2. Beratung bei der Herstellung von Trachten und Handarbeiten;
3. Beschaffung von Stickmaterial;
4. Beschaffung von Keramikware, die nach überlieferten Mustern und Formen hergestellt wird;
5. Beschaffung von Trachtenbändern, die nur für unser Heimatwerk im alten Stil gewebt werden;
6. Herstellung und Beschaffung von Postkarten mit siebenbürgischen Motiven;
7. Vermittlung von Stickaufträgen an die Damen des Altenheimes und der Siedlung, die auf kleine Renten oder nur ein monatliches Taschengeld angewiesen sind, um ihnen das Einerlei des Alltags zu erleichtern und durch ein „Nadelgeld" ein Zusatzeinkommen zu verschaffen;

Weinkrug des Vereins der Wolfschläger von Reps 1804

8. Soziale Aufgaben ergeben sich spontan bei dringenden Fällen, wenn keine andere Stelle erreichbar oder zuständig ist;
9. An das Sozialwerk der Siebenbürger Sachsen konnte das Heimatwerk eine beträchtliche Spende für Pakete nach Siebenbürgen zur Verfügung stellen. In mehreren Fällen wurden Baby-Nährmittelpakete und Büchersendungen nach Siebenbürgen mitfinanziert. Das Heimatwerk benützt jede Gelegenheit, um in größeren und kleineren Ausstellungen seine Arbeiten vorzustellen und anzubieten.

Daß auf der „Höhe", wie die Bielsteiner unser Dorf nennen, nicht nur Musik in allen möglichen Arten gemacht wird, geht aus den nun folgenden Berichten hervor.

Die Siebenbürger Volkstanzgruppe

Schon während des Entstehens der Siedlung in Drabenderhöhe, begannen Maria *Pfingstgräf* und Aenne *Kellner* 1965 Jugendliche um sich zu versammeln und ihnen ihre in Oberhausen gelernten Kenntnisse im Volkstanz weiter zu vermitteln. Man traf sich regelmäßig in der großen Eingangshalle der alten Schule, übte fleißig und war bald so weit, bei einigen Veranstaltungen aufzutreten, z. B. im Jahr 1966 bei der Einweihungsfeier der Siedlung.

Als im Jahre 1969 die bisherigen Leiterinnen zur Schule abgingen, übernahm Marianne *Preidt* die nunmehr auf etwa 30 Jugendliche angewachsene Tanzgruppe. Als nach zwei weiteren Jahren auch sie Drabenderhöhe verlassen mußte, waren es Angela *Pischke,* Gudrun *Berger* und Friedrich *Ohler,* die sich der Gruppe annahmen.

Mit der Fertigstellung des Jugendheimes 1967 war unterdessen der Tanzgruppe die Möglichkeit gegeben im Saal zu proben, was sich natürlich auch auf den Besuch günstig auswirkte. Als der damalige Leiter des Jugendheimes Klaus *Brandsch-Böhm* anregte, ein Seminar für Volkstanzen einzuführen, wurde dieser Vorschlag aufgegriffen und als Leiter Klaus *Böhmer* aus Gummersbach gewonnen. Seither ist er der Verantwortliche der Gruppe. Mit 14 bis 15jährigen wurde eine Anfängergruppe aufgestellt, die nach einer Vorbereitungszeit von einem Jahr in die Gruppe der Älteren die Aufnahmemöglichkeit erhielt. Heute ist die Mitgliederzahl auf 60 Jugendliche angestiegen, die mit viel Freude und Begeisterung ihrem schönen Tanzsport huldigen.

Es ist nicht allein das Bewußtsein altes überliefertes Brauchtum zu bewahren und weiterzugeben, es ist die Freude, das Gefühl, auch anderen Menschen etwas mitgeben zu können!

Die Tanzgruppe hat seit ihrem Bestehen in der Bundesrepublik, aber auch über die Grenzen unseres Landes hinaus, bei vielen Veranstaltungen ihr Können unter Beweis gestellt. Es würde zu weit führen, alle Orte aufzuzählen, wo sie aus dem reichen Besitz des Erarbeiteten (150 Volks- und Jugendtänze!), Wohlgefallen und Frohsinn auslösen konnte.

Auf Lehrgängen der rheinischen und westfälischen Arbeitsgemeinschaften für Volks- und Jugendtanz, wo für gewöhnlich einige Paare teilnehmen können, wird Neues hinzugelernt.

Bei Auslandsfahrten (1969 Besuch der Folkloregruppe Brech in der Bretagne, 1972 USA- und Kanadafahrt, 1975 La Roche sur-Yon in der Vendée), gab es nicht nur viel Neues zu sehen, sondern auch zu lernen! Die Teilnahme am Bundes-Volkstanzfest 1975 in Hannover zählt sicher auch zu den einmaligen Erlebnissen der Gruppe.

Die vielen gemeinsamen Veranstaltungen mit der Trachtenkapelle und mit dem Honteruschor, in Dinkelsbühl oder anderswo, sind beredtes Zeugnis der weit über Drabenderhöhe gehenden Wertschätzung der Trachten-Tanzgruppe.

Der Ballspielverein 09 Drabenderhöhe e. V.

ist heute ein sehr vielseitig aufgefächerter Verein. Das war nicht immer so. Man spielte zwar neben Fußball noch Schleuderball und Faustball und ging im Winter auch rodeln, aber noch war das ein mehr oder weniger geordneter Betrieb. Man fand sich eben zusammen und spielte. Dem Unternehmungsgeist des Lehrers Karl *Mahnert* und Erwin *Bicks* ist es zu verdanken, daß am 20. Mai 1909 der „Fußballclub Stern" gegründet wurde. Gemütliche Zusammenkünfte in der Gastwirtschaft Mina Wirth gaben Gelegenheit, auch ältere Männer für den Verein zu werben, so daß unter der Vereinsführung von Mahnert und Bick der Mitgliederstand stetig anwuchs. Der Fußballklub „Stern" war der dritte Fußballverein im Kreise Gummersbach. Im Jahre 1912 wurde eine Satzung beschlossen; der Klub nannte sich von nun an schlicht „Ballspielverein Drabenderhöhe 1909".

Die sportlichen Erfahrungen holte man sich bei Spielen mit den Gummersbacher Vereinen und anderen Mannschaften, z. B. gegen Bärenstein, Bergneustadt, Elsenroth und Engelskirchen. Nach dem Ersten Weltkrieg war es Albert *Schmidt,* der das früher begonnene Werk fortsetzte. Unter dem Vorsitz von Otto *Nohl* war 1919 ein Fußballverband Oberberg gegründet worden, dem der BV 09 sofort beitrat. Eine Turnabteilung wurde 1924 ins Leben gerufen, um die Fußballspieler ausgiebiger und besser schulen zu können, doch nach zwei Jahren trennten sich die beiden Gruppen wieder.

Nach langen Jahren der Mühe war dem BV 09 1933/34 der erste schöne Erfolg beschieden; er gewann die Meisterschaft der damaligen 2. Kreisklasse. Ein Jahr später wurde er Oberbergischer und 1936 Meister der 1. Kreisklasse. Damit hatte man sich auch den Eintritt in die Bezirksklasse für das Spieljahr 1936/37 erkämpft. 1937 wurden Fußball- und Turnverein unter dem Namen „Verein für Leibesübungen" (V.f.L.) wieder vereinigt. Es kam der Zweite Weltkrieg. Der Spielbetrieb konnte nur von den Jugendmannschaften aufrecht erhalten werden. Hier muß Eugen *Höhler* besonders erwähnt werden, weil durch seine Arbeit die sogenannte „Pimpfen"-Mannschaft 1942/43 Oberbergischer Meister wurde. Ein neuer Vorstand mit Fritz *Lang* an der Spitze, begann nach dem Krieg von neuem aufzubauen. Seit 1946 spielt der BV 09 in der 1. Kreisklasse.

Viele Jahre wurde auf der Wiese eines Vereinsmitgliedes trainiert und gespielt. Ein kleines Jugendheim stand an der Straße nach Brächen zur Verfügung, bis Mitte der dreißiger Jahre der neue Sportplatz an der Höher Dahlstraße durch die Gemeinde entstand.

Durch die Siebenbürger-Sachsen-Siedlung und den Bevölkerungszuwachs hat auch die sportliche Betätigung stark zugenommen. Heute umfaßt der Ballspielverein besondere Abteilungen für Frauenturnen, Mädchen- und Jungenturnen, Turnen für Mutter und Kind, eine Ehepaar-Gymnastikgruppe, eine Tischtennis- und Volleyballabteilung, neben den alten Fußballabteilungen der Jugend und der Männer. Der Verein zählt heute 450 Mitglieder und wird vorübergehend von dem 1. Vorsitzenden, Rolf *Philipps* geleitet.

Seit drei Jahren feiert der BV 09 den „Karnesching und Fascheval", der vom Gesamtverein unter Mitarbeit aller Abteilungen ausgerichtet wird.

Daß die Vereinsleitung sich in ihren Sitzungen auch mit den Möglichkeiten weiterer Übungsstätten (oder Erweiterung der bestehenden), befaßt, daß sie auch Neuabteilungen in Erwägung zieht, zeugt von ihrer vorausschauenden Arbeit!

Deutsches Rotes Kreuz — Ortsverein Drabenderhöhe

Im März 1955 gründete Willi *Nohl* den Ortsverein Drabenderhöhe des Roten Kreuzes. Nach der Abhaltung eines „Erste-Hilfe"-Lehrganges im April 1955 waren 25 aktive Helferinnen und Helfer im Ortsverein tätig. Seit 1970 ist Josef *Breihofer* 1. Vorsitzender. Welches sind die

Arbeitsgebiete des Ortsvereines? Zunächst werden Lehrgänge wie z. B. Erste Hilfe, Sanitätsausbildung, Häusliche Krankenpflege durchgeführt. Außerdem wird die Bevölkerung regelmäßig aufgerufen, Blut zu spenden. Auch Geld und alte Kleider werden gesammelt. Bei größeren öffentlichen Veranstaltungen ist es selbstverständlich, daß die Leute vom DRK im Einsatz stehen. Einen Höhepunkt der Arbeit brachte das Jahr 1970 anläßlich der Hochwasserkatastrophe in Siebenbürgen. Damals wurden Lebensmittelpakete, Medikamente, Wolldecken, Bügeleisen und Nähmaschinen in das überflutete Gebiet geschickt. Ein eigener DRK-Transportzug war eingesetzt worden, der diese Gegenstände direkt in das geschädigte Gebiet um Schäßburg brachte. Nähmaschinen werden auch heute noch an Spätaussiedler und deutsche Familien in Siebenbürgen vermittelt. Seit 1967 besteht in Drabenderhöhe eine *Jugend-Rot-Kreuz-Gruppe* unter der Leitung von Frau Gisela *Brabender.* Diese hat sich zum Ziel gesetzt, den Ortsverein bei seiner Arbeit zu unterstützen. Die Jugend sammelt jährlich zweimal Altpapier und stellt Advents-Gestecke für die Pflegestation des Altenheimes her. Sie zählt achtzehn aktive Mitglieder.

Eine andere, dem Allgemeinwohl dienende Einrichtung, ist die Ortsgruppe der

Deutschen Lebensrettungs-Gesellschaft (DLRG)
die ungefähr ein Jahr nach der Fertigstellung unseres Hallenbades (1969) gegründet wurde. Unter dem Vorsitz von Willi *Schmitz* und dem Schwimmlehrer Lothar *Rau,* stellten sich die Mitglieder die Aufgabe, Menschen im Sinne der Ziele der Lebensrettungsgesellschaft auszubilden und zu erziehen. Schwimmeister Rau förderte das Anfängerschwimmen, den Schulschwimmunterricht und bildete Rettungsschwimmer aus.

Zahlreiche Jugendliche und Mitglieder konnten das Zeugnis für Freischwimmer, für Fahrtenschwimmer, den Jugendschwimmschein, den Grundschein der DLRG und schließlich auch das Leistungsabzeichen der DLRG erwerben.

Im Februar 1974 wurde Herbert *Eßer* zum 1. Vorsitzenden gewählt. Ihm stehen die Schwimmeister Jochen *Langer,* Klaus Herbert *Kratz* und Peter *Hüschemenger* zur Seite, die ihren Dienst alle ehrenamtlich versehen.

Alle Jahre wird bei einem „Nikolausschwimmen" der Öffentlichkeit vorgeführt, was die Jugend und die Fortgeschrittenen gelernt haben. Die Mitgliederzahl des Vereines betrug Anfang 1976 114 Personen.

Soweit mein Bericht über das Vereinsleben in unserer „Drabenderhöhe". Es ist eine Form des geselligen Zusammenlebens. Veranstaltungen gibt es bei uns reichlich, manchmal vielleicht zu reichlich! Oft hören wir einen Gast ausrufen: „Wie schön ihr es hier habt!, beinahe wie in der alten Heimat!" Dann können wir „Alten", die wir nun schon einige Jahre hier leben, antworten: „Ja, es ist unsere neue Heimat!"

V. Anhang

Verzeichnisse der in Drabenderhöhe lebenden Familien

a) Altdorf und Höfe

Name, Vorname	Herkunftsort	Wohnsitz
Battenberg, Friedhelm	Holzwickede	Drabenderhöher Straße 7 a
Bauer, Theodor	Ludwigshafen	Brunnenweg 20
Becher, Ulrich	Bomig	Burzenland 1
Becker, Herbert	Remscheid	Herrenhofer Straße 13
Becker, Waltraud	Spolderhagen/Strals.	Zeitstraße 5
Benz, Walter	Oberdorf	Jaegerweg 1
Bellingrath, Hermann	Drabenderhöhe	Brunnenweg 2
Bergerhoff, Alfred	Drabondorhöho	Horronhofer Straße 29
Bergerhoff, Otto	Drabenderhöhe	Herrenhofer Straße 29
Bergerhoff, Walter	Drabenderhöhe	Herrenhofer Straße 20
Berz, Karl-Heinz	Wuppertal	Koppelweg 4
Boersken, Kurt	Gelsenkirchen	Birkenhahnstraße 12
Bohlken, Erich	Oldenburg	Zeitstraße 11
Borchert, Günter	Drabenderhöhe	Zur Königsblitze 6
Borchert, Heinz	Kolmsdorf	Zur Königsblitze 6
Brauckhoff, Berta	Wenigerode	Brächer Heide 24
Brusius, Klaus	Kassel	Herrenhofer Straße 13
Clausmeier, Meta	Drabenderhöhe	Zeitstraße 6
Clemens, Karl	Bielstein	Oskar-Hartmann-Straße 4
Dannenberg, Mina	Drabenderhöhe	Landgraben 3
Dannenberg, Otto	Hömel	Drabenderhöher Straße 9
Dehler, Otmar	Köln	Höher-Dahlstraße 2
Demarteau, Dieter	Drabenderhöhe	Alte Kölner Straße 8
Demarteau, Heinz	Drabenderhöhe	Brunnenweg 3
Demarteau, Marga	Drabenderhöhe	Brunnenweg 3
Diesem, Alfred	Bielstein	Am Höherberg 16
Diesem, Heinz	Drabenderhöhe	Im Biesengarten 1
Diesem, Karl	Drabenderhöhe	Oskar-Hartmann-Straße 2
Disselhoff, Kurt	Drabenderhöhe	Im Blumenwinkel 2
Disselhoff, Kurt-Uwe	Drabenderhöhe	Im Blumenwinkel 2
Dreibholz, Erich	Drabenderhöhe	Scheider Straße 6
Eßer, Herbert	Aachen	Zeitstraße 12
Fastenroth, Emma	Drabenderhöhe	Alte Kölner Straße 1
Faulenbach, Bernd	Bielstein	Marienfelder Straße 3
Faulenbach, Berta	Mühlen	Herrenhofer Straße 19

Name, Vorname	Herkunftsort	Wohnsitz
Hüschemenger, Friedrich	Drabenderhöhe	Scheidter Straße 10
Hüschemenger, Werner	Drabenderhöhe	Scheidter Straße 8
Jacobs, Hedwig	Drabenderhöhe	Im Blumenwinkel 3
Jäckel, Konrad	Niedersteine	Alte Kölner Straße 1
Jäger, Herta	Drabenderhöhe	Drabenderhöher Straße 9
Jedamzik, Ralf	Düsseldorf	Herrenhofer Straße 17
Jonas, Manfred	Bielstein	Zeitstraße 20
Kärgel, Luise	Nimsch (Schlesien)	Im Blumenwinkel 6
Kallweit, Manfred	Königsberg	Im Biesengarten 8
Kammerer, Elisabeth	Mettmann	Brunnenweg 8
Kasten, Manfred	Seebuchow Kr. Schlawe	Brunnenweg 6
Kath, Wolfgang	Podewils	Brächer Heide 16 a
Kerper, Harald	Vollmerhausen	Brächer Heide 16
Klawitter, Helga	Drabenderhöhe	Herrenhofer Straße 23
Klawitter, Wolfgang	Berlin	Herrenhofer Straße 23
Klein, Ernst-Otto	Drabenderhöhe	Drabenderhöher Straße 2
Klein, Erna	Bielstein	Drabenderhöher Straße 2
Klein, Frieda	Gnesen	Drabenderhöher Straße 12
Klein, Richard	Gaußig	Scheidter Straße 2
Klein, Robert	Oberdorf/Much	Zeitstraße 7
Klinkert, Rolf	Dieringhausen	Herrenhofer Straße 19
Kögler, Wilhelm	Köln	Am Hardtskopf 4
König, Heinz	Hunstig	Brunnenweg 12
Kohlhaas, Karl	Düsseldorf	Am Höherberg 10
Konczalla, Klara	Floste Kr. Falkenberg	Alte Kölner Straße 7
Korn, Ferdinand	Derschlag	Herrenhofer Straße 15
Krämer, Heinz	Drabenderhöhe	Am Höherberg 14
Krämer, Kurt	Jennecken	Höherdahlstraße 18
Krämer, Ruth	Wuppertal	Drabenderhöher Straße 1
Kratz, Roman	Drabenderhöhe	In der Landwehr 1
Kreetz, Robert	Duisburg	Bussardweg 7
Kroner, Friedrich	Hagen	Marienfelder Straße 3
Krüger, Rudolf	Kostebrau/Brandenb.	Alte Kölner Straße 18
Krüger, Walter	Guntershagen	Herrenhofer Straße 10
Kuhl, Hans W.	Drabenderhöhe	Oskar-Hartmann-Straße 2
Kurze, Klaus	Niederstaffelbach	Zeitstraße 16

Name	Ort	Straße
Faulenbach, Klaus-Werner	Gummersbach	Zur Königsblitze 3
Fechner, Heinrich	Sprottau/Dittersbach	Alte Kölner Straße 11
Fechner, Lina	Sagan/Dittersbach	Alte Kölner Straße 4 a
Felix, Hans-Kurt	Waldbröl	Brächener Straße 1
Franz, Friedhelm	Oberhausen	Oskar-Hartmann-Straße 12
Frommelt, Angelika	Burgstedt	Herrenhofer Straße 15
Frommold, Ernst	Wanne-Eickel	Zeitstraße 3
Frommold, Ernst-Ulrich	Drabenderhöhe	Zeitstraße 3
Glombick, Georg	Lamsdorf	Alte Kölner Straße 7 a
Göbel, Luise	Drabenderhöhe	Drabenderhöher Straße 16
Groß, Winfried	Essen	Brunnenweg 10
Günther, Hans-Jürgen	Gevelsberg	Brächer Heide 16
Hackbarth, Reiner	Nümbrecht	Höherdahl Straße 3
Hans, Claus	Drabenderhöhe	Alte Kölner Straße 21
Hans, Marta	Drabenderhöhe	Alte Kölner Straße 8
Hardt, Elfriede	Hunstig	Zeitstraße 11
Hartmann, Ottilie	Engelskirchen	Oskar-Hartmann-Straße 13
Hauschildt, Reinhard	Stellichte	Zeitstraße 8
Heinzelmann, Hermann	Groß-Koselev	Scheidter Straße 6
Herder, Erna	Drabenderhöhe	Drabenderhöher Straße 11
Herder, Hermann	Drabenderhöhe	Drabenderhöher Straße 15
Herder, Karl-Hermann	Drabenderhöhe	Drabenderhöher Straße 15
Herder, Maria	Drabenderhöhe	Drabenderhöher Straße 15
Heß, Karl	Altenhof/Siegkreis	Am Höherberg 1
Hillenbach, Emilie	Neuengeseke	Im Biesengarten 10
Hinzen, Helmut	Köln	Bussardweg 2
Hippert, Klaus	Langerich (Westfalen)	Zeitstraße 9
Höhler, Erich	Drabenderhöhe	Im Blumenwinkel 8
Höhler, Heinrich	Drabenderhöhe	Marienfelder Straße 3
Höhler, Jochen	Drabenderhöhe	Scheidter Straße
Höhler, Lieselotte	Drabenderhöhe	Herrenhofer Straße 27
Höhler, Reimund	Drabenderhöhe	Im Blumenwinkel 8
Höhler, Wilhelmine	Hillerscheid	Im Blumenwinkel 6
Höhmann, Heinz	Ründeroth	Schmiedeweg 4
Hohnholt, Kurt	Remscheid	Herrenhofer Straße 25
Holz, Werner	Parwark (Westpr.)	Drabenderhöher Straße 31
Howad, Walter	Stuhlseifen/Habbelsch.	Alte Kölner Straße 15 a
Hühn, Gerd	Drabenderhöhe	Am Höherberg 3
Hühn, Herta	Bladersbach	Alte Kölner Straße 4
Hühn, Klaus Peter	Drabenderhöhe	Loeherhof
Hühn, Otto	Drabenderhöhe	Loeherhof
Hüschemenger, Elisabeth	Drabenderhöhe	Drabenderhöher Straße 14
Hüschemenger, Ernst-J.	Much	Drabenderhöher Straße 14
Lang, Elli	Drabenderhöhe	Brunnenweg 12
Lang, Grete	Drabenderhöhe	Alte Kölner Straße 2
Lang, Norbert	Elsenroth	Zeitstraße 6
Lang, Rainer	Drabenderhöhe	Alte Kölner Straße 2
Lange, Siegmund	Marienwerder/Westpr.	Alte Kölner Straße 9
Lauterbach, Paul	Wuppertal	Alte Kölner Straße 29
Lennartz, Jakob	Grevenbroich	Drabenderhöher Straße 23
Ley, Willi	Niederbreidenbach	Brunnenweg 18
Loede, Werner	Niedermiebach	Im Biesengarten 7
Löwer, Ilse	Dahl	Drabenderhöher Straße 8
Lüngen, Alma	Rothenhol	Drabenderhöher Straße 24
Lüngen, Horst	Drabenderhöhe	Drabenderhöher Straße 24
Lukat, Rudi	Kl. Budlaken/Ostpr.	Drabenderhöher Straße 4
Lutter, Eckhart	Drabenderhöhe	Eichhornweg 10
Lutter, Hermann sen.	Drabenderhöhe	Drabenderhöher Straße 5
Lutter, Hermann jun.	Drabenderhöhe	Drabenderhöher Straße 5
Lutter, Katharina	Köln	Herrenhofer Straße 10
Lutter, Lina	Großbernberg	Alte Kölner Straße 10
Maier, Joachim	Pforzheim	Drabenderhöher Straße 6
Mantel, Paul	Wuppertal	Alte Kölner Straße 27
Marx, Herbert	Weiershagen	Zeitstraße 18
Marx, Theodor	Linzenich	Zeitstraße 18
Marx, Wolfgang	Drabenderhöhe	Hardtkopf 1
May, Luise	Rosdzin	Drabenderhöher Straße 20
Mayer, Hans-Otto	Köln	Im Biesengarten 5
Mengel, Theodor	Balenthinev	Drabenderhöher Straße 33
Mett, Gerhard	Engelskirchen	Scheidter Straße 1
Miebach, Hans Günter	Leipzig	Brunnenweg 5
Minstedt, Wolfgang	Drabenderhöhe	Im Biesengarten 3
Möller, Hans-Ulrich	Jennecken	Brächer Heide 12
Mörchen, Günter	Drabenderhöhe	Herrenhofer Straße 20
Morosow, Berta	Wirfus	Pfaffenscheider Weg
Münch, Manfred	Orfgen	Scheidter Straße 2
Müller, Artur	Berlin	Pfaffenscheider Weg 1
Müller, Artur	Wuppertal	Brunnenweg 4
Müller, Hans-Hermann	Düren	Höherdahl Straße 18
Müller, Heinrich	Niedergeorgental	Brächer Heide 7
Müller, Hugo	Wuppertal	Brächer Heide 14
Müller, Karl	Wuppertal	Herrenhofer Straße 9
Müller, Karl-Heinz	Obergeorgental	Eichhornweg 8
Müller, Kurt	Breslau	Brächer Heide 14
Müller, Waltraud	Stuttgart-Möhringen	Brächer Heide 9
Müllenmeister, Anna	Drabenderhöhe	Brächer Heide 11
Muth, Emil	Dahl	Oskar-Hartmann-Straße 4
Muth, Reinhold	Forst	Im Biesengarten 9

Name, Vorname	Herkunftsort	Wohnsitz	Name, Vorname	Herkunftsort	Wohnsitz
Neubauer, Rainer	Denklingen	Scheidter Straße 8	Wagner, Helene	Walldorf	Brächer Heide 24
Niedtfeld, Christine	Köln	Höherdahl Straße 2	Weiß, Elisabeth	Lauben (Schlesien)	Im Biesengarten 6
Nötzke, Wilhelm	Hartfeld	Alte Kölner Straße 31	Weißbrodt, Erich	Jakobsdorf	Höherdahl Straße 10
Nohl, August	Drabenderhöhe	Zeitstraße 9	Weißbrodt, Hartmut	Breslau	Brächer Heide 14 a
Nohl, Emmi	Düsseldorf	Höherdahl Straße 4	Wiegand, Hans-Jürgen	Politz	Höherdahl Straße 18
Nohl, Luise	Fluterschen/Altenk.	Zeitstraße 10	Wilhelm, Wilfried	Dieringhausen	Drabenderhöher Straße 10
Nohl, Paul	Drabenderhöhe	Zeitstraße 5	Wirtz, Paul	Köln	Schmiedeweg 2
Noß, Erich	Alpe	Herrenhofer Straße 7	Wirtz, Bernd-Dieter	Köln	Zeitstraße 14
Noß, Jutta	Babbin (Pommern)	Alte Kölner Straße 8	Wisser, Eckhard	Steinebach/Altenkirch.	Drabenderhöher Straße 1
			Wüster, Doris	Letmathe	Brächer Heide 16 a
Paßlack, Gerd	Koppelow	Brunnenweg 1	Wüster, Hermann	Lüttringhausen	Drabenderhöher Straße 1
Penz, Siegfried	Hillerscheid	Burzenland 8			
Pilar, Paul-Josef	Landeshut (Schlesien)	Herrenhofer Straße 21	Zeidlor, Kurt	Frankfurt/Oder	Birkenhahnstraße 19
Pohl, Johannes	Köln	Brächer Heide 10 a	Zenner, Luise	Drabenderhöhe	Drabenderhöher Straße 6
Pohl, Siegfried	Düsseldorf	Oskar-Hartmann-Straße 14	Zirm, Erna	Erika/Hohensalzar	Alte Kölner Straße 23
Pohlmann, Walter	Eggesin	Im Blumenwinkel 3			
Pomplitz, Erna	Köln	Alte Kölner Straße 13			
Prawitz, Ernst	Breslau	Alte Kölner Straße 26			
Propach, Elfriede	Drabenderhöhe	Alte Kölner Straße 15			
Ratzlaff, Elisabeth	Schlawe	Drabenderhöher Straße 11			
Rausch, Hans	Piesbach	Brächer Heide 28	## Verr		
Rautert, Horst	Wuppertal	Im Blumenwinkel 4	Diesem, Karl	Drabenderhöhe	Verr
Reimann, Adalbert	Floste	Alte Kölner Straße 7	Genglawski, Reinhold	Skupin	Verr
Reuber, Wilfried	Wuppertal	Im Biesengarten 3	Halstenbach, Ernst	Hillerscheid	Verr
Rickert, Peter	München	Herrenhofer Straße 11	Köser, Otto	Frielingsdorf	Verr
Rieder, Nikolaus	Gleiwitz	Herrenhofer Straße 7	Kranenberg, Franz	Verr	Verr
Rödder, Wilhelm	Bielstein	Hardtskopf 3	Krauthausen, Therese	Köln	Verr
Röger, Hermann	Niedermiebach	Zeitstraße 1	Mandt, Martin	Köln	Verr
Rogalla, Heinrich	Gelsenkirchen	Alte Kölner Straße 24	Muth, Anna	Verr	Verr
Rohler, Ludwig	Drabenderhöhe	Zeitstraße 4	Muth, Manfred	Drabenderhöhe	Verr
Rühl, Werner	Barmen	Bussardweg 6	Neuschäfer, Edgar	Verr	Verr
Ruland, Charlotte	Heeren	Drabenderhöher Straße 27	Neuschäfer, Erna	Rommersdorf	Verr
Ruland, Emilie	Drabenderhöhe	Drabenderhöher Straße 27	Neuschäfer, Gustav	Verr	Verr
Ruland, Friedhelm	Drabenderhöhe	Höherdahl Straße 6	Neuschäfer, Hilmar	Verr	Verr
Ruland, Horst	Drabenderhöhe	Höherdahl Straße 18	Ruland, Emma	Köln	Verr
Ruzicka, Erich	Drabenderhöhe	Birkenhahnstraße 2	Scheldt, Robert	Verr	Verr
Ruzicka, Herta	Düsseldorf	Brunnenweg 1	Schidecker, Peter	Lumbanabelon (Ind.)	Verr
Ruzicka, Kurt	Drabenderhöhe	Birkenhahnstraße 2	Schmidt, Gerda	Bedjansk	Verr
			Schmitz, Ernst	Drabenderhöhe	Verr
Sahner, Rudi	Vollmerhausen	Landgraben 1	Schöler, Gernot	Nümbrecht	Verr
Sauerborn, Rolf	Engelskirchen	Zur Königsbitze 10	Schüller, Adelheid	Köln	Verr
Schäfer, Adele	Bobijen	Drabenderhöher Straße 21	Ullner, Sibylla	Köln	Verr

Büddelhagen

Name	Herkunft	Ort
Casper, Hans	Gottartowitz	Büddelhagen
Dudat, Georg	Memel	Büddelhagen
Dudat, Irmgard	Misselberg	Büddelhagen
Fikenscher, Wilhelm	Plauen	Büddelhagen
Glasebach, Martha	Werne/Land	Büddelhagen
Karthaus, Karl-Heinz	Büddelhagen	Büddelhagen
Karthaus, Luise	Oberirrsen	Büddelhagen
Kessler, Hans-Josef	Felderhoferbrücke	Büddelhagen
Klein, Karoline	Büddelhagen	Büddelhagen
Scheldt, Robert	Büddelhagen	Büddelhagen
Schmidt, Fritz	Büddelhagen	Büddelhagen
Schmidt, Walter	Büddelhagen	Büddelhagen
Selke, Wilfried	Bad Polzin	Büddelhagen
Sommer, Armin	Kassel	Büddelhagen
Wilhelmi, Kurt-Paul	Halbau	Büddelhagen

Immen

Name	Herkunft	Ort
Bauer, Marta	Immen	Immen 39
Baumert, Reinhold	Riemendorf	Immen 9
Blass, Karl	Immen	Immen 22
Blass, Karl-Heinz	Immen	Immen 22
Boller, Herbert	Siegen	Immen 37
Boller, Paul	Immen	Immen 37
Boller, Reinhard	Immen	Immen 43
Boller, Siegfried	Kehlinghausen	Immen 10
Brandl, Lutz	Forst	Immen 8
Clemens, Elisabeth	Waldbröl	Immen 26
Eiffert, Wilfried	Engelskirchen	Immen 53
Elsner, Gerhard	Thomaswaldau	Immen 36
Goebel, Hulda	Hohndorf	Immen 9
Heinrichs, Robert	Prombach	Immen 17
Heu, Anna	Stockheim	Immen 20
Heu, Hans-Erich	Immen	Immen 20
Jaspert, Hilde	Immen	Immen 21
Jaspert, Wilhelm	Immen	Immen 7
Klein, Gustav	Immen	Immen 11
Kogelheide, Hans Eugen	Elberfeld	Immen 17
Konrad, Georg	Fürth (Bayern)	Immen 35
Kranenberg, Dieter	Verr	Immen 23
Krzikowski, Marie	Herzogswalde	Immen 4
Mollerus, Bernd	Immen	Immen 30
Mollerus, Walter	Niederhof	Immen 28

Name	Herkunft	Adresse
Schäfer, Alfred	Wuppertal	Im Blumenwinkel 6
Scheibe, Ulrich	Erfurt	Drabenderhöher Straße 35
Scheffels, Emilie	Drabenderhöhe	Drabenderhöher Straße 16
Schick, Wolfgang	Dahl	Alte Kölner Straße 5
Schimming, Friedrich	Balkhausen	Brächer Heide 10
Schmidt, Aenne	Gladbeck	Drabenderhöher Straße 21
Schmidt, Elisabeth	Gudensberg/Kassel	Brunnenweg 2
Schmidt, Erna	Weiershagen	Alte Kölner Straße 16
Schmidt, Helene	Drabenderhöhe	Koppelweg 2
Schmidt, Oskar	Drabenderhöhe	Drabenderhöher Straße 7
Schmidt, Ruth	Drabenderhöhe	Zeitstraße 20
Schmitz, Fritz	Drabenderhöhe	Scheidter Straße 4
Schmitz, Horst	Drabenderhöhe	Scheidter Straße 3
Schmitz, Karl	Drabenderhöhe	Alte Kölner Straße 17
Schmitz, Ottilie	Bielstein	Scheidter Straße 3
Schmitz, Willi	Drabenderhöhe	Am Höherberg 9
Schnaderböck, Paul	Wuppertal	Brächener Straße 2
Schönrock, Eduard	Petrikau	Brunnenweg 5
Schönsee, Ursula	Bensberg	Im Biesengarten 10
Schoepe, Werner	Dickhausen	Im Biesengarten 5
Schramm, Kurt	Bielstein	Drabenderhöher Straße 22
Schulz, Erich	Freist/Lauenburg	Zur Königsbitze 4
Schulz, Frieda	Sollnitz	Zur Königsbitze 4
Schumacher, Wilhelm	Waldbröl	Drabenderhöher Straße 20
Schwarz, Bernd	Drabenderhöhe	Zur Königsbitze 1
Schwarz, Ella	Wunderthausen	Zur Königsbitze 1
Schwarz, Erich	Preetz/Rügewalde	Immerkopf 2
Schwarz, Heinz	Auen/Rügewalde	Immerkopf 2
Sonntag, Martin	Deutschendorf	Reenerland 30
Stache, Joachim	Landeck	Alte Kölner Straße 6
Stelberg, Karl-Heinz	Engelskirchen	Höherdahl Straße 18
Stölting, Hermann	Drabenderhöhe	Zeitstraße 2
Stölting, Luise	Osberghausen	Herrenhofer Straße 15
Stracke, Axel	Drabenderhöhe	Zeitstraße 10
Swiontek, Paul von	Adlig-Briesen	Oskar-Hartmann-Straße 15
Teebeck, Gertrud	Stolp (Pommern)	Höherdahl Straße 6
Tietze, Alfred	Johnsdorf	Drabenderhöher Straße 2
Tonn, Hartmut	Neuschönwalde (Pom.)	Birkenhahnstraße 23
Venz, Eckhardt	Virchow/Tramb.	Alte Kölner Straße 4 a
Vierkötter, Helmut	Dahl	Drabenderhöher Straße 8
Vogel, Anna	Großborkow/Lauenb.	Marienfelder Straße 5
Vogel, Walter	Sassin/Lauenburg	Marienfelder Straße 5
Voß, Artur	Drabenderhöhe	Herrenhofer Straße 6
Voß, Meta	Drabenderhöhe	Herrenhofer Straße 6

Name, Vorname	Herkunftsort	Wohnsitz		Name, Vorname	Herkunftsort	Wohnsitz
Penz, Ernst	Immen	Immen 4		Möschter, Manfred	Langneundorf	Jennecken 49
Penz, Hedwig	Immen	Immen 32		Möschter, Reinhold	Hellau	Jennecken 45
Penz, Helmut	Immen	Immen 3		Mörchen, Ernst	Jennecken	Jennecken 63
Politz, Josef	Walsum	Immen 24		Müller, Eberhard	Spiller Löwenb.	Jennecken 12
Ruland, Hilde	Immen	Immen 11		Müller, Ewald	Blumenau	Jennecken 16
Schmidt, Werner	Immen	Immen 32		Neuhaus, Wilhelm	Marienhagen	Jennecken 15
Schuster, Gerd	Obermiebach	Immen 4		Nikola, Horst	Berlin	Jennecken 51
Strupp, Emma	Geressen	Immen 23		Noss, Emil	Schneppensiefen	Jennecken 61
Theis, Otto	Niederbreidenbach	Immen 26		Pack, Jürgen	Jennecken	Jennecken 31
				Pack, Wilhelm	Jennecken	Jennecken 26
Hahn				Pack, Willi	Jennecken	Jennecken 26
Groß, Ernst	Dahl	Hahn 4		Penzkofer, Manfred	Neudieringhausen	Jennecken 45
Krämer, Hans-Ulrich	Hahn	Hahn 5		Peschke, Eduard	Dobersdorf	Jennecken 15
Mörchen, Werner	Hahn	Hahn 7		Peters, Jakob	Kenten	Jennecken 65
Sträßer, Hilda	Hahn	Hahn 6		Röhling, Eberhard	Einbeck	Jennecken 27
Sträßer, Kurt	Hahn	Hahn 2		Ruch, Fritz	Kuhnhof/Stolp	Jennecken 55
				Ruch, Kurt	Gumenz	Jennecken 43
Niederhof				Ruch, Werner	Gumenz	Jennecken 53
Bagans, Heinrich	Blumenau	Niederhof 21		Schenk, Emilie	Bellingen	Jennecken 17
Bormann, Walter	Northeim	Niederhof 44		Schmidt, Herward	Drabenderhöhe	Jennecken 17
Brekeller, Wilhelmine	Halscheid	Niederhof 7		Schmisch, Karl	Mechterstädt	Jennecken 40
Bubenzer, Leo	Niederhof	Niederhof 20		Schumacher, Alfred	Jennecken	Jennecken 10
Gliedner, Kurt	Hagendingen	Niederhof 27		Stramm, Lina	Rosengard (Westpr.)	Jennecken 15
Gries, Marta	Jennecken	Niederhof 24		Sträßer, Marta	Jennecken	Jennecken 50
Held, Paul	Barmen	Niederhof 25		Sträßer, Paul	Weiershagen	Jennecken 50
Hoffmann, Helmut	Wepritz	Niederhof 41		Strupp, Ernst	Flaberg	Jennecken 41
Huland, Anna	Forst	Niederhof 32		Trüsch, Otto	Jennecken	Jennecken 54
Knöll, Agnes	Köln	Niederhof 8		Thönes, Elise	Tiefhartmannsdorf	Jennecken 71
Koch, Meta	Niederhof	Niederhof 28		Ulke, Else	Quolsdorf (Schlesien)	Jennecken 15
Koch, Walter	Niederhof	Niederhof 30		Weikert, Gerhard		Jennecken 14
Kühn, Adele	Niederhof	Niederhof 49				
Kuhl, Eugen	Jennecken	Niederhof 47		**Hillerscheid**		
Losse, Ursula	Halle	Niederhof 35		Babel, Manfred	Neudieringhausen	Hillerscheid 63
Mann, Else	Niederhof	Niederhof 31		Bankloh, Rolf	Klajebach	Hillerscheid 47
Mann, Hans Dieter	Niederhof	Niederhof 31		Brabender Wilhelm	Drabenderhöhe	Hillerscheid 45
Moog, Ernst	Immen	Niederhof 23		Bunte, Günter	Gummersbach	Hillerscheid 9
Moog, Mathilde	Niederhof	Niederhof 23		Gerlach, Eugen	Hillerscheid	Hillerscheid 17
Penz, Karlfried	Niederhof	Niederhof 7		Grebe, Friedhelm	Immen	Hillerscheid 67
Penz, Marta	Immen	Niederhof 33		Grebe, Fritz	Hillerscheid	Hillerscheid 10
				Halstenbach, Kurt	Hillerscheid	Hillerscheid 39
				Heck, Helmut	Seinsfeld	Hillerscheid 7

Name	Ort	Nr.
Ruhland, Alfred	Niederhof	34
Ruhland, Dietmar	Niederhof	46
Ruhland, Gottfried	Verr	32
Ruhland, Helene	Solingen	49
Scherer, Gert	Düsseldorf	27
Schmidt, Emil	Helmerhausen	5
Schmidt, Rolf	Osberghausen	38
Schmitz, Adolf	Linden	22
Theis, Martin	Niederhof	33
Veen, Huibertus	Vlaadingen (Holland)	1
Voss, Karl	Niederhof	26
Voss, Karl-Jürgen	Scheidt	48

Jennecken

Name	Ort	Nr.
Bauer, Dietmar	Marienberghausen	41
Bauer, Helene	Überdorf	47
Birkelbach, Ingolf	Derschlag	71
Darsow, Manfred	Pastow	4
Dreibholz, Elise	Büddelhagen	49
Gebauer, Gertrud	Braunau	44
Gerlach, Elisabeth	Großfischbach	42
Gerlach, Emma	Jennecken	42
Gerlach, Ernst	Jennecken	48
Gerlach, Hilde	Jennecken	48
Gödicke, Helmut	Maldingen	29
Haase, Hans-Jürgen	Zettemin	46
Häring, Siegfried	Süßenbach	42
Hamann, Werner	Lüttringhausen	31
Herwald, Christoph	Nümbrecht	50
Hoppe, Else	Friedebergschbruch	46
Hüschemenger, Wilhelm	Jennecken	19
Kattenstroth, Herbert	Selbeck	28
Kattenstroth, Klaus	Jennecken	21
Knecht, Helmut	Köln	56
Krämer, Ella	Jennecken	37
Krämer, Gerhard	Jennecken	32
Krämer, Max	Jennecken	30
Krämer, Paul	Jennecken	52
Krause, Annelise	Spiller	53
Kuhl, Hans-Gerd	Jennecken	39
Kuhnhenn, Günter	Solingen	18
Lenz, Hermine	Wuppertal	59
Lenz, Wilfried	Wiehlmünden	57

Name	Ort	Nr.
Holländer, Otto	Hillerscheid	
Holländer, Jörg	Hillerscheid	
Krieger, Fritz	Großbernberg	
Melcher, Elisabeth	Ostentrop/Meschede	
Melcher, Franz	Hillerscheid	
Otto, Alfons	Silberberg	
Penz, Willi	Hillerscheid	
Pfitsch, Johanne	Hillerscheid	
Rausch, Horst Walter	Bochum	
Ruland, Erich	Bielstein	
Scheffels, Willi	Hillerscheid	
Schröder, Meta	Engelstein	
Sommer, Grete	Hunstig	
Strupp, Eberhard	Hillerscheid	
Strupp, Fritz	Rebbelroth	
Strupp, Fritz jun.	Hillerscheid	
Strupp Helmut	Hillerscheid	
Frübner, Joachim	Jankowitz	
Vohl, Hans	Mülheim	
Wilewka, Bruno	Kehlen	

	Hillerscheid	4
	Auf dem Bräunfeld	
	Hillerscheid	15
	Hillerscheid	47
	Hillerscheid	51
	Hillerscheid	3
	Hillerscheid	13
	Hillerscheid	43
	Hillerscheid	3
	Hillerscheid	37
	Hillerscheid	8
	Hillerscheid	13
	Hillerscheid	35
	Hillerscheid	5
	Hillerscheid	5
	Auf dem Bräunfeld	
	Auf dem Bräunfeld	
	Hillerscheid	12
	Hillerscheid	41
	Hillerscheid	3

Dahl

Name	Ort	Nr.
Birnbaum, Günter	Heimbach	Dahl 27
Bubenzer, Herbert	Niederhof	Dahl 33
Faulenbach, Ursula	Rehfeld Insterburg	Dahl 42
Geilenberg, Günter	Hövel, Kr. Ludingh.	Dahl 38
Held, Erna	Büddelhagen	Dahl 36
Herder, Ernst	Drabenderhöhe	Dahl 48
Hermes, Elfriede	Isert, Kr. Altenkirch.	Dahl 46
Hilger, Heinrich	Hahn/Mettmann	Dahl 15
Hofacker, Maria	Oberbawrath (Siegkr.)	Dahl 30
Jost, Marianne	Büddelhagen	Dahl 46 a
Klappstein, Berta	Dahl	Dahl 44
Klein, Emil	Dahl	Dahl 33
Klein, Irene	Dahl	Dahl 36
Klein, Irma	Dahl	Dahl 32
Köstle, Reinhard	Hückhausen	Dahl 31
Kratzke, Maria	Dresden	Dahl 48
Krause, Marta	Thale/Quedlinburg	Dahl 21
Lang, Helmut	Dieringhausen	Dahl 12
Limbach, Johann	Essen	Dahl 42
Mantwill, Gerhard	Friedenberg	Dahl 44

Name, Vorname	Herkunftsort	Wohnsitz
Muth, Siegfried	Werdohl	Dahl 11
Nohl, Ernst	Drabenderhöhe	Dahl 34
Nohl, Irene	Niederhof	Dahl 21
Nohl, Otto	Dahl	Dahl 9
Pinzke, Willi	Bornzim	Dahl 58
Pranskat, Matthias	Mönchen-Gladbach	Dahl 25
Puhl, Günter	Nümbrecht	Dahl 28
Schmidt, Ernst	Bielstein	Dahl 38
Schneider, Heinrich-Josef	Niederbonrath	Dahl 30
Schöbe, Gerhard	Leipzig	Dahl 28
Schürmann, Ernst	Langerfeld	Dahl 1
Sträßer, Johannes	Ronekamp	Dahl 17
Tischer, Hedwig	Heinrichsdorf/Hirschb.	Dahl 1
Tischer, Heinz	Spiller	Dahl 1
Wensorra, Manfred	Danzig	Dahl 10
Willms, Herbert	Niederbech	Dahl 31

b) Siebenbürger-Siedlung

Name, Vorname	Herkunftsort	Wohnsitz
Adam, Hans	Bistritz	Harbachtal 4
Adleff, Hermann Rudolf	Schäßburg	Siebenbürger Platz 8
Adleff, Hildegard	Oderhellen	Jägerweg 2
Albrecht, Luise	Bukarest	Siebenbürger Platz 8
Albrich, Gerhart	Kronstadt	Reenerland 6
Amser, Helmut	Mediasch	Weinland 5
Antoni, Paula	Kronstadt	Altes Land 10
Arz, Arnold	Zied	Mediascher Gasse 16
Arz, Johann	Zied	Mediascher Gasse 16
Arz, Luise	Bistritz	Weinland 5
Arz, Michael	Roseln	Kokeltal 1
Babiak, Heinz	Kronstadt	Kronstädter Gasse 32
Babiak, Maria	Kronstadt	Jägerweg 2
Baier, Andreas	Borgo Prund	Kronstädter Gasse 26
Baier, Johann	Klein-Bistritz	Nösnerland 60
Baier, Johann	Klein-Bistritz	Bistritzer Gasse 11
Baier, Johann	Klein-Bistritz	Bistritzer Gasse 11
Baier, Michael	Klein-Bistritz	Kokeltal 12
Baier, Reinhold	Krasnokamsk (UdSSR)	Immen 55

Name, Vorname	Herkunftsort	Wohnsitz
Brandscher, Michael	Klein-Bistritz	Kronstädter Gasse 16
Brandscher, Michael	Klein-Bistritz	Kronstädter Gasse 16
Brandscher, Michael	Klein-Bistritz	Kronstädter Gasse 26
Braun, Elsa	Kronstadt	Siebenbürger Platz 8
Breckner, Michael	Mettersdorf	Unterwald 4
Breckner, Rosina	Mettersdorf	Unterwald 4
Bredt, Hilda	Wolkendorf	Kronstädter Gasse 62
Breihofer, Josef	Schäßburg	Reenerland 8
Breihofer, Oskar	Schäßburg	Nösnerland 38
Breit, Heinrich	Durles	Kronstädter Gasse 30
Bretz, Alfred	Mediasch	Kronstädter Gasse 40
Bretz, Emma	Heltau	Siebenbürger Platz 8
Broser, Edda	Kronstadt	Siebenbürger Platz 8
Broser, Maria	Wermesch	Unterwald 14
Broser, Michael	Wermesch	Unterwald 14
Broos, Adolf	Schönau	Burzenland 9
Broos, Mathias	Schönau	Burzenland 23
Broos, Michael	Schönau	Unterwald 30
Bruss, Wilhelm	Kronstadt	Hermannstädter Gasse 13
Buchholzer, Albert	Kronstadt	Kronstädter Gasse 16
Buchholzer, Martin	Roseln	Kronstädter Gasse 20
Buchholzer, Peter	Neustadt	Siebenbürger Platz 8
Camman, Hildegard	Zeiden	Nösnerland 33
Chiba-Thois, Viktor	Hermannstadt	Siebenbürger Platz 8
Cloos, Anna Maria	Kronstadt	Siebenbürger Platz 8
Comisel, Egon	Heltau	Schäßburger Gasse 19
Connert, Ernst Hans	Hermannstadt	Siebenbürger Platz 8
Csef, Margarete	Klein-Bistritz	Kronstädter Gasse 14
Csöff, Martin	Weißkirch	Kronstädter Gasse 28
Csöff, Michael	Bistritz	Kronstädter Gasse 46
Czell, Agnes	Kronstadt	Altes Land 17
Dadrich, Michael	Heidendorf	Weinland 15
Dahms, Ursula	Kronstadt	Kronstädter Gasse 18
Deibel, Johann	Mediasch	Hermannstädter Gasse 11
Deibel, Sara	Mediasch	Hermannstädter Gasse 11
Dengel, Gustav	Petersdorf	Immen 53
Dengel, Johann	Petersdorf	Harbachtal 11
Dengel, Johann	Petersdorf	Harbachtal 11
Depner, Brigitte	Weidenbach	Kronstädter Gasse 40
Depner, Edda	Heltau	Reenerland 7

Name	Ort	Adresse
Barf, Anna	Zeiden	Kronstädter Gasse 64
Barf, Emma	Neustadt	Haferland 2
Barf, Hans	Petersberg	Burzenland 9
Barf, Hermann	Zeiden	Nösnerland 58
Barf, Johann	Petersberg	Siebenbürger Platz 8
Barth, Klara	Marienburg	Harbachtal 7
Barthelmie, Sara	Marienburg	Siebenbürger Platz 8
Baumann, Helge	Kronstadt	Burzenland 30
Beckesch, Günter	Bukarest	Nösnerland 28
Behr, Herbert	Much (Rhld.)	Weinland 30
Bell, Hildor Werner	Mediasch	Unterwald 26
Bell, Hans	Zendersch	Weinland 4
Bell, Margarete-Anna	Mediasch	Siebenbürger Platz 8
Bell, Martin	Zendersch	Haferland 17
Bell, Regina	Zendersch	Weinland 4
Bell, Richard	Zeiden	Hermannstädter Gasse 54
Berger, Berta	Söhle (ČSSR)	Altes Land 1
Berger, Kurt	Bistritz	Altes Land 1
Bernhard, Katharina	Lechnitz	Burzenland 26
Bidner, Johann	Bistritz	Haferland 10
Binder, Georg	Senndorf	Kronstädter Gasse 44
Binder, Gerhard	Mediasch	Hermannstädter Gasse 19
Binder, Maria	Senndorf	Kronstädter Gasse 44
Binder, Rudolf	Mediasch	Siebenbürger Platz 8
Binnen, Georg	Pfastatt-Elsaß	Nösnerland 60
Binnen, Hermann	Rosenau	Haferland 1
Birck, Maria	Wermesch	Haferland 13
Blum, Johann	Eisenmarkt	Kronstädter Gasse 20
Böhm, Johann	Deutsch Budak	Kronstädter Gasse 32
Böhm, Michael	Waltersdorf	Altes Land 7
Bock, Paul	Hermannstadt	Reenerland 10
Bodendorfer, Katharina	Keisd	Kokeltal 1
Boltres, Katharina	Neustadt	Kronstädter Gasse 14
Bonfert, Juliane	Hermannstadt	Nösnerland 38
Both, Johann	Lechnitz	Kronstädter Gasse 34
Botsch, Georg	Heltau	Weinland 27
Botsch, Johann	Großpold	Burzenland 40
Brachmann, Herta	Agnetheln	Weinland 20
Braedt, Maria	Thorenfeld	Siebenbürger Platz 8
Brandsch-Böhm, Hans	Buhusi	Siebenbürger Platz 8
Brandsch-Böhm, Jürgen	Heltau	Reenerland 16
Brandsch-Böhm, Klaus	Berlin	Nösnerland 12
Brandscher, Andreas	Klein-Bistritz	Kronstädter Gasse 16
Brandscher, Andreas	Klein-Bistritz	Kronstädter Gasse 16
		Mediascher Gasse 9
Depner, Emma	Heldsdorf	Hermannstädter Gasse 1
Depner, Eugen	Heldsdorf	Burzenland 29
Depner, Georg	Leblang	Hermannstädter Gasse 18
Depner, Georg	Seiburg	Weinland 17
Depner, Helmut	Heldsdorf	Burzenland 3
Depner, Ilse	Hetzeldorf	Weinland 5
Depner, Johann	Seiburg	Nösnerland 23
Depner, Luise	Bistritz	Schäßburg
Depner, Martin	Schäßburg	Hermannstädter Gasse 1
Depner, Martin	Leblang	Nösnerland 21
Depner, Peter	Weidenbach	Haferland 8
Dernerth, Irmgard	Kronstadt	Altes Land 12
Diener, Andreas	Kronstadt	Altes Land 4
Dick, Peter	Neustadt	Bistritzer Gasse 6
Dick, Reinhard	Neustadt	Bistritzer Gasse 6
Dörling, Simon	Frauendorf	Kronstädter Gasse 12
Dörner, Katharina	Keisd	Nösnerland 45
Dörner, Michael	Keisd	Nösnerland 45
Drotleff, Johann	Kirchberg	Kokeltal 19
Drotleff, Maria	Kirchberg	Kokeltal 21
Drube, Günter	Schönhausen/Elbe	Nösnerland 74
Dück, Frieda	Honigberg	Siebenbürger Platz 8
Dück, Thomas	Weidenbach	Haferland 14
Dürr, Arnulf	Hermannstadt	Nösnerland 25
Dürr, Eduard	Schäßburg	Altes Land 5
Dworschak, Samuel	Brenndorf	Kronstädter Gasse 66
Eckel, Dieter	Oer. Erkeuschwick	Altes Land 19
Eckhard, Michael	Henndorf	Burzenland 27
Ehrlich, Johann	Braller	Altes Land 15
Eisner, Hedwig	Bistritz	Siebenbürger Platz 8
Faber, Johann	Heldsdorf	Haferland 21
Fabi, Martin	Sankt Georgen	Kronstädter Gasse 62
Fabritius, Heinrich	Agnetheln	Altes Land 14
Felker, Johann	Lechnitz	Unterwald 2
Feltes, Georg	Tartlau	Nösnerland 10
Fieles, Elfriede	Hermannstadt	Nösnerland 4
Flagner, Georg	Stein	Kronstädter Gasse 20
Fleischer, Emma	Heltau	Reenerland 7
Fleischer, Gerhard	Ploiesti	Unterwald 11
Fleischer, Gertrud	Heltau	Reenerland 7
Fleischer, Johann	Wörgl (Österreich)	Nösnerland 13
Fleischer, Johann	Botsch	Haferland 3

Name, Vorname	Herkunftsort	Wohnsitz		Name, Vorname	Herkunftsort	Wohnsitz
Fleischer, Michael	Großau	Unterwald 28		Herberth, Regina	Arbegen	Kronstädter Gasse 42
Fleischer, Ortwin	Michelsberg	Reenerland 7		Herberth, Regina jun.	Arbegen	Kronstädter Gasse 42
Foith, Lorenz	Zeiden	Burzenland 56		Hertrich, Hermann	Weidenbach	Siebenbürger Platz 6
Frank, Georg	Roseln	Kokeltal 1		Hienz, Maria	Hermannstadt	Reenerland 18
Frank, Ilse	Schäßburg	Siebenbürger Platz 8		Hinzel, Andreas	Zendersch	Burzenland 44
Friedrich, Isabella	Klausenburg	Unterwald 11		Hinzel, Georg	Zendersch	Weinland 21
Frim, Johann	Weilau	Burzenland 7		Höchsmann, Heinrich	Hermannstadt	Harbachtal 15
Frintz, Rosina	Scharosch	Burzenland 2		Hödel, Adolf	Bistritz	Altes Land 19
Frintz, Wilhelm	Scharosch	Kronstädter Gasse 64		Höhr, Reinhold	Bistritz	Siebenbürger Platz 8
Fronius, Viktor	Mediasch	Kronstädter Gasse 64		Holzträger, Kurt	Bistritz	Nösnerland 8
Fuhrmann, Katharina	Hermannstadt	Kokeltal 4		Horeth, Michael	Burghalle	Kronstädter Gasse 28
Funk, Franz	Hermannstadt	Kronstädter Gasse 10		Horvath, Johanna	Bistritz	Hermannstädter Gasse 15
Funtsch, Johann	Zuckmantel	Burzenland 20		Hoss, Johann	Schäßburg	Siebenbürger Platz 8
Fuss, Daniel	Kerz	Weinland 6		Hüll, Johann	Kronstadt	Unterwald 12
Fuss, Daniel	Hermannstadt	Bistritzer Gasse 2		Hüll, Johanna	Kronstadt	Siebenbürger Platz 8
Fuss, Friedrich	Viktoriastadt	Bistritzer Gasse 2				
Gassner, Kurt	Bistritz	Altes Land 8		Irimia, Karl	Heltau	Kronstädter Gasse 32
Gassner, Robert	Bistritz	Unterwald 24				
Gellner, Maria	Wallendorf	Siebenbürger Platz 8		Jacobi, Arnold	Kronstadt	Siebenbürger Platz 8
Geisberger, Franz	Hermannstadt	Altes Land 3		Jacobi, Martha	Reps	Burzenland 2
Gergel, Johann	Wölz	Kronstädter Gasse 1		Jakob, Edgar	Heldsdorf	Hermannstädter Gasse 17
Gillich, Johann	Vöklabruck (Österreich)	Immen 49		Jakob, Johann	Petersberg	Hermannstädter Gasse 17
Göldner, Anna	Seiburg	Weinland 5		Jakob, Kurt	Heldsdorf	Hermannstädter Gasse 19
Göldner, Johann	Seiburg	Bistritzer Gasse 10		Janesch, Georg	Marienburg	Jägerweg 2
Göltsch, Andreas	Kronstadt	Burzenland 24		Janesch, Georg	Marienburg	Nösnerland 68
Gootz, Günther	Fogarasch	Hermannstädter Gasse 21		Janesch, Georg	Marienburg	Nösnerland 9
Görk, Johann	Streitfort	Kokeltal 9		Janesch, Harald	Marienburg	Nösnerland 24
Görk, Sara	Streitfort	Kokeltal 9		Janesch, Rosina	Hermannstadt	Nösnerland 60
Gotterbarm, Maria	Baaßen	Dahl 14		Jekeli, Erich	Leschkirch	Reenerland 12
Graef, Georg	Senndorf	Haferland 12		Jekeli, Hilde	Berkau/Stendal (DDR)	Reenerland 12
Graef, Wilhelm	Birthälm	Unterwald 5		Jobi, Hagen	Bodendorf	Marienfelder Straße 6
Gräf, Ernst	Schäßburg	Schäßburger Gasse 8		Jobi, Johann	Schäßburg	Reenerland 15
Gref, Karl	Maniersch	Haferland 7		Jobi, Julius	Schäßburg	Harbachtal 7
Greger, Hildegard	Bukarest	Kronstädter Gasse 18		Jobi, Siegfried	Wermesch	Reenerland 5
Greger, Ingeborg	Kronstadt	Siebenbürger Platz 8		Johrendt, Johann	Wermesch	Weinland 2
Greger, Wilhelm	Bukarest	Kronstädter Gasse 18		Johrendt, Maria	Katzendorf	Siebenbürger Platz 8
Grohmann, Anna	Kronstadt	Haferland 21		Josephi, Johann	Berlin	Nösnerland 45
Groß, Markus Wilhelm	Heldsdorf	Altes Land 21		Jüch, Johannes	Petersdorf/Bistritz	Mediascher Gasse 2
Gross, Heinrich	Hermannstadt	Nösnerland 22		Junk, Johann		Kronstädter Gasse 62
Gross, Herta	Hermannstadt	Nösnerland 22				
Gross, Siegfried	Zeiden	Kronstädter Gasse 30				
Gross, Simon	Kronstadt	Burzenland 2				

Name	Ort	Adresse
	Frauendorf	Burzenland 2
Gubesch, Heinz	Heidendorf	Reenerland 20
Guist, Johann	Kirchberg	Nösnerland 64
Guist, Johann	Kronstadt	Burzenland 2
Guist, Martin	Seiburg	Siebenbürger Platz 8
Guist, Michael	Kirchberg	Weinland 5
Gull, Anna	Roseln	Burzenland 27
Güllmann, Björn	Geldern (Rhld.)	Kokeltal 12
Gündisch, Viktor	Heltau	Nösnerland 26
Gunesch, Michael sen.	Hahnbach	Burzenland 5
Gunesch, Michael jun.	Hahnbach	Burzenland 5
Gunesch, Johann	Hahnbach	Kronstädter Gasse 64
Gusbeth, Anna	Kronstadt	Altes Land 21
Gusbeth, Elvine	Kronstadt	Harbachtal 2
Gusbeth, Thomas	Heldsdorf	Kronstädter Gasse 34
Gusbeth, Walter	Piatra Neamt	Unterwald 7
Gusbeth, Wilhelm	Kronstadt	Kronstädter Gasse 36
Gutt, Hermann	Zeiden	Nösnerland 33
Hahn, Hermine	Kronstadt	Siebenbürger Platz 8
Haid, Georg	Deutsch-Kreuz	Burzenland 28
Haldenwang, Karl	Zernen	Burzenland 2
Haneck, Johann	Baiersdorf	Weinland 8
Hann, Sara	Weißkirch	Kokeltal 4
Harich, Therese	Mediasch	Burzenland 34
Harl, Elvira	Kronstadt	Harbachtal 3
Hartig, Anna	Plan/Marienbad (CSSR)	Nösnerland 5
Hartig, Johann	Botsch	Kronstädter Gasse 12
Hartig, Maria	Botsch	Nösnerland 1
Hartig, Michael	Botsch	Nösnerland 1
Hartmann, Michael	Kronstadt	Haferland 4
Hartmann, Michael sen.	Eibesdorf	Nösnerland 37
Hartmann, Michael, jun.	Scharosch	Nösnerland 37
Hauptkorn, Mathias	Buß	Haferland 11
Heldsdörfer, Anna	Marienburg	Harbachtal 7
Heldsdörfer, Herta	Kronstadt	Siebenbürger Platz 8
Heldsdörfer, Michael	Marienburg	Kronstädter Gasse 34
Hellwig, Georg	Meeburg	Burzenland 14
Heltmann, Erhard	Felldorf	Kronstädter Gasse 46
Heltsch, Michael	Zied	Nösnerland 16
Henning, Nikolaus	Eibesdorf	Nösnerland 36
Henrich, Gustav	Hermannstadt	Nösnerland 32
Herbert, Ida	Hermannstadt	Kronstädter Gasse 38
Herberth, Kurt	Hermannstadt	Altes Land 16
Herberth, Martin	Arbegen	Kronstädter Gasse 42

Name	Ort	Adresse
Kanz, Maria	Frauendorf	Burzenland 2
Karschti, Maria	Nieder-Eidisch	Kokeltal 11
Karschti, Thomas	Nieder-Eidisch	Kokeltal 11
Karsti, Maria	Waltersdorf	Kronstädter Gasse 18
Keinzel, Erna	Sächsisch Regen	Kronstädter Gasse 18
Keintzel, Martin	Wermesch	Nösnerland 44
Keintzel, Sofia	Wermesch	Unterwald 32
Kellner, Andreas	Stein	Reenerland 3
Kellner, Hans	Schäßburg	Nösnerland 17
Kemendy, Viktorine	Bistritz	Kronstädter Gasse 42
Kentsch, Bruno	Mühlbach	Nösnerland 14
Kelp, Ottilie	Birthälm	Kokeltal 14
Kessler, Agneta	Agnetheln	Nösnerland 12
Kieker, Elsa	Kronstadt	Siebenbürger Platz 8
Kieltsch, Agneta	Leblang	Nösnerland 40
Kirscher, Frieda	Sächsisch Regen	Harbachtal 6
Kirscher, Kurt	Sächsisch Regen	Burzenland 36
Kirschner, Wilhelm	Hermannstadt	Nösnerland 48
Kirra, Kristine	Heltau	Kronstädter Gasse 30
Klee, Ingeborg	Kronstadt	Burzenland 31
Klees, Andreas	Petersberg	Burzenland 11
Kloos, Georg	Großlasseln	Hermannstädter Gasse 23
Kloos, Johann	Brenndorf	Kronstädter Gasse 64
Klöss, Mathias	Schönau	Burzenland 1
Klöck, Otto	Busteni	Kokeltal 23
Klusch, Johann	Sacele	Kronstädter Gasse 10
Kocsis, Otto	Kronstadt	Kronstädter Gasse 18
Konnerth, Johann	Scharosch	Kronstädter Gasse 64
Konnerth, Johann	Burgberg	Weinland 14
Königes, Otto	Zeiden	Kokeltal 16
Königes, Rosa	Zeiden	Kokeltal 16
Konyen, Michael	Zendersch	Burzenland 46
Koriath, Emil	Wanne-Eickel	Jägerweg 2
Kottek, Maria	Schäßburg	Unterwald 13
Kraus, Alfred von	Kronstadt	Weinland 26
Krauß, Friedrich Dr.	Bistritz	Reenerland 28
Krauss, Johann sen.	Botsch	Haferland 9
Krauss, Johann jun.	Botsch	Haferland 9
Krauss, Luise	Hermannstadt	Siebenbürger Platz 8
Krafft, Rosa	Neustadt	Kronstädter Gasse 62
Krafft, Rosi	Neustadt	Kronstädter Gasse 62
Krestel, Heinrich	Buß	Hermannstädter Gasse 54
Krestel, Johann	Buß	Hermannstädter Gasse 54
Krestel, Paul	Buß	Jägerweg 2

Name, Vorname	Herkunftsort	Wohnsitz	Name, Vorname	Herkunftsort	Wohnsitz
Kreusel, Ida	Rosenau	Kronstädter Gasse 42	Ohler, Georg	Jaad	Siebenbürger Platz 8
Kreutzer, Georg	Wermesch	Kokeltal 10	Ohler, Michael	Bistritz	Kronstädter Gasse 16
Krischer, Franz	Essen (NRW)	Nösnerland 2	Ohler, Michael	Tschippendorf	Altes Land 17
Kroner, Georg	Weilau	Burzenland 7	Oleinek, Hermine	Sächsisch Regen	Unterwald 9
Krones, Anna	Kronstadt	Kronstädter Gasse 62	Oleinek, Selma	Kronstadt	Unterwald 5
Knoth, Gerda	Heldsdorf	Burzenland 18	Ongjerth, Heinrich	Hermannstadt	Unterwald 20
			Ongjerth, Susanne	Hermannstadt	Burzenland 38
			Orendt, Maria	Schäßburg	Jägerweg 2
Lahni, Helga	Marienburg	Burzenland 2	Paal, Hans	Peschendorf	Weinland 18
Lamprecht, Michael	Meeburg	Altes Land 6	Pauer, Maria	Mediasch	Siebenbürger Platz 8
Landt, Margarete	Hermannstadt	Unterwald 15	Pawlowsky, Horst	Limbach (DDR)	Reenerland 18
Lang, Andreas	Kronstadt	Hermannstädter Gasse 20	Peppel, Franz	Kerz	Altes Land 18
Langer, Hans Joachim	Schönbrunn (Schlesien)	Mediascher Gasse 5	Peter, Georg	Mediasch	Unterwald 19
Lehmann, Sofia	Wermesch	Unterwald 32	Petri, Gerda	Mediasch	Kronstädter Gasse 38
Leonhardt, Hermann	Mediasch	Kronstädter Gasse 36	Pfingstgräf, Michael	Waltersdorf	Nösnerland 7
Leprich, Maria	Nieder-Eidisch	Altes Land 9	Philp, Martin	Schönberg	Kronstädter Gasse 32
Leprich, Thomas	Nieder-Eidisch	Altes Land 9	Plajer, Alfred	Zeiden	Nösnerland 35
Lezanska, Anna	Alexandrowka (Ukraine)	Unterwald 6	Plajer, Peter	Zeiden	Kokeltal 14
Lezanska, Johann	Alexandrowka (Ukraine)	Unterwald 6	Pongratz, Johann	Seiburg	Haferland 8
Linderth, Johann	Birk	Haferland 19	Pongratz, Katharina	Seiburg	Nösnerland 50
Lingner, Ernst	Weidenbach	Siebenbürger Platz 8	Porr, Anna	Weidenbach	Harbachtal 9
Linnerth, Johann	Mettersdorf	Burzenland 27	Porr, Kurt	Kronstadt	Harbachtal 9
Lorenz, Elsa	Hermannstadt	Siebenbürger Platz 8	Poschner, Georg sen.	Burghalle	Nösnerland 19
Lörinz, Johann	Burghalle	Kronstädter Gasse 28	Poschner, Georg jun.	Burghalle	Kokeltal 22
Lörinz, Katharina	Burghalle	Nösnerland 17	Poschner, Georg	Burghalle	Kronstädter Gasse 20
Lörinz, Michael	Griesbach	Nösnerland 17	Poschner, Johann	Burghalle	Reenerland 15
Lörinz, Reinhard	Herbockheim	Bistritzer Gasse 7	Poschner, Martin	Bistritz	Siebenbürger Platz 8
Ludwig, Georg	Hermannstadt	Kronstädter Gasse 64	Poschner, Michael	Burghalle	Reenerland 17
Lurtz, Mathilde	Bukarest	Kronstädter Gasse 14	Poschner, Stefan	Burghalle	Weinland 12
Lutsch, Dorothea	Keisd	Kokeltal 8	Potzolli, Richard	Hermannstadt	Kronstädter Gasse 14
Lutsch, Georg	Kronstadt	Kokeltal 8	Prall, Maria	Waltersdorf	Altes Land 9
Lutsch, Helene	Schäßburg	Unterwald 7	Preidt, Helmut	Zeiden	Kokeltal 20
Lutsch, Johann sen.	Bistritz	Nösnerland 41	Preidt, Peter	Zeiden	Kokeltal 20
Lutsch, Johann jun.	Pintak	Nösnerland 41	Prossig, Rita	Kronstadt	Weinland 5
Maksay, Sofia	Tekendorf	Siebenbürger Platz 8	Radler, Auguste	Hermannstadt	Siebenbürger Platz 8
Mantsch, Dieter	Mediasch	Nösnerland 62	Rampelt, Johanna	Mediasch	Siebenbürger Platz 8
Markel, Alfred	Deutsch-Weißkirch	Burzenland 11	Rampelt, Karl	Mediasch	Kronstädter Gasse 40
Markus, Auguste	Bukarest	Burzenland 16	Rauch, Luise	Braller	Altes Land 15
Martin, Georg	Schäßburg	Siebenbürger Platz 8	Regius, Elvine	Sächsisch Regen	Kronstädter Gasse 18
Martin, Horst	Heldsdorf	Nösnerland 34	Reimesch, Anna	Kronstadt	Siebenbürger Platz 8
Martini, Georg	Deutsch-Kreuz	Unterwald 9	Reimesch, Roland	Hermannstadt	Kronstädter Gasse 26
Marzell, Albert	Rosenau	Unterwald 10			

Name	Ort	Adresse
Marzell, Rosa	Rosenau	Unterwald 10
Mätz, Michael	Schäßburg	Nösnerland 29
Mechel, Hildegard	Kronstadt	Siebenbürger Platz 8
Mehrbrodt, Friedrich	Hermannstadt	Hermannstädter Gasse 17
Mehrbrodt, Josef	Heltau	Kronstädter Gasse 32
Mehrbrodt, Susanne	Hermannstadt	Hermannstädter Gasse 17
Melchner, Gertrud	Kronstadt	Siebenbürger Platz 8
Melzer, Gustav	Arbegen	Kronstädter Gasse 16
Melzer, Johann	Bußd	Weinland 5
Melzer, Michael	Stolzenburg	Nösnerland 30
Miegendt, Michael	Neithausen	Hillerscheid 65
Mieß, Martin sen.	Petersdorf	Haferland 15
Mieß, Martin jun.	Petersdorf	Haferland 15
Miess, Johann	Bistritz	Hermannstädter Gasse 15
Miess, Johann	Zied	Kronstädter Gasse 10
Miess, Maria	Waltersdorf	Burzenland 15
Miess, Wilhelm	Zied	Reenerland 11
Mieskes, Anna	Zeiden	Kronstädter Gasse 64
Mieskes, Georg	Zeiden	Weinland 10
Minth, Martin	Urwegen	Haferland 16
Mild, Ilse	Mediasch	Burzenland 48
Missbrandt, Thomas	Hermannstadt	Kronstädter Gasse 32
Mothe, Johann	Nieder-Eidisch	Unterwald 8
Mothe, Katharina	Nieder-Eidisch	Unterwald 8
Motz, Georg	Ober-Eidisch	Burzenland 36
Mühlbächer, Sofie	Hermannstadt	Siebenbürger Platz 8
Müll, Hans	Zeiden	Nösnerland 6
Müll, Ida	Zeiden	Nösnerland 58
Müller, Heinrich	Mediasch	Kronstädter Gasse 36
Müller, Hermann	Sankt Georgen	Kronstädter Gasse 16
Müller, Hermine	Großau	Siebenbürger Platz 8
Müller, Horst	Hermannstadt	Nösnerland 46
Müller, Irene	Hermannstadt	Burzenland 2
Müller, Maria	Hermannstadt	Siebenbürger Platz 8
Müller, Thomas	Haschagen	Nösnerland 54
Nakesch, Maria	Wermesch	Harbachtal 15
Nakesch, Michael	Wermesch	Kokeltal 10
Neudörfer, Erwin	Nußbach	Unterwald 22
Nickel, Helmut	Kotliska (Polen)	Altes Land 11
Niedtfeld, Heidrun	Hermannstadt	Altes Land 5
Niesner, Adele	Kronstadt	Siebenbürger Platz 8
Nikolaus, Regina	Kronstadt	Siebenbürger Platz 8
Nitzsche, Anna	Seiburg	Burzenland 10
Nölker, Ernst	Essen (NRW)	Reenerland 4
Nussbächer, Kurt Ludwig	Kronstadt	Kronstädter Gasse 10
Reimesch, Walter	Hermannstadt	Weinland 5
Rheindt, Johann	Bekokten	Kokeltal 12
Reissenberger, Gertrud	Kronstadt	Jägerweg 2
Reitmann, Johann	Bistritz	Reenerland 28
Rether, Anna	Schäßburg	Jägerweg 2
Rochus, Michael	Roseln	Kronstädter Gasse 44
Roll, Gerda von	Kronstadt	Siebenbürger Platz 8
Roll, Gertrud von	Kronstadt	Kronstädter Gasse 64
Roth, Hans	Mediasch	Haferland 18
Roth, Helmut	Mediasch	Nösnerland 31
Roth, Josefine	Mediasch	Siebenbürger Platz 8
Roth, Maria	Bistritz	Reenerland 28
Roth, Maria	Frauendorf	Nösnerland 39
Roth, Martin	Kronstadt	Kronstädter Gasse 64
Roth, Sofia	Birthälm	Siebenbürger Platz 8
Rothmann, Anna	Meschen	Weinland 24
Rothmann, Michael	Meschen	Nösnerland 23
Ruhland, Katharina	Mortesdorf	Kronstädter Gasse 18
Salmen, Daniel	Schönberg	Nösnerland 43
Salmen, Maria	Kronstadt	Hermannstädter Gasse 20
Salmen, Mathias	Schönau	Kokeltal 18
Salzer, Ernst	Martinsmarkt	Altes Land 25
Sawitzki, Sara	Deutsch-Weißkirch	Hermannstädter Gasse 26
Schaaser, Georg	Seiburg	Kronstädter Gasse 12
Schaaser, Johann	Seiburg	Kronstädter Gasse 12
Schaaser, Sara	Seiburg	Kronstädter Gasse 26
Schafraneck, Josef	Schäßburg	Kronstädter Gasse 64
Schartner, Auguste	Brenndorf	Siebenbürger Platz 8
Schäßburger, Martin	Scharosch	Bistritzer Gasse 13
Schäßburger, Martin jun.	Scharosch	Bistritzer Gasse 13
Schauf, Manfred	Mülheim/Ruhr	Weinland 25
Scheel, Emma	Heldsdorf	Mediascher Gasse 9
Scheip, Peter sen.	Marienburg	Nösnerland 70
Scheip, Peter jun.	Marienburg	Nösnerland 70
Schemmel, Martin	Mortesdorf	Weinland 28
Schemmel, Martin	Mardisch	Kronstädter Gasse 26
Schemmel, Michael	Schaal	Kronstädter Gasse 14
Schenker, Anna	Draas	Harbachtal 13
Schenker, Johann	Martinsdorf	Weinland 24
Schenker, Michael	Reußmarkt	Burzenland 30
Schenker, Winfried	Draas	Harbachtal 13
Schepp, Friedrich	Bell	Kokeltal 6
Scherg, Hermann	Kronstadt	Siebenbürger Platz 8
Schieb, Hildegard	Hermannstadt	Siebenbürger Platz 8

Name, Vorname	Herkunftsort	Wohnsitz
Schiller, Anna	Seiburg	Hermannstädter Gasse 18
Schimpel, Margarete	Bistritz	Nösnerland 8
Schlingloff, Gustav	Urwegen	Weinland 22
Schmidt, Franz	Jacobeni/Bucovina	Burzenland 52
Schmidt, Georg	Deutsch-Kreuz	Burzenland 2
Schmidt, Helene	Kronstadt	Siebenbürger Platz 8
Schmidt, Johann	Maniersch	Unterwald 16
Schmidt, Johann	Deutsch-Kreuz	Kronstädter Gasse 62
Schmidt, Johann	Urwegen	Immen 57
Schmidt, Karl	Mediasch	Siebenbürger Platz 8
Schmidt, Katharina	Maniersch	Burzenland 17
Schmidt, Michael	Bulkesch	Kokeltal 7
Schmidt, Michael	Kirohborg	Weinland 19
Schmidts, Georg	Brenndorf	Kronstädter Gasse 64
Schneider, Friedrich	Kirchberg	Burzenland 34
Schneider, Gustav	Rosenau	Kronstädter Gasse 42
Schneider, Helene	Kronstadt	Siebenbürger Platz 8
Schneider, Helmut	Leschkirch	Reenerland 12
Schneider, Michael	Zied	Hillerscheid 63
Schneider, Rudolf Traugott	Bistritz	Nösnerland 8
Schobel, Daniel	Martinsdorf	Nösnerland 34
Schöffend, Michael	Scharosch	Kronstädter Gasse 10
Schoger, Agneta	Frauendorf	Weinland 20
Schoger, Daniel	Frauendorf	Kronstädter Gasse 28
Schoger, Daniel	Frauendorf	Kronstädter Gasse 28
Schoger, Hans	Heltau	Kronstädter Gasse 34
Schoger, Maria	Heltau	Kronstädter Gasse 30
Schorsten, Simon	Reußmarkt	Altes Land 13
Scholtes, Gertrud	Bistritz	Burzenland 32
Schowerth, Michael	Schäßburg	Kronstädter Gasse 32
Schuller, David	Waltersdorf	Nösnerland 7
Schuller, Günter	Schweischer	Bistritzer Gasse 9
Schuller, Maria	Waltersdorf	Kronstädter Gasse 38
Schuller, Paula	Tekendorf	Siebenbürger Platz 8
Schuller, Stefan	Temeschburg	Kronstädter Gasse 30
Schunn, Ilse	Hermannstadt	Siebenbürger Platz 8
Schuster, Horst	Klein-Alisch	Kronstädter Gasse 62
Schuster, Johann	Alzen	Jägerweg 2
Schuster, Mathias	Klein-Alisch	Unterwald 21
Schuster, Rosa	Marienburg	Siebenbürger Platz 8
Schwarz, Johann	Neustadt	Kronstädter Gasse 14
Schwecht, Erhard	Kronstadt	Harbachtal 5
Thiess, Katharina	Kronstadt	Siebenbürger Platz 8
Thoiss, Michael	Rosenau	Kronstädter Gasse 20
Thomas, Ernst	Zeiden	Nösnerland 66
Thrull, Heinrich	Hermannstadt	Nösnerland 27
Thullner, Ernst Dr.	Mediasch	Siebenbürger Platz 8
Tinnes, Andreas	Groß-Eidau	Kronstädter Gasse 36
Tinnes, Georg	Petersdorf	Oskar Hartmann Straße 12
Tinnes, Johann	Petersdorf	Kronstädter Gasse 44
Tinnes, Rosina	Groß-Eidau	Kronstädter Gasse 64
Tittes, Anna	Neustadt	Mediascher Gasse 2
Tittes, Gisela	Heldsdorf	Bistritzer Gasse 4
Tittes, Hans	Heldsdorf	Bistritzer Gasse 4
Tontsch, Anna	Tartlau	Reenerland 14
Tontsch, Rosa	Tartlau	Reenerland 14
Tontsch, Rosa	Kronstadt	Kronstädter Gasse 18
Truetsch, Anna	Groß-Kopisch	Nösnerland 47
Truetsch, Emma	Rosenau	Haferland 4
Truetsch, Erwin	Rosenau	Nösnerland 47
Truetsch, Hans	Rosenau	Burzenland 13
Truetsch, Hedda	Rosenau	Nösnerland 47
Truetsch, Johannes	Rosenau	Bistritzer Gasse 8
Truetsch, Otmar	Rosenau	Haferland 2
Ungar, Katharina	Burghalle	Kronstädter Gasse 20
Unzeitig, Leonhard	Alexandrowka (Polen)	Kronstädter Gasse 14
Varga, Susanna	Fünfkirchen (Ungarn)	Siebenbürger Platz 8
Vegh, Alexander	Lechnitz	Burzenland 25
Waedt, Daniel	Schönau	Burzenland 2
Waedt, Daniel	Schönau	Burzenland 50
Wagner, Anna	Meschen	Nösnerland 62
Wagner, Katharina	Seiburg	Weinland 5
Wagner, Maria	Frauendorf	Kronstädter Gasse 64
Wagner, Michael	Botsch	Nösnerland 3
Wardeiner, Anna	Scharosch	Kronstädter Gasse 64
Wardeiner, Richard	Scharosch	Nösnerland 40
Waretzi, Johann	Wermesch	Weinland 34
Warskulat, Maria	Schönbirk	Kokeltal 5
Weber, Johann	Wermesch	Haferland 13
Weber, Maria	Wermesch	Haferland 13
Weber, Ottilie	Bistrit	Siebenbürger Platz 8

Name	Ort	Adresse
Seiler, Johann	Kleinscheuern	Bistritzer Gasse 12
Seimen, Michael	Zendersch	Weinland 23
Seitz, Maria	Mediasch	Kronstädter Gasse 14
Senke, Gertrud	Budapest (Ungarn)	
Servatius, Gerhard	Mediasch	Jägerweg 2
Sigmund, Michael	Schäßburg	Nösnerland 46
Silex, Selma	Scharosch	Nösnerland 35
Sill, Maria	Roseln	Bistritzer Gasse 9
Sontag, Auguste	Hermannstadt	Kronstädter Gasse 38
Soos, Martin	Nadesch	Siebenbürger Platz 8
Speil, Gerda	Kronstadt	Weinland 5
Speil, Otto	Kronstadt	Hermannstädter Gasse 11
Sponer, Johann	Deutsch-Budak	Kronstädter Gasse 40
Sponer, Maria	Deutsch-Budak	Kronstädter Gasse 4
Sponer, Michael	Deutsch-Budak	Siebenbürger Platz 8
Staedel, Dieter	Stein	Nösnerland 52
Stamm, Anna	Neustadt	Immen 51
Staub, Maria	Kronstadt	Kronstädter Gasse 42
Stefani, Johann	Deutsch-Tekes	Kronstädter Gasse 62
Stefani, Katharina	Marienburg	Hillerscheid 75
Stefes, Anna	Rosenau	Kronstädter Gasse 64
Stenner, Anna	Weidenbach	Siebenbürger Platz 8
Stierl, Johann	Sankt Georgen	Jägerweg 2
Stein, Johann	Zeiden	Kronstädter Gasse 30
Stolz, August	Hermannstadt	Kronstädter Gasse 28
Stoof, Ernst	Heldsdorf	Siebenbürger Platz 8
Strobel, Martha	Weidenbach	Haferland 8
Sturm, Alfred	Heltau	Nösnerland 10
Sturm, Paula	Agnetheln	Hermannstädter Gasse 13
Suck, Anton	Zeiden	Siebenbürger Platz 8
Suck, Ida	Zeiden	Kokeltal 15
Szegvari, Johanna	Schäßburg	Kokeltal 15
Szilagyi, Franz sen.	Schäßburg	Kronstädter Gasse 62
Szilagyi, Franz jun.	Schäßburg	Kronstädter Gasse 20
Szilagyi, Horst	Schäßburg	Kronstädter Gasse 46
Szymanski, Heinz Werner	Oberhausen (NRW)	Marienfelder Straße 11
Szymanski, Walter	Posen (Polen)	Marienfelder Straße 11
Tausch, Gerda	Belleschdorf	Kokeltal 17
Tausch, Michael	Reußdorf	Nösnerland 56
Tausch, Sara	Belleschdorf	Kokeltal 17
Teutsch, Elsbeth	Kronstadt	Reenerland 6
Thalgott, Maria	Wermesch	Nösnerland 15
Theil, Georg	Seligstadt	Hermannstädter Gasse 21
Theil, Helmut	Agnetheln	Harbachtal 6
Weilandt, Horst	Groß Falkenau (Ostpr.)	Weinland 35
Weiss, Katharina	Hamruden	Kokeltal 3
Weiss, Michael	Hamruden	Kokeltal 3
Weniger, Andreas	Tekendorf	Siebenbürger Platz 8
Weniger, Friedrich	Kronstadt	Altes Land 3
Wenrich, Christine	Groß-Scheuern	Kronstädter Gasse 32
Wellmann, Christine	Mortesdorf	Weinland 29
Wellmann, Friedrich	Agnetheln	Altes Land 3
Wellmann, Lorenz	Bußd	Kronstädter Gasse 32
Wellmann, Regina	Klein-Scheuern	Bistritzer Gasse 12
Wellmann, Reinhard	Schäßburg	Hermannstädter Gasse 54
Wellmann, Rosina	Taterloch	Jägerweg 2
West, Dieter	Hermannstadt	Burzenland 2
Widmann, Michael	Roseln	Haferland 5
Winkler, Walter	Scharosch	Kronstädter Gasse 30
Willinger, Josef	Großpold	Unterwald 17
Witting Richard	Kronstadt	Weinland 5
Wonner, Andreas	Kirchberg	Jägerweg 2
Wotsch, Regina	Frauendorf	Kronstädter Gasse 6
Wotsch, Wilhelm	Frauendorf	Kronstädter Gasse 6
Zakel, Andreas	Petersberg	Bistritzer Gasse 15
Zakel, Sofia	Kirchberg	Bistritzer Gasse 15
Zeides, Otto	Kronstadt	Siebenbürger Platz 8
Zeidner, Gertrud	Neustadt	Siebenbürger Platz 8
Zimmermann, Anton	Kikinda (Jugoslawien)	Nösnerland 19
Ziegler, Hildegard	Kronstadt	Siebenbürger Platz 8
Zikeli, Gertrud	Schäßburg	Siebenbürger Platz 8
Zink, Wilhelmine	Reps	Siebenbürger Platz 8
Zell, Karl	Heldsdorf	Bistritzer Gasse 8
Zintz, Johann	Neustadt	Kronstädter Gasse 64
Zintz, Katharina	Neustadt	Kronstädter Gasse 64
Zobel, Aurelia	Bukarest	Siebenbürger Platz 8
Zobel, Erwin	Broos	Siebenbürger Platz 8
Zobel, Gertrud	Mediasch	Burzenland 2

Siebenbürgen, Land des Segens

1. Siebenbürgen, Land des Segens,
   Land der Fülle und der Kraft,
   mit dem Gürtel der Karpaten
   um das grüne Kleid der Saaten,
   /: Land voll Gold und Rebensaft! :/

2. Siebenbürgen, Meeresboden
   einer längst verfloss'nen Flut!
   Nun ein Meer von Ährenwogen,
   dessen Ufer waldumzogen
   /: an der Brust des Himmels ruht! :/

3. Siebenbürgen, Land der Duldung,
   jedes Glaubens sichrer Hort!
   Mögst du bis zu fernen Tagen
   als ein Hort der Freiheit ragen
   /: und als Wehr dem treuen Wort! :/

4. Siebenbürgen, süße Heimat,
   unser teures Vaterland!
   Sei gegrüßt in deiner Schöne,
   und um alle deine Söhne
   /: schlinge sich der Eintracht Band! :/

Weise von J. L. Hedwig
Worte von Max Moltke

Oberberger Lied

1. Oberberger Land, wie bist du wunderschön,
   herrlich deine Täler und auch deine Höh'n,
   wo aus voller Brust ein frohes Lied erschallt,
   daß von Berg zu Berg es widerhallt.

   Ref.: Dort wo einstmals meiner Kindheit Wiege stand,
   liegt mein schönes Oberberger Heimatland,
   dort wo einstmals meiner Kindheit Wiege stand,
   liegt mein schönes Oberberger Land.

2. Wo im Walde flink das munt're Rehlein springt,
   jedes Vögelein sein liebes Liedchen singt,
   wo von Stein zu Stein ein klares Bächlein rauscht,
   jeder Wandrer macht hier Rast und lauscht.

   Ref.:

3. Mancher hohe Turm wohl unsre Berge schmückt,
   dessen Aussicht jedes Auge hochentzückt.
   Doch viel mehr uns unser Heimatland uns beut,
   darum preisen wir es alle Zeit.

   Ref.:

4. Weite Wasser blitzen in der Sperren Kranz,
   und die Heimat liegt im lieben Heimatglanz,
   schieferblank die Häuser und schwarzweiß Gefach,
   frohe Menschen wohnen unterm Dach.

   Ref.:

5. Oberberger Land, wie bist du wunderschön,
   holt das Heimweh uns zu deinen lieben Höh'n,
   du mein Heimatland wohl unter'm Himmelszelt,
   's gibt nichts Schöneres auf der ganzen Welt.

   Ref.:

Autorenverzeichnis

Albrich, Gerhart: Studienrat i. R., geb. 1902 in Bistritz/Siebenbürgen, Lehrer am Honterusgymnasium in Kronstadt/Siebenbürgen, seit 1965 in der Bundesrepublik Deutschland; Wohnort: 5276 Wiehl 3, Drabenderhöhe, Reener Land 6

Dürr, Eduard: Kaufm. Angestellter, geb. 1910 in Schäßburg/Siebenbürgen, seit 1965 in der Bundesrepublik Deutschland; Mitglied des Vorstandes der Landesgruppe Nordrhein-Westfalen der Landsmannschaft der Siebenbürger Sachsen in Deutschland; Wohnort: 5276 Wiehl 3, Drabenderhöhe, Altes Land 5

Gassner, Robert: Pfarr-Lehrer i. R., geb. 1910 in Groß-Schogen/Siebenbürgen, Vorsitzender der Landesgruppe Nordrhein-Westfalen der Landsmannschaft der Siebenbürger Sachsen in Deutschland, Vorsitzender des Siebenbürgisch-Sächsischen Kulturbeirates; Wohnort: 5276 Wiehl 3, Drabenderhöhe, Unterwald 24

Herter, Balduin: Verlagsbuchhändler, geb. 1926 in Zeiden/Siebenbürgen, Geschäftsführer Arbeitskreis für Siebenbürgische Landeskunde, Siebenb.-sächs. Kulturbeirat und Siebenb. Museum, Leiter der Siebenb. Bücherei Gundelsheim/Neckar; Wohnort: 6950 Mosbach, Tannenweg 23

Kaufmann, Otto: Konrektor i. R., geb. 1900 in Harscheid, Gemeinde Nümbrecht; sammelt seit 1918 volkskundliche Stoffe im Oberbergischen Kreis; verfaßte etwa 300 Einzelbeiträge und vier Bücher; Wohnort: 5204 Lohmar 1, Am Waldeck 12

Landsberg, Ludwig: Dr. jur., Ministerialdirigent a. D., geb. 1911 in Berlin, langjähriger Abteilungsleiter für Vertriebenen-, Flüchtlings- Aussiedler- und Patenschaftsfragen im Ministerium für Arbeit, Gesundheit und Soziales des Landes Nordrhein-Westfalen

Mieskes, Hans: Prof. Dr. phil., geb. 1915 in Zeiden/Siebenbürgen, nach Lehrerseminar Hermannstadt/Siebenbürgen Studium, ab 1947 a. o. Prof. Jena; 1959 Direktor des „Studienbüros für Jugendfragen" Bonn, 1961 Ordinarius f. Erziehungswissenschaft a. d. Universität Gießen und Direktor des Inst. f. pädagogische Forschung; Aufbau des Sportwiss. Instituts der Universität; Wohnort: 6300 Gießen, Anneröder Weg 56

Muth, Reinhold: Elektro-Ingenieur, geb. 1926 in Forst/Kirchengemeinde Drabenderhöhe; seit 1961 Vorsitzender des Männergesangvereins Drabenderhöhe; Wohnort: 5276 Wiehl 3, Drabenderhöhe, Im Biesengarten 9

Osberghaus, Oskar: Gymnasiallehrer, Eltern stammen aus dem Oberbergischen, 1936 Staatsexamen, seit 1962 Vorsitzender der Oberbergischen Geschichtsabteilung; Forschungsgebiete Siedlungsgeographie und Stadtgeschichte; Wohnort: 5275 Bergneustadt, Burstenstraße 5

Philippi, Hans: Oberstudiendirektor, geb. 1911 in Kronstadt/Siebenbürgen, Vorsitzender des Hilfskomitees der Siebenbürger Sachsen in der Evangelischen Kirche Deutschlands, Hrsg. von „Licht der Heimat" und des Siebenb.-Sächs. Hauskalenders; Wohnort: 8800 Ansbach, Schalkhäuser Straße 12

Plesch, Erhard: Leiter der Heimatauskunftstelle Rumänien a. D., geb. 1910 in Sächsisch-Regen/Siebenbürgen, Bundesvorsitzender der Landsmannschaft der Siebenbürger Sachsen in Deutschland e. V.; Wohnort: 8000 München 50, Röthstraße 11

Schebesch, Kurt: Dipl.-Kfm., Dr. oec., geb. 1912 in Bukarest, seit 1963 in der Bundesrepublik Deutschland; ab Mai 1964 Referent im Ministerium für Arbeit, Gesundheit und Soziales, NW und Referent für Patenschaftsfragen im Bundesvorstand der Landsmannschaft der Siebenbürger Sachsen in Deutschland e. V.; Wohnort: 4000 Düsseldorf, Rather Kreuzweg 45

Schoepe, Ursula: Lehrerin, geb. 1927 in Remscheid, 1948 Abitur in Gummersbach, seit 1961 an der Volksschule Drabenderhöhe tätig, verh., zwei Kinder; Wohnort: 5276 Wiehl 3, Drabenderhöhe, Im Biesengarten 5

Schubach, Eugen: Verw.-Direktor i. R., geb. 1890 in Oberbech/Marienberghausen, Verfasser mehrerer volkstümlicher Heimatschriften; Wohnort: 5276 Wiehl 2, Bielstein, Bielsteiner Straße 35

Wagner, Ernst: Dipl.-Ing. agr., Dr. agr., geb. 1921 in Wallendorf/Siebenbürgen, Erster Vorsitzender des Arbeitskreises für Siebenbürgische Landeskunde e. V.; Wohnort: 6393 Wehrheim/Taunus 2, Im Mühlengrund 8